近看西安兵谏

杨闻宇◎著

中共党史出版社

图书在版编目(CIP)数据

近看西安兵谏/杨闻宇著.—北京:中共党史出版社,2012.4
(2016.10修订)

ISBN 978-7-5098-1665-3

Ⅰ.①近… Ⅱ.①杨… Ⅲ.①西安事变—史料

Ⅳ.①K264.806

中国版本图书馆 CIP 数据核字(2012)第 044991 号

责任编辑:姚建萍

出版发行:**中共党史出版社**

社　　址:北京市海淀区芙蓉里南街6号院1号楼

邮　　编:100080

网　　址:www.dscbs.com

经　　销:新华书店

印　　刷:北京君升印刷有限公司

开　　本:170mm×240mm　1/16

字　　数:345 千字

印　　张:23

印　　数:4001—7000 册

版　　次:2012 年 4 月第 1 版　2016 年 10 月修订

印　　次:2016 年 10 月第 2 次印刷

ISBN 978-7-5098-1665-3

定　　价:36.00 元

此书如有印制质量问题,请与中共党史出版社出版业务部联系
电话:010—82517197

‖目录‖

A 部 山雨欲来风满楼

B 部 掀天揭地风雷激

C 部 无边落木萧萧下

‖ A 部 ‖

山雨欲来风满楼

1. 一夜间背上两口黑锅

元帅一词，最早出现在春秋时期。北洋军阀时期沿袭清制，便以"大帅"称呼军阀首领。那时有资格称"帅"的为数不少，对于这些"帅"们的儿子，人们往往称其为"少帅"。背黑锅是陕西方言，含意是被加上莫须有的罪名。正因为张学良在九一八事变中背上了沉重的历史黑锅，不堪其负，且又被逼至绝境而毅然发动"双十二"事变，这才为"少帅"一词赋予上新的含义，使其衍化而成为张学良个人的专称，在世纪转换之期，一提及少帅，人们便想起张学良。

少帅一词是美誉吗？事情仿佛又回溯到原初状态了：被称为少帅者，当年仅限于对那些未成年的孩童的戏称，很有些逗小孩玩耍的意味儿。

1931年，日军蓄谋已久的阴谋出笼，盘踞中国东北的关东军，炸毁了南满铁路一段，反诬这是中国军队所为。9月18日晚上10时许，日军突然炮轰东北军的沈阳北大营，步兵在炮火掩护下侵入。一夜之间沈阳失守，一周内辽宁、吉林两省30多座城市插上了太阳旗。

面对区区万余关东军，拥有26万之众的东北军却一枪不放，退而又退，将东北大好河山拱手相让。国人痛心疾首，一起诘责东北边防军司令、全国海陆空军副司令张学良，气愤地称其为"不抵抗将军"。

事实真相怎么样呢？

7月12日，张学良打电话给蒋介石，报告东北紧张局势，蒋介石指示："要避免引起冲突，现在还不是与日本作战的时候。"

"中村事件"发生后，蒋介石于8月16日致电张学良：

> 无论日本军队此后在东北如何挑衅，我方应力避冲突。吾兄万勿逞一时之愤，置国家民族于不顾。

尽管这样，蒋委员长仍不放心，9月12日约张学良至石家庄会晤，张学良说："种种迹象表明，日本人要动手了。"蒋介石郑重而言："我们力量不足，不应还手，只有提请国际联盟解决。你应严令所部，凡遇日军进攻，一律不准抵抗。如果我们回击了，事情就不好办了，明明是日军先挑衅，他们硬说我们先动手，他们嘴大，我们嘴小，到那时就分辩不清了。"

无奈，张学良只得下达"避免冲突，不准抵抗"的命令。而这一"令"传下去，立即遭到上下官兵的强烈反对。于是，张学良又命令秘书长吴家象，再给南京发报，东北将士要求抵抗，请委员长下令！

蒋介石的回电很快就来了，答复是：

沈阳日军行动，可作为地方事件，望力避冲突，以免事态扩大，一切对日交涉，听候中央处置可也。 蒋中正

由于蒋介石采取不抵抗政策，日军得寸进尺，连续占领安东（今丹东）、营口、长春、吉林、昌图等城市，此后不到三个月，东北三省全告沦陷。一时全国舆论哗然，南京、上海、北平、天津等各大城市的青年学生纷纷举行声势浩大的示威游行，高呼："打倒不抵抗将军张学良！"各地报纸也纷纷发表文章，指责、谩骂张学良为"不抵抗将军"。东北失陷，作为封疆大吏的张

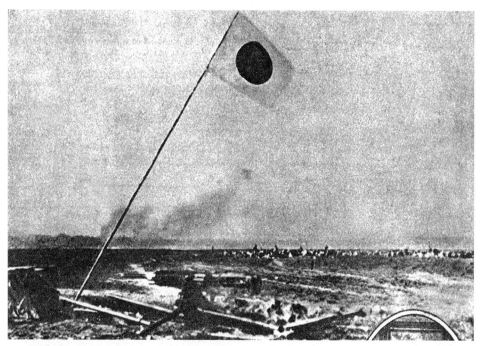

★ 日军侵占沈阳北大营。北大营及其附近屋宇惨遭焚烧，黑烟弥漫。东北军的营地插上了日本国旗。

学良未能奋起抵抗，固然有错，但平心而论，"不抵抗"之罪名加在他头上，实在是"蒋冠张戴"，替蒋背上了一口黑锅。

出于利害冲突，日本关东军对张学良一家是很嫉恨很恼火的。1928年6月，在皇姑屯车站炸死了张学良之父张作霖；翌年冬天，又将张学良的三子张闾琪炸死在沈阳的"仰德医院"（当地人称南满医院）里。世人皆知张学良与日本关东军有"杀父之仇"，而后一件令张学良切齿的"夺子之恨"，却鲜为人知。

1989年张学良在结束长达半个世纪的幽禁恢复自由后，他在台北会见了一位叫池宫城晃的日本记者。这位记者把多年搜集的关东军秘密档案复印给张学良亲阅，张学良通过这些与他有关的日本绝密档案资料，才惊愕地找到了答案。

原来，1929年冬天惨死在沈阳南满医院的三子张闾琪，就是日本关东军在事前获悉张学良将军要送爱子前往"仰德医院"求医时，连夜由日本驻沈阳总领事出面，以威胁利诱之手段，收买了"仰德医院"的广野三田，然后暗中布置日本特务在X光胸透机内密装炸弹，由特务幕后操纵引爆致死！可叹的是，张学良在解开这血腥之谜的时候，已是耄耋之年。所以晚年张学良在台湾接受日本NHK广播电视公司采访时，开头就说："我恨日本！"

少帅，由于其出身、地位之特殊，不免挥霍放纵，社交失检。出于对他不抵抗的反感，其风流韵事被渲染扩大，乃至成了报章的花边笑料。9月18日晚上，张学良为招待宋哲元等将领，在前门外中和戏院看梅兰芳演出《宇宙锋》。日本新闻媒体出于不可告人的目的，宣扬九一八前夕，张学良在北平日销千金，夜拥丽人。11月中旬，上海几家日人办的报纸，刊出一则耸人听闻的报道：九一八之夜，张学良与著名影星胡蝶正在北平跳舞，并称少帅赠给胡蝶十万元巨款，以资酬报，又将两人的照片并列报端。日本新闻捏造了一个有关"缩头乌龟张学良"的绯闻，欲将张学良彻底击垮。

著名学者马君武基于爱国义愤，写了"感时近作"《哀沈阳》诗两首，发表在上海《时事新报》上，直刺"不爱江山爱美人"的张学良与"红颜祸水"的胡蝶：

　　　　赵四风流朱五狂，

翩翩蝴蝶最当行；
温柔乡是英雄冢，
哪管东师入沈阳。

告急军书夜半来，
开场弦管又相催；
沈阳已陷休回顾，
更抱佳人舞几回。

诗中的赵四，指已与张学良同居而未结婚的赵一荻；朱五，原北洋政府内务部长朱启钤的第五个女儿，是少帅的舞友。

马君武早年加入同盟会，民国时受任为实业部处长，后弃政从教，担任广西大学校长。《哀沈阳》诗出于马君武这样的名人笔下，国人对九一八国难之夜少帅与胡蝶跳舞之事，更坚信其有。此诗于是不胫而走，广为流传。张学良也因此多了个臭名：风流将军。这也是一口无形中背上的黑锅。

马君武没有料到，他在义愤之下的不察，以讹传讹，使少帅与胡蝶蒙受了不白之冤。诚如胡蝶所洞察的那样，是中了暴日造谣生事之毒计。

胡蝶，23岁，以美艳著称，当时被誉为东方第一美女。她于11月21日在上海《申报》显著位置，以特大号字体刊登了《胡蝶辟谣》，郑重声明，九一八之夜与张学良跳舞事虚无实据：

蝶于上月为摄演影剧曾赴北平，抵平之日，适逢国难，同人乃开会集议公决抵制日货，并规定罚规，禁止男女演员私自外出游戏及酬酢，所有私人宴会一概谢绝。留平五十余日，未尝一涉舞场。蝶也民国之一分也，虽尚未能以颈血溅仇人，岂能于国难当前之时，与守土之责者相与跳舞耶？商女不知亡国恨，是真狗彘不如者矣！

深明大义的胡蝶，谅解马君武激于义愤的失察，未予指责，但对日人的险恶用心言辞痛斥：

日本新闻将蝶之小影，与张副司令之名字并列报端，更造作馈赠十万元等之蜚语，其用意无非欲借男女暧昧之事，不惜牺牲蝶之个人名誉，以遂其污蔑陷害之毒计。查此次日人利用宣传阴谋，凡有可以侮辱我中华官吏与国民者，无所不用其极。暴日欲遂其并吞中国之野心，造谣生事，设想之奇,造事之巧,目的盖欲毁张副司令之名誉,冀阻止其回辽反攻。愿国人悉烛其奸,而毋遂其借刀杀人之计也!

2. 浪打空城寂寞回

1935年11月,南京的一条条大街被萧瑟、颓败的景象所笼罩,人行道两旁法国梧桐的枯枝败叶,在寒风中打着旋儿。下午5点刚过,天色灰蒙蒙的。街上行人稀少,商店生意清淡,店员一个个拢着袖子,坐在堂前打盹儿。

这时,一列长长的轿车队伍,首尾相接,从湖南路国民党中央党部礼堂开出,一路鸣着喇叭,浩浩荡荡地穿过大街小巷,朝鼓楼方向驰去,喇叭声惊动了正打盹儿的店员,忙赶到路旁驻足观看。闪光锃亮的小卧车一辆接一辆地驶进首都饭店的院内。

十数个肃立门口的身穿黑色燕尾服的侍者,连忙迎上前去。

一位身材魁梧英俊潇洒的年轻将军从卧车内一闪身下了车,他约莫三十四五岁,中等偏高的个头,棱角分明的脸庞,清秀的眉宇间透着英气。他身穿草绿色的呢料军服,腰间佩着武装带,脚蹬乌油发亮的长筒马靴,领章上缀着三颗金色的将级星徽。这一身打扮,使得这位年轻的将军,愈显得精悍、利洒、威武。

他迈着军人特有的步伐,径直朝饭店的门厅走去。好几名先下车的将军、随员毕恭毕敬地肃立两旁,有的献媚地上前打招呼。他挥了挥手,旁若无人地照直前行,身后洒下一串"笃笃"的马靴声。

进到二楼房间,随从秘书、副官纷纷拥上前来听候吩咐。侍者帮他解开武装带,脱下马靴,换上软底便鞋,年轻将军微微地摆了摆手,示意他们离开,然后一屁股坐在沙发上,长长地吁了口气,便右手托腮,望着天花板发怔。侍者端来咖啡,小心地放在茶几上,便悄然地退出房门。

这位年轻将军便是赫赫有名的统率二十余万东北军的陆军一级上将张学良,时任"西北剿匪总司令部"副总司令,代行总司令职务。

张学良从西安到南京出席国民党四届六中全会和五届代表大会,已经二十多天了。面对着日军对中国领土的疯狂进犯,对沦陷区人民的野蛮杀戮，对中华民族主权的肆意践踏，他满以为这次会议一定会提出抵御外侮的方针和措施，没料想当局闭口不提抗日救国，仍然口口声声"攘外必先安内"，热衷于打内战；军政大员们感兴趣的是拉选票、搞竞选，千方百计为自己牟取高官要职。

尤其使张学良感到压抑的是，这次来南京，上至委员长，下至行政院各部办事人员，对他十分冷淡。回想起历年来每次进京受到的隆重欢迎和一系列高规格的礼遇，仿佛有隔世之感。

那是1930年5月间，蒋介石与阎锡山、冯玉祥等军阀在中原混战，双方交战不相上下，胜负一时难决。而处在东北方向拥有重兵的张学良，却具有举足轻重的地位，因此蒋、阎、冯纷纷派出代表前往游说，极尽笼络讨好之能事。张学良为了国家的统一和富强，认真地分析了当时的形势，反复权衡利

★ 张学良将军（1936年照）

张学良（1901—2001），著名爱国将领，字汉卿、号毅庵，辽宁海城人。曾任国民党南京政府军事委员会海陆空军副司令、"鄂豫皖剿总"副司令、"西北剿总"副司令兼代总司令，中国国民党中央执行委员。为反对蒋介石的对日妥协与反共内战政策，1936年12月12日同杨虎城联合发动西安事变，逼蒋停止内战，联共抗日。

弊之后，决定支持蒋介石。9月18日，他发表了"巧电"并同记者的谈话，接着便率领东北军进关，21日占领天津，26日进驻北平，大军所到，势如破竹，不出两个月，力量的对比便发生了根本性的变化。阎锡山、冯玉祥见情况不妙，只得宣告失败，通电下野，历时七个月的蒋、阎、冯中原大战宣告结束。对东北军在困境之时伸出的一臂之力，蒋介石感激不尽，旋即委任张学良为全国陆海空军副总司令。同年7月间，石友三起兵反蒋，张学良遵命又派兵和蒋系刘峙部南北夹攻，不到半个月，就使石友三全军覆没。这时，张学良的势力范围覆盖了辽宁、吉林、黑龙江、河北、热河、察哈尔等六省且又囊括了北平、天津两大城市，在全国的地位和实力仅次于蒋介石，在诸多大小军阀的眼里真可谓是一人之下，万人之上，权倾朝野。

11月国民党在南京召开三届四中全会，那会儿张学良连中央委员都不是，但因替蒋介石立下盖世之功，被特邀参加。年近三十岁的张学良好不荣

耀，乘坐蒋委员长派来的专列进京，津浦路沿线每个车站都悬挂着大标语："欢迎促进统一、竭诚拥护中央、劳苦功高的张副司令！"

到达南京下关，张学良登上蒋介石派来的专车。一路上彩旗招展，锣鼓喧天。警车开道，数十辆小车簇拥，直抵国民党中央党部大院。蒋委员长早已率领大员们站在门口迎接，车刚停稳，蒋委员长一只手便伸进车窗，紧握着张学良的手，连声说："欢迎！欢迎！"

当晚，蒋介石举行盛大的欢迎宴会，为张学良接风，并把他介绍给出席四中全会的代表和党国头面人物。蒋介石还亲自把盏向众人提议："为英明绝伦的张副司令干杯！"

偌大的宴会厅顿时桌动椅响，觥筹交错，代表们欢呼着拥上前来和他碰杯，争着和他握手，处处是鲜花、美酒，处处是恭维、赞颂，张学良满面红光，应接不暇，沉浸在一派艳羡的目光和欢乐的海洋中。

与此同时，张学良的夫人于凤至更是受到蒋介石夫人宋美龄热烈、亲切而非同一般的欢迎和款待。从不在政治场合露面的宋美龄的母亲宋老太太也破例在自己的私邸接见了于凤至，并认她为干女儿，宋美龄也和她结拜为干姐妹。

自从张学良和蒋介石联手以后，五年以来，他每次来南京，总要受到破格的接待，不是蒋介石亲自出面，至少也是军政部长何应钦代表委员长前往机场迎接。可是，这一次到明故宫机场来接他的，仅仅是一个小小的侍从室主任钱大钧，场面冷冷落落，机场里外连一面纸糊的彩旗也看不到。

开会期间，张学良本想将东北军开赴西北同共军的战事向蒋介石与何应钦陈述一番，争取得到兵员、武器上的补充和经费上的接济，但几次见面，刚一开口，便被堵住了："公务很忙，这事以后再说吧！"

其实，一切都很明白，受冷落的原因就是因为他和共军作战吃了败仗！将军打下败仗，那是奇耻大辱，是比什么都丢脸的事情。五年来的经历就像一个五味瓶，酸甜苦辣咸，什么滋味儿都有。

野心勃勃的日本帝国主义并不以占领东北三省为满足，1933年1月，又悍然出兵攻入山海关内。张学良吸取九一八事变的教训，他未向南京政府请示，立即作了抗战的部署，命令何柱国部在山海关、北戴河至界岭口一线，按防御计划予以抵抗；又令商震部三十二军赴滦河转冷口之线；宋哲元指挥的二十九军开赴喜峰口；王以哲指挥的六十七军开赴古北口；万福麟部挺进界岭口以北地区，支援热河汤玉麟进行抗战。在这种形势下，2月，日军转向热河进攻，热河省主席兼第五军团司令汤玉麟腐败透顶，初则首鼠两端，拒绝援军入境，继则不战而逃。热河失守的消息传到北平，张学良一番抗日苦心，完全付之东流。他气得顿足捶胸，立即下令通缉捉拿汤玉麟，查抄他在天津的家产。张学良这些措施，却丝毫未能减弱全国人民的激愤，上下沸腾，纷纷谴责南京政府。东北军事最高当局的张学良成了众矢之的，被人们骂得狗血淋头。善于嫁祸于人的蒋介石通过他的宣传机器，把"失地"的罪责完全转嫁到张学良身上，迫使他3月8日致电南京政府，请求辞职……

为了平息全国人民的愤懑，蒋介石以北上督师、筹划反攻为名，3月9日下午4时在保定车站他的专列里召见了张学良。召见之际，边上只坐着一个国舅宋子文。张学良原以为这次召见，是商议有关抗日问题，便在心里暗暗地拟定了反攻热河的计划，请缨杀敌。然而，当张学良刚同蒋介石在车上照面，屁股还没坐稳，蒋介石就板着面孔说：

"汉卿，你的辞职电报我接到了，很了解你的诚意。现在全国舆论哗然，集中攻击我们两人。热河失守，你守土有责，我当然也难辞其咎。"

蒋介石说到这里，转头看了一眼坐在身旁的宋子文："这就好像一条船一样，三个人要乘这个船，船就要沉了，应该有一个人跳下去。汉卿呀，你看这……"说到这里，他故意顿住，与宋子文都目不转睛地盯着张学良。这四道目光，简直像四条寒光闪闪的利剑。

"热河失守，我有责任，当然该我下去。"张学良说。

"这样也好。那我就尊重你的意见，批准你辞职，以后待机再起。"蒋介石又一次以感激的目光望着张学良，语气也温和下来。张学良如此爽快，是他原先没有想到的。

"前年东三省失守，我就想引咎辞职。这次热河之变，我更应负直接责任。免去我的本兼各职，正可以伸张纪律，平息舆论。"张学良诚挚地说，"不过，我要向委员长进一言。日寇狼子野心，侵略成性，绝不以占领东三省、热河为终止，一定会很快进犯华北，以遂其并吞整个中国的阴谋，我看委员长应下定抗日决心，动员全国与日本宣战。当务之急是应急调中央劲旅与东北军配合反攻热河，以阻止日军前进。"

"是的，是的。"蒋介石心不在焉地回答。

张学良请求辞职的消息披露后，尽管是形势所迫，对他这种视权位如敝屣而轻弃于旦夕之间的行为，舆论界反应还是很强烈的。天津《大公报》曾发表一篇题为《行矣张汉卿》的社评，公开为他喝彩，文中说：

"以拥众数十万之大军领袖，经保定车中一席谈，居然放下兵权，自请摆脱，又不可不谓中国军界之一创例也。"

4月，张学良交出了从先父张作霖手里接过来的数十万东北军的指挥权，不顾部属们的劝阻和净谏，在与蒋介石谈话后的第三天就离开了他赖以安身立命的东北军，离开了北平。临行之前，他召集东北军的主要将领，讲了一次话。他说："我要到国外去走一遭，不久就会回来。为什么在国难家仇这样严重的关头，丢下你们，离开袍泽？这不用讲，你们都明白。我走以后，你们要好好干，要保存东北军这一点实力，作为抵抗日本、收复东北的基本力量。我们不收复东北，对不起先大元帅在天之灵，对不起东北三千万老百姓……"

诸事安顿就绪后，张学良带着夫人于凤至、赵一荻小姐和一批随从，义无反顾地来到上海。在美国安息日会传教士、德国名医密勒博士的指导下，不用任何药物，靠坚强的意志强制戒除了扎吗啡针的恶癖。一个月后，他在意大利驻华公使齐亚诺的陪伴下，乘"罗西伯爵"号轮船去意大利考察。

在国外，张学良什么职务也没有担任。可他没有消沉，一方面密切注视着国内形势的发展，另一方面到处参观、调查，学习外国的政治、经济、军事。经过一番分析思考，他在思想上倾向于德国和意大利的法西斯政治，对希特勒与其国社党领导的德国，墨索里尼与其法西斯蒂党领导的意大利，以独裁专制迅速复兴国家的事迹，颇感兴趣。

天渐渐黑了下来，夜色像一口倒扣的大锅，笼罩着南京古城。马路上昏黄的路灯，有气无力地闪烁着微弱的光。饭店后部的舞厅开始营业了，靡靡的舞曲伴随着女人浪荡的嬉笑，在夜空中弥散，显得轻飘而邈远。张学良木然地站在窗前，像一尊木雕的偶像。

1933年底，蒋介石看到东北军尚有很大的实力，为达其既消灭红军又削弱东北军的目的，便把大部分东北军从华北调到鄂豫皖一带"围剿"红军。在东北将士强烈的吁求下，张学良在1934年1月被蒋介石电召回国。1月22日，蒋介石在南京会见了他。张学良向蒋表示："这次回来，我不想再带兵了。"

蒋介石笑了笑："你自己想要干什么？"

"让我在你的侍从室当主任吧。我愿意更多地接近你，我俩之间朝夕接触，会更亲密些。"

蒋否定地摇摇头，说道：

"你回来了，国人对你仍有许多不满和怨气，你得做几件像样的大事，挽回从前的影响才是。侍从室就是'侍从'嘛，这哪里是你这样的人待的地方。"

张学良想了想，又问："眼目下，你看什么事情最难办，最棘手？"

"剿共的事情最难办。"

"那就由你安排吧！"

2月7日，张学良被任命为"鄂豫皖剿匪总司令部"副总司令，蒋介石兼任总司令。

张学良国外归来，踌躇满志。他接受了蒋介石的任命以后，3月1日便在汉口就职。从此，东山再起的张学良和他的东北军被蒋介石驱上了与红军作战的道路。在此期间，张学良对"攘外必先安内"的错误政策是忠诚地执行的，他一心一意希望帮助蒋介石武力统一中国之后能共同抗日。为此，他下令南下的东北军对鄂豫皖边区的红军加紧进行"围剿"，自己还常去前线视察；为了表示自己和东北军对国民党、蒋介石的忠诚，他让东北军校以上军官集体加入国民党。

1935年，因红军长征辗转进入陕北，蒋介石便撤销了鄂豫皖"剿总"，改在西安设立"西北剿匪总司令部"，他自兼总司令，张学良仍任副总司令，代行总司令职务。于是，张学良又率领近二十万东北军浩浩荡荡地进入陕甘，并于10月在西安就任新职。

从湖北到西北，张学良本来是希冀在"剿共"中有所建树，在西北站稳脚跟，扩大东北军的实力，以取得蒋介石的信任，有朝一日打回东北老家去。谁料想，在他赴西安上任后的一个月内，东北军就接连吃了两次败仗。10月1

日，一一〇师被红军歼灭于甘泉县的劳山，师长何立中阵亡；10月22日，红军又袭击甘泉以南榆林桥的一〇七师六一九团，歼四个营，团长高福源被红军俘虏。

一个月内接连两次失利，精明的张学良立即觉察到，自己面对着的对手，显然是不可低估的一支劲旅。由此，他开始忧虑东北军今后的前途和出路：要是和红军再这样打下去，回老家岂不成了永远也实现不了的梦想？

正是思想上起了这样的疑团，张学良此次来南京开会，对前方部队很不放心，曾通知部队就地集结整训，暂不要和红军作战。来南京前，他还亲自驾机飞到甘肃庆阳，当面告诫五十七军代理军长董英斌：形势有变化，部队暂缓前进，不宜轻举妄动，何时行动需听我的命令。

思绪像旋转不定的线团一样不断地往外抽，把他二十多年戎马生涯中的酸甜苦辣都扯了出来。正在他感慨万端之际，"啪"地一声，房内的大吊灯被打开了，顿时满屋光亮如昼，他正待发火，见是随从副官刘海山，涌到嘴边的怒气又咽了回去。刘海山的军阶虽然仅仅是一名上校，但他有国民党军事参议员的头衔，且胆识过人，枪法超群。他早年给孙中山当卫士，孙逝世后，又在蒋介石身边工作。后来他转而敬慕张学良，认为张学良是个"人物"，便离开蒋介石跟随他。张学良对他非常信任，遇事总要找他商量。

刘海山将一份电报递到张学良手里。

张学良接过电报，脸色渐渐变得阴沉可怕，看着，看着，眼睛突然睁大了，心怦怦跳了起来。只见电报上写着：

11月21日，我军一〇九师全部、一〇六师部分，被匪军歼灭于富县直
罗镇地区，一〇九师师长牛元峰以身殉职……

仿佛头顶炸响了一个霹雳，张学良一下子目瞪口呆，半晌没有缓过气来。过了会儿，他将电报纸一把扯得粉碎，大声吼道：

"给我查！给我查明白！来南京前我专门去庆阳交代过，叫他们不要轻举妄动。这次行动是谁的主意！竟敢违背我的命令，简直是胆大妄为！混账王八蛋！"

他一边怒不可遏，一边在房内来回地走着，就像一头困在笼子里的狮子。

秘书应德田从隔壁走过来，望着盛怒的张学良，默默地站在一旁。他知

道这位年轻上司的脾气，在这当口最好什么也别说，等他气消火熄之后再慢慢劝解。

过了一会儿，张学良逐渐平和下来，坐在沙发上，嗫嗫嚅嚅地说："这些魔鬼，一个半月内吃掉我将近三个师，我刚刚移师西北，就受到如此惨重的挫折。长此下去，太……"应德田在他对面悄然落座，轻轻地说道：

"副司令，不要太烦恼，反正和红军作战吃败仗的，也不只是我们东北军一家。委员长指挥百万大军，先后五次'围剿'江西红军达四年之久，除了损兵折将，还占了什么便宜？红军长驱万里到达陕北，人家还是红军，仍然存在。"

说到这里，应德田瞟了张学良一眼，见他没有反感的表示，便接着往下说：

"日本帝国主义对我国野蛮侵略，奸淫烧杀，无恶不作，中华民族到了生死关头，而委员长置这些于不顾，提出什么'先安内而后攘外'，发动内战，自相残杀，这怎不遭到全国人民的强烈反对呢？所以我说，不抗日而'剿共'，是不仁不义的举动，是自取灭亡的死路，唯有停止内战，团结抗日，才是救亡图存的生路。"

应德田是东北大学毕业的高材生，1929年在张学良的资助下留学美国，先后就读于伊利诺大学和密西根大学，专攻政治和市政。1932年归国，在东北大学担任教授，后来在进步学生刘梦坡等人的影响和介绍下，参加了共产党的外围组织"反帝同盟"，具有较强的爱国意识。1934年7月，应德田到武汉去见张学良，经过长谈，很快便得到张的赏识，并委任为"鄂豫皖剿总"随从秘书科少校科员，不到一年，又提为中校秘书。张学良走到哪里都带着他，应德田在张学良面前总是直言不讳，张对应也总是器重有加。

张学良紧锁双眉，沉默不语。应德田乘机又说："中国军队不少，但用其如何？至于我们东北军，更应来抗日，不该参与'剿共'。众所周知，东北是日本人抢去的，并不是共产党抢去的；大帅是日本人炸死的，并不是共产党杀害的。让我们东北人漂泊流浪，无家可归，受尽苦难，这是日本人一手制造的，而不是共产党。东北军二十万将士如能投入抗日，一定会得到全国人民尤其是东北人民的热烈拥护和支持，东北军及东北人民对共产党往日无怨、近日无仇，参加'剿共'实属不义之举，全军官兵思想不通，意志消沉，长此下去，只能自己给自己脸上抹灰，自己毁灭自己。亡羊补牢，犹未为晚，请副司令深思。"

应德田一口气讲完，房间内出现一阵难言的沉默。张学良从沙发上站起来，长长地吁了一口气，然后心事重重地说：

"你说的有些道理。容我考虑考虑。"

应德田站起身，走到门口，张学良忽然喊住他："应秘书，刚才你说的那些话，只限于这间房子以内，要是让别人知道了，扰乱军心，是要——"张学良挥动手臂往下一劈，做了个杀头的动作。

应德田顿了顿，径自走出去了。

3. 天玄地黄　路在何方?

国民党五届一中全会闭幕，张学良决定去一趟上海。他的脑子里装着许多问题，要去找老朋友杜重远倾谈。尽管他的司令部内并不乏有识之士，但他对杜重远寄予更大的希望和信赖。

杜重远是吉林怀德人，早年留学日本，入仙台高等工业学校学习制陶工艺。1922年冬学成归国，当时留日归国生谋一官半职是很容易的，但他有感于国内工业落后，决心投身实业，便在沈阳创办了东北第一家机制陶厂——肇新窑业公司。1928年，张学良担任东北边防司令长官，上任伊始便积极发展经济和教育，以求富国强兵。杜重远所创办的"肇新窑业公司"得到他的大力支持，他不但前往参观、视察，还投资了十二万元。

在这期间，杜重远被推选为奉天省（辽宁省的前称）总商会的副会长，他敢于同当时社会上的恶势力抗争，吸收了一批进步人士参加商会工作，并领导商民罢市，上街游行、请愿，抗议省政府当局任意摊派捐税，工作中颇多革新和建树，在工商界人士中声望日增，但却为省政府一些人所不容，不久即以领导商民造反的罪名，解除了他的职务。张学良深察杜重远是个富有正义感的难得的人才，备加器重，立即委以司令长官公署外交秘书职务，许多对日外交活动，都由杜重远参加襄助。

九一八事变后，关东军占领沈阳，立即下令搜捕杜重远。杜重远在沈阳无法存身，便装逃到北平，和阎宝航、高崇民、卢广绩、王化一等人成立了

"东北民众抗日救国会",一面进行抗日救国宣传,一面指导和声援东北的抗日义勇军。为了加强同各地抗日爱国人士的联系,不久,杜重远受救国会的委派前往上海。

到了上海,杜重远积极在工商界、文化界开展工作,同邹韬奋、沈钧儒、胡愈之等爱国人士建立了深厚的友谊,和当时共产党在上海的地下工作者潘汉年等人也建立了密切的联系。

1933年后,国民党政府积极奉行"攘外必先安内"的政策,镇压和削弱抗日力量,邹韬奋主编的《生活周刊》被勒令关闭,邹韬奋被迫出国。杜重远在这种形势下挺身而出,将《生活周刊》改为《新生周刊》,自己充任总编辑,继续进行反对日本帝国主义侵略和反对国民党独裁统治的宣传。

★ 杨虎城将军 (1936年照)

杨虎城 (1893—1949),著名爱国将领,陕西蒲城人。1930年任17路军总指挥、陕西省政府主席。1931年任西安绥靖公署主任、中国国民党中央监察委员。1936年12月12日,同张学良联合发动西安事变,要求蒋介石停止内战,联共抗日。西安事变和平解决后,1937年6月被迫离军出国,同年11月回国,要求抗战,被蒋介石长期囚禁。1949年9月6日,在重庆"中美合作所"惨遭杀害。

1935年六七月间,由于《新生周刊》刊登了一篇《闲话皇帝》的文章,日本驻沪总领事向上海市长吴铁城提出抗议,说该文章侮辱了日本天皇,要求严惩《新生周刊》的发行人。对于日本的无理要求,国民党政府完全照办,勒令《新生周刊》停刊,并将杜重远逮捕,判处徒刑一年零两个月。

对杜重远的无理判决,引起了全国各界爱国人士的极大愤慨。张学良听到这个消息十分生气。有人曾希望他能利用自己的影响和关系,使杜重远早日获释。但张学良没有这样做,他说:

"重远暂时就受点委屈吧,让全中国、全世界都看到他因为抗日救国而坐牢,为中华民族坐一年零两个月的牢狱,这是他的光荣。"

张学良这次去上海，除了一连串的疑问需要请教之外，也想去监狱探望，尽尽朋友的情分。张学良这样的党国要人，一举一动都会引人注意，而今专程去拜访一个"囚犯"，传出去可就不是一件小事了。所以，上海此行，他决定轻车简从，不惊动他人，以免造成不必要的麻烦。

张学良正在清理文件，打点行装，刘副官突然进来通报："副司令，杨虎城主任来访。"

"有请！"张学良连忙放下手里文件，整理一下衣衫，朝门口迎去。刚走出房门，杨虎城已迎面走来。两双手便紧紧地握在了一起。

杨虎城也是国民党第五届全国代表大会代表，他住在十七路军驻京办事处。这次开会他见张学良坐在主席台上，总是低垂着头，愁眉不展；明天他就要返回西安，所以今天专门到首都饭店来拜访张学良。一则是探望，二则是辞别。

"张副司令，你好啊！一直想来看看你，硬是抽不出身。"

"是呀，一起开会，见面容易，要在一起聊聊，还真不易哪！"两人手拉着手走进房间，面对面地在沙发上坐了下来。

杨虎城是西安绥靖公署主任兼十七路军总指挥，在东北军没有开进陕西之前，他是陕西省的最高军事长官，自"西北剿总"成立后，他即受张学良的节制。他俩虽然都是一副标准的军人姿态，而气质上却有很大的差别。张学良英姿勃发，锋芒毕露；而杨虎城比张学良年长七岁，则显得远见卓识老成持重。假如说张学良的地位和功业是靠他老子张作霖给他打下的基础，在很大程度上是坐享其成，而杨虎城能有今天，却是他从二十多年的戎马生涯中一刀一枪闯荡出来的。

杨虎城是陕西蒲城县人，家境贫寒，小时刚念了两年私塾，就到一家小饭铺当童工。1908年，他父亲遭仇家陷害，被清政府绞死于西安，他怀着无比的深仇大恨，和当地一帮年轻人成立了"中秋会"，会员发展到一百多人，专门打富济贫，扶弱抑强。不久，辛亥革命爆发，他率领中秋会部分成员即参加陕西反清革命队伍，多次在乾县、永寿一带与清军作战。1915年袁世凯称帝，杨虎城率众参加了陕西护国军，在朝邑、华阴一带讨袁。这次军事行动结束后，他被委任为陕西陆军第三混成团一营营长。在后来的军阀混战中，他拥护孙中山的革命主张，南征北战，战功累累，特别是1926年为策应广东革命政府的北伐，坚守孤城西安八个月，形成他前半生戎马生涯中最光辉的篇章。

1926年初，广东革命政府正在筹划北伐，直系军阀吴佩孚联合奉系军阀张作霖，为了肃清其侧背与广东有联系的革命力量，以免除后顾之忧，全力迎击北伐军，派刘镇华率领土匪集团镇嵩军号称十万之众进攻陕西。当强敌逼近西安时，城内守军只有李云龙（又名李虎臣）所属国民军第二军十师等部，兵力不到五千人，形势岌岌可危。当时，杨虎城率领的国民军第三军三师是陕军中力量最强的部队，为了配合全国革命形势发展的需要，他急率部队毅然从三原开进危城，与李云龙部共守省城。这就是有名的"二虎把长安"。

杨虎城、李虎臣率部守城加起来也不过万把人，被十万敌军团团围困在西安城内。在这众寡悬殊、装备很差的条件下，杨虎城率众坚持了长达八个月之久的守城之役。八个月中，日夜激战，弹药消耗得不到补充，后期粮草断绝，军民只得罗雀掘鼠为食。这时军中有人悲观沮丧，提出言和投降。杨虎城公开宣布："虽留我一人，也非死守不可！有倡言和者，即以军法从事！"

由于共产党组织和进步群众的积极配合，终于在冯玉祥率领的国民联军的驰援下，于11月28日解围。尽管这次守城之役付出了重大代价，死亡五万之众，但却拖住了十万之余的北洋军阀部队，在战略上策应了北伐战争。冯玉祥进入西安，即晋升杨虎城为国民联军第十路总司令，随即率部东出潼关与国民革命军会师中原。

1929年4月，蒋介石和冯玉祥的关系濒于破裂，杨虎城分析了形势，权衡了得失，加上蒋介石的拉拢，便率部投归了蒋介石。1930年7月，杨部扩编为讨逆第十七路，奉命西进追击冯玉祥的部队，于11月占领西安。当混战将近结束的时候，蒋介石为了进一步笼络杨虎城，委任他兼任陕西省政府主席。

这样一来，杨虎城成了西北五省最有权势的统治者。但由于他不是蒋介石的嫡系，蒋介石对他并不信任，委以要职的同时，又对他多方限制、削弱，派顾祝同为潼关行营主任，率嫡系部队第二师、第三师进驻潼关、华阴等地，以遏制陕东咽喉；以后又派嫡系第一师胡宗南部队驻扎天水，以控制西北全局。1933年5月，蒋介石又采取突然袭击方式，招呼都不打一声就免去杨虎城的陕西省政府主席职务，委任邵力子为陕西省政府主席。杨虎城分明感到这是难以忍受的奇耻大辱，由此，同蒋介石的矛盾就一天天尖锐起来。现在蒋介石又令将近二十万的东北军进驻陕甘，成立了"西北剿总"，以张学良为副司令，代行总司令职权。而他率领的十七路军，统共五万来人，装备陈旧，补给不足，如今又要受制于张学良。杨虎城更深切地感到自己和十七路军在蒋介石的棋盘上已经是无足轻重了。

东北军调进陕甘，张学良是10月16日驻进西安金家巷的。

对于张学良和东北军的到来，杨虎城对其真正意图一时摸不着底。从张学良回国后的言论看，他明显是拥蒋的。但九一八事变后，东北军到处颠沛流离，受尽了失地丧家的痛苦，而且还得在蒋的迫胁下为之拼命，从这个角度看，东北军官兵对蒋不会有什么好感。东北军入关，受蒋歧视，实力削弱，地位日下，蒋又把九一八事变中不抵抗的黑帽子巧妙地让张一个人独戴，凭"少帅"那个心性，心里能服气么！受蒋的欺负与压迫，东北军和十七路军的感受是相同的，所以杨虎城对自己的亲信说过这样一句话："患难的朋友好交！"但是，杨虎城也有另一面的疑虑：论兵力，东北军比十七路军大好几倍，如果张受了蒋的愚弄，与蒋在陕、甘的兵力一起对十七路军采取压迫态度，那可就很危险了。所以杨虎城又说："我专心试探张少帅的动向，尽量设法和张在政治上合作。目下看来，我们的出路，主要在联张上。"杨虎城严嘱所属，对这些事要绝对保守秘密。

张学良到西安后，杨虎城与之来往频繁，在礼遇上，杨对张很尊重，但在一个多月的交往中，双方俱是官样应酬，内心的话都不肯掏出半句。

杨虎城喝着茶，很快体察出张学良情绪不佳，他正要把明天返回西安的事告诉张学良，心直口快的张学良倒先开了口：

"杨主任，昨天我看了选举结果，你当选为中央监察委员，应该向你道贺！"

"张副司令，别作践我了，不说还罢了，说起来真叫人脸红啊！"杨虎城放下茶杯，苦笑着说，"从辛亥革命起，我就跟同盟会闹革命，到如今还要花钱买一个中央监委，这简直太丢人了！"

本来，这次他是不想参加竞选的，准备听其自然，但返回头一想，以他的地位和处境如不参加竞选，势必在政治上引起蒋介石的猜疑。想起为了拉选票，竟花销了八万元大洋，他的心里就自惭自疚，老大的不快。

"嘿！此事你大可不必认真，"张学良见自己的话引起杨虎城的辛酸，内心很不过意，"其实这次选举，只不过是一场闹剧而已。开选之前，他们就内定了人选。我这个中执委就是他们事先圈定了的。"

"这我也知道，论票数，我当中执委也够了。蒋委员长和陈立夫指定我为中监委。所谓选举，也就是走走过场罢了。"

"杨主任，你听说了吧！"沉默了片刻，张学良接着说，"我在这里开会，我的部队又在直罗镇损失了一个师。我到西安上任才两个来月，将近三个师让红军给吃掉了……"

提起和红军的作战，杨虎城的内心立即涌上来一股说不出的酸楚。今年年初，红二十五军由鄂豫皖苏区突围向西转移进入陕南。杨虎城在蒋介石的严令督促下，派出所属的三个警备旅进行堵截，在1月至7月初的半年时间里，在蔡峪窑、石塔寺、九间房、袁家沟口等地受到红军歼灭性打击，两个旅长被俘，一个旅长被伤，杨虎城的直属警备部队几乎被搞光，而蒋介石不仅不给丝毫的安慰和补充，反而大加嘲讽，打电报来加以斥责："国家养兵，失败如此，曷胜浩叹！"杨虎城气得上牙打下牙。从此以后，他便极力避免同红军作战，以后再也没有发生过大的冲突。

劳山战斗之前，杨虎城看了"西北剿总"的命令，就特意去见张学良："对共军作战可要慎重，你别小看这些缺吃少穿、武器破烂的疲惫之众，打起仗来可厉害呢！"张学良听罢，不以为然地对杨虎城说了四个字："你看我的。"杨虎城返回之后，摇着手对部下说道："他（指张）还不知道钉子是铁打的，少年气盛。等碰回来再说。"

现在，东北军在红军面前碰得这样惨，比杨虎城想象的还要惨，杨虎城又非常理解和体谅张学良此时的处境和心情，便劝慰他说："此次一〇九师的失败，在代表中间议论纷纷，有的幸灾乐祸，有的冷嘲热讽，还有的说要追究指挥官的责任，树林子大了，什么样的鸟都有！胜败乃兵家之常，和红军作战，吃败仗的不光你张副司令，务必不要介意，不要过于伤感而影响健康，在这个晦气的年月，一定要好自排遣才是。"

联想到近些日子蒋介石、何应钦冷冰冰的面孔，杨虎城一番诚挚的劝慰，张学良听了很是动情。

"我们俩在同一个位置上，只有你老兄才能理解和体谅我！"张学良感叹地说。

杨虎城苦笑着说："不过，副司令，说来说去，你比我的处境还是要好得多……"

"哦，好在哪里？"张学良不解地问。

★ 杜重远（1936年照）

杜重远（1898—1944），吉林省怀德县人，东北著名的爱国人士，和张学良私交较深。1931年九一八事变后，杜在上海一面办实业，一面从事抗日救亡运动，参与组织东北民众抗日救国会，被选为常务理事。继邹韬奋之后任《新生周刊》主编。1935年6月由于在《新生周刊》发表《闲话皇帝》一文，涉及日本天皇，遭日方抗议，被南京政府判刑一年又两个月。1936年9月出狱，10月到西安。11月7日，参加西安学生追悼鲁迅大会并讲了话。1939年，任新疆学院院长。1943年6月13日被军阀盛世才杀害。

"张副司令，你和委员长是有交情的。你过去多次有恩于他。1928年改旗易帜，与南京国民政府实行统一；中原大战，你发表'巧电'，迫使冯、阎败走；热河失陷，你又代他受过……你有这么多恩德于他，天地良心，他对你总会有所照顾的。在陕北虽然损失了三个师，委员长不用说很快就会给你补充起来。你眼下的痛苦也只是暂时的。"

一提"补充"，张学良的火气陡地上来了。他把茶杯往茶几上一顿，愤然地说：

"哼，补充个屁！军政部已经正式通知，我那两个师的建制全给撤销了！"

"啊，居然有这等事！"杨虎城眼睛瞪得老大，"中央军的损失，委员长总是随失随补的嘛！我还以为仅仅十七路军是后娘养的，想不到你也……"

"地方部队统统是他妈后娘养的！"张学良面孔涨得通红，胸脯急剧起伏,"问题还不止于此。我向军政部提出,请求政府给予和红军作战阵亡的何立中、牛元峰二位师长的家属,各抚恤十万元,何应钦个狗东西断然回绝!"

"怎么?何部长不同意!？"

"我张学良追随南京政府,忠心耿耿,南征北讨,混到今天,现在混得连十万块钱也不值了!"张学良气得声音都颤抖了。直到此时,张学良仿佛才觉出了蒋介石将他推到"剿共"第一线的真实用意。激愤之后,他的情绪沮丧到了极点。

"张副司令,你别生气,生气没用。我们身后领着千军万马,倒是要替弟兄们多想想,不能再让他们平白无故作牺牲了。"

张学良踱到窗前,朝外凝视良久,然后转过身来,深深叹了一口气……

对张、杨二将军而言,这也算是一次"绝谈",以后二人时常见面,心照不宣,再也不提"剿共"二字了。

第二天,张学良带着两名随从,乘飞机抵达上海,为了避免官场上的应酬,他在法租界霞飞路恩培亚大厦租了一套房间住了下来。而且很快就打听到了杜重远的下落。

杜重远原被关押在上海漕河泾的"模范"监狱。由于全国舆论的强烈谴责和许多进步人士的营救,加上主管监狱的蔡劲军是杜重远的旧友,所以服刑期间,能以治病为由,住在上海虹桥疗养院。

这是一个冬日的下午,斜阳照在身上暖洋洋的,一辆乌黑、锃亮、车窗玻璃被蒙得严严实实的小轿车穿过繁华的街道和熙熙攘攘的人流,朝虹桥方向驰去。小车在疗养院门前停下后,副官刘海山从前门钻出来,快步朝楼房走去。不到五分钟,返回来低声向张学良禀报:

"杜先生房里没有外人。"张学良从汽车里钻出来。他今天穿着一件灰色绸袍,头戴一顶毛料吕宋帽,完全一副生意人的打扮。他跟在刘副官后面,迅速朝楼房走去,三拐两拐,在一间房门前停下来。

听到脚步声,杜重远连忙走出房门迎上前去。

房内陈设极其简单,一张钢丝床,一个床头柜,两只单人沙发和一个茶几,床单、被褥和用具,清一色洁白,显得素净而淡雅。

"副司令,你身负重任,不远千里,专程从南京来看望我这个身陷囹圄的囚徒,实在劳驾不起啊!"

张学良从刘副官手中接过备好的一束鲜花,很尊敬地献给杜重远:"为了宣传抗日,无辜坐牢,这是你的光荣,也是我们东北人的光荣!你受苦啦!"

"还好!"杜重远消瘦而苍白的面孔,有些泛红,他双手接过鲜花插在床头柜上的花瓶里,而且特意凑上去,轻轻地嗅了嗅,这才说道:"我这个案子影响很大,上海地方法院公开审判那一天,法庭外聚集了上千的群众,高呼抗日救亡的口号,反对对我进行审判。普天下谁都知道我这是冤狱,政府当局屈从于日本,真是令人愤慨!"

隔着一张茶几,两人在沙发上坐下。刘副官便到外面警戒去了。

张学良坐下又站起来,背着手在房间的小小空地上踱来踱去,边思索边说:

"杜先生,我现在也碰到麻烦了,最近几个月以来,不顺心的事一桩接一桩。我依照委员长的安排进驻陕、甘,才两个来月,10月初劳山战斗,10月22日榆林桥战斗,前几天直罗镇战斗,损失了将近三个师,两个师长被共军击毙,如果照这样打下去,我个人身败名裂事小,二十万东北子弟栽在我手里,可就对不起先人,对不起家乡三千万父老啊!"杜重远望着张学良,一言不发,任他往下说……

张学良一口气讲了许多,这才轻松地吁了口气,在沙发上坐稳。

"是到了认真考虑的时候了。"杜重远默默地点点头,收起笑容,严肃地说:"我和高崇民、卢广绩一伙东北同乡,每在一起就要议论当前的时局,大家对你受蒋介石的驱使,在内战的道路上越走越远,十分忧虑。倘不悬崖勒马,让其继续发展下去,非把几十万东北军的前程断送不可!

"'攘外必先安内'的政策到底是什么货色,现在该看得清楚了吧!自九一八以来,特别是最近几个月,什么'塘沽协定'、'秦土协定'、'何梅协定';还有什么'东北五省自治运动'、'冀东防共自治政府'……日本得寸进尺,步步进逼,而蒋介石却步步退让,丧权辱国。照此办理,中国这块土地很快就会沦入他人之手了!蒋介石这次在五全大会上居然还鼓吹'对外和平未到绝望时期,决不放弃和平;对内牺牲未到最后关头,亦不轻言牺牲',真是无耻之尤！"

杜重远甚知张学良的为人，所以说话毫无顾忌。接着，他从被褥底下翻出一份文件，递给张学良："这是一位朋友前几天给我偷偷送来的，你看看吧，谁是真爱国，谁是假爱国？谁是假抗日？白纸黑字，一目了然！"

张学良接过一看，只见上面写着：为抗日救国告全体同胞书。后面的落款是：中国苏维埃政府，中国共产党中央，1935年8月1日。他一口气将那份不长的文件看完，陷入了深深的沉思。半晌，才抬起头来，望着杜重远，恳切地说："杜先生，我们现在还在和共产党打仗哩，下一步该怎么办呢？"

"如果继续'剿共'，对东北军来说只能是自取灭亡；对于你个人来说，将是千古罪人！"杜重远很坦率地表明自己的观点，"东北军唯一的出路，是走联合抗日的道路。一是联合共产党。你刚才看了他们的《八一宣言》，主张停止内战，一致抗日，愿意同所有抗日力量建立联合阵线，中央红军现在已经到达陕北，可以和他们联合起来，作为依靠。二是联合杨虎城。杨将军是有抗日进步思想的，他的左右有许多进步人士，无论从哪方面讲，杨将军都是可以信赖的人。三是联合新疆的盛世才。他是东北同乡，过去又是你的部属，他在新疆与苏联的关系搞得很好，和他联合以后可以打通国际关系，求得苏联的帮助。如果东北军能和以上三方面联合起来，形成一个'西北大联合'，合作抗日，那么下一步是可以大有作为的。目前，全国的抗日高潮已经到来，谁不抗日谁就会垮台。我们东北军今后决不能再跟着蒋介石走亡国之路，唯有联合抗日才是光明的出路，也才有活路。"

听了杜重远的话，张学良目光炯炯，紧锁着的眉头舒展开来。蓦地他又想到：杜先生的主意虽好，但实现得了吗？于是，又忧心忡忡地问："同杨虎城、盛世才联合都好办，杨虎城有抗日思想，而且与老蒋也有矛盾；至于盛世才，更没有问题。只是对于共产党，我实在心中没底，我愿意同他们修好共处，谁知道他们是什么态度呢？"

"副司令，这你放心。"杜重远笑了笑，"共产党是革命的政党，最忠实于自己的政治主张，他们既然提出要建立最广泛的抗日民族统一战线，就一定会认真去做。只要你决心走抗日这条路，共产党同你实行联合是用不着疑虑的。"

为了坚定张学良的抗日信心，杜重远又详细地分析了国际形势：苏联是坚决反对帝国主义侵略的,是支持中国抗日的,这不用我多说。美英这两个帝国主义国家,同日本矛盾很深,因为不甘坐视日本独吞中国这块肥肉,也会帮助中国抵制日本。问题是,我们要能够制止蒋介石坚持打内战的政策,把全国人民的力量发动起来,团结抗日,抗战才有胜利的可能。

张学良笑了,内心仿佛有一股大潮在涌动……

上海逗留的最后一天,张学良又专程去拜访了国父孙中山的遗孀宋庆龄女士。他向这位不寻常的女性尽情地倾诉了自己一时无法解脱的苦闷。宋庆龄听后,发现他和蒋介石、何应钦等中央大员们的态度截然不同,便鼓励他要振作起精神,积极投入抗日的洪流,用实际行动洗刷自己蒙受的"不抵抗"的污名。

宋庆龄语重心长的鼓励,给了张学良极大的启示和鼓舞。这位刚强的汉子,是噙着泪水离开宋庆龄的寓所的。

张学良在上海停留了四天,就乘坐他的"搏鹰"号专机匆匆返回西安。这时的张学良,已经理顺了自己的思路,心境大有改观。

4. 家在东北松花江上

菲亚特小轿车一驶出机场,便飞驰起来。坐在前座的副官长谭海侧着身子,扭过头来小心翼翼地问:

"副司令,回金家巷吗?"

张学良略微踌躇了一下:"先去南院门。"南院门是"西北剿匪总司令部"所在地。他要立即将一〇九师在直罗镇被红军歼灭的事儿问个明白。是谁胆大妄为,违抗他的命令,使他在南京丢尽脸面。

离南院门还隔着一条街,就听见从那里传来一阵阵海潮般的喧闹声。汽车一拐弯,只见总司令部门前的广场上黑压压挤满了人,大部分是妇女和老人,有的抱着小孩,有的拄着拐棍。他们一个个面黄肌瘦,衣衫褴褛,操着东北口音嚎哭着、咒骂着……

小车"吱嘎"一声停在路边,张学良走下汽车,把皮帽子压低,向人群走去,谭海和刘海山紧跟其后。由于他穿的是便衣,没有人能认出来。四下观察，张学良很快弄清了事情的原委。原来这些妇女、老人，都是同官、耀县一带来的东北军家属，他们的男人、儿子在前线作战，有的被打死，有的被俘虏，生活失去了依靠，所以聚集到西安来请愿。一是要求部队打回东北去，重建家园；二是要求解决衣、食、住等生计问题。

这是东北军存在的一个不同于别的部队的特殊问题。九一八以后，东北军退入关内，日本帝国主义惨无人道的统治，使东北人民无法生存下去，纷纷逃离家园，过着颠沛流离的生活。不少东北官兵的家属乃至亲戚无路可走，便跑到军营跟着他们的亲人一起渡难。不仅中下级军官如此，许多伙夫、马夫也带上了家属。高级军官都把家眷安顿在北平、郑州、洛阳、西安等大城市，而下级军官和士兵的家眷只能跟着军队一起行动。这样不但给部队的供给带来了问题，也给部队的行动增添了累赘。队伍中夹杂着老头儿、老太婆，还有抱着婴儿的妇女，实在不成体统。一旦他们的亲人被俘虏或战死，这些眷属便陷入绝境。这种情况各级长官包括张学良本人都是清楚的，眼下也只好睁一只眼，闭一只眼，不去管它，人心都是肉长的，谁没有难处呢？

张学良在哭哭啼啼的人群里走着，望着妇女们一张张挂满泪水的脸和她们怀中瘦得皮包骨头的孩子，听着哀婉泣诉的乡音，他的内心泛起一阵阵的隐痛。一时，愧疚、愤懑的感情在他胸臆间交织着、翻腾着……突然，人群中有人唱起了《松花江上》：

> 我的家，在东北松花江上，
> 那里有森林煤矿，
> 还有那漫山遍野的大豆高粱。
> 我的家在东北松花江上，
> 那里有我的同胞，
> 还有那衰老的爹娘。
> 九一八、九一八
> ……

开始是请愿的群众唱，接着，围观的西安市民也跟着唱。歌声慷慨激昂，悲凉凄楚，此起彼伏犹如山呼海啸。张学良平日只要听到这支歌，心里就涌起一丝乡愁。今天再次听来，仿佛有人拿着老虎钳子夹着他的心，正起劲地拧绞，泪水禁不住簌簌下流。他实在不忍心目睹面前的惨状，正夺路往外走，突然听见前面一阵骚动，请愿的妇女一齐往前涌去。人群挤到"剿总"大门前不远的地方，只见一排卫兵手挽着手堵住大门，不让请愿的群众进去，秘书长吴家象站在一张桌子上，面向大家讲话："诸位大嫂、大婶、大叔、大伯，乡亲们！请不要吵闹了，里面正在办公，你们有什么要求可在这里对我陈述……"

"我们要求见张副司令，有些事情，请他给我们解答！"一个妇女大声喊道。

"张副司令还在南京开会，没有回来，你们有什么话尽管对我讲，我一定负责转呈。"

"我们的家乡被日本鬼子占领了，现在我们的男人有的被俘房，有的被打死，剩下我们这些孤儿寡母，吃没吃的，穿没穿的，住没住的，你们当官的知道不知道？管不管？"

带头的妇女讲罢，其他妇女便你一句、我一句嚷嚷开了：

"我们不明白，放着占领家乡的日本鬼子不去打，为什么跑到这儿来打仗？"

"我们要问问张副司令，什么时候领我们打回东北去！"

"红军与我们无冤无仇，为什么要和人家作对？！"

"难道张副司令忘了大帅是怎么死的！"

人群中的每一句话，好像一把把利剑，刺痛着张学良的心。张学良低下头，痛苦地责骂着自己……他使劲地从义愤填膺的人群中挤出来，快步走到停车的地方，朝司机一挥手：

"回金家巷！"

当晚，金家巷西楼二楼会议室召集处长以上军官开会，张学良听取代理参谋长谢珂、参谋长徐方汇报关于一〇九师在直罗镇被红军歼灭的情况。

听罢，张学良半晌无语，勾着头一支接一支地抽烟。宽大的会议室里出现了难言的沉默。参加会议的处长们大气也不敢出，只是用怯生生的眼光盯着面前这位严肃、英武的副司令长官。他们等待着一场暴风雨的来临。张学良却没有发火，他长长地吸了一口气，很快把烟头在烟缸里掐灭，然后抬起头来扫视了大家一眼,阴沉地说:"一〇九师失利,董英斌有直接责任,赴南京前,我专程前往五十七军驻地,要部队不要行动,他违抗了我的命令,现在我决定撤销他代理军长的职务。"

接着,他用忧郁的口吻说:"我们这支东北军,曾经东征西讨,久经沙场,论武器装备,在全国是最精良的,我自信不是熊包、软蛋,可是,和各方面处于劣势的红军作战,我们却一败再败,在短短一个半月的时间里,损失了将近三个师。要是照这样打下去,用不了一年,我们全军便会消耗殆尽。队伍打光了,剩下我们这些光杆司令,还拿什么'攘外'、'御侮'呢?所谓'抗日复土''打回东北老家',到那时岂不成了一句空话!"

张学良的语气虽然平缓,却字字句句敲击着每个人的心扉,处长们一个个低下了头。

"在座诸位都是跟随我多年的老同事、老部下,职位虽分上下,实则情同手足。在这关键时刻,我想请大家和我一起来思考一个问题:今后我们应该怎么办?继续和红军打下去显然是行不通的一条死路,若是另辟新路,这条新路又在哪里?"

张学良没有让大家马上做出回答,但大伙都陷入了沉思。

"大家都看到了吧,今天上千名妇女、老人到'剿总'来请愿,这些人都是我们的骨肉兄弟,他们不堪日寇的蹂躏,千里迢迢从东北逃入关内,受尽千辛万苦,到队伍里来寻找亲人,寻求庇护,可是他们的亲人却战死了,生活失去了支柱,太可怜了,太悲惨了!谁见了都要掉眼泪。这次在南京,我向蒋委员长提出,请中央政府拨专款抚恤受难同胞,却没有得到批准。"说到这里,张学良的火气冒了上来,用手敲着面前的茶几,"人家不管,而我们是不能不管的!我决定倾其所有,将我个人的积蓄捐出来,在西安、平凉两地修建难民新村,安置这些衣食无着的骨肉同胞。即使这样,也只能解决一下暂时的困难,以后呢?以后怎么办?所以请大家认真考虑,提出一个从根本上解决问题的办法来。"

散会后已是深夜,张学良回到三楼寝室,墙上的壁钟正敲十二响。

赵一荻还没有睡,歪坐在沙发上等他。她穿着一件银灰色的缎子绣花睡衣,云鬓蓬松,圆圆的脸庞又白又嫩,在柔和的灯光映照下,更显得娇俏妩媚。

关于张学良和赵一荻的关系，在当时的军政界和社会上是有颇多议论的。张学良的原配夫人叫于凤至，系关东古镇郑家屯商人于文斗的娇女。1916年深秋，张学良十五岁时，便由父亲张作霖主持与她完了婚。于凤至比张学良年长三岁。12年后，张学良任东北陆军第四师师长兼东北空军司令、第三方面军军团长时，部队驻扎在北平、天津一带，有一次，他在天津有名的交际场所蔡公馆跳舞，认识了年仅十六岁的赵一荻小姐。赵一荻，又名绮霞和赵媞，因排行第四，故又叫赵四小姐，是北洋政府交通次长赵庆华最小的女儿。因为美貌娇艳，张学良一见倾心，两人便交了朋友，到1929年的秋天，便相约在沈阳北陵秘密同居。当时，张学良同于凤至已有了子女，为了家庭和睦，他向赵一荻提出：不以夫人名义，对外称她为自己的私人秘书，在家庭内部叫侍从小姐。赵一荻接受了这个事实，她对于凤至敬重备至，贤惠的于凤至对赵一荻也很友好、和善，两人如亲姐妹一般和谐相处。张学良称于凤至为大姐，称赵一荻为小妹。接待客人和朋友时，总是带上于、赵一起出席，三人共同生活，倒也相安无事。

　　赵一荻一边给张学良脱外衣，一边关切地说："汉卿，南京开会两个多月，回来又得不到休息，脸都瘦了一圈。我真心疼。"说着，端来一盘奶油小点心，又沏了一杯咖啡，放在他的面前。

　　"小妹，南京的这些日子，真难熬啊！"张学良拿起一块点心放进嘴里慢慢嚼着。

　　作为张学良的生活伴侣，赵一荻在处理军务、政务上也是得力助手和支持者。他在她面前，从来是有话必讲，毫无隐瞒。于是，他将自己这一段时间来的苦恼和思考，以及专程去上海会见杜重远、宋庆龄的情况，原原本本地告诉了她。

　　赵一荻两只美丽的大眼望着张学良，认真、仔细地听着。张学良讲完后，她沉思片刻，而后低声说："汉卿，杜先生和孙夫人都是有学问的人，他们讲的句句都是金玉良言。依我之见，照他们的意见去办，咱们东北军才会重见天日。"

　　"嗯，我也是这样想。"张学良点了点头，但语气中又充满了忧虑，"联共、联共，共产党近在眼前，可又远在天边，我到哪里去找人家呢？李杜虽然答应帮我找关系，可是谁知什么时候才能联络上？"

"唉——"两人你望着我,我望着你,不约而同地叹了一口气。

过了片刻,赵一荻突然从床沿跳下来,扑到张学良身边坐下:"前几天,北平不是闹学潮(即一二九学生运动)吗?听说东北大学闹得最厉害,报纸上说,这次学潮是共产党掀起来的。你是东北大学的校长,可以以考察了解情况为名发个电报去,要学生代表来西安和你晤谈。这样,名正言顺,说不定可以找到共产党的线索哩!"

张学良为赵一荻的聪慧、机敏大为感动,他双手捧着她的圆脸,动情地说:"小妹!明天我就给北平发报,让他们派代表来西安见我。同时,我还要给洛川的王以哲军长发报,让他们和红军进行接触时,多长一个心眼,看能否拉上关系。我想,通过上海李杜、北平学生代表和洛川这三条线,是有可能与共产党取得联系的。"

第二天,张学良以东北大学校长的名义给该校发了个电报:

北平学潮未息,请将主动分子名单开来,并促其来陕一谈。

东北大学学生救亡工作委员会接到电报后,专门开会进行了研究。由于对张学良缺乏了解,加上他又担负的是"剿匪"副总司令的要职,加之电报内容也不友善,把学生运动称为"学潮",把学运中的领导骨干称为"主动分子",便误认为有敌视学运之意,决定拒绝派代表赴陕。

过了两天,不见动静,张学良又签发了第二封电报,电文是:

请邀主动分子促其来陕一谈,弟实善意。

这份电报语气上虽然有所缓和,但和第一份电报没有质的区别,东北大学学生救委会再次予以拒绝。

张学良见两次电报均遭冷遇,便知道是学生们对他尚存疑虑。这也难怪,自己的头衔怪吓人的,谁愿意前来"自投罗网"呢?为了消除师生们的疑虑,张学良特派"西北剿匪总司令部"军法处处长、原东北大学法律系教授赵翰九为他的代表,专程携款到北平慰问东大参加一二九运动的学生。

赵翰九到北平后,东北大学召开师生员工大会热烈欢迎。赵翰九代表张学良致慰问词,慰问词中不但没有半句批评,反而对学生的行动流露出赞赏和支持的意思。赵翰九返回西安后,张学良紧接着又发来第三封电报:

请派民主代表前来西安

这一次学生们没有轻易拒绝。他们几经磋商，认为张学良将军诚心诚意，整个形势的确发生了变化。于是推举宋黎、韩永赞、马绍周三人作为东大学生及北平学联的正式代表，同赴西安面见张学良将军。三人中只有宋黎是共产党员。临行前，宋黎请示了地下党组织，党组织指示他"见机行事"。

1936年1月底，三位代表乘火车抵达了西安。几天后，张学良派副官用专车将他们接到金家巷公馆。

副官将他们三人领进西楼第二层张学良的会客室。室内红漆地板，四周摆了一圈沙发，阳光从高大的玻璃窗直射进来，满屋熠熠生辉。

他们坐下不久，楼下便传来了嘈杂的脚步声，接着就见张学良穿着戎装走上楼来。他走到客厅门口朝大家点点头："请同学们稍候片刻，我换换衣服就来。"说罢，便快步走上三楼卧室，不一会儿，他着一件银灰色的皮袍，风度翩翩地下了楼。

他和宋黎等人一一握手，笑容可掬地开着玩笑：

"千里迢迢来西安，同学们一路辛苦了！你们几位神仙还真难请啊，叫我连着打了三次电报。"

三个学生代表互相望了一眼，不好意思地笑了。宋黎说："张副司令，东大的师生员工要我们仨代表他们向您问好！"

"感谢大家！"张学良边说话，眼光却在三个人的脸上扫来扫去，最后停留在宋黎身上，他觉得这三个学生代表中，这个年轻人脸庞白皙，戴着黑边眼镜，说话有条不紊，举动文静而沉稳，于是便指着他的鼻尖发问："你叫宋黎？"

"是的。副司令怎么知道我的名字？"宋黎十分惊奇。

"不但知道你的名字，我还知道你是北平学潮的带头人。我是你们的校长，当然应该知道嘛！"张学良得意地说。大家坐下后，他又友善地提议："作为你们的校长，你们作为我的学生，今天就以师生的身份谈，好吗？"

三个学生同时点了点头。本来他们对面前这位拥有重兵、声名煊赫的"少帅"心存戒备，现在见他挺随和的，双方的距离无形中缩短了许多。宋黎、韩永赞和马绍周将一二九以来北平学生运动的情况作了扼要的介绍。

张学良听得非常认真、仔细，还不时地点头赞许。

"在这次学生运动中，东北大学的学生走在运动的最前列。一二九那一天，准备参加请愿的学校统统被军警包围，东大的学生最先冲破封锁线；参加游行示威的队伍中，东大的人数最多，队伍也最整齐，口号最响亮，行动也最勇敢。因为东大的同学大都是东北流亡青年，九一八以后，我们失去了家园，断绝了经济来源，陷于失学、失业的痛苦境地。华北危急之后，我们已无处流亡，面临着当亡国奴的命运，除了反抗日本，我们是再没有任何出路了。"韩永赞说到后来，眼睛都红了。

★ 宋黎

"九一八以后，日本侵占了东北三省，又在上海制造了一二八事件，继而把侵略的魔爪伸向华北、内蒙。汉奸殷汝耕又在通县挂起了'冀东防共自治政府'的牌子，公开投靠了日本帝国主义。在民族危亡的严重关头，南京政府却照旧推行它'攘外必先安内'的政策，对日采取不抵抗主义，步步退让，对内则大举'剿共'，同时镇压抗日救国的学生运动。我们是无家可归的东北子弟，而且又是副司令的学生，我们希望张副司令能替东北父老说话，为全国人民请命，枪口对外，团结一致，率领东北军打回老家去，做收复失地的功臣。"宋黎趁热打铁，情词恳切地发出请求。

"嗬，你们这些话，好耳熟呀，完全是共产党的赤化宣传嘛！"张学良故意板着面孔，"你们是不是共产党？"

三个学生代表同时一怔，不知张学良的问话是什么意思，一个个不敢做声，佯装没听懂。

"哈哈！"张学良的脸上掠过一丝不容易被人察觉的失望表情，随即仰脸大笑，"你用不着害怕，作为你们的校长，既然把你们请来，就没什么恶意。实话告诉你们，我这个人向来不怕共产党，共产党也不用怕我。"三人面面相觑，不知说什么好。

张学良深深地叹了一口气，脸色陡然阴沉下来，感慨地说："我接受同学们的忠告。东北沦陷我有责任，先父的坟墓还在东北，国难家仇集于一身，抗日救国义不容辞。东北青年、东北军、东北人民应该首先团结起来，我们一定要打回老家去！东北是从我的手里丢失的，我一定要亲手把她夺回来！"

从一个国民党高级将领嘴里听到这样明确的表示，几位学生代表一下子由紧张变得轻松和兴奋。

张学良站起来，斩截地说，"你们三位暂时不要回北平了，就留在西安帮我们做些群众救亡工作吧。宋黎同学，你当我的秘书，负责和各群众团体联系，明天拿我的名片去拜会绥署杨虎城主任和陕西省政府邵力子主席，把各方面关系疏通疏通，求得他们的支持和帮助。你们看怎么样？"

"服从张副司令的安排。只要是抗日救亡工作，我们都愿意干。"三人异口同声地表示。

副官把他们安排住在金家巷不远的东大街的西北饭店。自此，三位学生代表便在西安住下来，开始执行张学良交给的任务。

5. 从北边射来的曙光

在南京开完国民党五大，杨虎城乘火车回到西安。机要秘书王菊人前往车站迎接。车站前面的广场乱糟糟的，挤满拖儿带女的难民。小车不停地按着喇叭，好不容易才从熙熙攘攘的人流中开出来。

"杨主任，我以为你在南京还要多待些日子呢，没想到这么快就回来了。"

坐在前排的王菊人回过头来，有点费解地对杨虎城说。他是杨虎城的蒲城乡党，出身书香门第，早年曾参加过学生运动，从1929年起便追随杨虎城。杨虎城看重其才华，视他为心腹，一切公私函电及机要事宜都交他处理。"那地方是富贵荣华之乡，也是个勾心斗角之地，不是我们这号人久待的地方。"杨虎城闷声闷气地回答。

"大会开得怎样？"

"马尾穿豆腐，不能提！"杨虎城叹了一口气，"还是那一套，'攘外必先安内'，'和平未到绝望时期，决不放弃和平；牺牲未到最后关头，亦不轻言牺牲。'"正说着，汽车已开进了九府街杨虎城的私邸——止园。一个身穿黑长袍、颇有长者风度的胖脸汉子,闻声从楼道走出来。杨虎城一下汽车,迎上前去握住他的手,热切地说:"斌丞兄,有劳久等,实在不敢当!"

"杨主任辛苦啦!这次'五全'大会,时间不短呀!"一口浓重的陕北口音。

这人就是西安绥署的总参议杜斌丞,实际上是杨虎城的政治幕僚长。他本人是位教育家,曾任榆林中学校长,刘志丹、谢子长等人都是他的学生。1922年冬,杨虎城率靖国军转战千里到了陕北,两人相识,从此,便成了肝胆相照的挚友。1930年中原大战,杨虎城率部入陕,被任命为陕西省政府主席,当即电邀在北平的杜斌丞回陕参政。杜斌丞遇事有主见,深得杨虎城的器重。在重大问题上,往往是"非杜言不决"。杜斌丞比杨虎城年长五岁,杨虎城便以兄称之。

杨虎城和杜斌丞肩并肩说着话,王菊人跟在后面,一齐步入客厅。杨夫人谢葆贞给他们泡好了茶,也在旁边的沙发上悄然坐定。她年轻、俊秀,是个攻读过法律的大学生,曾在杨虎城的部队当过宣传员。既是杨虎城的贤内助,又是杨虎城决策的隐形"谋士"。

"大会关于抗日和内战有什么新策?"杜斌丞用手指捋着胡须,笑眯眯地问。

"还是那一套,老生常谈。"杨虎城一手端着茶碗,一手揭开碗盖,边喝茶边说,"在抗日问题上,对老蒋不要抱什么希望,他是一条道走到黑,非要跟共产党过不去。唉,乏味死了。"他叹了一口气,转过话题又说:"不过,开会期间,碰到了另一个情况。"

"什么情况?"几个人同时伸长脖子,瞅着杨虎城。

★ 南汉宸(1937年照)

南汉宸(1895—1967)。山西洪洞人。共产党员。1930年任陕西省府秘书长。1932年冬,因南京政府通缉离职。在津沪等地从事共产党的工作。西安事变后回陕,受中共代表团团长周恩来领导,主持设计委员会的工作。

"汉宸派十七路军驻北平办事处的申纯伯处长，专程到南京来看我。"

"南先生，南汉宸，他现在在哪里？"杜斌丞火燎燎地问。

"天津。在天津做秘密工作。"

作为有名的共产党人，南汉宸在南京政府都是挂了号的，但他与杨虎城私下却有着一段真挚而不寻常的友谊。

1928年，杨虎城担任军长的国民革命军第十军驻防皖北太和，当时主持中共皖北特委工作的南汉宸，通过第十军政治部主任、共产党员魏野畴会见了杨虎城。杨虎城早就听说南汉宸是个人才，况又有魏主任的引荐，一见如故，当即邀请南汉宸出任拟兴办的第十军革命军事干部学校校长，魏野畴任政治指导员。南汉宸在军事干部学校上任后，邀请了一批共产党员、进步人士担任教官，给学员讲人类发展史，讲资本主义、社会主义、共产主义，讲当前的政治趋势，竭力培养具有政治眼光的军官。

南京当局对地方势力一向钳制极严，南汉宸、魏野畴在干部学校搞的这一套，很快就被特务报告上去，蒋介石十分恼火，立即派杨虎城的旧友韩振声来皖北，警告杨虎城："千万不可养虎贻患，南汉宸、魏野畴都是危险分子，及早动手除掉为好！"

杨虎城当时并不知道南汉宸和魏野畴是共产党，但他深感旧军队风气的腐败，不着力转变将无有生机。南汉宸的教育方法和内容无疑给十军带来了健康向上的力量，这正是他最求之不得的，于是便断然拒绝了韩振声的"忠告"。

不久，南汉宸根据河南省委的指示，在皖北策划暴动，然后进军大别山，建立根据地。根据杨虎城表现的进步意识，皖北特委研究确定，也争取他参加暴动。当南汉宸、魏野畴向杨虎城吐露此意后，杨虎城才明白过来，原来自己最为信任、赏识的这两个人，果真是共产党。自己目下正坐在火药桶上，虽然有一定的思想觉悟和民主要求，可现在要把多年奋斗得来的血本投进没有成功把握的暴动中去，他无论如何是下不了这个决心的。

南汉宸见杨虎城迟迟没有表态，人各有志，不好勉强，只好请他给予默许。杨虎城爽快地答应了。为了免受牵累，杨虎城决定以赴日本疗养为名，暂时脱离部队。临别时，嘱咐参谋长孙蔚如："南汉宸这些人都是靠得住的朋友。下一步不管出了什么事，你都要多加关照。"临别时，送行的南汉宸紧握着杨虎城的手："军长,我们让你作难了!"

杨虎城也动情地说："我宁愿丢开我的部队,也不愿同你们把关系搞僵。"

杨虎城去日本后,皖北暴动还尚在筹备之中,由于叛徒告密而流产,魏野畴牺牲,孙蔚如急忙派人秘密把南汉宸转移出太和县。

1930年,蒋介石、冯玉祥、阎锡山中原大战,杨虎城依附了蒋介石,卷入新军阀的混战之中。冯、阎战败后,杨虎城率部西进夺取了冯玉祥的西北领地。10月,被蒋介石委任为陕西省政府主席。杨虎城当即派员到河南开封,把南汉宸请来,委以省府秘书长的重任。

南汉宸到西安上任后,便根据杨虎城的命令释放政治犯。南汉宸亲自到西安各监狱进行视察,潘自力、李大章、吕剑人、蒲子政等一批共产党员均被释放,有的还安排到十七路军和各县工作。以后,南汉宸在杨虎城的支持下,大力整顿陕政,兴修水利,恢复生产,发展经济。杨虎城十分佩服南汉宸的胆识,省府的工作都放手让他去做。1932年夏,国民党南京政府终于向他发出了通缉令。南汉宸得此消息,连夜去见杨虎城。杨虎城立即赠送盘缠,派兵连夜护送南汉宸去了日本。

这次申纯伯到南京来看望杨虎城,才知道南汉宸目前正在天津市从事秘密工作。

杨虎城从桌上拿过皮包,从里面的夹层中小心翼翼地抽出几张纸片,兴奋地说:"喏,这是汉宸让申伯纯给我带来的,共产党的《八一宣言》。"杜斌丞抢先拿在手里。王菊人、谢葆贞也凑了过去。三人轻轻地念道:

"为抗日救国告全体同胞书……"

阅览过后,几个人同时陷入沉思。

"合乎国情,顺乎民意。'兄弟阋于墙外御其侮',这话说得好!到底是共产党顾大局,识大体,高瞻远瞩,令人佩服!"沉思片刻,杜斌丞感叹地说。

"抗日,国家有出路,我们大家都有出路;打内战,举国上下同归于尽,最后是一同当亡国奴。在抗日这一点上,我们与共产党想到一起去了。"杨虎城接着说。

"我们可以和共产党联合抗日,可不知张学良和东北军怎么样?他的部队多，装备好，要是和我们不一心，事情可就不好办呀！"王菊人忧心忡忡。

"九一八事变后，东北军到处颠沛流离，受尽了失地丧家的痛苦；加之受老蒋的驱使，和红军作战连连损兵折将，他们也是有苦难言。在这种情况下，我们和东北军设法合作，寻求停止内战、一致抗日的办法，我看是可能的。"谢葆贞停住手里的毛线活，参加了讨论。

杨虎城同意地点了点头："这次在南京，我到首都饭店看望了张副司令。东北军在陕北吃了败仗，中央不给补充，反而连两个师的番号也给撤销了，张副司令牢骚满腹，意见蛮大。这一次，他就没有提说拥护领袖、实行法西斯政治的那一套。"

"张副司令是个聪明人，他这是迎风吃炒面，让炒面把眼睛给迷了，他现在不能不考虑东北军和他本人目前的处境。"杜斌丞深思熟虑地说，"现在，国民党复兴社分子散布了许多谣言，说东北军到西北来占地盘，迟早要解决十七路军；又说什么十七路军要驱逐东北军等等。在我们之间制造分裂、散布不和，企图使两军关系恶化甚至火并。"

王菊人接着说："最近十七路军和东北军已经连续发生了几起纠纷，东北军随军眷属多，为了争住房和我们的官兵打架争吵；前几天在易俗社看秦腔，为了几个座位，两军官兵大打出手，差点动起武器来。我们的人和东北军之间疙疙瘩瘩，长此下去，我看不是个办法。"

杨虎城站起来，表情严肃地说："我们是主人，从礼义上讲应该首先从我们这方面做起。菊人，你让司令部下发个整肃军纪的通知，措词严厉一些。十七路军全体官兵要讲团结，有礼貌，今后遇见这号事要主动谦让，友好协商，不得和友军发生冲突，否则，军法论处！"

几天后，杨虎城正在新城绥署办公，王菊人推门进来，神色诡秘地说："杨主任，有人求见。""什么人？"杨虎城头也不抬。

"从北边来的！名叫汪锋。"王菊人压低嗓音，一字一句地说，"这个人带着毛泽东给你、给杜斌丞和邓宝珊的三封信，要求面呈。"

"啊？北边来的，还有信？"杨虎城抬起头，双目炯炯，脸上露出不易觉察的惊喜之色，随即站起，推开坐椅，"快，请他到西客厅！"

王菊人刚走到门口，身后又传来杨虎城低沉的声音："且慢！"

王菊人转过身,迷惑地望着杨虎城。

"你让我想想,这号事情还是慎重一点为好。过去咱们和共产党没少打交道,可是和毛先生还从来没有过接触,这其中有没有什么另外的门道?……现在西安特务多如牛毛,我们可不能轻易上当。"杨虎城手托下巴,寻思良久,才最后下了决心:"你叫汪先生把信放下,我们看后再说。把他安置到西华门军法处的看守所,给张依中处长打个电话,不要怠慢客人,一定要严格保密,保证客人的安全。"

片刻,王菊人即返回,将三封信放在了杨虎城的办公桌上。

"你念念。"杨虎城将一封写着他的名字的信递给王菊人。这是他的老习惯,文件、书信自己不看,均由秘书念给他听。他有非凡的记忆力,只要听一遍,便能一字不漏地背下来。

王菊人手捧信笺,抑扬顿挫地朗读起来:

虎城先生勋鉴:

> 今日者,乃亡国灭种之日也。凡属爱国志士、革命军人,应如何泣血锥心,一致奋起,为抗日讨蒋而战……鄙人等卫国有心,剑履俱备……倘得阁下一军,联镖并进,则河山有幸,气势更雄,减少后顾之忧,增加前军之力……如荷同意,即祈派遣代表,前来苏区,商洽一切……

听完后,杨虎城仰靠在沙发上,微闭着眼,沉思默想。他的心情很不平静。打从1923年在榆林经杜斌丞先生介绍,结识魏野畴时起,十几年来,他和共产党的接触一直没有中断过,他是从与共产党员的相处和共事中认识共产党的。共产党为穷人打天下的政治主张,和他当年在家乡蒲城组织"中秋会"杀富济贫,以及后来参加辛亥革命的初衷是并行不悖的。所以他对共产党,不像国民党有些官员那样视为洪水猛兽。相反,在和魏野畴、南汉宸等人的接触中,给他印象极佳。这些共产党人思想纯洁,道德高尚,不像国民党官场上那样虚伪腐败,勾心斗角。因此,他钦佩、信任他们,让他们在自己的队伍中担任要职。魏野畴牺牲、南汉宸被迫离去后,他对共产党人的信任并没有减弱。他在思想上已经确立了这样一个信念:共产党里有这样一批优秀人才,并不惜牺牲自己而进行奋斗,这个党肯定会有希望。

然而,有些时候,他对共产党又有一些解不开的疑团。比如去年上半年,他奉蒋介石的命令对从鄂豫皖突围转移到陕南的红二十五军进行"围剿",

结果损失惨重，被消灭了三个多旅，使他和十七路军的地位和存在都发生了问题。其中警备三旅旅长张汉民（杨虎城知道他是共产党员），被红二十五军俘虏，之后竟然杀掉了。对此他很难理解……

杨虎城的思绪很复杂，共产党领袖亲笔给他写信，他感到尊荣和振奋；但以往的经历相继浮上脑际，又使他迷惑和痛苦。

"毛先生的信言简意赅，措辞恳切。"王菊人见杨虎城默不作声，便放下信笺，试探地问，"杨主任，下一步……"

"汪先生一路辛苦，先休息几天。约个时间，我和他好好谈谈。"杨虎城终于下了决心。

汪锋被神秘地安排在西华门军法处的看守所里。

军法处长张依中竟是汪锋认识的一个熟人。渭华暴动时他们在一起，后来张依中投靠了杨虎城。当王菊人派汽车把他由新城大楼送到军法处时，张依中一眼便认出了他，显得特别亲热，立即把看守所长吴怀仁叫来，当面交代："汪先生是我的老朋友，系十七路军的特情人员，被红军裹挟后逃回来的，你要好生照顾。"

吴怀仁是个年近六十的老狱吏，见顶头上司对汪锋特别关照，知道是个有来历的，自然不敢怠慢，便将他安置在一个比较好的房间，每天单独开饭，好酒好菜，招待极为周到。

生活上虽然舒适，但汪锋的内心却感到极大的不安。毛主席给杨将军的信送到好几天了，竟没有一点反响，杨将军到底是什么态度呢？

汪锋原任中共陕西省委兼军委负责人以及红二十六军政治委员。由于受王明"左"倾教条主义的影响，以刘志丹为首的一大批革命干部被抓了起来，造成陕北革命根据地的严重危机。直到中央红军经过二万五千里长征到达陕甘苏区后，才把这一批干部从监牢里释放出来。直罗镇战役结束后，汪锋从瓦窑堡被释放出来，正等待重新分配工作，有一天通知来了，要他立即赶到前总驻地富县西边的套通塬东村报到。他星夜从瓦窑堡赶到套通塬东村，由人领着，在山里东拐西拐，又经过几处沾泥带水的荒凉湿地，才在半山腰一眼极为简陋，简陋得几近破败的土窑洞里，见到了仰慕已久的毛泽东。

"汪锋同志吗?"毛泽东一见汪锋便迎上前去,热情地和他握手,一双睿智的大眼在他身上打量着,"你们都辛苦了!"

"哪里,哪里,毛主席和中央红军的同志,比我们更辛苦。"汪锋忙不迭地回答。

窑洞内只有一条板凳,毛泽东让汪锋坐下,自己坐在炕沿上。他先向汪锋询问了刘志丹和其他一些陕北同志的情况,接着笑眯眯地望着汪锋,试探地说:"这次特意调你来,是想请你走一趟西安,代表红军和十七路军谈判,争取他们和红军联合抗日。听说你长期抓十七路军地下党的工作,你自己又是蓝田人,西安上下的情况当然要比我知道得多喽。你看怎么样?"

★ 汪锋 (1946年照)

"我看可以。"汪锋肯定地说,接着将杨虎城和十七路军的情况,向毛泽东作了汇报,认为前去谈判成功的可能性是有的。

毛泽东从炕沿上下来,打着手势说:"九一八事变后,国内阶级关系发生了新的变化,民族矛盾上升,国内阶级矛盾下降。因此,我党与民族资产阶级重新建立统一战线是完全可能的,也是必要的。我们不能实行那种狭隘的关门主义政策,对国内政策要适当进行调整,改变消灭富农的政策,要团结一切爱国的开明绅士,争取中产阶级和地方势力,还要大量吸收知识分子。对国民党军阀过去干下的坏事可不去追究,只要他们现在有民族气节就好办,在抗日的旗帜下联合起来。"

汪锋从监牢里放出来后,虽然阅读过党的《八一宣言》等文件,知道党在新的历史时期的政策,将面临一个大的转变,现在当面聆听党的领袖的阐述,认识和感受又加深了一步。在煤油灯昏黄的光线映照下,他的情绪显得兴奋而激动。毛泽东就着灯光,卷了两只喇叭筒烟,将一支递给汪锋。汪锋摇了摇头表示不会吸烟。毛泽东自己便有滋有味地抽了起来。他一边吸着卷烟,一边在狭窄的窑洞里踱着步思考着。

"东北军和十七路军不是蒋介石的嫡系,蒋介石让他们打红军,是企图达到两败俱伤的目的。因此,他们与蒋介石之间并不是铁板一块的。东北军打回老家去的愿望日渐强烈，十七路军是典型的地方势力，为控制地盘，同驻在天水一带的蒋介石嫡系胡宗南部的矛盾也在加剧。我们的方针是在抗日的大前提下争取张、杨两将军，在他们执迷不悟的时候才敲他们一下，直罗镇战役就是这样。但打不是目的，目的在于促使他们觉悟、清醒，使他们认识到'剿共'是没有出路的。目前政治形势总体上对我们有利，我们提出西北大联合，然后再实现全国的大联合。"

毛泽东见汪锋听得十分专注，满意地笑了笑说："汪锋同志，派你去西安，中央是经过认真考虑的。我们分析，谈判成功的把握是很大的，但也有一定的难度和危险。你对杨虎城和十七路军要有个具体的估计，见面以后，应多鼓励他们，尽量回避以往发生的那些不愉快的事。总之，但愿不负此行。"

毛泽东的一席话，使汪锋感到豁然开朗。回想过去在王明"左"倾路线时期，实行狭隘的关门主义，四处树敌，把自己搞得很孤立。现在，毛主席端正了党的路线和政策，今后的工作就好开展了。于是，他信心百倍地表示："请毛主席和党中央放心，我这次去西安，一定遵照你的指示去做，力争谈成，当然，也准备应付意外。"

"好，快去准备一下，及早动身……"

汪锋的这次西安之行是非常艰难的。他化装成一家鞋铺的讨账先生，头戴一顶毡帽，身穿一件阴丹士林布长袍，腰系蓝色布带，背着褡裢，一头装着算盘，一头装着账本。当走到长武县北乡杨公镇附近，就被地方民团的两个便衣碰上了。便衣不管三七二十一，围上来就动手搜查，结果把藏在长袍夹缝里的三封信搜了出来。当他们看到信封上写的杨虎城、杜斌丞、邓宝珊的名字时，立刻瞠目结舌，不知如何是好。

汪锋的心怦怦紧跳，但当他看到便衣那手足无措的样子，反而镇定了下来，并装出一副大官的派头，喝斥道："你们是干什么的？是谁派你们出来随意搜查行人！"

"长官息怒，长官息怒，这不干我们的事，我们只不过奉命而为……"两个便衣被汪锋的威势慑住了，又是点头，又是哈腰。

"你们的上司是谁？他吃了豹子胆不成，竟敢来搜我的腰包！"汪锋余怒未息。

"县长是党伯弧……"

一听党伯弧三个字，压在汪锋心头的巨石立刻落了地。原来这个党伯弧早年曾加入了共产主义青年团，并受汪锋领导，后来参加了十七路军，深受杨虎城信任。汪锋心想：从长武到西安三百多里，关卡、密探很多，要想带着书信平安抵达西安，谈何容易，何不利用自己与党伯弧的关系，请他设法把自己护送到西安。想到这里，汪锋便神气十足地对便衣说："好啦，实话告诉你们，我是十七路军的高级特情人员，是杨将军派到共区边境执行特殊任务的。我的事和你们解释不清，带我去见你们党县长吧！"

"太好了，太好了！"汪锋的提议正合两个家伙的心意。于是，他们一前一后夹着汪锋直奔长武县城。到城北大门外，汪锋碰巧遇上了党伯弧。党伯弧先是一怔，随即将两名便衣支走，压低嗓音道："你好大的胆子呀！"

"有你在这里当县太爷，我怕什么！"汪锋装作满不在乎的样子。接着他向党伯弧讲明了来意。党伯弧果断地表示："你放心，此事关系重大，我一定想法把你安全送到西安。"

当晚，汪锋歇宿城内。第二天一早，党伯弧找了一辆大卡车，挑选了一名亲信并带上四个兵，以"押解重要嫌疑犯"为名，一直把汪锋送到西安新城的绥靖公署。

汪锋在西华门军法处看守所住了一个星期，憋闷的时候想出去走走，老所长总是婉言回绝："汪先生，这可不能，你不了解西安这个鬼地方；再说，长官有吩咐。"一连几天，他有些着急。这天他正准备早早地上床睡觉，突然院子里响起了两声喇叭声，接着，有人敲门：

"汪先生，请开门！"

他听出是张依中的声音，连忙把门打开。张依中急燎燎地说："杨主任有请！"

汪锋的精神为之一振，连日来的不安和郁闷顿时化为乌有。他迅速穿好衣服，和张依中一起坐上汽车朝新城驰去。冬夜的西安街道寂寥冷清，行人稀少，汽车开得飞快，不一会儿便到了。所谓新城，又名皇城，位置在钟楼的东北方向，曾经是明代的亲王府城，四面城墙又高又厚，易于防守警戒，历来是官府衙门的办公重地，绥靖公署就设在这里。

汽车刚刚停下，杨虎城已经等候在楼门口了，他把汪锋领到西客厅，面对面的在沙发上落座后，便抱歉地说：

"汪先生，让你久等了！这几天公事繁忙，实在对不起！"

"杨将军不必客气。"汪锋在沙发上欠了欠身，接着又说："我在陕北动身前，毛泽东主席和周恩来副主席嘱咐我，向杨将军问好！"

"感谢毛先生、周先生。"杨虎城感激地说，"毛泽东先生的信我已经看过，句句都是金玉良言，我非常赞成。停止内战，联合抗日，这不仅是贵党的高见，也是我杨某和十七路军全体将士的心愿。"

"这次毛主席派我到西安来，就是想和杨将军进行具体协商……"

没等汪锋把话说完，杨虎城便接过了话茬："具体事情咱们以后慢慢商议。今天请你来，有事我要向汪先生讨教。"

"请杨将军直抒胸臆，若是我回答不了，还可以请示上级。"汪锋见杨虎城一脸严肃，心里不免有点发怵，但嘴边仍挂着微笑，故作轻松。

"好，我是个直性子，不喜欢拐弯抹角，那就恕我直言了。"杨虎城冲着汪锋笑了笑，语气和缓地说，"第一件事，我十七路军孙蔚如部驻防汉中，一度和你们的红四方面军有过来往，双方订有互不侵犯协定。但红四方面军突然对我汉中地区部队进行攻击，造成我方官兵伤亡。对于这件事，我部许多人甚为不满，认为红军不讲信用。我也没有办法向他们解释。"

"这个问题的内情我略知一二。"汪锋见杨虎城态度诚挚，的确是为了解除疙瘩，而不是存心找茬，于是诚恳地说，"孙蔚如先生同我红四方面军有来往，这我们是知道的。贵部派张含辉先生到过通、南、巴苏区，红四方面军保证了安全，双方取得了谅解，因而你我两军在两年中没有发生过磨擦，孙部得以安驻汉中，休养生息，兵员有了很大发展。后来中央军胡宗南部第一师，依靠天水地区，极力向南扩张，使我部与孙部都受到威胁，而孙部对胡宗南部不加抗拒，任其南侵。特别是当我中央红军长征进入川西时，胡部已深入到嘉陵江西岸，阻滞红四方面军与中央红军会师。红四方面军为了实现同中央红军在川西会师，必须渡过嘉陵江，这样就要设法调离沿江驻守的胡宗南军队。在这种情况下，红四方面军才采取了声东击西的办法，明攻汉中，以威胁天水胡宗南的后方。这个办法果然灵验，胡部以为我攻击汉中，意在夺取天水，便急急忙忙撤回了川西部队缩回天水。这就使我四方面军顺利地渡过嘉陵江，实现了和中央红军的会师。全部情况就是这样，说清楚了，我想杨将军是会谅解的。"

杨虎城默默地点了点头。汪锋意犹未尽，接着说："杨将军是知道的，汉中是个小盆地，如果红四方面军真欲与孙蔚如部为敌，完全可以依靠川北苏区，三路出击，东路依万源、城口进攻镇巴、西乡；中路依通、南、巴、翻越巴山进攻南郑；西路依广元，直取宁强、勉县。这样三路合围，使汉中腹背受敌，不是更容易得手嘛？何必单从西路一线进攻呢？由此可见我军这次攻击汉中地区，纯粹是调虎离山的一种手段，绝不是为了歼灭孙蔚如部。"

杨虎城轻轻地吁了一口气，提出第二个问题："我部警三旅旅长张汉民是贵党党员，南京国民党中央党部曾多次指责我用人不当，陈立夫对我也亲自谈过，要我把他抓起来，我认为他能干，有魄力，是个人才，便没有理南京的茬。但是，红二十五军徐海东部在柞水九间房设伏，把他俘虏，并把他杀害，你对这作何解释？"

"这件事嘛，情况是这样的。"汪锋呷了一口茶，接着说，"红二十五军从鄂豫皖根据地突围后，长期转战，得不到补充和修整，处境十分艰难。当他们到达陕南，本来是准备休整的，可是贵部柳彦彪旅天天尾追，逼得红二十五军不得不进行自卫，山阳一战该旅溃败，而贵部三旅张汉民部又接踵而至，并且尾随得比柳旅更为接近。红二十五军误认为该部要寻机攻击，遂于柞水九间房设伏迎战，在战斗中，张汉民旅长被俘。由于红二十五军自从突围后，和上级失掉联络，一点也不了解张汉民同志的实际情况，所以误杀了他。这个误会是我们双方共同的不幸。对我方来说，错杀了自己的同志，更是一个沉痛的损失。最近我们追认他为革命烈士。"

"汪先生，你的解释我很满意。看样子，这两件事都是由误会引起的，是我错怪了你们。"杨虎城开始显得轻松起来，他望着汪锋，笑眯眯地说："你们红军北上抗日，主张联合一切抗日队伍，这个主张很好，但是贵方准备如何帮助东北军和十七路军呢？"

见杨虎城态度转而和蔼、亲切，汪锋的心弦也就松弛下来，说话也就更加自如了："我党我军主张抗日大联合，这在《八一宣言》和毛主席给杨将军的信中讲得很明确，想必杨将军是清楚的。今后我们双方如果不相互攻击，就能保全抗日的实力，这对十七路军之发展壮大和对抗日救国事业都是十分有利的。我们认为，东北军、十七路军都是要求抗日的，这些军队的扩大，就是抗日救国力量的发展。因此，红军今后愿意和东北军和十七路军站在一起，共同联合起来，避免不必要的损失。这就是我们对十七路军和东北军的态度。"

"贵党的主张甚合我的心愿。目前大敌当前，每一个不愿当亡国奴的中国人都应该联合起来，共同对敌。我们十七路军的全体将士，很愿意将自己的一腔热血洒在抗日的疆场，而不愿意洒在内战的战场。"说着，杨虎城从沙发上站起来，挥动着胳膊，仿佛向千军万马发表演说似的，"贵党以国家民族利益为重，不涉前嫌，顾大局，识大体，我杨某十分钦佩，请向毛泽东先生、周恩来先生转达我的敬意。关于红军和十七路军具体合作事宜，我委托我的机要秘书王菊人先生，进一步和汪先生商议。"

汪锋愉快地点了点头。他原先以为和杨将军谈判，总要费一番周折，没想到杨将军竟如此通达、爽快，致使谈判极为顺利。

汪锋在西安住了一个多月，和杨虎城进行了三次长谈，还多次去大湘子庙街会见了杜斌丞先生，交换了合作抗日的意见。1936年2月初，他以"杨虎城高参"的身份，在十七路军军法处科长、共产党员庞志杰的护送下，乘马车顺利地回到陕北根据地。

为了进一步加强和十七路军的合作关系，时隔不久，中国共产党从共产国际选派与杨虎城有家世渊源的王炳南回国，进驻西安专门做杨虎城的工作，毛泽东主席还派他的秘书张文彬作为红军代表常驻西安，杨虎城委以他十七路军总指挥部政治处主任秘书的公开职务作为掩护。

6. 续范亭"血谏"之后

九一八事变后，日本帝国主义将侵略魔爪伸向我华北地区，国民党政府却奉行消极抗日，积极反共的政策，民族危机日趋严重。身为国民党陆军新编第一军中将总参议的续范亭，曾多次赴南京劝谏蒋介石，蒋对其谏言置若罔闻。1935年12月9日、16日，北平爆发声势浩大的爱国学生示威运动，竟受到当局的无理镇压。续范亭愤慨地说："有死难之学生，无死难之将军，此耻最盛！"他曾与老友于右任等人反复商讨救国良策，仍是一无所获。有的朋友劝他："我们一起到总理陵前哭陵去。"续范亭大声地回答："大丈夫流血不流泪!"

续范亭认为党国大权掌握在蒋介石、汪精卫这些人手里,亡国灭种只是迟早的事。12月26日,他到中山陵以短剑切腹。自杀遇救时,人们从他内衣口袋里检出《祭总理文》一纸:

> 呜呼哀哉!民气将尽,国已不国,人为刀俎,我为鱼肉;而上焉者犹自私自利,下焉者犹醉生梦死,只知个人利害,而不顾国家之存亡;至今寇已深入,汉奸遍地,惨杀我青年,摧毁我民气,势已不可再忍,再忍则唯有一致投敌,岂不为天下笑?耻莫甚矣!⋯⋯人心不死,四万万人不能俱尽也!为民族争人格,为世界打不平,全在此举⋯⋯今日陵园之血聊当秦庭之泪⋯⋯

国民党当局对续范亭中山陵切腹一举极为恐惧,蒋介石亦甚是恼火。他们一面派特务监视在医院治疗的续范亭,一面下令不准记者采访,禁止各报发表消息和评论,企图搞"新闻封锁"。然而纸是包不住火的,不几天,经过新闻媒介披露,举国上下对续范亭忠烈的爱国之举一时轰动。国民党上层军政要员也纷纷前往探视,慰勉函电纷至沓来。不少报纸在报道续范亭切腹消息的同时,还发表了十分尖锐的评论,抨击蒋介石的反动政策。

遥居西安的杨虎城来电告慰:

> 惊耗传来,悲痛无似。国势若此,吾侪真不愿偷生斯世矣。然念新亭对泣诸君,岂可畏死,含辱忍受,终支偏安之局。我国现势虽危,究胜东晋。尽我心力,徐图挽回,自有出头之日。万望吾兄为国珍摄,保存有用之身,以谋尽其所未足,是为切盼。

1936年2月,续范亭伤愈而行将出院的前夕,张学良专程赶至医院慰问,他二人就眼下时局,推心置腹地交谈了两个小时。据当时陪护在院的刘安定老人回忆:

> 他俩谈话相当投机,隔屋都能听到不时传来他们爽朗的笑声。张少帅同续范亭长达两个多小时的谈话细节至今虽不为人知,但就当时的背景而言,他们当时谈话的主要内容一定是针对当时形势,商讨抗日救国大计的。张、续这次长谈,留给我最深印象的一个细节是:张学良告别出门时又返过身来,伸出三个指头与续范亭会意地大声说:"咱们就来他个三元乎!""三元乎"是麻将游戏中的一种术语,是红中、发财、白板相碰而和

的满贯，是一翻全胜的意思。当时续、张二将军暗示的"三元乎"之意，绝非戏指牌局而言，而是寓指红军、东北军和十七路军三方面联合起来抵制蒋介石内战政策，达到共同抗日的目的。

自续范亭剖腹之日上溯一年，1934年11月24日，国民党当局在北平陆军监狱杀害了矢志抗日的吉鸿昌将军。吉鸿昌曾任国民党第十军军长，是著名的爱国将领，临刑之前，他捡了一根木棍在雪地上写道："恨不抗日死，留作今日羞；国破尚如此，我何惜此头。"

公开谈论抗日，这在当时国民党统治区是不许可的，尽管续范亭和张学良此次谈话形成共识，考虑到张的处境和复杂多变的形势，续范亭私下很少透露这次谈话的内容。可此次会面后，续范亭情绪饱满，精神振奋，多次向刘安定表示了"不做佛教徒，便做共产党"的心愿。

张学良刚刚离开，续范亭便激动地写了一封长信给杨虎城，进一步勉励他"为公理而奋斗，为和平而牺牲，精诚团结，坚持到底，鞠躬尽瘁，死而后已"的抗日斗志。

从此以后，张学良、杨虎城的接触更为频繁，东北军、十七路军和红军的接触也愈益主动。

有一天，张、杨一起，又扯到了法西斯问题。张学良问："这个办法，在中国行得通还是行不通？"

杨虎城反问："人家（指德、日、意）搞法西斯，对外扩张领土；咱们搞法西斯，对外退让、投降，他（指蒋）当小皇帝，我们当亡国奴，让老百姓陷在水深火热之中，你看这行得通吗？"

张学良听后，一句不吭。

自此以后，张学良再也不提"法西斯"这些话了。

7. 黄土高原上热泪如雨

傍晚，张学良从"剿总"办公地点南院门回到金家巷公馆，脱下戎装，穿上宽松的便服，躺在沙发椅上，正闭目养神，忽听得门口传来一声："报告！"

"进来。"张学良漫不经心的语气中透着不耐烦。

"报告副司令，王军长急电！"机要参谋将译好的电文递到张学良手上，只见上面写着：

> 被红军俘去的高福源团长，现被红军派回，据云有机密要事，要求向副司令面陈。

王以哲

阅罢电报，张学良的心情犹如陡涨的海潮。"他还活着！"他一连念叨了几遍。去年10月22日晚，红军夜袭甘泉以南的榆林桥，六一九团四个营被全歼，团长高福源下落不明，人们一致认为他死了，即使活着，以他的刚烈性格，也断无生望。现在居然还活着，而且被红军派回来，并有军机大事相陈，这在张学良心上引起的震动和冲击简直是太大了。

高福源是东北军中颇受张学良器重和赏识的一个年轻团长，他早年就读于北京大学，1919年五四运动爆发，有感于内忧外患，国事日非，便投笔从戎，1923年考入东北讲武堂第五期，后又升入高等军事研究班。毕业后在东北军中由连长一直升到了上校团长。他不仅具备较高的文化素养，而且也有一定的治军本领，部队在训练中所需军事教材都由他亲自编撰和施教。他还有个突出的特点，豪爽实在，争强好胜，是个典型的东北大汉。

1934年春，高福源所在的六十七军由河北省廊坊调驻河南信阳、潢川、商城等地，向红二十五军鄂豫皖根据地进犯，高福源率六一九团在商城西南地区与红军交火，在泼陂河、大柳树、湖山寨等战斗中多次吃了败仗，但他挫而愈奋，总不认输，认为自己的部队无论装备、火力和自己的指挥才能，哪一方面都有把握吃掉红二十五军。

嗣后，红二十五军转战陕南，继而陕北，高福源率六一九团一直尾追其后；驻扎在富县，仍然与红军对峙。可是，榆林桥一役，六一九团被红军全部吃掉。张学良为东北军失去高福源这样的战将而痛心、惋惜……

"红军派他回来，有要事向我面陈，什么事呢？"张学良背着手，在宽大的玻璃窗前踱来踱去，脑子里苦苦思索着。突然，他的眼前一亮：我不是曾经给王以哲军长发过密电，请他在前线设法和红军沟通联系吗？现在高福源从那边回来，是不是提供了一个什么机会呢？

暮色像一张黑色的巨网，徐徐降落，笼罩着整个大地，窗外的景色模糊一片。这时，赵一荻小姐轻轻地走进门来，打开电灯，房子里顿时明亮起来。

赵一荻发现张学良站在房子中央，两眼炯炯有神，她感到惊奇，便关切地问："汉卿，怎么啦？"

"好消息！"张学良高兴得声音发颤，把电报递给赵一荻，"高福源还活着，从北边回来，他有要事向我面陈。"

看完电报，赵一荻兴奋地说："看样子，你的心事有着落啦！"

"小妹，准备一下，明天我就去洛川……"

第二天早晨，张学良一起床，便给"西北剿总"参谋长晏道刚打了个电话，说他要去洛川前线视察防务。晏道刚原任蒋介石的侍从室主任，今年3月派到"西北剿总"担任参谋长。他的任职，张学良、杨虎城和其他东北军、十七路军高级将领心里都有数：这是蒋委员长在他们身边安的一颗"钉子"，是特地派来制约和监视他们的。所以，张学良对他防着三分。

早饭后，张学良乘车来到西关机场。他的私人座机的驾驶员、美国空军后备役中尉伦纳德迎上前来，问道："副司令，今天飞哪里？是不是马上发动？"

张学良挥了挥手："今天你休息吧，我自己来。"

张学良有一手娴熟的飞机驾驶技术。那还是第二次直奉战争后，直军南苑空军人员投诚了东北军，张作霖把组建空军的事务交给了头脑清新的张学良。在此期间，由航空处教育长万显章辅导他学会了驾机技术。他喜爱航空事业，十几年来，多次亲自驾着银鹰冲上蓝天。对于副司令的驾机技术，伦纳德心里有底，便耸耸肩膀，轻松地走开了。

张学良驾驶着飞机，低空北翔，俯瞰秦中大地，依然冰封雪冻，然而咸阳北塬汉武帝、唐太宗、文王、武王各陵寝，却依稀可辨，张学良不禁喟然慨叹："人贵有所建树，以垂史册。否则死后的坟墓无论多么壮丽雄伟，终究是黄土一抔。"

飞机在洛川郊外的简易机场降落，六十七军王以哲军长已在跑道外迎候。张学良与王以哲过往甚密。王20年代初就在张学良的手下工作，是张学良把他从排长一直提到现在这个高位上的。所以，他对张学良忠心不二。

汽车奔驰在黄土飞扬的公路上，张学良和王以哲并肩坐在后排。王以哲平静地说："高福源简直变成了另一个人，满口的新名词，什么统一战线啦，停止内战、枪口对外啦，全是共产党的那一套。"

张学良脸孔板得铁紧，一言不发，王以哲好生纳闷：你不是发来密电，要我寻求和红军联络的途径吗？看今天这个脸色，莫非情况又有了什么变化？两人默默无语，汽车驶进军部后面的一处秘密小院。一走进屋，茶还没有来得及抿一口，张学良就吩咐："把姓高的带来！"

不一会儿，高福源兴冲冲地从外面走进来，他身材魁梧、粗壮，浓眉大眼，头上裹着白羊肚手巾，穿一身黑色棉袄裤，像个地地道道的陕北汉子。一见张学良，"啪"地敬了一个军礼，激动地说："张副司令，我回来了，是红军放我回来的！"

"你好大的胆子！"张学良勃然大怒，右手往桌上猛地一拍，"打了败仗，当了俘虏，还有什么脸面回来见我！"

没有想到一见面就来了个下马威，高福源一怔，但很快就镇静下来："张副司令，打败仗当了俘虏，丧师辱军，我高福源的确没有什么脸面来见长官。如果仅仅为了我个人的名声和荣辱，我是宁死也不会回来的。"

"你这话是什么意思？"张学良的脸孔冷若冰霜。

"我是为了你副司令的前途，为东北军的前途，才自动要求回来见你！"

"胡说！你兵败投敌，给共匪当奸细，我要枪毙你！"张学良怒目圆睁，声色俱厉。

到了这步田地，高福源也豁出去了，便毫不示弱地提高了声调："副司令，我要怕死，就不回来干这种事。你要杀我，太容易了，就像踩死一只蚂蚁一般！但我高福源不怕死，怕死我就不会回来面见上司！这次回来，为的是忠告一下副司令：你忘了我们东北是被日本鬼子强占去了，我们东北三千万同胞当了亡国奴，也忘了先大帅是被日本人炸死的，这国难家仇，让谁去报？现在人家共产党和红军号召停止内战，一致抗日，诚心诚意要帮助我们东北军打回老家去，张副司令，你有什么理由拒绝人家的好意，凭什么理由还骂人家是'匪'！我们数十万大军不放一枪一弹，把生养自己的家乡土地丢给日寇，眼看华北也将不保，副司令你身居高位，不图收复失地，算什么中国军人！副司令，你想一想，我们'剿共'多年，究竟剿出了什么结果？若继续打内战，我们东北军就要被消灭完了，被你踢腾光了，还有什么理由去再打人家！"高福源越说越激动，不由得泪如泉涌，失声痛哭起来……坐在一旁的王以哲，也掏出手绢连连擦泪。

张学良再也不能保持骄矜和平静了，滚烫的泪珠禁不住夺眶而出，他忽地从坐椅上站起来，大步走上前去，双手搂住高福源的双肩，用颤抖的声音说：

"福源啊，我的好兄弟！你骂得好，骂得痛快！别见怪，刚才我是想试试你的胆识，察看一下你的真情。不错，你是个好样的！"

高福源挥去一把热泪，长长吁了一口气。张学良亲自挪过一把椅子，让他坐下。王以哲宽慰地松了口气。

"福源，你回来得正好，我现在心乱如麻，正在谋求停止内战、共同抗日的途径。"张学良坐在高福源的对面，亲切地望着高福源，"我们坐下来好好谈谈吧，这些日子你是怎么过的，共产党和红军对你怎么样？"

"副司令，提起这几个月的经历，真是一言难尽哪！我看到了另一块天地，明白了许多过去不知道的道理。"高福源兴奋起来，脸上泛着光彩，把他被俘后的经历和见闻，一五一十地向张学良和王以哲做了诉说。

去年10月榆林桥战斗，六一九团四个营全被红十五军团歼灭，高福源的臂膀负伤，当了俘虏。战斗结束后，红军战士把所有俘虏押到一起进行清查。由于高福源伪装成士兵模样，混在俘虏群中，所以查来查去查不出团长。站在一旁的军团长徐海东（红军都称他"徐老虎"）缓缓地走进俘虏群中，突然指着一个穿着整齐的俘虏，对看押俘虏的战士说："把他带走，我认出来了，他就是那个高福源。"那个俘虏连忙求饶说："我不是，我不是，我是个理发员。"说着，嘴往旁边一呶，原来高福源就站在旁边。于是，徐海东又转身指着高福源说："高福源，站出来吧，看你炮火打得那么凶，我还当在活人堆中找不到你了呢。"高福源无法躲避，只好长叹一声，走出俘虏行列。

被俘不久，高福源和其他俘虏一起被红军带到了瓦窑堡。这时候，他的思想很矛盾，担心自己是张学良的亲信，在榆林桥战斗中死打硬拼，红军饶不了，同时又懊恼自己身为东北军人，家乡被日寇占领和践踏，这条命没有送在抗日战场上，却偏偏要丢在这受人唾骂的"剿共"内战中，丢在陕北这块荒凉的土地上。

然而，他想象中的厄运并没有降临，红军对他同其他士兵一样，没有任何歧视，卫生院还每天耐心地给他换药，医治枪伤。后来他在瓦窑堡参加了"东北军军官政治学习班"，竟然被推选为班长。

学习班除了每天上政治课，红军干部还经常和他们亲切交谈，用摆事实、讲道理的方法，同他们一起讨论抗日问题，高福源在瓦窑堡住了两个月，亲眼看到红军官兵亲如兄弟、团结友爱的关系，亲耳听到共产党关于停止内战、一致抗日的主张，思想上受到极大的震动和教育。从而对共产党、对红军产生了由衷的敬佩，原先那种恐惧、懊恼的心理情绪很快便烟消云散，他成了学习积极分子，多次受到领导的表扬。

当思想弯子转过来后，高福源便开始考虑今后该怎么办了。想来想去，他决心要回到东北军去劝说张学良走联共抗日的道路，为神圣的民族解放事业贡献自己一份力量。于是，便鼓起勇气，找到学习班的干部，提出会见红军高级领导人的请求，说有重要事情禀报。

根据高福源的要求，中共中央联络局局长李克农在一座普通而简易的土窑洞内接见了他。高福源首先向李克农谈了自己被俘以来的感受，然后直率而恳切地提出回去说服张学良联合抗日的动议。

李克农的两只眼睛透过近视眼镜，盯着高福源足有两分钟，既是掂量高福源倡议的分量，又像是辨别这位东北军团长是否有诚意。末了，站在高福源面前，郑重地表示："你这个想法很好。我本人同意派你回去。不过，我考虑这样做，对你会不会有危险？"

"没有关系。"见红军首长同意自己的意见，高福源宽慰地笑了，"我在那边关系熟，认识的人多，我既然要求回去，就有一定的把握。再说，为了抗日救国，即使有危险，我也在所不辞。"

"好。"李克农满意地点了点头，"这事关系重大，还是慎重一些好，我再请示一下党中央，你可以先做准备，能不能走，具体什么时候走，等候我的回话。"

两天后，李克农在原先那眼土窑里，再次同高福源见面："高福源同志，我们党中央已经同意了你的建议，认为你的行动是有利于抗日民族统一战线，有利于红军和东北军的联合抗日的爱国行动。并对你寄予很大期望。"

张学良、王以哲和高福源，三个人谈了一个通宵。谈到最后，高福源说："我在那边见到了红军的高级首长，他说如果张副司令真正愿意同红军合作，他们可以派正式代表来和我们进行谈判。"听到这里，张学良抑制不住内心的激动，他望着高福源，坚毅地说："你说得很好，回来得也正是时候。这些日子我也反复想了，我们东北军要想摆脱绝境，要想有所作为，看来只有一条路，这就是和红军搞联合，枪口对外，团结抗日，舍此别无他途。肯定这条路要潜伏着各种艰险和危机，可我张某也只能是义无反顾了！"

顿了一下，张学良又郑重地叮咛高福源："事关重大，千万要注意保密。你在这里休息两天，然后再去一趟陕北，请红军派一位正式代表来，具体商量双方有关联合的细则。事到如今，你就放心去做这个工作，万一出了什么危险，你家属生活，子女的教育，都由我和王军长负责照料。"

"是，我一定不辜负副司令的希望！"高福源见目的已经达到，心情十分欢畅，站起来向两位老上司敬了礼，一身轻松地退了出来。

8. 洛川春早　新芽萌动

天是灰蒙蒙的，地是黄蒙蒙的，远沟近壑积存着斑斑驳驳的残雪，凛冽的寒风卷着草叶、尘土，在广袤的原野上打着旋儿，发出尖利的啸声。一个头裹白羊肚毛巾，身穿中式对襟黑棉袄的汉子，骑一匹枣红马，踽踽独行在陕北荒凉、凄冷的黄土塬上。天气冷，他的双手不得不拢在袖筒里，把缰绳挽在手臂上，任由坐骑"得得"地走着……走了将近三天，终于回到了瓦窑堡。当高福源掀开那块破破烂烂的麻布帘，一脚跨进李克农住的窑洞时，窑洞内的融融热气迎面扑来。李克农正趴在炕中的矮桌上写着什么，一抬头看见是他，立刻迎了上来，高兴地嚷道："啊哈哈，你回来啦，我还以为你再也回不来了哩！"

前几次见面，李克农都是很严肃的，没料想他也喜欢开玩笑。高福源受李克农情绪的感染，也无拘无束地说："张副司令一见面好凶，差点没把我吃了。"说罢两人都"哈哈"笑了起来。

"辛苦了，累得够呛吧！"李克农握着高福源的手，浑身上下打量着，

"快上炕暖和暖和。"高福源盘腿在炕头坐稳。李克农给他倒了一碗水，笑眯眯地问："情况怎么样？张学良将军的态度如何？毛主席、周副主席很关心你这位使者，打了好几次电话来问你的情况呢。"

高福源心头一热，想不到自己的行动竟得到共产党最高当局的重视。他兴冲冲地说："情况比我原先预料的还要好。我到洛川后，王军长当天就给西安发了电报，第二天张副司令就亲自驾着飞机来到洛川。"接着，高福源将他和张学良会见的前后过程一五一十地作了介绍。

"好，太好了！"高福源一讲完话，李克农便高兴地说道："福源同志，你劳苦

★ 为洛川会谈而奔走的高福源（青年时代）

功高，现在回去休息，我马上把会见的情况，向党中央报告！"

高福源回到东北军军官政治学习班，正赶上开午饭，他胡乱扒了几口便倒在土炕上呼呼大睡起来，连日赶路又累又乏，这一觉一直睡到第二天天明。上午九点，高福源和几百名历次战斗中被俘的东北军军官正坐在老百姓的打麦场上，听红军政工干部上大课，他正听得来劲，场外有人叫他。他走出队列，学习班的干部领着一个陌生人走过来，压低声音说："你跟这位同志去一趟！"

高福源跟在陌生人身后，走过瓦窑堡不长的一段街道，往右拐，爬上一面山坡，在他们面前出现了一座小小的院落。院落傍山，并排箍着三眼石窑，窑前小坪地上长着一棵枣树，严冬腊月，只见苍劲的虬枝伸向天空，枣树底下摆着一张石桌四个石凳，这是窑洞主人夏天乘凉和吃饭的处所。院落周围用鹅卵石砌成半人高的矮墙，进口有一扇木门，门板上红漆剥落，贴着两个显眼的"福"字。

高福源知道，这是陕北的财主住的地方。刚一推开门，李克农闻声从中间那孔石窑里走出来，笑呵呵地说："福源同志，请进来！"

高福源忐忑不安地跨进石窑。窑内挺宽敞，里面是一盘土炕，炕上铺着白布床单，一床黄军被叠得方方正正，炕前的地面上搁着两个装文件的木箱，半圆形雕花木窗前摆着一张没有漆过的木桌。窑内已经有两个人，坐在炕沿上的那位，面目清瘦，长着一把浓密而漆黑的大胡子，显得英俊而潇洒；另一个留着背头，身材高挺，坐在桌前的木凳上。李克农向高福源介绍说："这位是毛泽东主席。"又指着大胡子说："这位是周恩来副主席。"

高福源也算是见过世面的人，但这会儿他的一颗心却止不住"怦怦"地猛跳起来。他没想到，两位最富传奇色彩的红军领袖，会突然出现在眼前，可这两位神话般的人物，实实在在和普通人没有什么不同嘛！

"高福源同志，你的情况克农同志都向我们介绍了。感谢你为国家、为民族、为抗日统一战线做了一件大好事。"毛泽东紧握着高福源的手，用浓重的湖南口音首先开口。

"你这一步走得很好，弃暗投明，把光明的火种又一次引回东北军中。你是张将军部队里最有觉悟、最先觉悟的爱国军人。"周恩来也走到高福源面前，热情地说。

"这，这是我该做的……"高福源手足无措，木讷地说。李克农把一个方凳放在高福源面前。

毛泽东和周恩来首先询问了高福源个人的经历和家庭情况，高福源一一作答，讲到家乡奉天（今沈阳）已沦入日寇之手，除了妻儿随军住在西安，其他亲朋均生死不明时，不禁凄然泪下，毛泽东、周恩来、李克农也嗟叹不已。周恩来激愤地说："这就是当亡国奴的滋味！东北军的弟兄们最先尝到了这个滋味。可是蒋介石却不许你们抗日，硬逼着你们来打红军，让中国人自相残杀，让东北军再一次受牺牲、受损失，受苦受难，进一步加深东北同胞家破人亡的悲剧！"

"东北军的广大官兵应该认清，你们的敌人是帝国主义，是蒋介石，所以抗日反蒋才是你们唯一的出路！"毛泽东站起来，一只手叉腰，一只手打着手势，"高福源，你现在认识到了这一点，看来张学良将军也正在认识这一点，我们要使东北军的广大官兵都能认识到这一点，这就是东北军的希望所在。"

"张学良将军表示愿意和红军谈判，实行联合抗日，很好。我们党中央最近召开了瓦窑堡会议，主要内容也是如何开展抗日统一战线问题。"周恩来接着说，"苏维埃政府和工农红军愿意与任何抗日的队伍联合起来，共同组织国防政府与抗日联军，去同日本帝国主义直接作战。我们愿意首先同东北军共同携手，成为全国人民抗日的先锋。"

高福源仔细聆听着共产党两位领袖人物亲切而深刻的谈话，仿佛清风拂面，内心感到格外清爽。

"听了克农同志的报告，党中央连夜进行了研究。"毛泽东说到这里停住了。慢吞吞地从桌上拿起一片纸，在火炉上点着烟，吸了几口后，才接着说："我们决定派联络局长李克农作为红军代表，去洛川同张学良将军谈判。谈判若能达成协议，从此就可以打开全国抗日的新局面。"

"福源同志，谈判若能成功，有你的头一份功劳啊！"周恩来望着高福源，微笑着说。

"不，不敢当。是共产党的政策好，我，只不过跑跑腿，这是应该的……"高福源脸色泛红，有些不好意思地回答。

毛泽东和周恩来赞许地点了点头。稍许，毛泽东又说："高福源同志，在克农同志没有动身之前，请你先跑一趟六十七军，安排好相互之间的电台联络。以后有什么事，我们就可以用电台直接联系了。"

"是，我马上就去！"高福源以一个标准的军人姿态"唰"地站起来，脸上挂着坚毅的神采，直端端地立在毛泽东和周恩来的面前。

"再见，听你的好消息！"毛泽东握着高福源的手，语气中透着希望和期待。"要胆大心细，祝你一路平安！"周恩来关切地说，并把他一直送到门外。

1936年2月中旬，双方电台已经叫通。2月19日，毛泽东主席和彭德怀司令员致电张学良、王以哲二将军：

我方代表李克农等四人于2月21日由瓦窑堡启程，25日可达洛川，望妥为接待，并保证安全。

3月3日，张学良由南京回到西安，第二天，他亲驾飞机直抵洛川。

一下飞机，王以哲邀他先去住所小憩，可张学良把头一摇，急切地说："不，先去看看红军代表。头一次和人家谈判，就让人家等了这么多天，实在有失礼节。"

在从机场开往军部的汽车上，王以哲将自己和李克农谈判的情况与达成的协议，向张学良作了汇报，张学良连连点头并夸他们干得不错。汽车径直开进红军代表住的小院。李克农和其他工作人员闻声从房内走了出来。

张学良和李克农是第一次见面，王以哲给他们作了介绍，于是，曾经的两双敌对之手便紧紧地握在了一起。

"李先生，对不起，让你们久等了！"张学良用审视的目光久久地望着李克农，诚挚地表示歉疚。

"张将军，你昨天上午还在南京，回到西安没有休息，今天便急急忙忙地赶来，太辛苦啦！"李克农微微笑着，友好而亲切地说。

两人手拉着手，走进那间小小的会客厅。

9. 春宵一刻值千金

从洛川飞回西安，回到金家巷公馆。赵一荻小姐一边帮张学良脱长衫，一边问："谈得怎么样？"

这次洛川之行非常机密，西安只有赵一荻小姐等少数几个心腹知道。"红军代表通情达理，并不像委员长所描述的那么狰狞可怕。"张学良很兴奋。

张学良在洛川等了半个多月，4月6日，终于盼来了中共中央以毛泽东、彭德怀的名义发来的密电，来电通知周恩来、李克农的行期及联络地点，并提出这次会商的内容：

甲、敝方代表周恩来偕李克农于8日赴肤施，与张先生会谈救国大计，定7日由瓦窑堡启程，8日下午6时前到达肤施城东二十里之川口，以待张先生派人至川口引导入城；关于入城以后之安全请张先生妥为布置。

乙、双方会商之问题，敝方拟为：

1. 停止一切内战，全国军队不分红白，一致抗日救国问题；

2. 全国红军集中河北抵御日帝迈进问题；

3. 组织国防政府、抗日联军的具体步骤及其政纲问题；

4. 联合苏联及先派代表赴莫斯科问题；

5. 贵我双方订立互不侵犯及经济通商初步协定问题。

丙、张先生有何提议，祈预告为盼。

看完电报，张学良轻松地吁了一口气，接着便指示随行来的孙铭九，给驻守肤施城的一二九师师长周福成发报，准备隆重接待；同时就中共提出的问题，积极准备意见。

4月8日下午，周恩来、李克农和随行保卫部队按照预定时间，风尘仆仆地由瓦窑堡赶到肤施城东北的川口村。参加这次会谈，是毛泽东主席和其他中央领导成员在山西石楼听取了李克农的汇报后做出的重要决定。中共中央分析了当前的全国形势和东北军的处境，认定张学良要求和中共中央主要领导人会谈是有诚意的，通过这次会谈对于开展抗日民族统一战线有着重大的意义，因此十分重视。

这天风雪交加，加上双方联络失时，张学良没能赶到肤施城，一直到4月9日下午天色放晴，张学良才偕同王以哲、刘鼎、高福源、孙铭九，自己开着飞机，降落于延河边的一个简易机场。下飞机后，张学良即令高福源去城北川口村与中共代表联络，他们一行即徒步朝城内走去，约莫半个小时才来到会谈预定的地点——天主教堂。

教堂内很安静，为了准备这次会谈，附近的居民均由东北军一二九师动员暂时搬到别处去了，周福成师长选了几个可靠的军官，临时充当服务人员。

张学良不断抽着烟，一会儿坐下，一会儿站起来朝窗外望望，显得有些焦躁不安。此刻他的内心很不平静，作为国民党政府的一位高级将领，他充分意识到此举意味着什么？是救国的义举还是可耻的背叛？或者二者兼而有之，也许以后说什么的都有。但他的内心却很踏实："我张学良是高尚还是

★肤施会谈地址——城内的天主教堂

渺小，日后让事实作出回答。"

天色渐渐灰暗下来，窗外群山的轮廓在人们的视线中变得模糊不清，傍晚的风夹带着残雪、草屑扑打着窗棂、门扇，发出"噼噼啪啪"的响声。他们一直等到晚上八点，天完全黑下来，才传来孙铭九压低的声音："来了，来了！"

院里一阵"沙沙"的脚步声，张学良正要转身往外走，门开了，先是一股冷风，接着一行人鱼贯而入。为首的是一位神采奕奕、目光炯炯、蓄着一大把长胡子的中年人。张学良本能地跨前两步，紧握着大胡子的手，高兴地说："周先生，久仰久仰！"

"张将军，你好眼力啊！"周恩来深情地打量着面前这位年轻的东北军统帅，幽默而风趣地说。

"谁不知道共产党里的美髯公呀！"

两人对视着，哈哈大笑起来，房间里顿时充满了欢快、友好、和谐的气氛。

双方互相介绍了随从人员，寒暄一阵后，其他人员便退了出去，房间里只剩下正式参加会谈的成员：周恩来、张学良、李克农、王以哲和刘鼎。孙铭九在门外担任警戒。

会谈开始，周恩来就问张学良："张将军，我想先听听你对中国前途的看法？"

"依我之见，中国的前途有两条。"张学良也不谦让，回答得十分干脆，"一条是走共产党的路，一条是走国民党的路。两年前我从意大利回国，曾经相信法西斯主义可以救中国，因而竭诚拥护蒋介石做领袖，实行法西斯专制，领导全国抗战。现在看来，这条路很难走得通，如果不停止内战，国内的抗日力量彼此抵消，两败俱伤，凭什么才能把日寇赶出中国呢？"

"张将军这样开诚相见，那我也直率地谈谈我的看法。"周恩来见张学良开门见山如此通达，也就直言不讳，"法西斯主义是资本主义发展到帝国主义阶段的产物，它主张领袖至上，个人独裁，它把资产阶级统治下的一点点表面上的民主、自由都不要了，这是当今世界上最反动的一种政治主张。中国要抗日必须实行民主，只有走人民群众的路线，靠这种伟大无比的群众力量，中国抗日才有胜利的可能。要是搞法西斯独裁，由个别人依照个人的意志专断，不要群众，就不可能树立真正的民族自信心，就绝不会取得最后的胜利。"

听了周恩来这一番鞭辟入里的分析，张学良进一步认识到自己曾经欣赏和提倡法西斯主义的荒谬和幼稚。他默默地点了点头，接着又问："周先生，假如东北军和红军实现了联合抗日，那我们下一步应该怎样来对待蒋介石呢？"

这个问题周恩来在山西石楼曾经听李克农汇报过，知道张学良持的看法与共产党存在分歧，于是便真诚而虚心地说："张将军，坦率地说，我党是主张反蒋抗日的，因为大革命失败以来，尤其是九一八事变以来，一系列冷酷的事实教育了我们，此人是不可信赖的。不过，在今天新的形势下，我们愿意重新考虑这个问题。关于这一点，我们愿意听一听张将军的意见。"

"这个问题我在洛川时给李克农先生讲过。我是这样认为的。"张学良庄重地说，"蒋介石现在实际上是全国的统治者，掌握着全国的主要军事力量，而且财政金融、外交之类也都由他一手包揽。我觉得联合抗日不应当反蒋，统一战线也应当把蒋包括在内，这样我们的工作要好搞得多，抗日力量也容易集结，容易壮大。我们东北军是他的部下，如果提反蒋抗日，于工作不利。另外，据我的观察和判断，蒋介石还是有抗日的可能的，他的错处在于必须先消灭共产党然后才抗日的所谓'攘外必先安内'的政策，我们要设法把他这个错误政策扭转过来，强迫他停止内战，走上抗日的道路。"

"张将军的意见很有道理，值得我们重视。"周恩来为张学良的坦率和真诚所打动，立即表明了态度，"我个人表示同意张将军逼蒋抗日或联蒋抗日的意见。不过，这是个重大的方针政策问题，我一定把张将军的意见带回去，提请我党中央研究、决定。"

张学良见周恩来态度诚恳、明朗，如此重视自己的意见，甚为高兴。这些日子来，他最担心的便是在"反蒋"还是"联蒋"这个问题上和共产党谈不拢，现在有了松动的余地，压在心头上的一块石头搬掉了，他感到浑身轻松，情不自禁地说："这个问题如果能取得一致意见，那可就太好了。今后我们可以采取内外夹攻的方法，你们在外部逼，我在里边劝，一定可以把他扭转过来！"

接着，他们继续谈到许多国际国内问题，如日本对中国作战的战略问题，苏联援助中国抗日的问题，中国抗战如何进行准备问题，等等。周恩来对这些问题有精辟的见解，张学良甚为折服。

时间在一分一秒地消逝，夜已深沉，整个肤施城偃伏在黑沉沉的夜空下，唯有天主教堂的窗口闪着明晃晃的灯光，室内五个人毫无倦意，在结束了一般性政治问题的讨论后，接着又谈起了红军和东北军具体合作的一些问题。由于双方都在寻求合作，使整个会场气氛极为热烈、愉快、友好，所有问题都顺利地达成了协议，主要内容有：

（一）关于组织国防政府和抗日联军的问题。张学良同意这是中国现时的唯一出路，对于《八一宣言》中的十大政纲则表示俟加以研究后再提出意见。

（二）关于红军的集中问题。张学良承诺赞助红军集中河北，四方面军出甘肃，东北军可以让路。至于二、四方面军北上路线问题，因要经过国民党中央军防区，须得到他们的同意，张愿负斡旋之责。

（三）东北军方面派赴苏联的代表，取道欧洲前往。中共方面的代表由张负责保护，由新疆前往。

（四）关于停止内战问题。张表示完全同意，并称红军一旦与日军接触，则全国停战运动将更有力量。

（五）在张未公开表明抗日以前，不能不接受蒋令进占苏区。为此，张准备王以哲军入肤施，沿路筑堡，双方交通仍旧。如此一个月以后，再看形势发展决定。

（六）关于通商问题。普通办货可由红军设店自购，军用品可由张代办，子弹可由张供给。

（七）双方互派代表常驻。

（八）张认为红军去河北恐不利，在山西亦恐难立足，不如经营绥远较妥。但如红军决定出河北，他可通知万福麟部不加阻挠。

凌晨4点，会谈顺利结束。张学良精神振奋，兴致勃勃地对身旁的王以哲说："鼎芳，肤施是你们六十七军的防地，你拿什么来招待客人，尽地主之谊啊！"

"周师长将一切都安排好了，副司令尽管放心。"王以哲兴冲冲地走出房门，不一会儿，服务人员便端着杯碗盘碟走进来，将偌大一张谈判桌摆得满满的。

"周先生,"张学良站起来,右手端着酒杯,双目炯炯地望着周恩来,热情洋溢地说,"结识美髯公,学良三生有幸。为我们今朝相识,为东北军和红军的团结抗日,请干杯!"

周恩来也站起来,笑容满面:"结识张将军我也很高兴。我提议,为张将军的健康,为我们这次会谈取得的积极成果,干杯!"

酒杯相碰,两人一饮而尽。接着,他俩又和参加会谈的其他成员一一碰杯祝贺。

几杯酒下肚,张学良脸色红扑扑的,精神更加昂奋,乘着酒兴,他进一步地向周恩来表明心迹:"周先生,和你们谈判,不是我一时的心血来潮,我是经过长时间考虑的。我张学良是集家仇国难于一身,也是集毁誉荣辱于一身,只有抗日才是我们东北军的出路,可委员长却让我们来打内战,打内战把我们的力量都耗完了,下一步我拿什么去抗日啊!"

"张将军要雪国耻、报家仇的心愿,我很同情、很理解,今后只要我们双方真诚合作,就一定能实现我们共同的目标,把日本鬼子赶出中国去!不过,我们宁可把困难想得多一些,前进的道路不会是平坦的,让我们携起手来,一同前进!"周恩来也豪情满怀地说。

"今晚的协议,东北军一定严格遵守!"张学良态度诚恳地表示。

"共产党、红军方面,绝不毁约!"周恩来也斩钉截铁地说。

饭后,窗外已经放亮,周恩来站起来告辞,张学良从随身带的公文包内抽出一本装帧十分精美、上海《申报》印行的中国高等投影设色地图册赠送给周恩来作为纪念。另外,张学良赠送私款白洋两万元(后来又赠送了20万元法币)。这笔巨额赠款,对处境困难中的红军无异于雪中送炭。刘鼎因要向党中央汇报工作,决定和周恩来一起随行。

张学良把周恩来一行送到天主教堂院外。这时天色大亮,东方天边布满了嫣红绚丽的朝霞,张学良目送着他们一直消失在远天的云霞之中。这时,张学良转身对身旁的王以哲感叹地说:"共产党里竟有周恩来这样的俊杰啊,他们会给中国带来希望!"

刘鼎以后作为中共驻东北军代表,从苏区回到洛川后,张学良又对他说:"肤施会谈,我太满意了,比我想象的好得多,我结识了最好的朋友,真是一见如故。我从未见过这样的人，周先生是这样的友好，说话有情有理，给我印象很深，解决了我很多的疑难。我要早见到他，多好呀！"

10. 张杨联袂　暗渡陈仓

4月10日，张学良和王以哲返回洛川。

一方面为了和中共会谈，另一方面为了避开蒋介石插在西安的特务机关的注意，张学良特意在"西北剿总"会议上宣布，成立"洛川前进指挥所"，他亲往洛川进行"督剿"。近一个月，他一直住在洛川六十七军军部。

自从和周恩来会谈以后，他的心境有了很大改善，对东北军的未来不再感到渺茫，对自己的前途也充满了信心。他和王以哲、孙铭九等心腹多次在一起合计，觉得抗日力量要形成拳头，除了必须和红军进行联合外，还要和十七路军进一步搞好关系，结成联盟。十七路军和东北军同驻陕西，唇齿相依，要是这两支部队互相牵制，互相扯皮，就什么事也干不成。

其实，这一段时期，张学良和杨虎城都分别与红军进行了秘密接触，并签订了互不侵犯的协定。但彼此都隐瞒着，相互之间都还存有戒心，深怕张扬出去获个"通匪"罪名。尽管双方都在保密，而"剿共"军事行动实际上的停止，彼此间分明都看出来了。

一次，张学良和王以哲、孙铭九分析情况后，毅然提出："我和杨虎城多次打交道，觉得这个人心眼不坏。看样子不是那种出卖朋友的人。我看干脆和他把话挑明，反正这一步迟早都得走。"

"从某些迹象看，杨主任很可能和中共早就联系上了，这层窗户纸，以敝人之见早该挑破，多个伙伴也多条路嘛。"王以哲表示赞同。

在西安时，杨虎城有一天约请王以哲吃便饭，二人谈了很久。当王以哲谈到东北军入关、失去东三省的苦处，谈到他的许多部下流离失所、家破人亡的惨况时，禁不住潸然泪下。杨虎城黯然地说："照眼下这个样子继续下去，我们下一步的遭遇都是一样的。"饭后，杨虎城即派专人同王以哲来往，王以哲则派他的秘书孙大胜同十七路军联系。

"西安城里蒋介石的耳目太多，请杨主任到洛川来谈吧！"孙铭九建议。

"好，请杨虎城来洛川。"张学良习惯性地把手一挥，"明天就派我的座机去接，同时，请高崇民先生陪杨主任一起来。"

高崇民是张学良的东北老乡，虽然在东北军中没有担任什么具体职务，但张学良对他非常尊敬。年初，张学良委托他到十七路军做联络工作，杨虎城对他也很赏识，他往来于两位将军之间，为沟通两军的关系做了许多有益的工作。

当天下午，杨虎城在高崇民的陪同下飞抵洛川。一见杨虎城，张学良便高兴地说："虎城兄，我就知道你会来。"

"副司令有话，我敢不来吗？"杨虎城笑吟吟地说。

吃罢晚饭，张学良和杨虎城便关在客厅里，打开了话匣子。

"虎城兄，我这次到前线来'督剿'，发现部队的情况很不妙，士无斗志，军心不稳，去年秋天一大批被红军俘去的军官、士兵，经过洗脑筋放回来后，都成了共产党的宣传员；有的部队和红军作战，人家几句口号一喊，什么'中国人不打中国人'，'支持东北军打回老家去'等等几句话，就把部队给拆散伙了，一枪不放，自动缴械投诚。近日还发现有的前沿连队偷偷和红军往来，甚至在一起联欢。长此下去，局面恐难维持。今天请杨主任来商议商议，今后咋办才好。"张学良先抛出个试探性"气球"，看看对方的反应。

"是啊，不仅东北军如此，我的十七路军又何尝不是这样。唉，'剿共'，真他妈的是无期徒刑！反正东北军、西北军都不是委员长的嫡系，打光了他才高兴哩！"杨虎城叹了一口气，愤愤不平地说，"日本鬼子步步进逼，全国都快要完蛋了，我们还在干这种窝囊事！"

"唉，虎城兄，我们东北军成了这个样子，其原因，说穿了就是不愿打内战，要是开赴抗日战场，绝对不会这样，我了解我的部队，并不是没有战斗力的。"说着，张学良的火气便升上来了，"自从九一八以来，我张学良和东北军就背着不抵抗的骂名，报纸上骂我不放一枪一弹，拱手把东北三省大好河山让给日本鬼子。其实，我是当了别人的替罪羊。"

东北三省失守的内情，杨虎城本来是知道的，今天张学良旧话重提，他也就明知故问：

"九一八不抵抗的帽子栽到你的头上，外部传说纷纷，这到底是怎回事嘛！"

"虎城兄，这口黑锅我给蒋委员长背了五年啦！把我害得好苦，我是咬烂舌头往肚内咽，有苦无法诉啊！"说到这里，张学良从贴身衬衣口袋内掏出一个皮夹，又从皮夹内抽出一个包得十分严实的纸包，他打开纸包拿出一页电报纸来，递给杨虎城，"事变前，参谋长荣臻即向我报告，发现沈阳日军调动异常，我当即向南京发报请示如何行动，蒋介石9月16日发来'铣电'，我保存至今，你一看便知。"

张学良把电报纸递到杨虎城手里，随即想到杨有听别人念的习惯，又拿回来，念道：

"无论日本军队此后在东北如何寻衅，我方应不予抵抗，力避冲突，吾兄万勿逞一时之愤，置国家民族于不顾。蒋中正。"

"噢，原来这样。"听完电报，杨虎城倒抽了一口冷气，"哼，好一个'置国家民族于不顾'，你这不是遭了人的暗算嘛！"

"不抵抗的责任，重头在于中央，而结果却不明不白地嫁祸于我！我张某人可不是泥捏的。这个电报我一直留着哩，总有一天，我要把它公之于世。"说到这里，张学良眼睛里亮晶晶的，简直要掉泪了，他接着又把电报层层包好，装进贴身的口袋。

"蒋介石这个人呀，常常嫁祸于人，和他打交道，反正要特别留神就是了。"杨虎城对张学良的境遇表示了深切的同情，随即安慰地说："过去的事就不要提了，我们还是多想想明天吧。张副司令也不要过于伤感，从今往后，只要我们用兵抗日，大家不仅会原谅你，还会拥护你呢！"

经过一阵子坦诚的交谈，两人都感到彼此间的距离贴近了。

"在目前形势下，你看怎样才能走上抗日的道路呢？"张学良问。

"当务之急是先要停止内战。"杨虎城直截了当地答。

"我和蒋委员长谈过多次，要求停止内战，把'剿共'部队投入到抗日战场上去。他的态度很顽固，还说'等我死了以后，你再去联共好了'。看来，要说服他，难哩！"

杨虎城沉思片刻，压低声音说道："软说实在不行，那就只有硬干！"

张学良愣了一下，点了点头说："嗯，刚柔相济，软硬兼施。也就只好如此。"接着，他又扭过头来，望着杨虎城，"杨将军，那我们应该怎样对待共产党和红军呢？"

"共产党和红军不是也主张停止内战，联合抗日吗？既然和你我想的一样，那就……"

"那就携起手来，共赴国难！"未等杨把话说完，张学良便接上一句。"对！对！携起手来，共赴国难！"杨虎城兴奋得脸孔通红，不禁大笑起来。

二人笑过之后，谈到了西安的现状。张学良说："有人到处散布我们两个尿不到一个壶里，不是说十七路军要驱逐东北军，就是说东北军要吃掉十七路军，这不是故意在挑拨离间嘛！"

杨虎城说："这都是特务散步的谣言，企图恶化我们的关系，让我们打架、火并。"实际情况是东北军随军眷属不少，经常为了争住房而争吵、打架；双方下级军官和士兵为了看戏占座或在街上争道，动辄大打出手，有时几乎演变到互相开枪的地步。张、杨都觉得这样下去很糟糕。

杨虎城想了想，抬头说道："我思量再三，这样也好，让特务给南京汇报去，免得蒋介石怀疑你我坐到了一条板凳上，大事情上想到一块儿去了。"

张学良笑了："你我表面上不和，暗中合作，这叫'上合下不合'；你我明里不相往来，背地里私下往来，这叫'暗通明不通'——咱俩这不是在给委员长上演'明修栈道，暗渡陈仓'么！"

"你与我都是挨了'暗砖'的人，不暗渡陈仓不行咧。"

为了改造部队、整顿内部，培训和选拔抗日干部，积极进行抗日的准备工作，他们还决定东北军和十七路军在王曲联合创办军官训练团，作为两军合作，联共抗日的一个重要步骤。

两位将军越谈越投机，越谈越火热，整整谈了一夜。第二天拂晓，六十七军的军官们看见两位长官谈笑风生地从客厅里走出来，满面红光，脸上挂着坚毅而自信的神色，大伙儿情不自禁地笑了……

11. 锋芒初示的"艳晚事件"

延安会谈以后，中共中央5月5日以中华苏维埃人民共和国中央政府和中国人民红军革命军事委员会名义发出的东征回师通电中，放弃了"反蒋"的口号，郑重地向国民党当局提出了"停战议和，一致抗日"的主张，把蒋介石也放在促其觉悟之列。这标志着中国共产党由"反蒋抗日"到"逼蒋抗日"策略方针转变的开始。

经过延安会谈，红军与东北军的关系进一步得到了改善。正当这时，蒋介石一再严令东北军进攻中共中央所在地瓦窑堡。7月2日，中共中央总部转移到保安。

接着，中共中央又派遣红军参谋长叶剑英作为红军的正式代表常驻西安，协助张学良和杨虎城整训部队。同时还派遣彭雪枫、朱理治等四十多名干部进入西安，进一步开展对东北军的工作。

杨虎城自年初和汪锋、王世英谈判并达成十七路军和红军互不侵犯、互派代表、建立电台联络及建立秘密交通站等协议后，双方关系出现了停战稳定的友好局面。到了1936年4月，中共驻共产国际代表团派遣在德国留学的王炳南回国做杨虎城的工作。王炳南的父亲王宝珊曾任杨虎城部队的高级参议，与杨私交甚厚，王炳南在杨部工作，深得杨的信任。

红军相继和十七路军、东北军建立了稳固的友好关系。"三位一体"的逐步形成，不仅在东北军和十七路军中广泛开展了热气腾腾的整顿内部、改造部队等抗日准备活动，而且西安市群众性的抗日救亡运动也如火如荼地开展起来。

与此同步，蒋系特务在西安的活动也愈益嚣张。他们除了对东北军和十七路军加紧盯梢外，对社会上那些主张抗日的爱国人士和抗日救亡群众团体的领导成员，也加强了跟踪与监视。

以张学良的秘书为掩护的东大学生、共产党员宋黎，不仅在东北军及东北同乡中进行宣传组织工作，而且积极地深入十七路军和西安各机关、学校、团体中进行活动，先后参加、组织了"东北民众救亡会"和"中华民族解放先锋队"等抗日救亡团体。他的活动自然引起了国民党陕西省党部的特别注意。

8月29日傍晚，宋黎接到西安绥靖公署交际处长申伯纯的电话，说是据可靠情报，国民党特务近日有可能采取行动，要他们加倍提防。情况危急，宋黎便和从北平一起来的另一个学生代表马绍周商量。马绍周在"西北剿总"政训处有一个朋友，决定由他去找一找这个朋友，弄清情况以后再商量对策。

马绍周刚走出西北饭店的大门，就被潜伏在门外的特务逮捕了，并立即押往国民党陕西省党部。

宋黎正在房间里和东北中学几位代表谈话，突然门被踢开，闯进两条彪形大汉，其中一人指着宋黎说："就是他！他就是宋黎！"宋黎知道事情不妙，顺口答道："你们找宋黎吗？他刚出去。"

"你他妈的少来这一套，老子跟踪你几个月了，烧成灰我也认得你！"特务恶狠狠地叫着猛扑过来，架起宋黎的胳膊往外就走。

院子里，一个特务头目对他的喽罗宣布："已经抓到了共产党要犯，从现在起，谁也不许往外打电话。你们要严守大门，来一个给我抓一个！"

宋黎意识到事态严重，边挣扎边喊叫："干什么？你们这是干什么？为什么平白无故抓人！"

一个特务朝他的背上猛击一拳："妈的，不准叫唤！"

宋黎腰部痛得直不起来。两个特务拖着他往院外拽。

这天是星期六，街上行人很多。宋黎有意大喊："土匪绑架呀！……"

一个值勤的警察闻声端着步枪跑过来，问："咋回事？"

"去，混蛋！我们是省党部的，你也不看看！"特务瞪着眼，朝警察呵斥。警察知趣地闪开了。

西北饭店与国民党省党部同在东大街，相距约一公里。特务押着宋黎眼看就要走到省党部了，恰巧十七路军宪兵营骑兵巡逻队迎面走来。宋黎连忙大喊："土匪绑架啦，土匪绑架啦！来人啊！"

巡逻队听见喊声，五六个士兵跳下马围拢过来，先缴了特务的手枪，厉声喝问："怎么回事，青天白日，为什么抓人？"

一个特务抢先说："我们是省党部的，这是刚从西北饭店抓来的共产党要犯。"

"我不是共产党，他们是土匪！"宋黎连忙分辩，"我姓宋，是张副司令的秘书。"

巡逻队员中有人认识宋黎，知道他的公开身份。因为他到西安已经半年多，经常在群众集会上露面，而且到十七路军中宣传过抗日。那位巡逻队员反问特务："既然你们是省党部的，抓人可有逮捕证？"

"我们是奉蒋委员长命令，前来捉拿共产党要犯的。你们别来碍事，不信，我们一起去省党部。"特务趾高气扬。

"我是张副司令的秘书，要送也只能送到张副司令那里。"宋黎的态度也很强硬。

"这，我们就不好办了。你们一个说是土匪，一个说是共产党要犯，叫我们听谁的！"巡逻队长潘俊植想了想，机智地说，"我们管不了这些，只有送交营部处理！弟兄们，把他们统统带回营部！"

特务气得"呼哧、呼哧"直喘粗气，还想争辩，巡逻队员不管三七二十一，簇拥着他们朝端履门十七路军宪兵营营部走去。

特务怕宋黎乘机逃跑，便扯着他一只胳膊；巡逻队怕宋黎让特务拖跑，也拽着他的另一只胳膊。路过西北饭店时，宋黎提出进去给张副司令打个电话，特务不许，潘俊植队长生气地训斥特务："你算老几？！他到底是什么人还没有查清哩，他给张副司令打个电话，有什么要紧。去，打去！"

接电话的是张副司令的值班秘书，他说张副司令正在开会。宋黎说："那就请你转告张副司令，我被省党部逮捕了，现在已被十七路军宪兵营巡逻队截夺下来，马上押往营部。"秘书要他放心，一定尽快报告张副司令。

宋黎心里这才踏实下来。

到了宪兵营营部。值班的排长看了看宋黎，便对特务说："我证明这个人是张副司令从北平请来的秘书。你们是不是弄错了？"

"没错。这个人是蒋委员长点名的共产党要犯，需要对他立即搜查。"说罢，特务一个箭步蹿到宋黎面前，伸手就要翻他的衣兜。

"你们是土匪，无权搜查！"宋黎双手捂住衣兜。特务还要动手动脚，值班排长严肃地说道："这是我们宪兵营的地盘，你们得放规矩些！要搜查也得由我们来。"

特务无奈，只得老老实实地站到一边去。值班排长叫一个战士把宋黎从上到下搜了一遍。翻出来的都是一些名片，有张、杨两将军的，有东北军和十七路军的一些军长、师长的。宋黎随身带着这些，是为了当挡箭牌使用。

不一会儿，宪兵营的营副谢晋生从外面进来，他佯装不认识宋黎，只顾对那两个特务说："你们大天白日随便捕人，既无公文，又无证件，事先也没和我们打个招呼，所以我们不能把这个人交给你们带走。"

特务见谢晋生态度强硬，知道拗不过，便不快地说："那好吧，我们现在就回省党部去取公文。不过，我们要给你把话说清楚，此人是共产党要犯，可不能让他跑了，也不准把他交给别的任何人！不然的话，你们吃不了得兜着走！"

"去吧！去吧！快办手续去，办妥了再来提人。"谢晋生想赶快把特务支走，借此拖延时间。

特务走后，谢晋生连忙将大门关上，转身对宋黎说："这件事闹得很大，各方正在设法营救。刚才搜出的东西全在桌子上，你看看，有碍事的就赶快处理掉。另外，还得审讯一下留个口供，以便应付那些家伙。主持审讯的人你认识，是李木庵。我马上找杨主任去。你尽管放心，没有我点头，他们是提不走你的。"

过了一会儿，十七路军的军法官李木庵来了。他是中共地下党员，西北特支的领导成员，和宋黎原先就认识。李木庵讲一口浓重的湖南话，先安慰了一阵，接着两人一起研究了"口供"，记录下来后，宋黎按了手印，李木庵便匆匆走了。

谢晋生将宋黎被省党部逮捕的情况用电话报告给杨虎城的机要秘书王菊人。这时，已是深夜十二点，王菊人怕耽误时间长了误事，连忙将杨虎城从熟睡中叫醒。杨虎城询问了事情的原委，不敢怠慢，立即给张学良挂了电话。这时，张学良的公馆内灯光通明，他还没有睡，值班秘书刚才将宋黎的电话告诉他，他立即派副官关时润去西北饭店打探消息，同时和几个随从参谋、秘书一起，正在商量办法营救！张学良听了杨虎城的介绍后，便说："此时闹不好乱子就会捅大，依你之见呢？"

"依我之见，你派人先把宋黎领回去，看看它省党部能把我们怎么样？"杨虎城毫不犹疑，"他们这样干，简直目中无人，太不像话，明明知道是副司令的客人，这不是故意给你难堪嘛！"

"好！请你通知宪兵营，我马上派人去领宋黎！"张学良放下电话，铁青着脸对随从参谋孙铭九说："你现在就去，把宋黎接到这里来！他妈的，打狗也要看主人哩，抓人居然抓到我头上来了！"

孙铭九带着武装卫队，拿着张学良的手令，驱车赶到十七路军宪兵营，见了宋黎说："你的事张副司令知道了，我奉张副司令的命令，接你回去！"孙铭九带着宋黎离开宪兵营还不到一刻钟，省党部的两卡车武装人员气势汹汹地来到宪兵营，拿着省党部的公文来提宋黎。宪兵营的值班员将张学良的手令交给省党部的特务，装作无可奈何的样子说："你们来晚了一步，人被张副司令提走了。唉，我们这个小单位，随便什么上司、衙门的指令，都不敢违抗呀！"

特务又气又急，只好垂头丧气地返回。

孙铭九带人去宪兵营刚走不久，张学良正在生气，接着又有人进来说派到西北饭店打听消息的关时润副官被守候在那里的特务逮捕了，并被押往了省党部。张学良一听勃然大怒，脸孔涨得通红，脖颈上的青筋"突突"直跳，像一头被激怒了的狮子，在房间里走来走去。侍从参谋、秘书们从来没见过张学良发这么大的脾气，一个个大气也不敢出，只是用疑惧的目光望着他，随着他的身影移过来、移过去。

张学良头脑里在飞快地思考着。随着时间一分一秒地消逝，一个大胆而果敢的行动计划，迅速在他的头脑里形成。他正要向大家宣布自己的决定，孙铭九带着宋黎从门外走进来。宋黎的脸上挂着血痕，上衣也被撕烂，张学良只对宋黎微微点了点头，说了句："受苦啦，下去好好休息！"便面向大家愤怒地说："省党部这些混账东西，胆大妄为，棍子竟然打到我的头上来了。现在我决定立即采取行动，派兵包围省党部，抢出马绍周和关时润！教训教训这些狗东西！"

在座的随从参谋、秘书，对于蒋系特务在西安的飞扬跋扈、胡作非为，早就憋了一肚子气，现在听张副司令说要教训他们，一个个兴高采烈。

张学良开始进行部署：西安市立即戒严。由于东北军驻在市内的兵力较少，只有一个警卫团，而国民党仅在西安城里，就有中央宪兵团、别动队、保安团和警察大队等超过九个团的兵力，乱军杂处，弄不清他们在干什么。为了防止意外，张学良下令驻在城外王曲的一〇五师调一个步兵团火速进城，加上张学良自己的卫队营，协同行动，由副官长兼一〇五师副师长谭海和孙铭九两人统一指挥，拂晓前务必包围省党部。

为了防止晏道刚私下采取行动（晏道刚在任"西北剿总"参谋长之前曾为蒋介石侍从室主任），张学良指示一个随从参谋打电话把他"请"来，就说副司令有要事和他商量，然后把他软禁在一间房子里。

张学良部署完毕，参谋、秘书们分头行动去了。他打开窗户，站在玻璃窗前，让夏夜的凉风吹拂着发烫的脸庞，竭力想使自己平静下来。他看了看手表已经下半夜三点多了，喧嚣了一天的西安市，这会儿一片宁静，而他的部队根据他的命令，正在紧急行动。再有四个小时，就可能发生一场尖锐的冲突，全国当天的晚报一定会出现"东北军围攻省党部！"这样耸人听闻的头条新闻。后果将会是很严重的，委员长和南京政府绝不会善罢甘休，他们会怎样处置我呢？撤职，调走，抓起来？管他的！我张学良只要问心无愧，对得起列祖列宗，就足够了！

正在张学良遐思苦想之际，侍卫进来通报："省政府邵主席到！"

张学良对邵力子是颇为尊敬的，往日会面总是相敬如宾，谦恭温和。今晚张学良却一反常态，邵力子刚迈进客厅门槛，就怒气冲天地说："请问邵主席，省党部逮捕我的学生、秘书和职员，为什么不通过我？是谁给他们那么大的权力！我是'西北剿总'的副司令代总司令，是代表蒋委员长的；我是国民党的中央执委，是代表国民党中央的！省党部这些人算什么东西，他们抓我机关里的人，不向我报告，是何用心？他们的眼里还有没有我张学良！"

张学良连珠炮式的发问，一下子把邵力子打懵了，他怔了一会儿，便惶恐不安地说："副司令息怒，副司令息怒，这件事我还一点都不知道，现在我马上就去查明，查明后再来向你报告！"

"那好，"张学良的情绪缓和下来，但仍没好气地说："那就请你负责查明，把抓去的人尽快送回，不然，一切后果由他们自负！"

拂晓以前，邵力子再次来到金家巷的张公馆，他说："张副司令，情况是这样的，捕人确有其事，他们是奉蒋委员长的命令，派了人来直接指挥捕的。点名逮捕的除了宋黎和马绍周，还有刘澜波、孙达生、粟又文等共党分子。省党部事先没有向副司令报告，这是他们的严重错误，现在他们托我请示副司令，这事如何处理？"

"什么共党分子？还不是省党部那些家伙捏造假报告，诬陷好人！好给我张学良脸上抹锅墨。"张学良余怒未息地说。从邵力子的言谈中看出省党部这次抓人他的确没有插手，而自己把他深更半夜叫来加以训斥，未免不近情理。于是，他用和缓的语气抱歉地说："邵主席，这么晚了，惊动你实在对不起!请回去休息吧,此事你就不用管了,我自有办法。"

邵力子两只眼珠透过近视镜片,望了望年轻气盛的张学良,小心翼翼又不无忧虑地退了出去。

拂晓时分,一〇五师的一个团急行军从郊区开进城来,到达预定地点与卫队营会合后,迅速前往东大街,将国民党陕西省党部团团包围起来。

省党部的成员忙乎了一宿,这会儿正在睡大觉哩,两扇又大又厚的铁门关得严严的。东北军的士兵推了一阵推不动,敲了一阵又没人应声,谭海下令:"翻墙!"

战士们互相踩着肩膀,攀上墙头,跳了进去,把大门打开后,大队人马便像决堤的洪水涌进深院。

出发时候,谭海和孙铭九虽然向部队宣布了行动纪律,不到万不得已不准开枪,不准伤人,不准抢劫文书档案和财物,不准毁坏公共设施,只要把被捕的人救出就立即撤出。但由于广大东北军官兵对蒋系特务早就恨得牙根痒痒,进院后逢门就进,见锁就砸,把办公桌和文件柜内的文件、材料翻出来,扔得满地都是。

他们把省党部的工作人员集中关在一间大房子里,从地下室救出双手紧绑遍体鳞伤的马绍周和关时润。孙铭九命令将二人马上送回金家巷;考虑到国民党特务不干好事,文件材料中一定有见不得人的秘密,于是又命令战士将扔的满地皆是的档案、文书收集起来,装了满满几麻袋,全部带回张公馆。

这次行动只用了一个来小时。

这一天是1936年8月29日。8月29日按韵目排列是"艳",这就是轰动一时的"艳晚事件"。

张学良一夜没有合眼,尽管表面上镇定自若,内心却忐忑不安。他最担心的有两点:一是国民党的那几个团兵力出来干涉,双方交起火来,事情就闹得更大了;二是怕自己手下那些士兵不守纪律,要是打死、打伤省党部的官员,以后也不好交代。直到孙铭九打来电话报告一切都很顺利,压在他心上的一块石头才算落了地。

吃罢早点,谭海和孙铭九回到金家巷向张学良详细报告了包围省党部的经过，并抱来几捆从省党部查抄来的文件、档案，放在张学良的办公桌上。

"你们把这些东西拿来有什么用？"张学良不悦地说。

"副司令，你随便翻翻吧，省党部这些家伙真不是玩意儿，肚子里全是坏水，我们在前方作战，他们成天给南京打小报告，搞我们的鬼！"孙铭九气愤地说。张学良瞥了一瞥，停了一下说："你们休息去吧，闹腾了一夜，辛苦啦！"

谭海和孙铭九走后，张学良顺手拿起查抄来的文件，不经意地翻着。

翻着翻着，他那刚刚平息的怒气又涌上来了，原来这些文件有相当一部分是省党部向南京的告密材料，他和杨虎城每天的活动以及在各种集会上的讲话，省党部都向中央党部打了报告，有的是直接呈送蒋委员长的……

正在这时，侍卫进来禀报："杨主任到！"

张学良放下手里的文件，大声说："请进！"

杨虎城穿一件灰色丝质长衫，潇潇洒洒地走进屋来，一进门，双拳一抱："张副司令，昨晚干得蛮漂亮！省党部那些王八羔子，不给他们一点厉害瞧瞧，他们就会骑在我们的脖子上拉屎！"

"实在是出于无奈，逼上梁山！"张学良的情绪还没有从省党部的材料中解脱出来，随口敷衍着说："宋黎被捕，多亏杨主任搭救啊！""哪里，哪里，应该的嘛！"杨虎城谦逊地说。

"省党部太可恶了！"张学良从桌子上拿了几份文件递到杨虎城手里，"这是从他们的办公室查抄来的，想不到背后尽干这种见不得人的事！"

"嗬，五花八门，无奇不有啊！"杨虎城一份一份地翻着，念着标题，"这是东北军抗日积极分子的名单；这一份是东北军和十七路军发生冲突的情况报告；还有你、我在一次集会上的关于停止内战、团结抗日的讲话摘要，前边的按语中还说我俩的讲话有亲共倾向，值得注意，嗬，鼻子还怪灵的……这儿怎么还有邵力子的材料，邵老夫子也被人家怀疑上了？草木皆兵，无事生非！"

张学良的拳头往桌上一砸："乱打黑枪，这些人荒唐到了极点！"

"副司令，大可不必生气，省党部这些人干的就是这一行，再说，上边有人指使，他们是看脸色行事的。"杨虎城放下手里的文件，微笑地望着张学良，"这些告密材料暂且可以不去管它。我想问问你，你端了人家省党部的老窝，非同小可，下一步准备怎样向委员长交代呢？"

"嗯，是得想个法儿搪塞一下才是。"张学良低头沉思片刻，又站起来在屋子里转了几圈，走到门口叫侍卫把机要秘书请来。秘书进来后，张学良吩咐说："立即给广州黄埔蒋委员长发一封加急电报。就这样写：

> 29日晚，陕西省党部不经学良知晓，也不经正式手续，擅自派出便衣，逮捕我总部职员马绍周等人，这是不相信学良、不信任总部的行为。总部全体官兵当即群情激愤，学良迫不得已，直接向省党部稍示惩戒，并索还被捕人员。惟因事出仓促，未能事先呈报钧座，不无鲁莽之处，自请处分。被捕的马绍周等人拟交总部军法机关严加审处。

"虎城兄，这样行吗？"张学良得意地问。"好，好！"杨虎城连声称赞，"委员长看了你的电报，一定是大风里吃炒面——张不开口，有苦难言。"两人相视而笑。

这时，省党部内正乱作一团。他们平日作威作福，自认为高人一等，哪里受过这种窝囊气，经过短暂的混乱后，很快便和"西北剿总"的晏道刚、曾扩情取得了联系，他们认为张学良武装包抄省党部是一种无法无天的叛逆行为，是绝对不能容忍的。经过一番紧急磋商，决定派曾扩情立即乘飞机赴广州向委员长面陈。

"西北剿总"政训处长曾扩情是黄埔军校第一期学生，是蒋介石得意的开门弟子。1924年，孙中山先生委派蒋介石为黄埔军官学校校长，蒋介石利用这一机会培植个人势力，以黄埔第一、二期学生为骨干，形成一个"黄埔系"。其中有几个突出人物，人称"十三太保"，第一大太保就是这个曾扩情。当时蒋介石兼任国民党的青年部长（后改为军人部），这个部是国民党中央的一个重要部门，主管军队里的党务。蒋介石忙于筹划北伐军事，无暇顾及部里的一般事务，遂选定曾扩情到军人部当干事，替他办理例行公务。"西北剿总"成立，蒋介石又派他到西安任职，实际上担任着"监军"的特殊角色。

当天下午，曾扩情即飞抵广州，一出机场，直奔广州黄埔蒋介石的临时行辕。侍卫官把曾扩情领进蒋介石的办公室，礼毕后，蒋介石用眼角瞟了曾扩情一眼，不动声色地问："你不在西安整饬军务，这么远跑来干什么？"

"委员长，扩情知道您在这里处理'两广事变'，事关党国命运、前途，本不应前来打扰。可是西安局势的发展日趋严重，殊令人担忧，所以冒昧前来请示工作，请委员长从速定夺。"

"西安局势又怎么啦，天塌下来了，还是共匪打进去了？用不着如此惊慌嘛！"蒋介石站起来，一手扶着写字台，背朝着曾扩情，仍是板着脸孔，"西北的事情我都交给张副司令了，你有什么事情，应该找他谈，直接来找我这是不妥帖的，让他知道了，他会怎么想呢？"

曾扩情深知蒋介石的脾气，即使对自己的亲信，表面上，也总是冠冕堂皇，貌似严厉。于是，他仍按自己准备好的话往下说："委员长，西安的问题恰恰出在张副司令身上。省党部根据您的命令，昨晚逮捕了隐藏在张学良公馆内的共党分子宋黎、马绍周，张学良不但不配合、支持，反而和杨虎城串通一气，深夜调兵包围了省党部，劫走犯人，并把省党部的文书、档案洗劫一空……"

蒋介石默不作声。曾扩情从侧面看到他额角上的青筋"噗噗"直跳，胸脯急剧起伏。曾扩情知道自己的话起了作用，便进一步说："张学良目无法纪，貌视中央，越来越肆无忌惮，近几个月来，他和杨虎城在各种集会上讲话，肆意讥讽、嘲弄中央和领袖提出的'攘外必先安内'的国策，鼓吹联共抗日，根据我们掌握的可靠情报，他们和共产党暗中都有勾结，'剿共'战事实际上已陷入停顿。扩情出于对党国的忠诚，所以远道而来，向领袖进言，请委员长早下决心，采取果断措施，以消弭隐患，则党国幸甚！"

"好，我知道啦！你回去吧。"待曾扩情转身退出时，蒋介石突然又说道："张副司令我是了解他的，年轻气盛，血气方刚，容易感情用事，你要和他搞好关系，多和他接近，多向他请示报告。你是我的学生，更要注意自己的言行举止。我的意思，你懂得不懂得？"

"懂得，懂得。"曾扩情忙不迭地答应。

曾扩情告辞不久，秘书送来了张学良从西安打来的自请处分的电报。蒋介石拿着那份电报，琢磨了一个下午。本来他对张学良出兵包围省党部的不轨行为是非常生气的，但由于"两广事变"还没有彻底解决，他得集中精力对付陈济棠、李宗仁、白崇禧这些宿敌，此刻他还无暇顾及西安的事态发展，想来想去，只好给张学良发去回电：

我弟处理此案殊失莽撞，惟既知错误，后当注意，所请处分一节，应免置议。至于马绍周等的审查，准如所拟处理。

12. 西岳乃天下第一险峻处

10月，关中平原正是"秋老虎"逞威的时节，酷热难当，风刮在人们脸上，仿佛热浪扑面；马路两旁高大弯曲的杨柳，抵不住阳光暴晒，叶子卷成了细条儿。就在这样的金秋季节，蒋介石在解决了两广事变之后，偕夫人宋美龄，还有侍从室主任钱大钧等人，由南京飞抵西安。

这次来西安，蒋介石的心情是颇为凝重的。两广事变中，为了对付陈济棠、李宗仁、白崇禧，他软硬兼施，绞尽脑汁，心力交瘁，好不容易才将那场反叛的大火扑灭下去。回到南京后，宋美龄劝他丢开政务，回溪口老家休息一段时间。可他哪里休息得下去？最近，红军一、二、四方面军纠集于甘肃会宁，共产党的武装力量集中到了西北，这可是"党国"的心腹大患啊！

而张学良、杨虎城率领的东北军、十七路军"剿共"不力，不时有他们与共产党暗中沟通的传闻；尤其是张学良胆大妄为，公然动用武力查抄省党部，更使他如骨鲠在喉。这一连串不顺心的事已经到了非解决不可的时候了。随着他的工作重心向西北转移，他计划将原来用于对付两广事变的三十万军队，一百架飞机调集到西北战场，用二至三个月时间，将共产党彻底根除，以绝后患。

10月22日下午3时，蒋介石一行飞抵西安。张学良、杨虎城和邵力子等文武官员，齐往机场迎接。

蒋介石一身戎装，外披黑色斗篷。当他出现在舱口时，机场上响起了一阵"噼噼啪啪"的掌声，蒋介石带着白手套的右手，频频挥动，显得很是洒脱。他的身后紧跟着身穿旗袍、体态丰腴的宋美龄。

蒋介石从扶梯上走下地面，张学良第一个迎上前去，举手敬礼，热情地说："欢迎委员长和夫人莅陕！"

蒋介石"嗯嗯"地答应着，微微点点头，和欢迎的官员们一一握手，然后乘车浩浩荡荡地向华清池驰去。

当车队驶出机场时，蒋介石忍不住对坐在身旁的张学良说："汉卿，最近两三个月,告你状的可是不少啊!"

"学良才疏学浅,担当重任,还望委员长多栽培、多教导才是。"张学良谦逊中带着些许惶恐。

"汉卿,我对你是了解的。你尽管放心,我把西北已经交付给了你,就是相信你,谁说什么我都不听。谁有意见,都只能向你提出,我不管。"蒋介石说得落落大方。

"刚下飞机就说这些,多乏味!我这次来西安可是来玩的啊!"宋美龄为了调节气氛,有意岔开话题。

"对,对,不谈这个,不谈这个。"蒋介石应和着,脸上挤出几丝笑容。

张学良嘴角咧了咧,想笑,却笑得很难看。

车队风驰电掣般行驶在西安东郊的公路上。路面本来坑坑洼洼,为了迎接蒋介石的到来,连日来西安市的驻军和民工突击维修,铺上了厚厚一层细砂,今天一早就已停止了其他车辆行驶,公路两旁五步一岗,十步一哨,警卫森严。

蒋介石下榻的华清池,位于陕西省临潼县风景秀丽的骊山脚下,距西安市二十多公里。车行驶一小时后,便开进了华清池城堡式的大门。

蒋介石和宋美龄一下车,就被眼前绚丽的景色迷住了。宋美龄赞不绝口:"这地方真好,我都不想回南京了!"

张学良、杨虎城、邵力子陪着蒋介石夫妇在园内信步漫游。讲起文史典故,邵力子自然比张学良、杨虎城高出一筹,他一边走,一边如数家珍似的给蒋介石和宋美龄介绍着华清池的历史演变。

相传西周末期周幽王就在这里修建骊宫。那时候的温泉"上无尺栋,下无环墙",沐浴时可见星辰,故名"星辰汤"。秦始皇时才在此"砌石起宇",起名"骊山汤"。到唐玄宗天宝六年,大兴土木,围绕四个泉眼"修汤井为池,环山列宫殿,宫周筑罗城",更名"华清宫",取"温泉毖涌而自浪,华清荡邪而难老"之意。因宫在温泉之上,人们便称曰"华清池"。

除了天然的温泉胜景,园内亭台楼阁依山而建,林木茂密,赤窗雕栏,别具一番情趣。五间厅、桐荫轩、望河亭、飞虹桥等建筑参差环绕。园的中央为荷花池,池中有一精巧建筑,名荷花阁,阁的西南侧就是有名的贵妃池,"温泉水滑洗凝脂",那就是杨玉环当年洗浴的地方。池上立一小亭,每当旭日东升或夕阳西下时，小亭沐浴在金色的霞光里，故取名飞霞阁，传说杨贵妃每次洗完温泉澡后，都要登临其上观景晾发，故又叫晾发台。

★ 华清池大门 (1936)

大好的一个风景游览胜地，由于历年的战火兵燹，加上年久失修，日趋颓衰。1933年，邵力子被任命为陕西省政府主席，久闻华清池大名，上任伊始，便携家前来游览，结果大失所望，下决心筹款修葺，经与西安、上海银行协议，借款两万元，经过一年的整修，现已恢复了大部分景点，实行对外营业。这次蒋介石光临，辟为临时行宫，骊山上下，华清池内外，岗哨林立，戒备森严，游客不敢问津，华清池反而显得静谧幽雅。

蒋介石夫妇的办公室和宿舍安排在荷花池上面的五间厅。这是一排老式的五开间式的房屋，有檐廊遮阴避雨。站在庭院坪上可以观览临潼县城，远眺广袤的关中平原。俯瞰华清池，池中遍植荷花，只见众多的出水芙蓉亭亭玉立，阵阵清香四处弥漫，令人心旷神怡。

一切安顿好后，蒋介石夫妇盥洗完毕，坐在靠椅上品着香茗。张学良见委座心情很好，便想汇报"西北剿总"成立一年来的工作。谁知蒋介石操着一口地道的宁波官话，连连摆手，"今天不谈这个，今天不谈这个。"

"委员长今天微尘满衣，旅途劳顿，明天再说吧！"邵力子不假思索地建议。

★ 蒋介石与夫人宋美龄在西安绥靖公署招待大楼前 (1936.10)

"明天也不开会,也不谈工作。"蒋介石仍然连连摆手。

"那……"张学良、杨虎城你望着我,我望着你,不知蒋介石葫芦里卖的是什么药。

"委员长这次到西安,就是来休息的。"宋美龄笑容可掬地说,"我们到西安来已是第三次了。前年、去年秋上来过,因为公务繁忙,三秦景致没有心思领略。就看了看周陵、茂陵之类的黄土堆儿。汉卿,这次就请你给我们安排一下吧!凡是值得一看的地方,都领我们转转。"

"汉卿,我在南京听说你有匹千里驹,叫'盖西北',这次能不能让我也见识见识啊!"蒋介石饶有兴趣地问。

"委员长消息灵通,张副司令有匹好马都知道。"一直坐着没有开口的杨虎城插话。

"听说的,听说的,骏马名声响嘛!"蒋介石连声说。

闲谈有一个时辰了,侍从室主任钱大钧从外面走进来,谦恭地说:"晚饭准备好了。今晚是张副司令和杨主任设宴,为委员长和夫人洗尘。"

"好的,好的。"蒋介石站了起来,一起朝饭厅走去。

蒋介石抵西安后,兴致很好,在张学良、杨虎城和邵力子的轮流陪同下,连着两天游览了骊山、秦陵、潼关山等名胜古迹,一路上问这问那,发思古之幽情,绝口不提陕北的"剿共"战事,张学良、杨虎城也不便多问,内心感到非常纳闷。

10月26日,按计划该由张学良陪同蒋介石夫妇游览五岳之一——西岳华山。出发前,宋美龄推说连日游玩疲惫不堪,便留在家中休息。

汽车拉着他们驶向临潼火车站。在士兵严密警卫的月台旁,一列草绿色的专车准备停当,静静地躺在锃亮的轨道上。已经升火发动起来的机车"突突"地喷吐着乳白色的烟雾。

蒋介石穿着黑色中式长袍,外罩一件闪光的锦缎马褂,头上戴着灰色礼帽,脚穿轻便鞋,精神抖擞地步下汽车。当他正要朝专列走去时,张学良快步上前,乐呵呵地说:"委员长,今天游华山,学良安排了一个小小的节目,给委座助兴。"

"什么节目呀?"蒋介石拉着长音,饶有兴趣地问。

"委员长不是说要看看我的'盖西北'吗？已经拉来了，今天我想让它表演和火车赛跑，不知委员长可有兴致？"张学良殷勤地说。

"好的，好的！"蒋介石兴趣盎然，连连点头。

张学良朝身后一招手，刘海山立即牵着一匹菊花青马快步跑来。此马二米多高，扬脖昂头，浑身鬃毛油光水亮，纤尘不染，蹄如四只大碗，腿如四根石柱，真是一匹罕见的千里驹。

蒋介石的随从人员连连喝彩、叫好。蒋介石问："汉卿，这样一匹好马，你是从哪里搞来的啊！"

"古代的西北产过天马，而今名马多如繁星，这匹马不算什么稀奇！"张学良微笑着，没有正面回答蒋介石的提问。

其实，这匹马颇有一番来历。

这是宁夏省政府主席马鸿逵不久前特意送给张学良的。为了馈赠这批良骥，马鸿逵专程从银川来到西安，对张学良诡秘地说："此马甚佳，两头见日，可日行八百。在西北五省独一无二，人称'盖西北'。有人曾拿两辆小汽车跟我交换，我都没有舍得。"

张学良得此爱物之后，很想试上一试，于是给所属各军上下通知，征寻骑马能手。可通知下达了一个多月，却无人敢前来应召。后来，随从副官刘海山告诉张学良，"总部"呈启处二等录事赵新华，从小喜欢骑马，并跟名手练过驯马术，制服过不少烈马，可以令他试试。

赵新华被找来了。张学良开门见山地说：

"小伙子，骑骑'盖西北'？"

"西北马太烈，就怕没太大的把握。"赵新华心虚，不敢贸然应承。

"你就试试吧。宁夏马主席送给我，总得有人骑才行。给你三天时间准备，下星期试马。到时候我要通知杨主任、邵主席前来参观，看这匹马到底有什么能耐！"

试骑那天，赵新华早早来到西安市北门外的教场坝。教场坝像过节一样装饰一新，临时搭起的看台，摆着桌椅茶具。不大一会儿，东北军的军师长们都赶来了，张学良、杨虎城、邵力子也先后赶到。

"盖西北"被马夫牵了过来，它配着一幅崭新的鞍鞯，头上扎着一束红缨，显得英武、雄壮。同时还拉来一二十匹选出的好马，准备和"盖西北"一起赛跑。一切准备就绪，刘海山下令：

"赵新华，上马！"

场面这么大，观众如此多，赵新华有些发怵，嗫嚅着说："请各位长官先上马，我从后边撵。"

"也好。"张学良说罢，和其他几个军长、师长翻身上马，飞快地朝前跑去。

"盖西北"一见别的同伴跑了，急得团团转，两只前蹄刨得地面"嘣嘣"响，咧开嘴"唉唉"嘶叫。两个马夫一人紧紧拽住缰绳，一人扶赵新华上鞍。赵新华一脚踏上脚镫，另一只脚刚离地面，"盖西北"就像一只离弦的箭，倏地射了出去。

赵新华双手紧紧勒住铰口，放稳屁股，上身前倾，这马跑起来又平又稳，两只前蹄腾空，只听得耳边呼呼风响，真像离开地面一样。不到几分钟，"盖西北"就把所有的马匹赶上了，接着又一一把它们甩在了后面。

"盖西北"一个劲儿地向前猛跑，越跑越快，一点也不减速，而且身上不出一丝汗。赵新华不禁暗暗称奇。跑了一阵，他紧勒铰口，有意想放慢脚步，可是任凭他使多大的劲，也休想让它慢下来。赵新华有点慌了，总这样跑下去还不把自己颠散架子了？眼看前面有个村镇，他决心冒着危险从马背上往下滚。当他把右脚从镫圈里抽出来正要起跳时，"盖西北"倏地放缓了脚步，赵新华心中大喜，原来这牲畜是经过特殊训练的。他跳下来，马也站住了。一问路边的老乡，才知从西安已跑出八十多里。

过了老半天，张学良和那些军长、师长们才骑着马挥着鞭赶了上来。大家围着"盖西北"赞叹不已。从此，"盖西北"在西安出了名，能传到南京蒋委员长的耳朵里，这是张学良没有想到的。杨虎城在猜测：这很可能是那些特务们报告的。

"盖西北"与火车的赛跑开始了。

从临潼到华山车站将近一百公里，车和马同时起步。当蒋介石和张学良乘坐的专车一阵风似的裹到华山车站时，刘海山骑着"盖西北"已经早到了华山站。刘海山牵着"盖西北"正在站台上迎接他们哩！

蒋介石缓缓地走下车厢，来到"盖西北"跟前上下打量了一番，赞不绝口地说："果然名不虚传，真是一匹好马哟！"

张学良见蒋介石的眼里露出爱慕的神色,便说:"既然委员长喜欢,那就送给您吧!"

"不!不!君子不夺他人所爱!"蒋介石连连摆手,"再说,到了南京,没时间骑,也没地方骑。"张学良见蒋介石态度肯定,也就罢了。

一行人前呼后拥地走进华山脚下的玉泉院。院内绿荫遮天,殿宇、亭台、流泉、花圃,幽静宜人。他们转了转,随即穿过庭院,沿着溪涧走上登山的小径。

"西北剿总"日前已雇请了十几顶轿子。当轿夫等着蒋介石上轿时,他连连摆手:"不要,不要,我愿意走路,我愿意走路!"说着,径自往前走去。轿夫只好抬着空轿紧紧跟在后面。其他人见蒋介石不上轿,也只好跟着步行。

深秋十月,天高气爽,湛蓝得像宝石似的碧空,浮云朵朵;小径两旁的山坡上芳草萋萋,朵朵野花点缀其间,鲜艳夺目,瑰丽无比;山风裹着花香扑来,衣袂生香。蒋介石兴致勃勃地过五里关,越青柯坪,随后来到了回心石,一行人都大汗淋漓、气喘吁吁,不约而同地站在路旁喘息着向上眺望。从玉

★ 在华山苍龙岭

泉院到回心石这一段路算是平缓的，往前走便是危崖峭壁、突兀凌空的小径了。蒋介石指着前方一堵巨大石壁上刻着的苍劲大字，笑着对张学良说："汉卿，你看！'回心石'三字的左边有四个字'当思父母'，这是警告登山之人：前面的道路更艰险，为人子的要想想父母的养育之恩，要珍惜自己的生命，不要做无谓的牺牲。若是到此打转，回心转意还来得及的！"

"委员长，您只看见左面，回心石右边还有四个字：'勇猛前进'。"张学良指着石壁右侧，笑着回答："我喜欢右边这种精神，要想观赏人间美景，就要不怕艰难，敢攀险峰！平地上是没有什么好景致的。"

"唔，有理，有理！"蒋介石连声说着，脸上掠过一丝无所谓的表情。

再往前走就艰难了。张学良请蒋介石坐轿，这一次，蒋介石没有再推辞，一声不响地坐了上去。攀上回心石，前面便是"千尺幢"和"百尺峡"。这是一条仅可容身的陡峭的石缝，中间开凿着石级，轿夫们抬着蒋介石、张学良，手脚齐用，拉着两旁那长长的铁链一级一级地往上爬。这地方除了头上一线亮光外，周围看不见天。到顶时有一个约有两米见方的石洞，旁边斜搁着一块铁板，只要把铁板一盖，华山的咽喉便被堵住，山上山下再无第二条路可走。

过百尺峡，进入老君犁沟，只见山脊上斜靠着一长溜光秃秃的石板，两侧是深不可测的悬崖绝壁，石板两旁竖着石柱，用铁索牵拦。轿夫们心惊胆战地扶着铁索一步步挪动，坐在轿上的蒋介石朝旁边看了一眼，觉得头晕目眩，一颗心怦怦猛跳，赶忙将眼光收回，同时，紧缩身子，一动也不敢动，生怕轿子稍一倾斜，摔下万丈绝谷。

走了好半天，来到了华山五峰的第一峰北峰，在峰顶真武殿小憩。经过几处险地，蒋介石心有余悸，脸色沁白，坐在大殿里喘着气，感叹地说："华山天下险，自古一条路，不登临是体会不到的。"

张学良说："险的还在前面哩，上天梯、苍龙岭、鹞子翻身、长空栈道，这几个点还等着我们呢！"接着试探地说："委员长，到了北峰也算爬上了华山，今晚就宿在这里，明天一早再下山……"

"不，不！"没等张学良说完，蒋介石就摇头，"我这个人干什么事都不喜欢半途而废，今天一定要登上顶峰！"

从真武殿出来，前行不久便是苍龙岭。这是一条孤立、陡峭的山脊，长约三里，宽不到一米，两边悬崖万丈，云走雾移，山脊上的小道在云雾中时隐时现，宛如一条上腾的苍龙沉浮于云端。走到这里，大家都为它的惊险咋舌，蒋介石担心轿夫失足，便要轿夫停住，自己要从苍龙岭上步行过去。

"这地方真叫一绝噢，我要好好看看。"蒋介石双手紧抓铁链，用脚探着路，慢慢蹑行。张学良叫两个随从警卫在前领路，他在后面紧紧看护。为了缓和紧张气氛，张学良还讲了个典故：据说唐代文学家韩愈游览华山，爬到苍龙岭中间，吓得进退两难，自忖绝无生还的希望，就写下遗书投下山去，接着蹲下身子抱头痛哭，为此，岭尽头的岩头上刻有"韩退之投书处"六个字，至今字迹犹存。

"韩愈字退之，进不敢进，退不敢退，他是进退两难噢。"蒋介石低声回答张学良。

整整用了一个小时，一行人才艰难地从苍龙岭上走过去。站在通天门上，蒋介石一边用手绢擦着额头上的汗，一边得意地说："干什么事情，就像爬山一样，一定要有决心和毅力，不能犹豫、动摇。"

见张学良不吭声，蒋介石瞟了张学良一眼，仍然兴趣颇浓："华山之美，不在庐山之下；华山之险，却在庐山之上。宋代寇准有首咏华山的诗：只有天在上，更无山与齐；举头红日近，回首白云低。这诗只写了华山之高，却没有表现出华山之险。只有登上山亲自领略，方知奇险之境，人上有人、天上有天！"

张学良说道："寇准的墓就在渭南左家村，离这儿不远。"

他们坐上轿子继续往前走，先后游览了中峰、东峰和南峰，傍晚时分爬上了西峰，借宿在峰顶的翠云宫。

吃罢晚饭，天已漆黑。他们在一起闲谈片刻，蒋介石说要早些休息，径自回房去了。

张学良独自在房里待了一会儿，精神亢奋，毫无睡意，便走出住房，在翠云宫的院内转了几圈，只觉得百无聊赖，心中十分烦闷，便走出庭院，沿着宫门外一条石板小径往前走去，不一会儿，便爬上了峰巅。

华山的夜景别有一番情致，山谷沟壑中全被乳白色的夜雾填满，群峰的轮廓却十分清晰，显得比白天更加崔嵬；深蓝的天空现出几颗疏疏朗朗的星辰；风打着唿哨从脚下滚过，山鸣谷响，深壑里的青松发出撼人心魄的涛声。张学良默默地站在山顶上，面向着东方眺望，不知何故，他忽然想起十年前的一幕。带着部队从河南返回，因为前面有红枪会，火车便在牧马集车站临时停车。张学良下了火车，看到一个老妇人趴在地上，张学良让随从给她钱，她颤巍巍地摇着稀疏花白的头发，不要，仍趴在地上；张学良让人把一个馒头扔给她，她一把连土抓起来就没命地往嘴里塞，她饿极了呀。张学良蹲下身问她："老人家，你没儿没女吗？"老人边吃边说："有呀，都给抓去当兵了。年年打，月月打，就剩下我们这些老的，不能走，活活地往死里饿——我不知道上辈子作了什么孽哟！"老人哭了，张学良动也不动，掉了眼泪……

峰顶上，张学良想到自己有家不能归，20多万东北军官兵空有一腔热血却不能和日寇进行拼杀，只能无谓地消耗在内战的战场！他越想越恼火，越想越羞愧，禁不住一声喟然长叹："中国人你打我，我打你，打什么呀打！"

他又想起连日以来的情况。蒋介石到西安三四天了，别看他天天游山玩水，表面上悠闲自得，其实内心一刻也没有停止活动。张学良几次想和他谈谈停止内战，共同抗日的事，一开口就被他堵住了。可今天登山时所撂出的话，又闪烁其词，绵里藏针……他到底是捉什么迷藏呢？真猜不透。

这时，半年前在肤施和周恩来会谈的情景在他脑海中又一次浮现出来。中共的确是真心诚意为了团结抗日。陕北的战事实际上已经停止，中共主动给东北军让出一些地盘，同时还将"反蒋抗日"改成了"逼蒋抗日"，可是自己呢？当面向周恩来许下的诺言，劝说蒋委员长停止内战，共同抗日，至今却毫无进展……想到这里，他觉得烦躁不安。他转过身大步往回走，走进翠云宫，却见蒋的房间内灯已熄灭。他扫兴地对着那黑魆魆的窗口，长长地嘘出一口气。

回到自己的房间，心中的郁闷无法排遣，见案头上摆着现成的毛笔和宣纸，便顺手提起笔来，饱蘸墨汁，略微思考之后，"簌簌"地落下四行诗句：

> 偶来此地竟忘归，
> 风景依稀梦欲飞。
> 回首故乡心已碎，
> 山河无恙主人非。

13. 终南秀岭下的风波

游完华山回到临潼，当天下午，蒋介石就在五间厅的会议室内召开军事会议。到会的除了张学良、杨虎城、晏道刚之外，还有东北军和十七路军的部分军、师长。

蒋介石脱去长袍、马褂，穿上军装，胸前斜挎着武装带，脚蹬擦得锃亮的长筒马靴，一反连日来游山玩水时表现出的那股温文尔雅和闲情逸致，显得威风凛凛。走进会议室，威严地朝到会的将领们扫了一眼，快步来到悬挂着他的巨幅照片的小台上就位，然后招呼大家坐下。清了清嗓子，他板着脸孔说："请诸位到这里开会，讲一讲我到西安的来意。这么说吧，一言以蔽之：围剿共匪！"

"大家都知道，共匪在江西、湖北等地经国军多次围歼，伤亡惨重，侥幸漏网的残匪长途跋涉，现在又流窜到陕甘边境，为数不足四万。我们要乘共匪立足未稳之良机，集中兵力'围剿'，以绝后患。我以为，现在是'剿共'的最好时机。从前，共匪兵分三处，各自为战，我军顾得了南，顾不了北，到处追剿，老虎追麻雀，总是根除不了匪患。半月之前，三股共匪纠集于会宁，自称什么'会师'，他们集中于甘北一隅之地，粮弹匮乏，强弩之末，再也没有什么流窜回旋之余地。天时地利，都对党国有利。而东北军开赴陕甘剿匪，为时已整一年，迄今战果甚微，赤患不仅没有根除，反有向河东、关中蔓延之势。所以我这次来陕，一方面想了解进展迟缓的原因；另方面是准备部署新的围歼，决定调集三十万兵力，配备一百架战斗机，力争在二至三个月内，把共匪聚歼于陕甘边境。现在，你们先谈谈各自的意见。"

蒋介石的话音一落，张学良便"唰"地站了起来。他显得有些激动。为了向蒋介石陈述意见，他已憋了好些天，今天总算到了该说话的时候了。他一开口，声音都有些发颤：

"委员长，请允许学良发表几句不同的意见。全国到处反对内战，已经不是一天两天了。在国家、民族面临生死存亡的紧急关头，我觉得这种同胞之间互相杀害、消耗国力的内战，不能再这样继续下去了。先安内后攘外的方针，应该调整，变成先攘外而后安内。这不仅是我张学良一个人的要求，也是东北军全体将士的意见和要求，请委员长明察！"

蒋介石的鼻翼翕动着，铁青着脸，显然在尽力抑制着怒火。他偏过头望着坐在左手的杨虎城，问："虎城，你的意见呢？"

"我也有同感。"杨虎城身子扭动了一下，瞟了蒋介石一眼，"红军是块硬骨头，很不好啃。社会上一提起抗日，我们十七路军全体官兵情绪高涨，而对于'剿匪'，士气低落，实在让人忧虑。"

"你们都中了共产党的魔了！"蒋介石再也忍耐不住了，手中的铅笔猛地往桌上一掼，怒气冲天地说："风吹草动，兵随将走。什么士气低落，士兵还不是听你们的，当统帅的下了决心，当兵的会动摇吗？！"

"东北军想回家乡。要是打日本，我们东北军还是勇猛善战的，可以一呼百应，指哪打哪！"张学良努力争辩。

"明确告诉你们，在杀尽红军、捉尽共匪之前，绝不轻言抗日。'攘外必先安内'是我们既定的国策！你们绝不可被共匪蛊惑，要坚定信心。部队士气低落问题，由我来解决。"蒋介石顿了一顿，"明天我就去王曲军官训练团训话。我相信东北军和十七路军的官兵深明大义，是顾全大局，服从党国利益的！"

蒋介石说罢，起身离座，气咻咻地朝门外走去，留下一串"笃笃"的马靴声。

坐落在终南山下的王曲军官训练团，是张学良4月9日在肤施和周恩来会谈时，根据周的提议，以后又和杨虎城在洛川共同商定后建立起来的。目的是为了提高部队的军政素质，为抗日做准备。但给蒋介石的报告则以仿照庐山军训为名，从而获准。张学良任团长，杨虎城任副团长，训练对象是东北军和十七路军中现任连长至团长级军官，每一期两个月，五百余人，自6月份开始，已经办了两期，目前正在举办第三期。

张、杨二将军对训练团十分重视。每一期开学都由他俩亲自训话。第一期开办时，张学良在开学典礼上作了题为《中国的出路唯有抗日》的长篇报告。报告中提出"把全民族所有的力量拉到抗日的阵线去长期抗战……是东北父老所切盼的，也是历史给我们所决定的重大使命"，他还向学员表示："张学良早有决心，违背国家民族利益的事绝不干，反之，又绝不惜牺牲！……假如我的决心动摇，枪在你们手里，你们可以随时把我杀掉！"张学良和杨虎城的

★ 在王曲。蒋介石（右前）、杨虎城（左前）、张学良（杨后）。

讲话和态度，给训练团定了基调，训练团内抗日的气氛十分浓烈，一天到晚响彻着《义勇军进行曲》《扬子江暴风雨》《码头工人》的歌声。

　　10月27日上午，训练团教育长黄显声接到"西北剿总"的电话通知，下午蒋委员长要到训练团来训话。电话一放，黄显声就通知各学员队打扫卫生，布置会场，同时召集一部分学习骨干分子开会，掌握和控制情绪，在委员长来训练团期间要谨言慎行，不要出现越轨行为。

　　可是，吃午饭时，还是出了点事。晏道刚的一个爪牙在饭堂门前的墙上贴了一条标语：攘外必先安内！不到五分钟就被人改了，"攘"字改成"让"，"安"字改成"按"，成了"让外必先按内"！

　　学员们聚集在标语前，指手画脚，哈哈大笑。黄显声过去一看，思忖片刻，还是让人把标语扯掉了。

　　下午三时许，蒋介石和张学良、杨虎城、邵力子等军政要员，坐着小汽车，浩浩荡荡地驶进了王曲军官训练团的大院。军训团第三期的全体学员和应召而来的东北军和十七路军在西安的团以上军官共约一千人，齐集在大操场上已经等候多时，蒋介石在休息室只坐了几分钟，便在一大群军政官员的簇拥下，步入会场。这时站得密密麻麻的会场上鸦雀无声，当蒋介石出现在大家的面前，立刻响起了一阵热烈的掌声。许多人没有见过蒋介石，便伸长脖子、踮着脚尖朝前张望，有人窃窃私语，队伍中出现一丝混乱。

蒋介石身穿军装，武装带上挂着一柄尺把长的"军人魂"短剑，一双马靴擦得锃亮，戴白手套的手频频挥动，昂首挺胸，不无得意地从通道中走向主席台。

主席台是由旧戏台临时改建的，墙壁上泥土斑驳，台前摆着一张讲桌，桌上铺了一块布单，两旁还摆了几排桌椅，显得陈旧而简陋。

张学良简单讲了几句开场白后，蒋介石即站到讲台前，开始训话：

★ 右起：苗剑秋、应德田、孙铭九（1936.12）。苗剑秋：辽宁人，日本帝国大学毕业。曾因公开骂蒋被张学良监禁过。在王曲军官训练团公开驳斥蒋介石"训话"后，因特务追究，秘密离开西安。

"张副司令、杨主任、邵主席，以及训练团的教职员、学员们：我从南京到西安来，已经五天了，今天来看看大家，同时给大家讲讲当前的'剿共'形势和任务，以及怎样成为一个合格的军人……"台下鸦雀无声，蒋介石接着引经据典，从孔夫子一直讲到曾国藩，说明军人要明礼义，知廉耻，在家要尽孝，为国要尽忠；军人要以服从为天职，绝对服从领袖，服从长官。在谈到东北军和十七路军当前的任务时，蒋介石说："你们的任务，第一是'剿共'；第二也是'剿共'；第三还是'剿共'。'剿共'是你们唯一的、光荣的任务！我们最近的敌人是共产党，为害最大也最急；至于日本，离我们很远，为害尚缓。如果不积极'剿共'而轻言抗日，就是远近不分，内外不分，是非不分，缓急不分，本末倒置，蓄奸贻患，便不是革命！这样的军官，在家为不孝，为国是不忠。对不忠不孝的军人，党国是要严厉制裁的！"

会场上突然像炸了窝的蜜蜂，议论纷纷，秩序大乱。平常遇到这种情况，只要张学良站起来，炯炯的目光威严地一扫，就可以平息下来。但今天不灵了，他接连起立几次，会场上仍然一片哗然。蒋介石"吭，吭"地干咳了几声，用以掩饰自己的尴尬。他见听众不买账，顿时谈兴大减，说话的腔调也显得有些低沉，便草草地结束了自己的讲演。

这次训话前后不到一个半小时。从主席台上下来，蒋介石板着面孔，谁也不理睬，匆匆穿过人群，直奔他的汽车。张学良快步跟上去，请他到休息室，吃了晚饭再回临潼。蒋介石生硬地回答："不吃，不吃，现在就走！"

说完，一头钻进汽车。张学良只好对黄显声交代了几句，也坐进汽车。

蒋介石一行刚走，学员们围着黄显声教育长，纷纷提出意见："教育长、张副司令说抗日是中国唯一的出路，蒋总司令（蒋兼'西北剿总'总司令）的训词却说'剿匪'是我们唯一的任务，轻言抗日是不忠不孝，我们到底该听谁的啊！"

"委员长这是一派胡言！"

"……"

黄显声一时回答不了学员们提出的问题，只好吩咐值班队长："通知各班，讨论委员长的训词！"

回到办公室，黄显声便和从西安来看他的孙铭九商量，怎样消除蒋介石讲话给学员们造成的思想混乱。这时，孙铭九已经从张学良的侍从参谋秘书室调任卫队二营营长，他们这个营是负责张学良的安全警卫的。听了黄显声的话，孙铭九想了想，说："把苗剑秋请到训练团来，给大家讲一讲，你看如何？"

"好！"黄显声不假思索地说。

苗剑秋是个很有个性的特殊人物，外号叫"苗疯子"。他名义上挂着张学良私人秘书的头衔，却从来不干具体工作。由于张学良对他很器重，在东北军中便成为军长、师长们的座上客。他是奉天人，留学日本，毕业于东京帝国大学。1934年经友人介绍投身于张学良麾下。他为人耿直，敢说敢为，无所顾忌，对东北团体中存在的追求做官享受、不知努力振作的腐败落后势力深恶痛绝，曾经面对面地大骂过许多军政要人。即使对张学良，他也能直言相谏，多次为联共抗日、整顿东北军等问题和张学良争论得面红耳赤。他和应德田、孙铭九二人意气相投，积极主张联共抗日，成为张学良身边"少壮派"的核心人物。

当孙铭九将蒋介石在王曲军官训练团的训话告诉苗剑秋，并请他前往

"澄清思想"时,苗剑秋欣然允诺。就在蒋介石训话后的第二天,苗剑秋坐着小车来到王曲军官训练团。在同样的会场,同样的听众,他慷慨激昂地说:

"团结抗日是救国政策,是绝对正确的;'剿共'内战是亡国政策,是绝对荒谬的。昨天竟然有人在这里说,日本是外敌,共产党是内患,内患之害甚于外敌,要我们不去抗日,不去收复东北,要我们做亡国奴,为他专打内战,打共产党,自己人杀自己人。讲这样的混账话,简直是放狗屁!现在,我们东北被日本占领,我们东北人变成了亡省亡家之人,我们东北人如果稍有血气,就不该让他站着走出去,而应该让他爬着滚出去!"苗剑秋说话声音洪亮,音节铿锵,煽动性很强,立刻博得全场雷鸣般的掌声和欢呼声。

苗剑秋在王曲军官训练团的讲话,很快就有特务报告给了晏道刚。晏道刚大发雷霆,立刻给张学良打电话,要求把苗剑秋交出来,送南京处置。张学良把黄显声叫到金家巷张公馆问明了情况后,吩咐说:"这个苗剑秋,到处惹麻烦!给我立即抓起来,送军法处,以诋毁领袖治罪!你们让这样的人到训练团'澄清'思想,不是胡来吗?!对孙铭九也要严厉惩处!"

"副司令,此事责任完全在我身上,要处罚就处罚我,与苗剑秋、孙铭九无关!"黄显声情绪激动地说,"苗剑秋和孙铭九都是你的得力干才,忠心于你。何况苗剑秋说的话也不无道理,只不过言辞有些过激。我们东北军不能跟着晏道刚参谋长的屁股转,干出使亲者痛、仇者快、自己毁自己的蠢事!"黄显声为人忠厚、耿直,是东北军高级将领中最受张学良赏识、信任的一个。张学良听后默不作声,在房子中间转了几圈后,才和缓地说:

"显声,为了缓和与晏道刚及南京方面的紧张关系,你叫他们赶快把苗剑秋送走,离开西安,然后给总部写个报告,就说他畏罪潜逃,你看如何?"

"好咧!"黄显声笑着应允,转身出门布置去了。

14. 祝寿中的龃龉音符

在王曲军官训练团训话后的第三天,即10月29日,蒋介石以"避寿"为名,离开华清池,乘飞机抵达洛阳,下榻于西宫中央军校洛阳分校。

张学良送走蒋介石夫妇回到金家巷,心情闷闷不乐。这次蒋介石来到西安,他原以为可以凭自己与蒋多年的深厚交情,据理力争,能使蒋停止"剿共",共同抗日。可是得到的反应竟如此冷酷,让他深感失望甚至愤懑。下一步怎么办呢?还有什么好办法可以说服委员长呢?明晚他将前往洛阳参加31日蒋介石五十大寿的庆典,突然间他想起了太原绥靖公署主任阎锡山,何不趁此良机,邀他一起去洛阳向蒋介石进言,两个人共同劝说,总比一个人单枪匹马有力量吧。

张学良近年来与阎锡山交往密切,原因是多方面的。他俩同是国民党政府的高级将领,张居秦,阎居晋,是地界相连的"近邻";同时,他俩同处"剿共"前线,程度不同的遭受过红军的打击;尤其重要的是,张、阎都遭受过日军的欺凌,也都深受中共团结抗日政策的影响。共同的境遇和共同的利益,促使他们在"联共抗日"上有着一致之处,这正是强化"秦晋之好"的思想基础。

自4月9日张学良和周恩来肤施会谈,双方商定了互不侵犯协定以后,为了争取同情和支持,4月29日,张学良即亲自驾机到太原会晤过阎锡山,试探阎的政治态度。当时双方互不摸底,一些问题尚不便明说,所以没有结果,但阎在言谈中流露出抗日的情绪。一个月后,张学良相邀杨虎城再次赴太原,这次阎锡山态度较为明朗,对团结抗日表示赞成,并提出"具体办法还需从长计议"。不久,张学良派其秘书李金洲去太原和阎锡山进行密谈,正式提出停止内战,逼蒋抗日的主张,阎锡山不仅赞成,还要李金洲转告张学良:"有机会将与张氏联合向委座进言"。李金洲返回西安,张学良得此消息,于10月3日给阎锡山写了一封亲笔信。这时正值日寇侵犯绥远,战火迫在眉睫,张在信中除了表示愿意援助阎锡山进行绥东抗战外,特别写道:"尊意并手教拜聆之下,不胜雀跃,国事急矣,有我公一呼,抗敌之士必皆追随而起,可促进政府抗敌决心,事可为矣,国有济也,岂限于华北秦晋乎!"接着张学良又派李金洲与戢翼翘携信第二次去太原与阎密谈。阎锡山10月13日给张学良回信云:"敌对绥东,势在必取,得兄慨允协助,弟胆壮多矣。抗战而胜,国家之幸;抗战而败,我辈亦可了矣。"

由于有多次这样以心交心的交往,张学良便把阎锡山当成自己的知己盟友。

......

想到这里，张学良便吩咐秘书立即给太原发报，请阎锡山主任先来西安，然后同去洛阳给委员长祝寿。

当天傍晚，阎锡山回电欣然同意。张学良的专机第二天就把阎锡山接到西安，张学良和杨虎城亲往机场迎接，并将他安排在北伐将领李虎臣将军的私邸下榻。三人竟日长谈，一致约定利用祝寿之良机劝谏蒋介石。

当晚，张学良和阎锡山，还有东北军骑兵军军长何柱国，一起乘陇海铁路特备之专车奔赴洛阳。张学良劝杨虎城一起同行，杨以身体不适谢绝了。以多年和蒋介石打交道的经验，杨虎城知道蒋对自己一直心怀芥蒂，自己对蒋也没有特别交情，因此还是知趣些为好。

因为有阎锡山的同情和支持，张学良的情绪甚为兴奋，一路上谈笑风生。阎锡山静静地坐在沙发椅上，一言不发，硕大的脑袋仰靠在椅背上，脸上挂着说不出是得意还是无聊的微笑。

10月31日，洛阳西宫军分校内到处张灯结彩，锣鼓齐鸣，一派繁忙、热闹的节日景象。这一天是蒋介石的五十寿辰。几个月以前，侍从室就传出话来，戡乱时期，一切从简，不搞庆祝活动。寿日离开南京而移往洛阳就是为了"避寿"。

在传出这些话来的同时，侍从室又通知各地开展"献机报国"活动，动员国民以捐款购买飞机的实际行动来庆祝领袖的五秩华诞。地方官员向老百姓摊派款项，害得老百姓叫苦不迭，一些小学生把买铅笔、糖果的钱都捐献了出来。

上午9时，祝寿典礼在军分校广寒宫礼堂举行。礼堂内布置得五彩缤纷，富丽堂皇，主席台中央悬挂着蒋介石身着戎装的巨幅画像，画像下面的桌子上摆着国民党中央党部专程从南京送来的巨型花篮。主席台两侧以及礼堂四周的墙壁上挂满了各地送来的寿联和寿幛。

鞭炮声中，蒋介石和宋美龄并肩走上主席台，身后跟着张学良、阎锡山、傅作义等数十名从各地赶来的军政大员。

蒋介石穿一身镶着花边的海陆空军大元帅礼服，腰挎指挥刀，帽子上特意装饰着一根几寸长的白翎旌，脸上还涂了一层薄薄的油彩，显得红光满

★ 祝寿后在四维堂。1936年10月31日,从各地赶到洛阳参加寿礼的国民党大员。前排左起:张学良、宋美龄、蒋介石、阎锡山。

面,神采奕奕。而宋美龄穿紧身丝绒旗袍,外套一件水獭皮大氅,丰腴的身材,白皙细嫩的面庞,雍容华贵,炫人眼目。礼堂前面几排座位是留给各地军政大员的,后面全是洛阳军分校的学员。蒋介石夫妇站在台前喜气洋洋,频频向台下招手,全场起立鼓掌,气氛颇为热烈。

掌声平息后,祝寿典礼正式开始。首先由国民党中央党部的特派代表致祝辞,祝辞中盛赞蒋介石在国民革命、统一全国、消除赤患中的"丰功伟绩"和对党国的伟大贡献。蒋介石正襟危坐,不时左顾右盼,沉稳中露出几分得意。

特派代表致辞完毕,各地军政大员相继登台歌功颂德献媚一番。唯有张学良坐在前排位置上没动,心不在焉地听着大家的讲话,嘴角挂着莫名其妙的微笑。

庆典在蒋介石致答辞后结束,接着,众人又跟在蒋介石夫妇后面,步行到四维堂照相。就座时,蒋介石突然向张学良、阎锡山招手,指着身边的座位说:"汉卿、百川,到这里来坐!"

张学良和阎锡山便走了过去,分别坐在蒋介石夫妇的身旁。

照完相,便到了吃午饭的时间。当他们跨进饭厅,便为厅内的景象惊呆了,只见正面一张圆桌上摆着一个黄澄澄的生日蛋糕,蛋糕上面和周围用各种颜色的奶油绘成青松翠柏、龙凤呈祥的图案,五十根大红蜡烛点燃时,金光灿烂,仿佛整个饭厅都罩进了美妙绝伦的神圣光环。

★ 寿庆之日蒋氏夫妇

要员们围拢上去,一个个赞不绝口。宋美龄站在桌旁,不无得意地说:"这是从上海请来专门给外国人做生日蛋糕的大师傅精心制作的。这样的蛋糕,就是在国外也不多见。"

接着她亲自动手,将蛋糕切成小块,放入每人的小碟内,以分享蒋介石的福祉。

饭菜十分丰盛,厨师是从南京、上海请来的。大家轮流把盏给蒋介石敬酒。蒋介石却不肯多喝,以果子露象征性的回敬各位。

饭后,各自都回到住所休息,张学良便和阎锡山相邀去见蒋介石。

蒋介石的住所是一座独立的小洋房,门口有十几级台阶,屋前有一回廊,回廊里竖着四根粗大的水泥柱子。这座小巧、精致的别墅式建筑,是洛阳军分校专供上级军政长官来校住的高级宾馆。

张学良和阎锡山走进小客厅,宋美龄正在给蒋介石换衣服。他脱下戎装,换上便服。蒋介石向二位努一努嘴,示意他们坐下。随后他也在对面的沙发上落座。

不一会儿,宋美龄端来一盘糖果招待他们,又倒好了茶,便进里屋去了。

"百川,近来河防怎样?共匪还经常过河袭扰吗?"蒋介石把身子朝阎锡山转了转,有意把张学良晾在一边。

蒋介石冷落张学良是有原因的。一方面是最近几个月这少帅总和他唱反调，一见面就提抗日、停战，尤其此次西安之行，亲眼看到东北军纪律松弛，斗志涣散，而这一切无不与张学良有关。另一方面，两个月前张学良命令他的部队查抄陕西省党部，当时蒋介石表面上虽漫不经心，未与理会，其实一直耿耿于怀。尤其是在国民党中央党部主持党务工作的陈立夫这次从南京来祝寿，于昨天晚上向他进言：张学良派兵包围省党部，藐视中央，阻碍党务，已在党内造成极坏影响，不严惩不足以儆效尤。蒋介石听后为之动容，当即表示要择机处置……

　　阎锡山听委座问起防务，赶忙说："共军撤回黄河西岸以后，目前河防倒还平静。"老谋深算的阎锡山瞟了张学良一眼，继而又转换话题，"今天，委员长五秩华诞，洛阳冠盖云集，颇有'八方风雨会中州'之盛啊！"

　　阎锡山一恭维，蒋介石的态度略有缓和，呵呵笑着说："全凭大家，全凭大家。听说为了捐献飞机给我祝寿，有的小学生都把买铅笔的钱捐献出来了，群情如此，真让中正感愧惶悚啊！"

　　张学良感觉出蒋介石与自己的隔膜，但为抗日，他顾不了许多，于是乘机说道："委员长，您可知道侍从室在下达捐款献机的通知时，是怎么讲的吗？"

　　"怎么讲的？"蒋介石脸孔一沉。

　　"他们打的旗号是献机抗战！现在国难当头，民生凋敝，老百姓之所以愿意捐献，其目的和热忱完全是为了抗日，为的是拥戴您领导大家收复失地，把日寇赶出中国！"张学良慷慨激昂，有点把握不住自己的感情。

　　"抗日，又是抗日，你讲了多少回了！"蒋介石正色道，"我给你说过，一个军人，应该分清敌人的远近，事情的轻重缓急。现在很明白嘛，共产党就在你们的身边，近在咫尺，而日本远在千里之外，鞭长莫及。我们必须先消灭眼前的敌人，免除后顾之忧，然后再去解决远处的敌人。作为军队的统帅，怎能置党国利益于不顾，把'剿共'放到一边呢？再说，共匪已成强弩之末，用不了多久就可一举消灭，消灭了共匪，不就永绝后患了吗！"

　　"消灭共匪，谈何容易！"张学良不以为然地说，"我和共军作战一年了，不但没有消灭，反而被人家吃掉三个师……"

　　"那是你三心二意、意志不坚！更应由此吸取教训。"蒋介石提高嗓音，声色俱厉。

"我们损失的兵力无法补充，遗下的孤寡无法抚恤；广大官兵的家乡沦入敌手，不图收复，却叫我们到西北来'剿共'，你叫我们的意志怎么坚决起来！"张学良越说越激动，眼珠子都红了，"而共产党却提出中国人不打中国人，停止内战，团结抗日，打回东北老家去！我们的官兵听了怎能不动心！最近我一直在想：我们进行的这场'剿共'战争，到底有多大意义？共党和日寇，究竟谁是我们真正的敌人？"

"一派胡言！"蒋介石再也听不下去了，他强压着愠怒，把脸转向阎锡山，大声问："百川你说，大敌当前，哪个是我们真正的敌人？"

"这个问题嘛，依我看应该说是日本鬼子。"阎锡山一直冷眼旁观着张学良和蒋介石的争辩，没有开口，现在蒋介石问起他来，无法回避，就支支吾吾地说，"委员长，汉卿讲的停止内战，一致对外，实行全民族的抗日，是舆论所归，人心所向，我以为是有道理的。当今中国的唯一出路，只有……"

"不要说了！"蒋介石粗暴地打断了阎锡山的话。

第二天，在洛阳机场举行了隆重的献机典礼。这一天天气晴朗，万里碧空没有一丝云彩，机场上红旗飞舞，锣鼓喧天，人头攒动。参加典礼的除了洛阳军分校和空军洛阳航校的学员，还有当地的政府官员、中小学校的教员、学生。

当蒋介石和宋美龄在观礼台就坐不久，空中就响起一阵"轰隆、轰隆"的滚雷声，声音由小到大，自远而近，人们仰起脖颈朝天空张望，湛蓝的天边出现了一排排黑点，飞机缓缓飞来，五架一排，一共十排，以合蒋介石五十暖寿之意。飞机在空中穿梭纵横，组成各种图案，银波闪烁，美丽壮观，博得一阵阵欢呼。蒋介石高兴得合不拢嘴，不断向空中挥手致意。

典礼结束后，军分校的学员和全国各地前来洛阳参加祝寿活动的军政官员齐集军分校礼堂，聆听蒋介石训话。

蒋介石先是讲了一通戡乱时期革命军官的任务，当他看见坐在前排的张学良，便含沙射影地破口大骂："共产党不要祖国，不要祖宗，主张停止'剿共'的人，也不要祖国，不要祖宗。共产党是大汉奸，是要亡中国的，这种敌人不打，还奢谈什么抗日？当面的敌人不打，偏要打远处的敌人，这种军队有什么用处？勾结日本者，是汉奸；勾结共产党者亦是汉奸，甚至比殷汝耕（受日本人扶植，在河北通县组织伪冀东自治政府的大汉奸）还不如……"

坐在前排的一些官员，都知道蒋介石骂的是谁，纷纷朝张学良张望。张学良一动不动，装着若无其事的样子，等到蒋介石讲完，他迅即往礼堂门口走去。

回到住所，张学良吩咐随从副官："收拾东西，回西安！"

飞机穿云破雾，很快，八百里秦川祖露在他们的眼前……

在"西北总部"的晏道刚，听到洛阳军（分）校的到会者给他传来消息："蒋的这一番话，实在使张过于难受。"晏道刚感到，自己在蒋、张之间负有弥合的责任，便向蒋去一大意如下的"有亥"电：

> 东北军自去冬陕北直罗镇之后，一〇九、一一〇师遭受重大损失，中央不予补充，还要取消一一〇师番号，因而对中央颇有怨望。他们对"剿共"心怀畏怯，认为"剿共"不是他们的前途。东北地方被日寇侵占后，一些军官家属逃到关内，流离失所，生活极感困苦。对日寇敌忾同仇，是东北军官兵普遍心理。前线官兵已有许多与共产党联系。张副司令心中痛苦，指挥确有困难，万望对于张副司令不要督责过严，使他难于忍受。张副司令曾经请求开赴绥远前线抗日，可否考虑网开一面，让其赴抗日前线作战。

晏道刚之所以发此电文，因为他比谁都清楚：10月初，蒋电令"西北总部"限期向红军进攻。并直接电令胡宗南出一个军约三万人编成一个纵队，由陇东向东北方向开进，包围红军右翼；东北军王以哲部编成一个纵队，在胡宗南之右翼，与之齐头并进。当时王以哲部无线电叫呼不应，命令无法下达，惟胡宗南部按蒋的命令向东北方向开进。11月中旬，这一纵队两个团进至陕北山城堡位置，被红军一口吃掉了。蒋闻讯大为震怒（因其对胡宗南的军队爱惜备至），严电斥张，追究责任，意在惩办王以哲。张学良忐忑不安，数日不至总部。晏道刚去金家巷与张协商，张学良十分痛苦："我遭受国难家仇，对不起国家，对不起百姓，对不起部下，处此环境，有何面目？"晏道刚对痛苦的张学良深表同情。

晏道刚与接他班的侍从室主任钱大钧过从甚密。钱大钧私下告诉晏道刚：蒋介石接到你发过来的电文，思索良久，曾反复推敲，有较长时间的认真考虑，然而，这一电文，终究也未能打动他那顽固的心态。

15. 孤身东进　再闯龙潭

张学良从洛阳回到西安，一个月了。

这是国际、国内形势急剧变化的一个月。日本和德国两个法西斯国家签订了臭名昭著的防共协定，国际国内形势愈加紧张；侵华日军肆无忌惮，使用飞机轰炸平地泉，并配合汉奸德王（德穆楚克栋鲁普，原内蒙苏尼特右旗札萨克郡王）和李守信占领了绥东重镇百灵庙。傅作义将军率三十五军及绥远人民奋起抵抗，在红格尔图一带把日伪军击溃，强行收复百灵庙。

这一局部抗战的胜利极大地振奋了全国人心，也大大激发了有失土亡家之痛的东北军官兵的士气。东北军中更强烈地响起了"援绥抗日，收复失地"的呼声。有的将领乘机向张学良进言："机不可失，时不再来。即使中央政府不准许，我们也要自行出兵援绥才是。"

面对绥远抗战的胜利和全国援绥抗日运动的蓬勃兴起，张学良更加坐卧不宁。自洛阳回来后，他的情绪一度十分沮丧，甚至产生过用辞职来表示自己对当局的愤慨和不满的念头，现在他的劲头又鼓起来了，并且为自己的消沉情绪感到羞愧，个人受点委屈毕竟是小事，抗日关系到国家、民族的存亡，是至高无上的大事。他一方面积极同红军、十七路军秘密联系，筹组西北抗日援绥联军，作出兵的准备；另一方面仍然寄希望于最高当局，能够批准他率部开赴前线参加抗日。11月27日，他给蒋介石写了一封情深意切的"请缨抗敌书"：

> 委员长钧鉴：
>
> 叩别以来，瞬将一月。比闻委座亲赴晋鲁，指示一切，伏想贤劳，极为钦佩。绥东局势，日趋严重。日军由东北大批开入察境，除以伪匪为先驱并用飞机助战外，已将揭开真面，直接攻取归绥。半载以来，良屡以抗日救亡之理论与策划，上渎钧听，荷蒙晓以钧旨，并加谕勉，感愤之念，与日俱深。今绥东战事既起，正良执殳前驱、为国效死之时矣。日夕摩厉，惟望大命朝临，三军即可夕发。盖深信委座对于抗日事件，必有整个计划与统一步骤，故惟有静以待命，无须喋陈。乃比大军调赴前线者，或已成行，

或已到达，而宠命迄未下逮于良。绕室傍惶，至深焦悚。每念家仇国难，丛集一身，已早欲拚此一腔热血，洒向疆场，为个人洗一份前愆，为国家尽一份天职。昔以个人理智所驱与部属情绪所迫，迭经不避嫌忌，直言陈情，业蒙开诚指诲，令体时机。故近月以来，对于个人或部属，均以强制功夫，力为隐忍，使之内愈热烈，外愈冷静，以期最后在委座领导下，为抗日之前驱，成败利钝，固所不计。今者前锋既至，大战将临，就战略言，自应厚集兵力，一鼓而挫敌气，则遣良部北上，似已其时；就驭下言，若非即时调用，则良昔日之以时机未至慰抑众情者，今已难为曲解。万一因不谅于良，进而有不明钧意之处，则此后统率驭使，必增困难。盖用众必有诚信，应战在不失时机，凡此种种，想皆洞鉴之中。伏恳迅颁宠命，调派东北军全部或一部，克日北上助战，则不独私愿得偿，而自良以下十余万人，拥护委座之热诚，更当加增百倍。凤荷知遇优隆，所言未敢有一字之虚饰。乞示方略，俾有遵循，无任企祷之至！

张学良　敬叩

11月27日

"请缨抗敌书"由专人送往洛阳蒋介石行辕后，张学良就天天等待着批复，并积极筹划援绥的具体行动。他很自信，认为自己的要求义正词严，委座是无法拒绝的。

张学良的想法太天真了。蒋介石丝毫没有为百灵庙大捷所动。并未乘胜调兵遣将，发展抗日大好形势，收复失地，他的心思仍然集中在"剿共"上。这期间，他进一步加紧进行"剿共"军事部署：把解决两广事变所用的中央军三十个师全部北调，分布在平汉线的汉口至郑州和陇海线的郑州至灵宝段，并调派国民党唯一的一支装甲部队进驻河南西部，准备开赴陕西；同时，下令扩建西安、兰州两机场，把用美国棉麦借款买的新式战斗机和轰炸机一百架，陆续调进陕甘。蒋介石还秘密决定以蒋鼎文为"西北剿总"前敌总司令，卫立煌为陕甘绥宁边区"剿共"总指挥。陈诚以军政部次长身份驻前方"督剿"。蒋的进一步大举"剿共"，同时也是给张学良、杨虎城一点颜色瞧瞧。

为了"集中全力，消除共匪"，蒋介石还于11月17日飞往太原，把正在绥东前线抗敌的绥远省主席、三十五军军长傅作义召回，向他发布命令："迅速使绥东战争结束，以免共匪借题发挥。影响中央誓死'剿共'决策，至于德王和李守信的进犯，中央可设法由外交途径在和平友善空气中，相见以诚，相互谅解。"11月28日又派陈诚到绥远前线，监督和制止绥远军民的抗战活动，并指示傅作义迅速抽出手来，准备"剿共"。蒋介石这样三令五申，绥远抗战也就不了了之。

为了配合"剿共"，蒋介石加紧了对人民群众抗日救亡运动的镇压。11月23日，蒋介石以莫须有的罪名下令逮捕了上海救国会领袖沈钧儒、邹韬奋、史良、沙千里、李公朴、王造时、章乃器等爱国民主人士（即所谓"七君子"事件），接着又查封全国十四家抗日进步刊物，并密令各地军、警、宪、特严加防范，对"侈言"抗日者，格杀勿论。蒋介石的倒行逆施激起了全国人民的愤怒！各方面人士纷纷向国民党政府提出抗议，开展了声势浩大的营救被捕爱国者的运动。

面对这样的形势，张学良很快就明白过来，他给蒋介石写信请缨，又是一次"瞎子点灯——白费蜡"。12月2日，他的"请缨抗敌书"终于批复下来了。蒋介石用毛笔在信头上写了六个字：时机尚未成熟。

张学良感到茫然。这是怎么回事？时机怎么不成熟？九一八事变发生五年了，日寇如今又进攻绥东，向华北步步紧逼，全国人民已经到了忍无可忍的地步。作为中央政府，为什么要一而再、再而三地压制民众的爱国要求呢？

翌日上午，张学良独自驾机再次抵达洛阳。

他事先没有通知委员长侍从室，所以没有人接。下了飞机，他乘坐机场的一辆美式小卧车直奔洛阳西宫。

蒋介石见张学良匆匆而来，先是一愣，接着严肃地问，"汉卿，你又来干什么？我没有叫你来呀！"

"是我自己要来的！"张学良脱下皮手套，在蒋介石对面的沙发上坐下，"百灵庙大捷后，我东北军全体将士深受鼓舞，纷纷请缨求战，以求收复失土，我是代表大家，向委员长请战来的！"

"不是给你批复了吗？时机尚未成熟嘛！"蒋介石漫不经心地用手翻着文

件,头也不抬。冷冷地说。

"委员长,东北军中的抗日情绪已经高涨得无法抑制;而'剿共'不得人心,实在难以进行下去。因此,我请求委员长无论如何批准东北军开赴前线抗日。"张学良耐着性子说。

"汉卿,你不要再提这个事了。"蒋介石拿着一份文件冲着张学良晃了晃,"这是辞修(即陈诚)从绥远发来的电报,情况已经查明,日本无意将当前的冲突扩大为全面战争,在绥远前线我们有晋军和中央军,足以抵挡日伪军,没有必要再派军队去绥远,而必须集中全力消灭共产党。"

张学良见蒋介石态度蛮横,毫无商量的余地,知道再讲也无用,深深地叹了一口气后,又说:"还有一事,我想请教委员长。"

"什么事体?"蒋介石的脸上露出不悦的神色。

"上海警察局上月23日逮捕了救国会七位著名爱国人士,他们究竟犯了什么罪?我想全国大多数人谁也不晓得。事实上,他们根本就没有罪。如果说他们有罪的话,那就是沈钧儒先生所说的,是'爱国未遂罪'了!"张学良情绪激愤,声音有些发抖。

"你是军人,政治上的事你少管!"蒋介石脸一沉,大声地训斥。

"请委员长考虑,立即释放这些无辜的同胞,免得失去人心!"张学良克制着自己的感情,想尽量把话说得委婉些。

"这些人到处拨弄是非,蛊惑人心,破坏政府威信,和共产党的宣传遥相呼应,不能释放!"蒋介石断然拒绝了张学良的恳求。

"你这样听不得劝谏,这样专制,这样摧残爱国人士,同袁世凯、张宗昌还有何异?!"张学良再也无法忍受,忿忿地站了起来。

"全中国只有你一个人这样放肆!除了你张学良,没有人敢这样对我讲话!"蒋介石也气得浑身哆嗦,唾沫四溅,"我是委员长,我是革命政府的领袖,我这样做,就是革命!不服从我,就是反革命!"

"你不要以为你的政绩就那么清明!没有人指责你、骂你?其实背后骂你的大有人在。比如国人在上个月给你捐了一大堆飞机,你打出的旗号是'献机报国',可你却拿这些飞机打内战,打自己人,这叫'报国'么!只不过你身居高位,别人不敢当面讲就是了!"

张学良恼愤满腔,两眼瞪着暴跳如雷的蒋介石,嘲讽地说,"你要是不改弦更张，坚持打内战，东北军我就没法带下去。学良无能，只好请委员长去说服大家了。"

"可以！"蒋介石硬邦邦地说，"明天我就打算去。我倒要看看你的部队，愿意听我的，还是愿意听共产党那一套蛊惑宣传！"

"那好，我等着！"张学良气冲冲地转身朝外走，门"砰"地一声被推开，又"砰"地一声关上。

张学良从蒋介石的客厅里走出来，迎面碰见侍从室二处主任陈布雷。

侍从室的工作人员一般都穿呢料和哔叽做的西装和中山装，要不就是军装，只有陈布雷一年四季穿着布料长衫，一副落拓不羁的寒儒模样。他虽然其貌不扬，却是满腹经纶，蒋介石的讲话稿和重要文章，均出自他手。张学良和他谈不上深交，但对他的人品和文采，私心里是敬重的。

陈布雷见张学良脸色阴沉，知道他和委员长又发生争吵，便拉着他的手，走进自己的办公室。

"张副司令，又和蒋先生发生争执了？"陈布雷布满血丝的双眼望着张学良，忧心忡忡地问。

"嗯。"张学良点了点头，把争吵的经过简要述说了一遍后，又说："我张学良对委员长一片忠诚，可昭天日，可他却对我动辄加以训斥，一点意见都听不进去，令人实在难以忍受！"

"副司令还要善自排解才是。蒋先生的脾气你知道，他一旦拿定主意，是很难改变的。"陈布雷到洛阳后，由于水土不服，患了肠炎，身体虚弱，说话有气无力。喘了一阵粗气，他又说："蒋先生和你情同手足，有什么事还望好自为之，千万不要伤了和气。"

"学良尽力而为吧！"张学良轻轻地吁了一口气，接着，开玩笑地说："委员长明天拟赴西安，布雷先生一同前往吧！我请你品尝西安风味：老孙家的羊肉泡馍，味道蛮不错哩！"

"谢谢。我去不了啦。"陈布雷苦笑着微微摇头，"蒋先生已经批准我回南京养病，今天晚上就走。"

"既然如此，那就只好是后会有期了。布雷先生，请多保重。"

张学良告别陈布雷，大步朝门外走去。陈布雷手扶门框，目送着张学良渐渐远去的背影，脸上掠过一丝苦涩的神情。

‖ B 部 ‖

掀天揭地风雷激

16. 御驾亲征　驻跸骊山

12月4日下午，西安火车站及站前的尚仁路大街突然戒严，一队队穿灰色军服的东北军和穿浅色军服的十七路军，在大街上穿梭地巡逻，站台上和站前广场遍布荷枪实弹的军警，给人一种紧张肃杀的感觉。

下午四时许，一列装饰华丽的专车徐徐开进车站。站台上肃立已久的军乐队鼓号齐鸣，奏起了欢快的《迎宾曲》，煞是隆重热烈。

杨虎城、邵力子、晏道刚毕恭毕敬地站在月台上。车刚停稳，第一个走下来的是张学良，面红耳赤，一边走一边对杨、邵、晏说道："我正被委员长骂的不得了！你们快上去，别管我了。"张学良刚走，全副戎装的蒋介石便出现在车厢门口，朝站台上的欢迎人群微微挥手致意。杨虎城、邵力子、晏道刚以及"西北剿总""西安绥署"的官员们连忙迎上前去向蒋介石敬礼、问好。蒋介石一脸严肃，轻轻地朝大家点点头，便在侍从室主任钱大钧的引导下，朝停在站外的汽车走去。

邵力子紧赶两步，赶到蒋介石身旁："委员长，先到新城大楼休息片刻，再去华清池官邸，好吗？"

"不用了，我们直接去华清池！"蒋介石头也不转地回答。

"夫人怎么没有来呢？"邵力子又问。

"她去上海主持航空委员会的会议去了。"蒋介石说罢，一头钻进了他的专车。

前头两辆警车开路，一卡车武装殿后，蒋介石一行浩浩荡荡朝临潼方向驰去。邵力子和杨虎城面面相觑，只好各自上车，跟在车队后面一同前往华清池。

张学良从边上上了自己的专车后，谭海问："去华清池吗？"

张学良踌躇片刻："不去凑那个热闹了，回金家巷！"

谭海见张学良涨红着脸，知道他心里一定窝着什么不痛快的事，便什么也不敢问。不到一刻钟，汽车驶进了金家巷张公馆。

其实，在洛阳祝寿期间，委员长身边的情报系统已经获得讯息，说是西安方面的情况很不稳当，建议委员长过寿以后，不要再次前往临潼。蒋介石表示："我要是不去西安，事情就无法完结，西安的事情等着我去解决。"钱大钧附和蒋的意见，他说："临潼离西安20多公里，地方不算大，火车站却离华清池挺近，委员长的专列可以停在临潼车站，一有情况，说走就走了。"就这样，蒋介石便又一次驻跸华清池。

赵一荻正站在西二楼平台上等张学良回来。一进屋，她就给张学良脱掉呢军服、马靴，换上松软的丝质长衫。他似乎失去了往日从外地归来时所见到的那种欢愉，一屁股坐在沙发上，长长地嘘了一口气，然后将脑袋靠在靠背上，微闭着双眼，一脸的沮丧。

赵一荻倒了一杯咖啡放在茶几上，轻柔地问："汉卿，这次又谈崩了？"

张学良动也不动。

"以后怎么办呢？"

张学良还是一动不动。

赵一荻默不作声地坐在对面的椅子上，仔细地端详着张学良。望着，望着，突然一股悲寂、怜悯的感情油然而生。他，精神上的负压实在太重了，一个二十多万大军的统帅，表面上声名显赫，一呼百应，可是，他内心的焦虑和痛苦，许多人并不了解；丧父之仇，失土之痛，全国上下的谴责，和委员长之间的分歧……把他挤兑得气都喘不过来。他本来是坚强的，有能力的，有魄力的，她随他从东北到华北，从中南，又到西北，他是那样英姿勃勃，生机盎然，为什么去了两次洛阳，突然变得如此心灰意冷、一派憔悴？不经重大的打击和挫折，他绝对不会是这等模样。她有心上前劝慰几句，又不忍心打扰他的宁静，只是含情脉脉地凝视着、凝视着……

房间里真静啊！只有挂在过道墙壁上的那口自鸣钟，"嘀嗒、嘀嗒"地响着……

吃罢晚饭，刚撂下碗，副官即来报告：杨主任来了。

张学良连忙走进客厅。

杨虎城从沙发上站起来，抱歉地说："副司令，打扰了，真对不起！"

"哪里，哪里。"张学良边说，边观察杨虎城的脸色。杨一向沉着稳重，这会儿脸色阴沉，一副心事重重的样子，便问："虎城兄，什么时候从华清池回来的？"

"我刚从临潼回来，就为这事来找你。"杨虎城解开衣领，掏出手绢在额头上轻轻按着。

"坐下，慢慢谈。"张学良亲自倒了一杯茶，放在杨虎城面前。

"副司令，委员长这次来西安，我看情况有点不对头！"杨虎城呷了一口茶水，"方才一到华清池，他就布置了两件事，一件事是让晏道刚给他开一个东北军和十七路军的师以上军官名单，从明天起，他要挨个儿接见、训话。"

"这是什么意思？"张学良轻轻地嘀咕，像是问自己，又像是问杨虎城。

"威胁、利诱、分化、瓦解，挖你我的墙基呗！"杨虎城愤然地说，"另一件事，让钱大钧立即用电报通知陈诚（武昌行营副主任兼参谋长）、卫立煌（豫鄂皖边区主任）、蒋鼎文（福州绥靖主任）、陈调元（军事参议院院长）、朱绍良（兰州绥靖主任）、万耀煌（二十五军军长）、陈继承（豫皖陕边区主任）、邵元冲（国民党党史编纂委员会主任）等高级将领，到西安来开军事会议，说是要部署对陕北的红军进行第六次大'围剿'！"

"看这样子，委员长这次到西安，是要撇开东北军和十七路军，亲自调兵遣将，'围剿'陕北！"张学良站了起来，右手托着下巴，一边在房内踱步，一边思考着。

"来者不善，善者不来，我看老蒋这次是铁了心了。"杨虎城说。

"他这个人刚愎自用，自以为是，一点都听不进别人的意见，太叫人失望了！"张学良叹息地摇着头。

"你对他一直抱有幻想，我早就把他看透了。要他放弃'剿共'是不可能的，白费唾沫！"

"虎城兄，我们下一步该怎么办呢？"张学良站在杨虎城面前，心急如焚地说。

"副司令，我倒要先问你一句：你是真抗日还是假抗日？"杨虎城的态度突然变得非常严肃。

"这一点你还怀疑吗？我可以对天起誓！"张学良斩钉截铁地答。

"既然如此，那我就给你献上一计！"杨虎城睁大双眼瞪着张学良，像要从张学良的脸上辨别他决心的真伪，接着又朝门外瞅了瞅，见没有任何人，这才上身前倾，凑近张学良身边，声音低沉而坚定地说："我们给他来一个挟天子以令诸侯！"

"这……"张学良的心一阵紧缩，半张着嘴巴，半晌没有吭声。近几个月来，他和蒋介石由于政见各异，不断发生摩擦，甚至争吵，他想到了分手决裂，但却从来没有想过要对他采取什么"行动"；他与蒋之间的关系毕竟不同一般，曾经有过一段政治上的"蜜月"，他对蒋介石忠心耿耿，蒋介石对他也是爱护备至，委以重任；要突然对蒋介石采取挟持行动，他一时真不知如何是好？

"副司令，在国家、民族处于危亡的紧急关头，可不能把感情因素和个人考虑置于其间啊！"杨虎城深知张学良和蒋介石之间的关系，现在又见他沉默不语，心里不免有些紧张。但话既出口，已经收不回去了，于是便采取激将法，尖锐地提醒他，"我早就给你说过，软的不成上硬的嘛！"

"那是，那是！"张学良不无慌乱地说，"这事情太重大了，容我想一想，容我好生想一想。"

见张学良犹豫不决，杨虎城大为不安，心想：他和蒋介石情同手足，要他和蒋介石彻底决裂，是不是太天真幼稚？但他立即否定了自己的疑虑，和张学良共事一年多，耳濡目染，他的言行都是爱国的，为人也是耿直的，他相信张学良抗日决心是真诚的，绝不会半途而废。想到这里，他心里也就踏实下来，进一步鼓励道：

"副司令，夜长梦多，你可要当机立断啊！错过时机，后悔就来不及了！"

"容我再想一想．容我再想一想，再想一想。"张学良还是那句车轱辘话，接着，他诚挚地说："虎城兄，你的心意我完全明白。此事关系重大。不管事态怎样发展，请相信我，我不会把你的话告诉任何人，我张学良不是那种出卖天地良心的王八蛋！"

"副司令，我相信你！相信你的爱国心会超过你的个人感情！你我若不是心心相照，我今天说出这个话来，不是寻着掉脑袋吗！"

杨虎城站起来紧紧握住张学良的手，火辣辣的眼睛久久注视着他……

杨虎城告辞回家，张学良一直把他送出楼门。返回之后，他从屋外走到屋内，又从屋内踱到屋外，心情怎么也无法平静。杨虎城的一席话，把他的思绪全搅乱了。他不断问着自己：老蒋要动手了，自己下一步棋该咋走呢？按杨虎城说的去做，合适吗？挟持领袖、统帅，这不是兵变、不是反叛吗？假若不采取果断措施，仍唯蒋介石之命是从，那就会在内战的泥淖中越陷越深，国家、民族就要遭受更大的磨难，我张学良就要继续遭人民大众的唾骂，永远沦为历史的罪人……他翻来覆去地想，在心灵的天平上掂量过来，又掂量过去，香烟一支接一支地抽。

时过午夜，赵一荻小姐穿着睡衣，云鬓蓬松地从卧室走出来，埋怨地说："汉卿，今天你是怎么啦？这么晚了，快睡吧！"

"就睡，就睡。"张学良如梦初醒，连忙宽衣解带，走进里间的卧室。

躺在床上，他仍然大睁双眼，盯着漆黑的房顶出神，各种念头在他头脑中不断涌现，直到天蒙蒙发亮的时候，他才拿定了主意：老蒋虽然对我无情，可我要做到仁至义尽，进一步劝谏让他放弃错误政策；如若实在不能，我也就只有铤而走险了。

不知城里的哪个角落，响起了起床的军号声，张学良这才迷迷糊糊地睡了过去。

17. 仁至义尽的穿插

一住进华清池，蒋介石就调兵遣将，令集结在陇海线的中央军向陕西推进，蒋鼎文进驻潼关，樊崧南的四十六军开到华阴，胡宗南的第一师从甘肃向东布防，万耀煌的二十五军进抵咸阳。至此，从咸阳到兰州的整个公路运输线，全部控制在中央军的手里，东北军和十七路军则处于被分割和被监视的状态中。蒋介石这些部署也是给张学良和杨虎城一个明白不过的暗示：你们已经完全处于我的武力控制之下了，何去何从，看着办吧！

在蒋介石的策划下，几天之内，国民党

★ 五间厅

的高级将领陈诚、蒋鼎文、卫立煌、朱绍良、陈调元、陈继承、邵元冲、万耀煌，以及南京政府大员蒋作宾、蒋百里、张冲等接踵而至，麇集西安。一时间，西安的天空飞机隆隆，地面战车奔驰，蒋系特、宪、警趾高气扬。蒋介石踌躇满志，以为"八年'剿共'将在两周之内结束，最多也不超过一个月"，他就可以凯旋回京了。

从12月5日开始，蒋介石就按照晏道刚提供的名册，挨个儿和东北军、十七路军的师以上军官谈话、吃饭、照相，进行"精神感召"。他对这些将领说："现在是'剿共'取得完全胜利的最后五分钟，对于国家和你们个人的前途来说，目前是关键时刻，每个人都必须为最后一役作出贡献。"

当东北军将领提出抗日和打回东北老家去的要求时，蒋介石振振有词："这个问题嘛，我可以明确告诉你们：只要有我蒋某人在，一定可以带你们打回东北。你们要听我的命令，目前的任务是'剿共'，消灭了共产党，我是会抗日的。你们不可轻信谣传，中了共产党的奸计！"

蒋介石不相信东北军、十七路军的高级将领会是铁板一块，全都听张学良、杨虎城的。去年9月间，他召见过第七军军长冯钦哉，曾有过这方面的体

★ 蒋介石向张、杨摊牌。右起：蒋介石、杨虎城、张学良。

会和经验。

十七路军以三十八军及第七军为基干，军长分别是孙蔚如、冯钦哉。杨不在军中时，总让孙代为留守，对此，冯对杨虎城便很有成见。蒋介石召见时，和蔼地问冯有什么困难没有，如有困难，尽可提出。冯盯住蒋，竟流下眼泪来了，便把杨虎城如何如何歧视他诉说了一番。蒋介石好言安慰后，当即拨给他10万元，作为补充给养的开支。今年春上，蒋又一次接见冯，冯表示对杨极为不满，说是"我冯某人很想脱离这个土匪头子（指杨虎城），随便调到哪里归谁指挥我都情愿。"蒋介石又一次耐心劝慰："你且暂时忍耐一下，调动的事将来有机会再说。"接着又给冯5万元作为特支费。另外还附上几十支20发的自来得手枪。而且让人转告冯，只要他忠于党国，绝对服从，日后可以推选他当中央委员。冯钦哉一听，高兴得几乎要跳了起来。

这一段时间，蒋介石活动频繁，又是召开军事会议，研究"围剿"方案；又是找东北军、十七路军的将领安抚笼络。却又故意把东道主张学良和杨虎城撇在一边，不加理会。沉着、稳重的杨虎城倒还罢了，年轻气盛的张学良却无法忍受，一种被抛弃、被奚落的感觉，紧紧攫住了他的心。

张学良每天都要去一次华清池，每次走进五间厅，蒋介石不是正和人谈话，就是开会；看见他，当即板上面孔，冷若冰霜，说不了几句话。他只好到老相识钱大钧的办公室去坐一阵，聊聊天，然后返回西安金家巷。

眼看蒋介石的军事部署就要完成，大规模的"围剿"就要展开，张学良急得有如热锅上的蚂蚁，再也忍受不下去了，12月7日下午，他决定去华清池对蒋介石进行一次最后的诤谏。

当张学良跨进五间厅二号房间蒋介石的宿舍兼办公室时，蒋介石正坐在北窗三斗桌前的一把转椅上，手里捧着一本线装的《曾文正公全集》聚精会神地阅读。听见脚步声，蒋介石抬起头来，见是张学良，脸上立刻挂起不悦的神色。

"委员长，这几天您忙得不可开交，要多加保重身体呀！"张学良把军帽端在手里，在蒋介石对面的一把木圈椅上坐下，谦恭地说。

"戡乱时期，忙是当然的！你不是也挺忙的吗。"蒋介石把书放在桌上，硬邦邦地回答，没有一丝笑容。

"是的，是的。"张学良欠了欠身子，看了蒋介石一眼，"有些话，我觉得还是应该向委员长陈述……"

"陈述什么？"蒋介石打着官腔，"还是在洛阳说的那些吗？"

"是的。还是那些话！"张学良声调铿锵地说，"日寇侵略我国，贪得无厌，步步进逼，继东北沦陷之后，华北已名存实亡，最近，日伪军又大举进犯绥远，进一步窥视我国西北，国家民族的存亡已经到了最后的关头。在这种形势下，无论是为国家、为民族的利益，还是为委员长个人的威信着想，都应该停止内战，共同抗日。不停止内战，不举国团结一致，就谈不到抗日；不抗日，也就谈不到救亡图存。现在全国的老百姓一致要求政府抗日，若再继续'剿共'打内战，必然丧失民心，这样下去，绝对不会有好结果！请委员长三思！"

"哼！"蒋介石气得腮帮子一鼓一鼓的，"你说，再说下去，把话都给我说完！"

"委员长这些年不惜牺牲一切来'围剿'共产党红军，只是抵消了中国的抗日力量。共产党也是中国人，政治问题，有什么不可以商量的呢！只要我们确立抗日的国策，在委员长的领导下，共产党是可以合作的，是能够听从领袖的命令的。"张学良越说越激动，眼泪扑簌扑簌地往下滴，"委员长，学良的陈述完全是从党国利益出发，没有夹杂任何个人的恩怨。想当年国父孙中山也搞过国共合作，委员长是当今的总裁，仿照国父的先例，联合抗日，是国难期间的唯一办法。"

"一派胡言！"蒋介石越听越刺耳，手往三斗桌上狠劲一拍，大发雷霆，"你知道什么！共产党那一套我比你清楚，我和共产党合作过，也去过苏联实地考察过，知道是怎么一回事！当今中国最大的敌人，不是日本，是共产党，过去耗费多年之功，没有能够'剿灭'他们，今天确是到了'剿灭'的最后时候了。你是个军人，打仗打不赢，就想投降敌人，和他们搞联合，还有点军人气味儿吗！'剿共'是既定国策，决不动摇，你就是拿枪打死我，也不能改变我的决心！"

"自东北易帜以来，我对委员长耿耿忠心，服从训令，不敢稍怠。而九一八国难发生以来，各方怨谤，集中在我一身，只有委员长体谅我、保全我。我也认为委员长的事业，就是国家民族的事业，即使粉身碎骨也报答不了委员长对我的厚待。"张学良涕泪交加。说到动情处，以至泣不成声，"出于对领袖的尊崇，我仍要冒死进谏。当前的国策，是团结抗日还是分裂内战，这对国家民族的前途，以及个人的荣辱都是成败攸关。我以为，委员长必须悬崖勒马，领导全国团结抗日，才是振兴国家唯一正确的道路。否则，在错误的道路上越走越远，就会成为国家和民族的千古罪人！"

张学良慷慨激昂的陈词，痛哭失声的泣诉，丝毫没使蒋介石动心，他气得五官都挪了位，脸上青一阵、白一阵。张学良说完，他便撇着嘴角，冷笑着说："你中共产党的毒太深，不要再讲了，我不愿意听！军人以服从为天职，我要叫你向东，你就应该向东；我要叫你往西，你就得往西；我要叫你去死，你就得去死！不要问为什么，这是命令！是军人就得服从。"

张学良见蒋介石如此冥顽不化，伤感到了极点，不禁抱着头失声痛哭……

蒋介石乜斜了张学良一眼，默默地摇了摇头。待张学良感情稍微平静一点后，他说："我明白地告诉你！东北军和十七路军现在只有两条路可走：一条是服从'剿共'命令，全部开赴陕甘前线进攻'共匪'，中央军作为你们的援军；另一条，如果不愿'剿共'，就把地盘让出来，让中央军去'围剿'。你们嘛，立即撤离西北，东北军调往福建，十七路军调往安徽。这两条路何去何从，你们可以自由选择！"

张学良知道，再说也无用，只得站起来，擦干眼泪，悲怆地朝门外走去。

刚走出房门，钱大钧从隔壁房间走出来，一把将他拉进自己办公室。刚才张学良和蒋介石的争吵，钱大钧都听见了，他想对过去的上司疏导疏导。

张学良悲愤到了极点，垂着头坐在圈椅里一声不响。钱大钧倒了杯茶递到他手边，他推开了。

"张副司令，干嘛生这样大的气？有话慢慢说，事情总会弄清楚的。"钱大钧边看张学良的眼色，边小心翼翼地劝慰，"你和委员长共事多年，他的脾气你应该知道，他越是对一个人责骂，就越是对这个人抱有无限的希望，并予重用。要是一个没希望的人，委员长又何必费这许多气力去责备他呢？你千万不要介意，你是委座最器重的人，不知不觉间就会爱之深而责之切了。"

钱大钧是张学良的老搭档，张学良在武汉任"鄂豫皖剿匪总司令部"副总司令时，钱大钧是他的参谋长，他俩配合得得心应手，关系也还融洽。但今天钱大钧的话却让张学良感到腻味，他的眉头皱得更紧了。

"张副司令，你千万别性急，一切慢慢来，好在委员长在西安还要待若干时日，一定有你解释的机会！"钱大钧只顾喋喋不休地说，"委员长连日开会，找人谈话，累了，不免火气大一些，务必不要计较。"

"明白了，你还有什么说的？"张学良不耐烦地站了起来。

"没有了，没有了。"

"那就再见！"

★ 蒋介石卧室之门前。站立者为蒋之侍从室主任钱大钧。

张学良"通、通、通"地走了。钱大钧站在五间厅前的平台上，看着他绕过飞霞阁、荷花亭，头也不回地朝门外走去. 不禁深深地叹了一口气。

张学良返回西安，心情逐渐平静下来，今天和蒋介石的激烈争吵，虽然很不愉快，但此刻却产生了一种轻松感。他想：我已经做到仁至义尽，对得起他蒋介石，从今往后，我要凭自己的良知去干一个中国军人应该干的事情，肝脑涂地，义无反顾，再也不拖欠他的什么了。

小车驶入市区，他便吩咐司机：去九府街杨公馆。

见了杨虎城，张学良便说："虎城兄，还是你比我想得远，看得透！我今天又挨了一顿，他已经和我们摊牌了！"

"委座亮的是一副什么牌呀？清一色还是一条龙？"杨虎城胸有成竹，不慌不忙，笑呵呵地打趣说。

"我们如不服从他的'剿共'命令，就要将东北军调往福建，十七路军调到安徽！"张学良气愤地说。

"好啊！委员长对我们挺照顾的，这两个地方都是鱼米之乡，很好嘛！"杨虎城仍然打着哈哈。

"唉哟，虎城兄，什么时候了，你还有心思开玩笑！"张学良急了，说话像打连珠炮，"这还不是秃子头上的虱子，明摆着吗？先把我们调开，老蒋紧接着肯定就是整编，三整两整我们这两支队伍就全完了，这是他对付杂牌部队惯用的伎俩。再说，这样做势必使东北军、十七路军和红军在西北结成的至诚合作毁于一旦，一年来为在西北形成抗日局面所做的种种努力就全落空了！"

"嗯，是这样的。"杨虎城脸色严峻起来，"他这是逼着我们上梁山啊！"

"现在只好来硬的了！就是你说的那个办法，把他扣起来，逼他改变'攘外必先安内'的错误政策。只要他答应我们的要求，我们绝对不难为他，还拥护他当领袖。"张学良终于下定了决心。

"好！这件事关系重大，可说是惊天动地，我们要周密考虑，准备承受巨大的、来自各个方向的、首先是军事上的压力。"杨虎城脸上挂着刚毅的神色，坚定地说，"副司令，为了国家和民族的命运和前途，为了抗日救国，就是牺牲东北军和十七路军这两个团体，我看也值得！你放心吧，我们十七路军坚决和你站在一起，休戚与共，风雨同舟，听你的指挥，服从你的命令，决不畏惧，决不退缩！"

张学良抢前一步，抓住杨虎城的双手，使劲摇着。他的眼里噙满着泪水，激动得半晌说不出话来。

"副司令，男子汉，大丈夫，敢作敢为，只要认准自己干的是于国于民有利的事，而不是为了一己的私利，就应该大胆地去干！不是有这样一句话吗？'人生自古谁无死，留取丹心照汗青'！"杨虎城爽朗地说。张学良默默地点了点头，随即用恳求的眼光望着杨虎城："虎城兄，我求你办一件事，请务必答应我。"

"请说。"

"明天你去一趟华清池，再劝他一次。你是党国的元老，说话兴许比我管用。"

"副司令，你呀！太注重私人之间的感情了，你把他当萝卜，他未必拿你当咸菜哩！"杨虎城苦笑着说，随即又爽快地答应："既然你提出来了，明天去，也尽尽我的责任！"

"一言为定。我静候佳音！"张学良见杨虎城答应了自己的请求，十分高兴。

"要是老蒋还是不答应我们呢？"杨虎城反问一句。

"那就别无选择。只有刀、兵、相、见！"张学良一字一顿地说，仿佛每一个字都是从牙缝中挤出来的。

第二天上午，一辆乌黑油亮流线型的小轿车奔驰在西安到临潼的公路上。虽然是隆冬腊月，天寒地冻，但公路上车马行人熙来攘往，有些拥挤。汽车走走停停，速度不快。

小车内坐着杨虎城。他是应张学良的请求，前往临潼去见蒋介石的。汽车开进华清池，拐到荷花池旁，他看见蒋介石穿着一件长衫，光着脑袋，坐在五间厅前的平台上，一边看书，一边晒太阳。杨虎城快走几步，来到蒋介石身旁，谦恭地说：

"委员长，您好，来陕好几天了，过得惯吗？"

"还好，还好。虎城，你来了，坐，请坐。"蒋介石欠了欠身，指着旁边的椅子，示意杨虎城坐下。

两人寒暄几句，杨虎城正考虑如何把话引向正题，倒是蒋介石先开了口："虎城，你的母亲还在西安吗？老人家身体还好么？今年62岁了吧！"

杨虎城忙欠身答礼："感谢委员长还惦记我娘！她六十有二了，身板还健朗；嫌城里吵闹，不习惯，回蒲城老家去了。"

前年秋，蒋介石到西安的第三天，听说杨虎城是个孝子，其母又刚过六十大寿，为了联络感情，就一定要和宋美龄去谒见杨母。进入杨府，对杨母孙一莲行三鞠躬大礼之后，在杨家坐了个把小时。今天见到虎城，他又问起杨母孙一莲。问过之后，蒋介石又说：

"虎城，汉卿比你年轻，政治上幼稚，容易受人欺骗，你和他一地共事，要多加开导，以免误入歧路。"

"张副司令思想敏捷，指挥果断、得当，甚孚众望，是一位难得的将才，很值得虎城效仿。"

"是这样吗？"蒋介石不满地瞪了杨虎城一眼，"他和'共匪'暗中勾结，在东北军中公开宣传容共，你也效仿他？"

"他和共产党是不是暗中勾结，虎城不知。不过，他主张停止内战，团结抗日，我认为是有道理的。"杨虎城尽量压制着自己的感情，让语句平缓一些，"委员长，请听虎城进一言。我们国家和民族已经到了存亡的危急关头，不抗日是没有出路的。依我之见，红军的问题宜采取和平方式解决，而不宜用兵。不然鹬蚌相争，渔人得利……"

杨虎城尚未讲完，蒋介石就连连摇头，挥着手，傲慢地说："荒谬之论！你也是荒谬之论！对付共匪的唯一办法是军事解决！我有绝对把握消灭共产党，他们现在已经到了穷途末路，必须交出武装，听从政府的命令，予以遣散。你想想看，红军纠集陕甘，一共也就七八万人，10月下旬，两万多人又从靖远的虎豹口西渡黄河，已经被我胡宗南部死死地卡在了甘肃河西；这边剩下的五万人伤病过半，粮弹匮乏。我们以数十倍的兵力，三面合围，北边我已令马少云（即马鸿逵）派骑兵堵截，用不了多长时间，便可一举把红军赶到长城以北沙漠地区。他们在那里是无法生存的，剿匪大业的成功就在此一举了！"

蒋介石完全沉浸在自己美妙的构想之中，摇头晃脑，得意非凡："虎城，你和张汉卿不同，你是本党老同志，不要和他一般见识，应当知道我们和共产党是势不两立的。请相信我，消灭了共产党，我会领导你们抗日的。"蒋介石见杨虎城默不作声，以为自己的一番话发生了效用，又故作亲近地说："你是忠于党国的，一定要珍视自己的锦绣前程，'剿共'有什么困难，尽管对我说。十七路军如果兵力不足，可以将所担负的'剿共'战线缩短；如果部下中有不愿意'剿共'的军官，你可以任意撤换；至于作战中消耗的弹药、物资，我可以下令给你们补充。"

"谢谢委员长，我们没有什么困难。"杨虎城本来就预料到这次会见不会有什么好结果，现在果然如此。于是站起来，心平气和地说："委员长，告辞了！"

蒋介石也不挽留，杨虎城便昂首挺胸朝外走去。蒋介石阴鸷的眼光盯着他的背影，一直消失在华清池外。10月中旬，来西安之前，蒋在奉化曾召见过杨。他说道："张副司令的老底，你知道吗？这个人是个花花公子，不堪重用。你与他不同，有革命的历史，将来，西北的事情，我还是要交给你的。"现在看来，两个月前在奉化说的这番话是白说了。眼前的这个杨虎城，老练持重，颇有心计，是个比张学良更难对付的角色。

杨虎城回到止园，正准备去金家巷张公馆向张学良报告会见蒋介石的情况，院子里却响起了汽车的喇叭声，张学良来了。

杨虎城将张学良领进密室。

从下午到晚上，俩人一直关在那间小屋子里……

当张学良和杨虎城从密室里走出时，夜已深沉，万籁皆寂，西安城已进入了甜蜜的梦乡。他俩在院子里呼吸了几口清冽、凉爽的空气，感到浑身有说不出的爽快，连日来的郁闷似乎一扫而光。

车站方向传来几声长长的汽笛，接着便是夜行列车风驰电掣的轰隆声，仿佛一阵阵春雷从天边滚过，惊天动地，撼人心魄。

18. 倾盆泪雨秋风里

12月9日，西安市广大青年学生为了纪念北平学生一二九运动一周年，在中共西北特别支部的领导下，决定举行轰轰烈烈、规模空前的爱国游行。

为了组织好这次请愿活动，西安市各抗日救亡团体：西北各界救国联合会、东北民众救亡会、西安学联和民先队等，进行了大量的思想动员和准备工作。他们估计到这次大规模的游行示威很可能会受到西安警察局和宪兵第二团的阻止，因此决定派代表去和担任西安城防和警备任务的十七路军联系，请求派兵保护和支援。

杨虎城接到这一报告后，当即打电话和张学良进行联系。因为他们已决定扣蒋，深怕这次群众游行打草惊蛇，会引起蒋介石的警觉，离开临潼或另辟住地，使得他们商量好的计划落空；另外，集会游行当中，万一蒋系部队对群众开枪，东北军和十七路军又无法阻止，发生了血案也不好处理。经过商量，决定建议各抗日救亡团体取消这次游行。

当杨虎城派人向救国会的负责人谢华提出取消此举的意见时，谢华不明内情，当即大为恼怒，激愤地说："你们平日总是宣扬支持抗日，为什么到了关键时刻就畏缩不前呢？我想问问：你们到底是真抗日，还是假抗日！"

接着，谢华又不顾来人怎么解释，斩钉截铁地表示："不管你们支持不支持，大众的抗日热情不能遏制，游行请愿无论如何也要如期进行！东北军也好，十七路军也好，你们就看着办吧！"

张学良和杨虎城的建议遭到群众团体的误解，一时又无法解释清楚，于是又重新决定，派出十七路军特务营和东北军卫队营对游行的学生进行暗中保护，方法是以维持社会治安为名，沿途紧贴游行队伍前进，将蒋系的宪兵和警察隔在外层，使他们无法进行破坏。

12月9日拂晓，天空阴云密布，寒流滚滚，凛冽的北风打着旋儿，一阵阵从上空刮过：西安各学校的学生一早便带着连夜赶制出来的标语、纸旗和传单，从各个角落聚集到了学校。在各路指挥的引导之下，他们排着整齐的队列，踏着有力的步伐，一边高呼口号，一边贴标语，撒传单，快步朝南院门走去。等到宪兵和警察乘警备车去包围学校时，他们早已到达集会地点了。

女子中学、女子师范学校动作稍微迟缓了点，被宪兵、警察包围，封锁了校门，队伍一时出不来。已经到达集结地点的几个男校学生得到消息，立即前往接应。经过校内、校外同学的多次冲击，奋不顾身地同宪兵、警察展开搏斗，终于冲开了包围圈，掩护女校同学安全出校。

东北军的卫队营和十七路军的特务营根据张学良和杨虎城的命令，早早地走上街头，他们以维持社会治安、"监视"学生为由，配合学生纠察队维持秩序，当蒋系特务、宪兵、警察要求他们一起采取行动，阻止学生前往集结地点时，他们响亮地回答："上峰给我们的任务是维持治安，别的事我们管不着。再说，学生娃们游行集会，要求停止内战，一致抗日，是爱国行动，为什么要干涉呢？"特务们被说得没道理，对学生动手又怕打出乱子，气得干瞪眼。

上午九点钟，南院门广场上聚集了从四面八方来的一万五千多名青少年学生，广场四周的店铺里、马路边和房顶上也都挤满了围观的市民群众，广场上空，"西救""东救"的大幅旗帜和无数面校旗、标语旗，在寒风中猎猎飘舞；抗日救亡的歌声口号声此起彼伏，有如涌动的滚滚春雷，整个会场秩序井然，群众的情绪十分高涨。

集会结束，开始游行。队伍浩浩荡荡，街道两旁围挤着观看和助威的市民群众，交通为之堵塞。他们首先来到北院门陕西省政府，向省政府主席邵力子请愿。邵力子派了个秘书出来应付，被请愿团轰了回去。请愿团的代表扬言："邵主席如不出来，我们就带领游行队伍冲进去！"

众怒难犯，邵力子只得出来和请愿团的成员见面。

接着，请愿团又率领游行队伍来到新城"西安绥靖公署"，要求绥署主任杨虎城接见。杨虎城让十七路军参谋长李兴中代为出面。李兴中站在新城大楼前的一个台子上，面向游行群众大声说道：

"同学们，同胞们：我代表杨主任接见大家。你们向政府请愿，要求抗日救国，完全是爱国的行动，我非常赞成！你们的意见我一定向杨主任转达，杨主任和你们的心是相通的。现在时候已经不早了，请大家回去休息吧！"李兴中的话，受到学生们的欢迎，大家热烈地鼓起掌来。

已经下午近四点钟了，游行队伍齐集新城广场，虽然又冷又饿，情绪仍十分高昂，歌声、口号声此起彼伏，声震寰宇。各路指挥聚在一起，正商量下一步的行动，人群中忽然有人高喊："同学们，今天我们游行请愿的目的尚未达到，停止内战，团结抗日，张学良和杨虎城也没权作主！我们只有到临潼去向最高当局请愿，大家看怎么样？"

那人话音一落，整个队伍立刻轰动起来. 学生们异口同声地响应："对，到临潼找蒋介石去！"

马志超见设置种种障碍阻止不了学生去临潼请愿，连忙打电话向蒋介石报告。蒋介石这时正设宴招待几位东北军将领，听了电话，怒冲冲地骂了起来："娘希匹，这些学生要造反啦！"

接着，他便给张学良打电话。对着话筒，蒋介石声嘶力竭地吼道："西安的学生受共产党的煽动，游行闹事，危害社会治安，还要到临潼来找我。现在着令你立即出动部队，途中加以阻拦，如有暴徒不听劝阻，格杀勿论！听见了没有？格杀勿论！"

放下电话，蒋介石还感到不放心，又命令他最信任的奉化同乡族侄、侍从室组长蒋孝先指挥宪兵二团，在十里铺、浐河桥一带部署兵力，堵截游行队伍。对蒋孝先下的命令，也是那句话：

"对不听劝阻的暴徒，一律格杀勿论！听见了没有？格杀勿论！"

一万五千多人的游行队伍，高举着旗帜，唱着悲壮激越的歌曲，迎着凛冽的寒风，行进在西安至临潼的公路上。

他们还是早晨天刚蒙蒙亮时吃了一点东西，有的怕误了集合时间，甚至连一口水都没来得及喝，饿了一天，渴了一天，喊唱了一天，跑了、站了一天，这会儿大多数同学显得气力不支，疲惫不堪，各个学校的领队和骨干便跑前跑后，进行鼓动：

"同学们，坚持下去就是胜利！"

"我们的事业是正义的，不达目的，决不罢休！"

"我们一定要面见蒋委员长，要求他停止内战，团结抗日！"

学生们的情绪又被鼓动起来，像一盆盆火，越烧越炽烈。与此同时，蒋孝先率领中央宪兵二团已开到十里铺和沪河桥一线严阵以待，并在十里铺两旁的高崖上架起了一排排机关枪，南北两厢的小院里也布满了骑兵，一个个乘马执刀，如临大敌，随时准备对游行的学生进行血腥的镇压。

当游行队伍行进到距离十里铺不到一里地的时候，被宪兵二团的一队骑兵挡住了。一位军官从马上跳下来，冷笑着走近学生队伍，要求会见请愿代表。

请愿团的负责人走上前去，问："你是什么人，为什么挡住我们的去路？"

那人掏出一张名片递给请愿团的代表。只见上面印着："侍从室组长蒋孝先"。

蒋孝先的脸上浮着几丝阴险的假笑，用一口地道的宁波官话说："蒋委员长听说同学们要去见他，他考虑从西安到临潼有二十多公里，天寒地冻的，心里很不过意。所以特地派我赶来接见大家，你们有什么要求可以向我提出，我负责向委员长转述。临潼嘛，就不必去喽！"

"我们要见委员长，当面陈述！"请愿团的成员坚决地回答。

"你们看，现在已经五点多钟，天就要黑了。"蒋孝先一抡胳膊看了看表，"到临潼还有四五十里，等你们走到那里，还不半夜三更了。我劝你们还是赶快回去！"

"我们不怕远！不见到蒋委员长，绝不回去！"代表们毫不迟疑地表示。

蒋孝先见大家不买他的账，立时收起了脸上的笑容，恶狠狠地说：

"既然不听我的，那就请便吧！不过有言在先，我把丑话说在前头，倘若发生了什么意想不到的事体，本人概不负责！"

这时，游行队伍中的东北大学工学院的学生认出他就是一年前在北平镇压一二九运动的中央宪兵三团团长，于是大声喊道："这个家伙就是去年镇压北平学生运动的刽子手！"

一声呼喊，像点燃了一根导火索，愤怒的人群立即蜂拥而上。

其他宪兵见状不妙，连忙围上来把蒋孝先裹了出去。

游行队伍稍加整顿，唱着革命歌曲又继续前进。

蒋孝先命令宪兵刺刀出鞘，子弹上膛，瞄着开过来的人群。

眼看一场流血惨案就要发生……

正在这时，一辆小轿车急促地按着喇叭，风驰电掣般地从西安方向驶来，抢到游行队伍前面，便"嘎！"地一声刹住。车还没停稳，张学良一个箭步从车上跳了下来。

学生们见了张学良，呼啦一下围拢过来。一个女学生指着路旁的高崖，对张学良忿忿地说："张副司令，我们要求抗日，到底犯了什么罪！你看，他们却把枪口对着我们，还有点中国人的气味吗！"

张学良环顾着四周一张张冻得通红、充满激愤的脸孔，激动异常，他跳上路旁的一个土坎，站在土台上，面向大家，同情地喊道：

"各位同胞，各位同学！你们的救国热忱，我是十分敬佩的！只是今天时已不早，路程尚远，而且临潼又无餐宿之地，你们会饿坏、冻坏的。你们奔波一天，从早晨到现在，太辛苦了，请大家暂且返回，把请愿书交给我，由我代你们去向蒋委员长陈述。这比你们走路去，还要快一些。同学们，你们看怎么样？"

"不行！蒋委员长总揽全国党政军大权，我们要见委员长，必须由他亲自答复我们的请愿要求！"

"为了抗日救国，我们宁愿在临潼冻死饿死！"

学生们吱吱喳喳地议论着、七嘴八舌地呼喊着。

张学良见学生们的意志如此坚定，着实感动，可是，当他的目光一接触到两旁高崖上那一排排黑洞洞的枪口，想到蒋介石"格杀勿论"的指令，内心便涌上来一股气愤、同情、怜悯的复杂感情。他努力抑制着自己的情绪，高声地对着人群说：

"你们的爱国要求，毫无疑问是正确的。我劝你们回去，并不是想阻挠你们。因为政府不愿学生干预国事，你们此去，必定要激怒最高当局，是要吃大亏的。我为爱护你们，实在不忍心看着你们去流血牺牲！"

张学良出于一片至诚，把话已经讲得很明白了。但学生们的热血已经沸腾，哪里听得进去，站在队伍最前列的东北大学工学院和女子师范、女子中学的学生，一听到"流血牺牲"的字眼，一个个义愤填膺，奋臂高呼：

"我们愿意为救国而流血！为抗日救国而死是光荣的！"

在这如潮的呼喊声中，一个女学生动情地哭了。她这一哭，带动了其他学生也跟着哭，于是，从队首到队尾，一万五千多人全都哭了起来。一时，哭声、喊声伴和着呼呼的风声，在浐河上空回旋，人们忘记了严寒，忘记了饥饿，也忘记了处于宪兵枪口下的危险，十里铺陷于一派慷慨悲壮的氛围之中。

张学良的随从人员，副官、警卫、司机哭了，站在道旁围观的过路人也哭了。张学良再也无法把握自己的感情……过了会儿，张学良用手绢擦去脸上的泪水，哽咽着对大家说道：

"各位同胞，各位同学！我张学良的心情和你们是一样的。自从失掉东三省，全国人民，无不骂我是不抵抗将军。我何尝不想打日本强盗？是上峰不许我打啊！这种隐痛，我是无法对别人说的。我不是愿意做亡国奴的人，我自己与日寇有杀父之仇，失土之恨，是不共戴天的！我的最后一滴血，也一定要流在抗日的战场上，否则死不瞑目！"

张学良讲得情真意切，每一个字仿佛都是从心窝子里掏出来的。同学们深深地被打动了，一个个屏声静气地仔细倾听着。

这时候，站在前排的一位学生问道："张将军，你的话我相信，你的心情我也理解，但是指挥棒握在蒋介石手里，他不让你抗日，逼着你们打内战，你怎么办？"

张学良的心像被人用尖刀捅了一下，嘴唇痛苦地歪扭着，但他果决地仰起头来，用力地挥着手，咬着牙说：

"同胞们，同学们！刚才这位同学的话问得好！请大家相信我。我是国家的军人，我绝不辜负你们的救国心愿，绝不欺骗大家，我将用事实回答大家！"

张学良诚挚的态度，恳切的语言感动了游行的学生，他们决定听从张学良的劝告，整队回城。

这时，暮色苍茫，西北风也越刮越紧，当同学们拖着又饿又冷的身子正动身往回走时，几百名人力车工人在中共西北特别支部的动员、组织下，拉着全市人民募集的食品赶来了。东北军的汽车部队也开着一辆辆大卡车前来接学生们回城。浐河岸边顿时腾起一片欢呼的声浪，爱国学生和爱国工人、士兵的一双双大手，紧紧地握在一起。暮色苍茫的旷野上，又一次响起了昂奋的歌声：

向前走，别退后！
生死已到最后关头……

张学良站在土台上，凝视着那些可爱的青年，内心感叹不已。他一直目送着游行的学生队伍在无边的暮色中开始后转，这才跳下土台，钻进路边的小汽车。

小汽车抵达华清池后，张学良跨进五间厅蒋介石的办公室，只见蒋孝先已先他到达，正在向蒋介石报告十里铺发生的情况，而蒋介石一脸怒容。张学良暗暗骂了一句蒋孝先："这个小人！"

蒋介石见张学良来了，不问青红皂白，劈头盖脑就加以训斥："学生到我这里来闹事，我让你派兵镇压，你为什么不执行命令？"

"学生们来向委员长请愿，动机是爱国的，是完全纯洁的……"张学良想向蒋介石转达学生们的请愿要求。

"这明明白白是共产党搞的阴谋，你还替他们辩护！"蒋介石怒气冲冲地打断张学良的讲话，"你到底是代表学生呢，还是代表我？！你到底是站在学生的立场呢，还是站在国家大员的立场？！告诉你，对付这些无法无天、聚众闹事的青年？除了开枪打，用刀杀，是没有别的法子的。这是起码的政治常识，你不懂吗！"

对于蒋介石的蛮横和凶残。张学良极为反感，他本来想顶撞几句，又考虑到没用。更重要的是他要做一件大事，小不忍则乱大谋，过分激怒了他，反而容易发生变故。

于是，他什么也不想说了，任凭蒋介石痛快淋漓地臭骂一顿，便默默地从五间厅退了出来。

他伫立在五间厅前的平台上，想让自己烦躁的心情平静下来后再坐车回西安。他仰望着漆黑的夜空，乌云遮蔽了一切，星星月亮全不见了，晚风在肆虐地逞威，一阵阵摇撼着院里的白杨和远处的松林，发出可怖的吼声。看来，一场风暴是无法避免了！

当张学良的小汽车亮开车灯，刺破暗夜而向西安飞驰的时候，五间厅内的蒋介石坐了片刻，捏起毛笔，在信笺上写下了一个"密嘱"：

力子主席兄勋鉴：

　　可密嘱驻陕《大公报》记者发表以下消息："蒋鼎文、卫立煌先后皆到西安。闻蒋委员长已派蒋鼎文为西北剿匪军前敌总司令，卫立煌为晋陕绥宁四省边区总指挥。陈诚亦来谒蒋，闻将以军政部次长名义指挥绥东中央各部队云。"但此消息不必交中央社及其他记者，西安各报亦不必发表，为要！

中正

十二月九日

蒋介石的意图是放一个"小小的探测气球"，进一步"刺激、刺激"执拗不悟的张学良、杨虎城。

对张学良，他彻底绝望了。

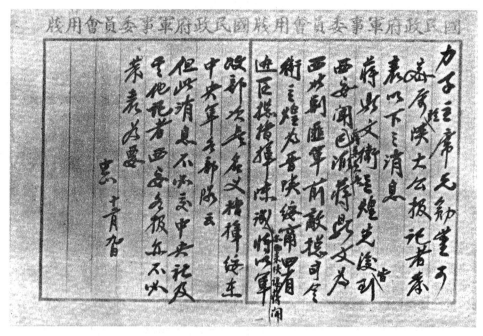

★ 蒋介石"手谕"。这个"手谕"是1936年12月12日晨在骊山战斗现场发现的。

19. 古城地火　悄然运行

　　夜幕在悠悠北风里降临了，空气干冷干冷。交叉成巨型十字的四条大街的店铺几乎全关了门，淡黄的路灯下，偶尔有几片枯叶瑟瑟掠过。钟楼高巍、苍茫，像一只蹲踞着的猛兽。

　　北大街朝东折的一条小巷里，各式各样的黄、白纸灯却联缀成一条明亮耀眼的"河流"，烧鸡、花生、鸡丝馄饨、芝麻卷糖、腊炙牛肉、羊肉泡馍……一摊接着一摊，热气腾腾，此起彼落的叫卖声悦耳诱人。以坐南朝北的"易俗社"门楼为中心，小摊将明亮的灯河向东西两侧漫漫铺开，热气里浮荡着的香味很自然地驱逐了寒气，四近显得温暖了许多。

　　戏院里，应张、杨联名邀请的南京军政大员们坐在前几排的雅座上，吸烟、品茗、嗑瓜子，眼睛却盯在台上。台上的秦腔名艺人王天民正在主演《柜中缘》。

　　坐在前排的杨虎城主陪，左首空着一个座位，那是留给张学良的。晚饭时分，张公馆给杨主任打来电话："报告主任，张副司令在十里铺劝阻请愿的学生，学生队伍折回来了，副司令去临潼了。他让转告你，今晚堂会你先陪着，他晚到一会儿。"

　　"又去临潼，这是咋回事？"杨主任问。

　　"是这样——眼见学生队伍向后转了，副司令调转车头本想先回城里，游行队伍尾部的几十个学生突然围了上来，平平地横躺在副司令的小汽车前，非要副司令马上去华清池转达他们提出的要求不可。不然，宁可让汽车轧成肉泥。"

　　杨虎城答道："好！我知道了。"

　　冬天黑得早，眼下快八点了，张副司令怎么还不回来呢？今天午间，一位游行的小学生被警察开枪打伤了，游行队伍大哗，立时搅闹得满城风雨，张副司令能在十里铺遏止住群情激愤的洪流，还真是不简单哩。杨虎城刚想到这儿，侍从副官从边上猫着腰赶到他身边，附耳低语："王秘书要主任接电话，很急！"杨虎城随副官走出大厅，拐进西厢小客厅的电话室。

　　"杨主任吗？我是菊人。有紧急情况向你报告。"杨虎城微微抬了下手，副官机警地退出电话室,拉上了门。

电话是王菊人从东大街柳巷寓所里打来的:"方才宋文梅营长到东城楼去,发现有异常情况。宋营长现在就在我这儿,他直接向你报告。"

电话里传来特务营营长宋文梅压低了的嗓音:"杨主任,城门楼下几辆卡车上边挤满了全副武装的士兵,准备出动。孙铭九营长提了两支'自来得'手枪,我拦住问他,这是干啥?他手一挥:'去临潼。'跳上车急忙忙走了。我估摸,他们今晚有行动!"

杨虎城鹰翅似的眉梢跳了一跳。沉静地说:"把电话给菊人。"

王菊人接住话筒,里面传来杨虎城的声音:"通知赵寿山旅长立即赶到新城。我马上回绥署。"

杨虎城坐进小车,觉得浑身有些热。便解开上衣领口。指示宋文梅和孙铭九加强联络,这是昨天和张副司令私下里商妥了的。今天这么晚了。不见张学良从临潼返回。若不是事出意外,迫在眉睫。孙铭九为什么那样匆忙呢?

绥署门口,谢葆贞陪着赵寿山、王菊人,正站在台阶上专候。一看丈夫回来,谢葆贞无声地走开了。刚一坐下,虎城就下令:

"寿山,你今晚上在这儿担任指挥官。马上命令孔从洲三个团和炮兵营警戒城内,特务营四个连为总预备队,卫士队两个连火速包围易俗社,同时担任绥署至北大街的警戒,各街口、巷口布置双岗。临潼方面一有情况,我们马上采取行动!"部署完毕又往门外走,"副司令不在,我还得陪客,得稳住阵容哩。你听清了没有?"赵寿山果决地回答:"听清了!"他回头又告诉菊人:"你陪着赵旅长,随时和我联系!""是!"杨虎城的小汽车拐了个弯,倏地消失在黑暗里。

回到易俗社,剧场里浮荡着淡淡的烟气,一台折子戏演过半了,台上正在演《祭灵》。杨虎城在后边站立片刻,让自己的心情平静一些后,才迈着稳健的步伐朝前排走过去。他从边上往自己的座席一看,心里禁不住打了个忽闪:张学良不但在看戏,而且半仰着头同两旁的陈诚、朱绍良指指点点,又说又笑,品评台上的角色。杨虎城停住脚,摘下军帽,下意识地摸了摸自个儿的脑袋,随即又返回身,进了电话室,很快要通了绥署:

"寿山嘛?我是虎城⋯⋯你让宋文梅立即到东城楼去,把事情闹明白。

现在张副司令正在剧场看戏、陪客。一点也看不出有什么动静。你要严格掌握部队，任何人不许轻举妄动。"他搁下电话，对着电话机站立片刻，才重新走进剧场。

宋文梅慌了神儿，乘着车飞一样赶到东门楼。营部卫兵说："孙营长不在，你到启新巷他的家里看看。"赶到启新巷，把门擂得"咚咚"响，孙铭九的妻子出来开门，说孙营长回来好一会儿了，正在里屋睡觉。宋文梅闯进屋，失火一样摇醒孙铭九："孙营长，你他妈的方才搞什么名堂，神出鬼没。带那么多兵？！"

孙铭九莫名其妙地瞪大眼睛："你管我哩？！副司令从临潼回来，怕路上遗漏的学生晚上又去请愿。遭人毒手，叫我带人去巡路。我才回来躺下，关你啥事？"看着孙铭九半睡不醒的样子，宋文梅恨不得擂他两拳。他一阵风似地跑出启新巷，赶回新城，上气不接下气地向赵旅长如实报告。杨主任还在易俗社看戏，王菊人、赵寿山相对愕然，二人悄声地、紧张地商量了几句，以夜间军事演习为掩护，迅速命令出动的部队结束演习？限四十分钟内归还建制，返回驻地。

杨主任很快知道了情况. 他长长地舒了一口气，继续泰然自若地点戏、看戏，与大员们谈笑逗乐，直到深夜一点多钟，才闭幕散场；军政大员们的小汽车一辆接一辆开出北大街，有的透过窗帘看到一群群跑步集合的队伍，啧啧称赞："杨主任可真是个仔细人，看个戏嘛，大冷的天，还出动这么多部队保护我们。"

"也难怪，各路诸侯云集西安，万一出个差错，杨主任也吃不消。"

虎城赶回绥署，听罢王菊人、赵寿山的详细报告，看了宋文梅一眼，很不高兴："你们捕风捉影，太莽撞了！害得我也拿大事当儿戏。"

暗夜里兴师动众，刀枪闪烁，虽是一场虚惊，搅弄得杨虎城却辗转反侧，不由得回想起昨天发生的一桩琐事：

张、杨八日订下的"扣蒋"密谋，神不知鬼不觉，只有极少数将要参加行动的军事负责人知个大略，暗暗进行必要的部署、准备。人有了心事，神经分外敏锐，总想探测一下周围的动静。杨虎城横竖坐不住，便装作没事人似地赶到北院门去找省主席邵力子闲聊，闲聊中有意无意，话题又扯到目前"西北剿共"的局势问题上。

邵力子沉吟片刻，透过眼镜盯住虎城，若有所思地说道："当前的这个局势，我十分忧虑。"

"有委员长坐镇临潼，你老先生还忧虑什么？"

"我真担心，西安可能演出日本的'二·二六'事件（1936年2月26日，日本国会选举中，因为支持法西斯的政友会失败，'少壮派'法西斯军官率兵在东京进行骚乱，骚乱后建立了广田政府，日本进一步法西斯化）。"

杨虎城猛然一惊，手指间夹着的卷烟一下跌落在地板上：邵力子莫非已经知道了那个"秘密"？他连忙追问："你这话从何谈起？从何谈起？"

邵力子看着失态的杨虎城弯腰拾烟，补充说道："东北军下级官兵不愿'剿共'，只想抗日打回老家，这情绪太强烈了。这样下去，西安就是个谁也控制不住的火药桶，弄不好就演出个'二·二六'。目下这个情绪对张副司令、对东北军高级将领，都不是个好的兆头。"邵力子这样一解释，杨虎城心里才渐渐松宽下来。

杨虎城说道："我看不会！张副司令是个提得起放得下的将才，邵主席太低估张副司令治军的能力了。"

天快亮了，杨虎城脑海里还是抑制不住地翻腾着，浑身觉得又烦又乱。黑暗里，他感觉出身边的妻子也一直醒着，便轻声发问："葆贞，你在想啥？"

"我在想古人的一句话。"回答很轻柔。

"什么话？"

"当断不断，反受其乱。张副司令比你年轻，行事果决，你有心事，应早早和他沟通，这样心里会顺气些。"

这一夜，杨虎城通宵未眠。

一大早，电话铃响了。杨虎城拿起话筒，里面传来张学良清爽的声音："杨主任吗？昨晚上失眠了吧？！"

杨虎城又是一惊，目瞪口呆，不知怎样回话。

"昨夜里满街上是你的兵，我的营长又被你的人从被窝里提溜起来了，你这个绥靖主任能睡着吗？！"

"副司令，你呀！我把你服啦！"杨虎城笑了。

"上我这儿来吧。我等着你，咱俩好好谈谈。"

杨虎城赶到金家巷张公馆，副官谭海已在楼门口等候，他径直领着杨虎城走上台阶："副司令专候多时了，有请。"

杨虎城走到门口，听得张学良正在屋里对谁发火："蒋孝先这小子太狂妄了。他竟敢对黎天才说：'你告诉张副司令，西北的剿共任务如不愿承当，即请早早退出西安，不要误了大事。如若还愿意干，就好好干，别胡乱咋唬。'蒋孝先，一条叭儿狗，算个老几，他有什么资格教训我张学良。真是狗仗人势，欺人太甚！"

门忽然开了，一〇五师师长刘多荃走出来，他向杨虎城敬了礼，站在一边。杨虎城被让进屋里。谭海带上门，屋里只剩下张学良和杨虎城。

杨虎城盯住张学良："昨晚的事，你都知道了？"

张学良的脸色好了一些，点了点头。

"王菊人是我的秘书，宋文梅是我的营长，都怪我御下无方，弄下那么个误会，险些儿坏了大事。早上起来，我正考虑给他两个进行处分哩，你的电话就来了。"张学良伸出右手摆出个制止的姿势："不能责怪他俩。处在这么个情势下，他二位如此机警，这是很难得的。"

"咳！杯弓蛇影，闹得我一夜没合眼，心里很是胀气。"

"杨主任，你胀气，我更胀气！昨晚上，你以为我睡安稳了吗？！"

杨虎城盯住他不吱声。

"昨晚在临潼，委员长太差劲啦！——我一进五间厅，还没立住脚，他就怒冲冲地指责我：'学生要来找我，我让你出兵镇压？你为什么不执行？在十里铺你都说了些什么？你是代表国家大员对学生训话呢，还是代表这群学生对我说话？一个人决不能做两方面的代表而站在中间，你不懂得拥护领袖的道理。'我说：'年轻学生历来是爱国的，动机纯洁，热情感人。'他更加震怒，说：'对于这些青年，除了用枪打，用刀杀，是没有任何办法对付的'！"

说着说着，张学良霍地站起来了，脸也有些泛红："杨主任，枪杀爱国学生，枪杀这些优秀儿女，你我能干出这号事吗？！"

杨虎城说道："看近日这个情况，无论学生还是市民，整个是天怒人怨；东北军和十七路军的下级军官对老蒋的愤恨情绪也都是箭在弦上。扣蒋的时间不能再迟延了，万一你我错失良机，控制不住形势，发生骚动，事情就更危险！古人有句话，你我千万不能忘呀：'当断不断，反受其乱'！"

张学良想了想，凑近杨虎城耳边，压低声音说了句什么。杨虎城的大手一下叠压在张副司令的手背上，抿住嘴唇，拢住双眉，沉重地点了点头！

"先礼后兵，仁至义尽，今天我们再劝他一次，这是最后一次。"张学良翘起一根指头，"他再不听，我们也算对得起他。"

杨虎城摇了摇头："依我看，凭嘴巴说他去抗日，是没有的事。咱两个轮番往临潼跑，万一教他看出马脚，起了疑心，他的专列就在他脚跟下，一摆手坐上火车走了，我们干瞪眼。"

"目下还看不出他有提防的迹象。他这个人很傲，总以为老子天下第一，你我只会服从他。"

听了张学良的话，杨虎城觉得即便是虚与周旋，在这个当口也是必要的，于是就答应明天再试试，把蒋介石先稳住。

吃罢早饭，张学良又赶到华清池。蒋介石一见他，就没好气。

"我还要问你：昨天学生闹事，你为啥不用机枪扫射？"

"我的机枪是打日本的，不是打学生的。"张学良答。

蒋介石吼道："1931年九一八，日本在你鼻根下，你为什么不打？"

这挖苦式的反问，使得张学良刹那间怒火中烧，满脸通红，似乎也一下子理直气壮起来："你下命令不让打么，我怎么打？我那时正患重病，躺在协和医院，事变那晚，我还打电报请示你来着，你又不是不知道！"蒋介石无言以对，双目怒睁，张学良声音更高了，"打内战牺牲的尽是国家的优秀将才，这都是我们民族的精华，照你这样一意孤行，蛮干下去，必将成为民族罪人，袁世凯第二！"

蒋介石"啪"地拍了下桌子："又是这个屁话！你、你太放肆了！"

侍从室主任钱大钧忙从旁边屋里赶过来，使劲地拉开了张学良，蒋介石也回过身去，愤愤然仰面长嘘。

一进钱大钧的办公室，张学良也渐渐平静下来："你看看，委员长一看见我就上火，我简直成了他的出气筒了。"

钱大钧陪着笑脸："副司令，你是东道主，我和委员长住在你的领地，好歹总是个客人嘛。人说'主雅客来勤'，像你这样一见面就和客人吵，几乎天天吵，我们往后还来不来西安呀？！"

张学良抿了口钱大钧递上来的热茶，闪了闪眸子，灵机一动，咧嘴笑了："好好好，既然钱主任有话，我今天也补做上一桩好事，雅上一雅，让你和委座消消气。"

"说吧，好事何在？"钱大钧双手一摊。

张学良往北一指："你们那停在临潼车站上的火车头，汽笛一响能把人震昏，实际上却是个破玩意儿。前次委员长上华山，我和他坐火车，这破玩意儿杀猪一样嘶哇了一路，结果竟输给我的'盖西北'了。我问开火车的司机，你这是个啥车嘛。他说是气泵有点小毛病。现在闲放着，趁早修理一下，今日午间就送到火车东站去。东站那里，我回去就打招呼。"

钱大钧巴掌一拍："这多好嘛！那个玩意儿叫得太难听了，也太招摇了，委员长听着也皱眉头哩。另外还有件事：你们那三个住在西京招待所的师长：一一三师李振唐，一一四师牟中珩，一一八师周光烈，委员长安排今天中午召见训话，你回去让他们赶快来。我这里不再另行通知了。"

张学良点了点头。

午前，三位自兰州赶来已经在西京招待所等了三天的师长，军容整肃地走进了金家巷张副司令办公室。张副司令挨个儿接见。

周光烈被领进办公室时，只见屋中央摆一长桌，上面铺着陕甘军用地图，张副司令正在仔细地看图。他用红蓝铅笔分别指了指红军、东北军、十七路军所在的位置，然后又划了划中央军所在的位置，对周师长说道：

"你看看形势，这叫'剿共'吗？这简直是剿我！他一贯借'剿共'来消灭杂牌，这一次砸到我张某的头上来了。我这次决不手软！你们好好掌握队伍，听于军长的命令。到万不得已时，我必有手令给于军长的。你们现在就去见委员长，不要乱说话、乱点头。委员长对你们所说的话，回来要向我如实报告。"

张学良声色俱厉，弄得周光烈丈二

★ 孙铭九 (1938年照)

金刚摸不着头脑。为表示亲近，周师长特地说了几句话：

"外面的风声很不好，好像要发生什么事似的。'咬人的狗不露齿'，现在这样风声四起，我担心情况不大妙。"

"咬人的狗，连昂唧都不昂唧（东北土语，狗叫声）。你心中有数就行啦，到关键时候，我这里自有办法。"

三位师长刚走，孙铭九进了办公室：

"副司令，昨天的游行闹得太猛了，老蒋他会不会生疑心？"

"生疑什么？"

"疑心你和杨主任另有用意，先鼓捣学生们故意搞下这么个穿插。"

张学良放下铅笔，在屋里背着手踱了一圈："倘若有此疑心，今天一大早他就不会对我发那么大的火。"

"怎么？昨晚发火，今早上又发火吗？"

"连连发火，火气冲天，简直是不容我开口说话。"

孙铭九早已看出副司令很苦闷、很烦恼，就试探着说："自从查封省党部以后，老蒋是慢拳紧下，步步威逼，依我看，他对我们东北军不怀好意。"他凑近了张学良身边，"要不要请他到咱们的公馆来，你在公馆好言相劝，他不听，我就下硬手，收拾他！"

张学良突然睁大了眼睛："你不要随便胡说！"转了几圈，他又反问孙铭九，"倘若我真的要你到华清池去扣他，你敢吗？有把握吗？"

孙铭九眼睛一亮："副司令了解我，了解你的卫队营。这话用不着我来回答！"

二人说话的声音尽量控抑着。话音停止时，时钟的嘀嗒声分外清晰。过了片刻，张学良摇头又否定自己，既像是自言自语，又像是说给孙铭九听："干这号事，你孙铭九本事有限。我想过，这事最适合白凤翔、刘桂五他们这帮掏老窑（指当土匪）的人去干。"

副司令的心思，孙铭九侦察得很明白了，他嘴上不言，心里却已拿定主意：回去后立即向灞桥方向增加兵力，让王协一连长悄悄地向前推进。眼下，王协一这个连还住在十里铺，十里铺距灞桥还有十里地哩。

午后，三位被召见的师长回到了金家巷，他们向张学良报告：我们三人是一块被召见的，委员长先询问我们各人的家庭状况，接着又问我们公余看什么书，我们同时回答，常看《曾文正公家书》，看《曾胡治兵语录》。蒋委员长连连点头说"很好，很好。"他接着说："攘外必先安内，内不安，怎能谈到攘外？三年后，我一定打日本，到那时节你们一定回老家。"说完这些，就打发我们回来了。

张学良听罢，便立即发话："你们三人马上坐飞机回兰州，不要在西安逗留。"三位师长只好从命。从晨至午，所有经过，三位师长怎么都琢磨不透，似乎是张学良伸出双手，蒋介石也伸出双手，他们三个仿佛被这四只手捺进了闷葫芦里。师长们走了，张学良却暗自庆幸。从师长们的汇报里，他进一步判定，虽经了一场游行，两番争吵，老蒋的心里仍没有形成什么异样的感觉。老蒋的这种精神状态，正是他和杨主任所企盼着的那种"最佳"状态。人人都说委员长鬼精，这时节怎么偏偏就有些麻木了呢！想到这儿，张学良对自己和委员长的抗衡争执生出些快意。

日暮时分，王以哲、缪澂流、刘多荃、孙铭九、白凤翔、刘桂五、于学忠被召进了副司令办公室，这是东北军在西安的几员主将，是张学良心目中的骨干。特意从兰州赶来的于学忠最后一个进门，刚一进屋，张学良就发话："我要造反！"于学忠没反应过来，一下愣住了，张学良又说道："为了停止内战，我已决定扣蒋！"似乎是晴空里无缘无故打了一声炸雷，划了一道闪电，大伙儿的心一下子跳得很厉害，神情一个个很激动，一时不知说什么好。

还是于学忠老练一些，他反问："扣住蒋，如果他不回头，不服软，第二步怎么办？"

张学良答："说干就干，何必顾虑那么多。孔子三思而后行的话，对我用不上。当年杨宇霆、常荫槐在东北那么有势，那么嚣张，后来又能怎样！"他顿了一下，"此举成功，是大家之福，是中国之福；如不成功，我张学良提着头进南京！"

话到此处，一切都十分明了，大伙多日里的猜测，即将变成事实。于学忠挺直了腰身，斩截有力地说："要干，我们就插定旗杆干到底，决不可半途而废！"

张学良一挥手："那是自然。天不打雷我打雷，非达到最后目的不可！今天召集你们来，我就这几句话。别的不用打问，你们各人该怎样秘密地进行准备，你们自己清楚。散会。"

众人散去，抗日核心组织"抗日同志会"的书记应德田进了办公室。他个头比孙铭九略高一些，浑身没有孙铭九那样壮实，36岁，与张副司令同龄。

"副司令，方才于学忠的话，你还得慎重三思：抓起来逼他抗日，他答应了怎么办？不答应又怎么办呢？"

"答应联共抗日，仍拥护他作领袖。不答应？！哼！只要扣住他，他就拧不过我去。"

应德田又问："就算答应了，捅下这么个大事，他日后对副司令还能信任吗？能不设法儿报复你吗？"

张学良说："应德田？人说你聪明，我看你有时候是昏蛋。此时此地，我张学良对个人之事能想得那么周全吗？！只要他答应停止内战一致对外，我想总会有新路可走的。眼下这样从四周八下逼我们，我们简直是山穷水尽，没路可走。"

应德田的眼睛闪了闪，调开话题："杨主任与我们能合作吗？！"

张学良微笑了："我说你昏蛋，没有说错，怎么现在才想起杨主任来！杨主任岂是等闲之辈！"

这时，通里间卧室的门响了一下，"秘书"赵一荻小姐轻轻地出来了，走到张学良身边："大门口来电话，杨夫人来访。"

"你接她进来。"

应德田准备离开："杨夫人？是杨主任那个谢葆贞吗？"

张学良一笑："最近几天，杨主任一有事就差夫人亲自过来，一天来去好几趟。有电话嘛，他硬是不用。"

"西安的特务牛毛一样，紧要时候不用电话，这正是杨主任的精细之处。"

应德田临出门前，转身又递过一句话来："我听人说，这个姓谢的女人可不简单。"

张学良不屑多言："什么简单不简单，我只告诉你一样：你属牛，我属牛，这个谢葆贞比你我年轻一轮，也属牛！"说罢一仰头，无声地笑了。

谢葆贞穿着大衣，裹着素花长围巾，和赵一荻小姐上得楼来，对张学良只说了一句话：

"虎城在办公室专候副司令光临。"

"我马上去。你跟我一块回吗？"

赵一荻小姐拉住谢葆贞不松手："你们爷们忙你们的事，我还要和嫂嫂说闲话呢。"

赵一荻很少出门，很少抛头露面，自己把自己禁锢在貌似豪华的"鸟笼"里。一见谢葆贞来，每一次都抓住不松手。张学良理解她，任赵一荻帮他穿好外套，揪整衣襟，他只对谢葆贞说话："你就和小妹多坐坐罢，她是天上的嫦娥，不喜人间烟火，你多多开导开导，让她也知些下界的消息。"

天早早黑严了。张学良走进杨虎城的办公室，杨虎城正静静地等着他。

★ 杨虎城将军夫人谢葆贞烈士 (1911—1947)

"我上午又失败了，他火气大得很。"

杨虎城说："那是意料中的事。我为了缓冲气氛，没再逗惹他上火，他对我也是规劝的口吻：'你是本党老同志，要知道我们与共产党势不两立，灭了共党，我自会抗日。目下红军已成流窜之势，强弩之末，我决心趁此用兵。十七路军若有不主张剿匪而主张联共的军官，你放手撤换，我都批准'。"

"他永远就是这一套！"

杨虎城点燃一支烟，深深地吸了一口："劝的办法是彻底行不通了，形势紧迫呀，不能再耽误了！"

"为了国家民族，你我眼下只有一条路：干！"

二位将军坐于灯下，对各方面的情况作了全面的分析估计，又对日后的局势进行了种种预测和设想：

扣蒋之后，全国人民会支持西安。北面是最可靠的友军，共产党更不待言；南京产生混乱，但必然很快地采取军事行动。西安有蒋介石在手中为抵押品，南京的进攻会有所顾忌，甚至只能是虚张声势。只要驻大荔的四十二师冯钦哉部能迅速控制潼关这个隘口，南京将无可奈何。

驻洛阳的东北军炮兵旅可以迟滞蒋军西进，与潼关相呼应。

驻咸阳的蒋军十三师之一部，十七路军警三旅可迅速包围缴械；对付汉中之王耀武旅，在宝鸡布防即可阻其北进。

要求红军以一部进入商洛地区，确保潼关右侧之安全。另以一部进出于西兰路甘肃境内，监视胡宗南、关麟征师之行动。

至于政治目的，意在打破蒋介石进行内战的布局，造成西北、华北、四川、广西的分立形势，迫其改变"攘外必先安内"的国策，迅速组织抗日联合政府。

扣蒋之后，广西李宗仁、白崇禧会支持；四川刘湘会积极响应；河北、山东的宋哲元、韩复榘曾经表示支持；山西阎锡山，对张学良早就有所暗示……

二位将军一直筹划到子夜时分，才大体就绪，决定明晚这个时候开始行动。为了稳住蒋介石和南京军政大员，避免引起西安各色特务的猜疑，明天日暮再次设宴，盛情款待南京各位军政大员。

20. 不欢而散的夜宴

12月11日，仍是个灰蒙蒙的冬日。因为蒋介石调集了他的精锐部队260个团，新扩建的西关机场上停放着一长排明晃晃的从意大利刚刚买回来的飞机，准备对陕北红军发动第六次总攻。西安上空机声隆隆，街上汽车飞驰，大饭店、高级旅馆里到处是嬉笑声、猜拳行令声，间杂着打麻将的闹声，连花花绿绿的妓女们也笑逐颜开，脚底生风，显得分外妖娆媚人。街面上花团锦簇，宾馆里花天酒地，乍一看，也似乎浑浑沌沌，而张学良、杨虎城二位将军的心弦，却绷紧到一触即发的地步。

上半天，杨虎城接连往玄风桥张学良官邸去了两次，二人反复密商，进一步详细部署了西安和临潼的具体行动：

命令警备二旅所部郑培元、沈玺亭、唐得楹三个团集结待命，佯言准备内务检查；孔从洲率部准备占领公安局、飞机场、火车站军警督察处、保安处；宋文梅的特务营担任逮捕西京招待所和花园饭店高级军政大员；教导营、卫队营各有安排，对西北"剿总"参谋长晏道刚、公安局长马志超、督察处长江雄风、政训处长曾扩情、保安处长张坤生这些特务头目及宪兵二团团长杨镇亚，尽快逮捕。通知冯钦哉派精锐兵力，迅速经三河口袭击潼关。临潼的一〇五师准备占领临潼火车站，监视蒋介石的卫队。

以闪电式的行动奔赴华清池抓蒋介石，开始商定由西北军执行，但杨虎城回到新城后又反复斟酌，总觉得这样安排不够妥当：华清池周围都是东北军守卫，双方官兵平时不认识，不往来，夜间突袭，事前也不便明告，万一发生误会，必是贻误大事。于是他又赶到玄风桥，说明了自己的想法，然后重新决定，由张副司令具体安排华清池扣蒋事宜……

安排妥帖之后，张学良亲自带着白凤翔、刘桂五赶往华清池，以委派骑兵第六师师长白凤翔赴热河开展抗日游击战争，由第十八团团长刘桂五接替师长职务为名，特地谒蒋聆训。实际上，他已将捉蒋的计划告诉了白凤翔和刘桂五，有意让这二人近距离认准蒋介石，并看清华清池内部的房屋结构，进一步熟悉五间厅周围的路径、蒋介石侍卫队的岗哨及火力配备，以便夜间行动。刘、白二人均有敢入虎穴的胆略，枪法又极准，百发百中，所以张学良选他二人与孙铭九为捉蒋之主将。

下午五时，当张学良派出的飞机刚刚由平凉前线把一〇五师第二旅旅长唐君尧接到西安的时候，南京政府军政大员和西安各界的名流，有的携着夫人，有的带着副官，乘着一辆辆高级小车，纷纷赶到华贵雍容的新城大楼，参加张学良、杨虎城联合举行的大型宴会。客人们男男女女，高矮胖瘦不同，衣着打扮也形形色色，有的是皮帽貂裘，有的拄着很别致的拐杖，女眷们薄薄的大衣掩不住领口、袖头有意显露出来的鲜艳绫罗……张学良、杨虎城二位将军，却是整齐一致的戎装，腰间是宽厚的武装带，脚下蹬着黑明锃亮的长筒皮靴，四只大手是雪白的线手套，在辉煌的大厅里异样地显眼。

客人已经到的差不多了，寒暄声里，唱片播放的迎宾曲已是第四遍了。东北角的小屋那橙黄色的木门一开，副官谭海快步走到张学良身边，附耳咕隆了一句什么，张学良向客人们点了点头，便随谭海走进另间小屋。

"钱大钧主任来电话，要你和杨主任、于军长（于学忠）、陈副主任（陈诚）、卫总指挥（卫立煌）、蒋总司令（蒋鼎文）、朱总指挥（朱绍良）马上去临潼，委员长在那边设宴，要你们六点钟赶到。"

张学良坐下，陷入了短暂的沉默。门一闪，杨虎城进来了，谭海又将方才的话重复了一遍。杨虎城沉思片刻，盯住张学良：

"委员长这个时候摆宴，突然召见，什么意思？"

张学良拉下手套，忽地站了起来，命令谭海："要钱主任的电话，告诉他我和他们四位前往，杨主任和于军长请假，这里的酒菜已经上席了，杨主任、于军长要代我主持这边的宴会。"

杨虎城沉重地说："不迟不早，偏偏是这个时候，华清池那儿会不会摆出个'鸿门宴'？"

张学良冷笑一声："就是'鸿门宴'，我也去！这时推推托托，他反而生疑。"他转头告诉谭海，"通知他们四位，马上动身。"

杨虎城紧紧握住张学良的手，压低了嗓门："天地间的雷声今晚上靠你点火！那儿宴会一结束，你火速回来，我等你！"他目不转睛地盯着张学良的眼睛。四目相对，眸子深处有亮光在隐隐烁动。

门开了，他二人很快松了手。音乐声、喧笑声立即充斥了这间小屋。谭海说："副司令，他们上车了，于军长在你的车边候着。"张学良快步走进大厅，大厅里立即响起他洪亮的声音："失陪了，暂时失陪了，对不起诸位！杨主任、于军长代我先敬诸位三杯……"

新城大厅里灯火如昼，野外的天空也还透点儿亮色。冬季的原野上，只有几堆干枯的苞谷杆立靠在高树盘屈的井台上，在寂冷的晚风中瑟瑟作响，摇晃着枯叶，远近一个人影也没有。村落黑乎乎的，死沉沉的，没一星灯火闪烁。五辆小汽车一字儿排开，流星一样泻过十里铺的大斜坡、掠过浐河石桥。

最末一辆锃亮的菲亚特小轿车上，前面坐着谭海，后边坐着张学良。张学良用大衣裹严身子，斜身沉思着：委员长的宴会，向来都是临时通知，可今天这个宴会，总是感觉不大寻常。新城晚宴之前，政训处副处长黎天才特被召见，蒋介石厉声责备他有亏职守："现在的西安几乎成了'红城'了，你们政工人员还一个个懵懵懂懂，干什么吃的？！"就在这个"红城"里，再过上十个小时，蒋介石这个天字一号人物，就要翻在我张学良的手底，惊天动地的消息，就要霹雳电火一样地响彻全国，震动全世界。在这个当口去赴他的宴会，将是个怎样的宴会呢？蒋介石精得很，会不会突然翻脸，来个先下手为强？……

天黑严了，车灯打亮了，华清池前，车灯里连连闪出举手致礼的着灰棉袄的大个儿士兵，张学良熟悉，这都是一〇五师布下的哨兵，是随着他千里辗转而来的东北子弟，他心里一下又稳实了。"这儿眼下是我们东北军的天地，工于心计的老蒋，不会择这么个场合设置'鸿门宴'的。"

果真，宴会很平静，规模不大。一张黑光油亮的大圆桌，正中是个黄铜火锅，汤水沸沸，暖腾腾香喷喷的，蒋介石气色很好，不喜也不恼。落座之后，他先转向张学良：

"虎城、学忠请假，他二人代表你招待我的客人喽！"

张学良恭敬地点点头："我代表他二位向委座致谢！"

蒋介石向各位指了指："天气冷，临潼这个山窝子倒暖和些，你们每人多喝几盅。"几杯酒下肚，他首先高兴起来，挥着筷子往左下方指去：

"九龙汤北畔，从前有个飞霜殿，那是唐朝修的。为什么叫'飞霜殿'呢？"他故意停住手，巡视了诸位大员一眼，才缓缓地说道："唐代初期，那是专门赐宴五品以上臣僚涤释烦暑的地方。他们那是伏天，我今天是冬九天，地方不变，节候不同，所以我要你们多喝酒，驱驱寒气。"

陈诚他们连忙站起，双手捧杯，向委座敬酒、致谢。

张学良见宴席上也就陈诚、卫立煌、蒋鼎文、朱绍良几个和自己地位不相上下的要员，他弄不清蒋介石又要出什么新招，一面吃菜，一面说笑，心里却连连纳闷。酒过三巡，张学良忽地站了起来，正对着蒋介石："委员长，学良想说几句话。"

张学良站起得很突兀，众人有点吃惊地盯着委座，只见蒋介石的左手"啪"地在桌沿击了一下，形容大为震怒：

"屡次训示：一个军人，只要服从命令。今天这是招待客人嘛，我说过了，不谈政事，也不谈军务。怎么？就你逞能，又要提出问题来啦！"

以往对张训示，直至二人争执，都是在单独接见的时候，委座语气尽管十分严厉，只有张学良一个人知晓，怎么说也还可以忍受。今天宴席间，张学良刚一开口，尚未说出什么，蒋介石就当着好几位高级将领的面，当场斥责，老子训儿子一样蛮横，张学良一下子满脸通红，嘴张了几张，一个字也没能说出口。其余的人分头规劝，张学良才低下头，怏怏地落了座，蒋介石也息了怒，却不再动筷子了。蒋介石不动筷，谁还好伸筷呢？一桌酒饭吃个半拉子，只好不欢而散。

散席后，大伙依次往华清池门口走去，钱大钧代委座一一相送，挥别。别人都笑着回头，礼貌地敷衍几句，答谢几声，张学良从走廊下闪到了最前边，半低着头，脸阴沉着，脚底很利落，临上小车也不回头。小车在寒风中相继亮开两股剑一样的车灯，"飕"地开往大门口……

华清池大门口，会车时，为了表示亲热，调节气氛，陈诚、卫立煌、蒋鼎文、朱绍良硬是挤进了张学良的"菲亚特"轿车，张学良只好让谭海坐到别的车上去，他亲自把住方向盘进行驾驶。五辆小车一字儿摆开，"菲亚特"居中。过了浐河桥，上十里铺大坡时，左侧是十余丈高的土崖，崖下是打旋的流水，张学良一边打方向盘一边开玩笑："诸位，你们的小命可都在我手里握着哩！我这转盘一扭，你们一个也别想活！"

陈诚哈哈大笑："我们活不了，你也逃不脱——大伙坐的一个车嘛。"

此刻，新城大楼的宴会正进入杯盘狼藉、酒酣耳热的高潮阶段。大门闪开，张学良、陈诚、蒋鼎文、朱绍良、卫立煌依次出现在灯光里。汽车穿越几十里暗夜，张副司令一下子重又恢复了潇洒、干练的神态，他接过杨虎城递上来的一杯酒，直视着杨虎城微微一笑，很自然地进入了与各位贵宾酬酢的行列，一如往常之宴，谈笑风生，趣语连珠，赴宴者谁也觉不出有什么异样……陈诚、蒋鼎文他们，以惊异的目光盯着张学良，仔细的杨虎城却分明觉出，以往吃酒，杯到唇边，张学良总要有意识地泼洒出三五滴的，今晚则是一仰而下，涓滴无遗。临潼之宴，难道说没喝上好酒？张学良酒量并不大，继续斟酒的时候，杨虎城要么只斟小半杯，要么故意洒出一多半。他担心这个夜晚，更担心张学良……

21. 冰层之下　春水荡漾

十时许，席终人散，灯暗街冷。张学良驾着"菲亚特"，风驰电掣地冲进了金家巷公馆，轿车在院内旋了半圈，折回正北的大门口，才"吱"地一声煞住。预先回家的谭海马上迎上去，只听得张学良在车内发问："杨主任来了吗？"谭海答："没来。"小车立即拐出门外，西行，北折，朝新城方向疾驰而去。

小车刚刚出门，随着一声短促迅猛的哨音，卫队营全副武装，分乘两辆卡车驶出了张公馆。院子外边加派了巡逻哨，院墙四周架上了一挺挺轻机枪。东北军各位主要将领的小车，闪着灯光，一辆又一辆开进了公馆，谭海、刘海山站在门口挨次招呼。进院的汽车很快就揿灭了灯，公馆里反而是出奇的寂静。

　　半小时以后，张学良的轿车返回了公馆，张学良对紧跟在身后的谭海一挥手，没有进西二楼会议室，谭海在二楼止了步。张学良径直折上了三楼的卧室。卧室前半部是隔出的小客厅，守在电话机旁的俏丽小姐，却不是赵一荻，然而，张学良马上就认出来了，她叫郑露莹，天津人，是赵四小姐中学时的同学。光阴似水，她与张学良已经有五年多未照面了。

　　当年，在张学良的朋友举办的一次舞会上，郑露莹与张学良不期而遇，她一下被"少帅"的风度和才华所倾倒，心底蓦然升起一股从未有过的爱慕之情。冲动之下，竟一反常态，主动过去邀张学良跳舞，却遇到了张学良礼貌的谢绝。嗣后，当她知道张学良爱上了赵一荻时，仿佛一下子掉进了痛苦的深渊（除了家境贫寒些外，郑露莹没有什么亚于赵一荻之处）。

　　从此，郑露莹就像影子一样，寻找机会不时出现在张学良身旁，或是邀其跳舞，或是骑马，或是看戏，想以此博得张学良的欢心和对她的好感。但是落花有意流水无情，张学良虽然偶尔答应她几次，只不过是逢场作戏罢了。

　　一天，日本"帝国之花"川岛芳子突然打电话要她去参加一个舞会。舞会在一间不大的私人客厅里举行。中日人员参半。由于郑露莹的名声和川岛芳子的介绍，无形之中郑露莹成了舞会的中心，同她跳舞的是一位日本青年军官，名叫河本大作，因为策划柳条湖事件成功，在日军少壮派心目中俨然成了"关东军的先驱""帝国的骄傲"。郑露莹和他没有跳几圈，河本大作便露出本相，一面甜言蜜语，一面不规矩地在郑露莹的背上抚摸着，另一手还使劲把郑露莹往怀里揽。郑露莹虽说久经舞场，但从未见过举止如此放肆的人，少女的羞涩感使她脸色绯红，双脚不由自主地往后退，脑子里只想早点结束舞会。这时，一个情报官模样的人进来说："马占山没有死。"马占山是当时黑龙江省代主席、东北军重要将领之一，也是柳条湖事件的受害者，今晚的舞会就是日本人为庆祝这一事件的成功而举办的。听到这个突如其来的消息，舞场就像一个突然被捅开的马蜂窝，乱作一团。那个河本大作，一反亲热的样子，指着郑露莹说："你们中国人良心大大的坏，包括你，都应该统统死啦死啦！"这时，郑露莹感到一种从未有过的耻辱，民族的自尊心开始在她心头滋生。乘着日本人惊魂未定之机，郑露莹悄悄溜出了这个罪恶的舞场。

从此以后，郑露莹便开始寻找机会，为抗日救国效力。前不久，她在花天酒地中结识了宪兵三团团长蒋孝先。前些天来西安，也是这位蒋孝先发来的请帖。昨天，郑露莹在与一位国民党机要官员周旋时，无意间获得一份重要情报，思忖再三，就连忙给张学良送来了。她晓得，张学良对自己的女伴赵一荻爱得那么深，自己不宜在这对鸳鸯之间掺沙子，然而，她又更多地想到，民族存亡的生死关头，作为一个有良知的中国人，她要和张学良站在一起。她要张学良知道，那个曾经拼命追过他的舞女，并不是一个玩世不恭的人，而是一个同样有着爱国心的女性。

赵一荻热情地接待了从前的女友，叙罢别情，估计张学良就要回来了，郑请求赵允许她单独与张学良见上一面："好姐姐，我这辈子就求你这一回，顶多10分钟。"赵一荻咬着唇儿，诡秘地笑笑，转进卧室里去了。

张学良在客厅里，突然见到销声匿迹多时的郑露莹，正感到惊诧，未等张学良开口，郑露莹已从怀里掏出一张纸递过来。张学良打开一看，不觉大吃一惊。这是蒋介石写给陕西省政府主席邵力子的密信，要他以政府的名义下令《大公报》发表如下消息："蒋鼎文、卫立煌先后到西安。闻蒋委员长已派蒋鼎文为西北剿匪军前敌总司令，卫立煌为晋陕绥宁四省边区总指挥。陈诚亦来谒蒋，闻将以军政部次长名义指挥绥东中央各部队。"这正是蒋介石前天夜里写给邵力子的密嘱，也恰恰验证了张学良方才在华清池宴席上生起的疑虑。看着这份表露蒋介石真实心迹的情报，张学良想：现在是不想兵谏都不行了。但这情报可靠吗？他用怀疑的眼光对郑露莹说："小姐，这种事可开不得玩笑噢！"郑露莹充满感情地回答："少帅，请你看在同是中国人的分上，今生今世就相信我这一次吧！"说完，两颗晶莹的泪珠夺眶而出。张学良知道无需再问下去，他用力握了一下郑露莹的手说："谢谢你，好露莹！"随即唤来卫兵，赶快将郑小姐送到她所住的宾馆里去，动身之时，张学良又嘱咐赵一荻穿好衣服，亲自将郑露莹送到楼下。

送走郑露莹，赵一荻返回三楼小客厅。

张学良没有回头，没有看她，却长长地呼出一口气："小妹，给我把最漂亮的军服换上。今生今世，今天晚上也许最有价值。我们这个民族的命运，千难万难，今夕也得见个分晓！"

"汉卿啊，这步险棋非走不可么？！"

张学良异常激动，边踱步边说：

"我父亲执政东北时期，对日本一直采取的是'软磨硬泡装糊涂'的策略。直到1928年夏天，奉军全线溃退，父亲准备放弃北京，撤回关外，芳泽公使乘机上门以武力要挟，我父亲大骂日本人趁火打劫：'我不能出卖东北，以免后人骂我张作霖卖国贼。我什么都不怕，我这个臭皮囊早就不想要了。'日本人无奈，便策划了皇姑屯惨案。父亲不在了，我张学良不肖，丢弃东北，让国人唾骂了五年。五年啊！心字头上一把刀，我还能忍下去吗？！"张学良瞳仁里亮晶晶的，似泪花，又不是泪花。

听到这儿，赵一荻不吱声了，呼吸仿佛也平静了，连忙为张学良换好衣服，自个儿转过身去悄悄地擦泪水。张学良拧暗了灯，快步走出门外，轻轻掩上门。屋子里传出隐忍不住的哽咽声。

下到中楼，东面会议室传出喊喊喳喳的说话声。谭海往西跨了两步，拧开了张学良办公室的门。坐在沙发上的白凤翔、刘桂五忙站起身来。张学良盯住他俩，静默片刻，沉重地说："现在，我交给你俩一个十分重大、十分重大的任务，关系到我们东北军二十万子弟的生死存亡！"

白凤翔立即表示："我们全明白！只要你下令，我白凤翔赴汤蹈火也在所不惜！"

刘桂五盯住副司令，抿紧双唇，郑重地点了点头。

"很好！我决心停止内战，一致抗日，命令你俩到临潼去请委员长，进城共商国家大事。"

刘桂五问："杨主任那边怎么办？"

张学良竖起一只手："这个你不要问。你二人去临潼的汽车，卫队已经安排好了。"谭海走来，提着十二支崭新的手枪，交给白凤翔、刘桂五。张学良面色严峻地踱了一圈："你们千万注意，不要伤害了他！"白凤翔马上回答："副司令尽管放心！"

"你们现在可以回家。凌晨二时孙营长找你们一起出发，一到临潼就采取行动。"

送走白凤翔、刘桂五，张学良进了对面的会议室。窗帘吊封很严，屋里烟气弥漫。这是一个紧急会议，除了何柱国一时未能通知之外，东北军高级将领全到了。于学忠、王以哲、缪澂流、刘多荃、鲍文樾、吴家象、任洪舫、卢广绩、应德田、黎天才……众人围坐在长桌周围，焦灼的目光齐刷刷投向张学良。张学良好威严，他一下子显得比平时高大了许多，也魁梧了许多。也许是在新城多饮了几杯，脸膛泛红，情绪昂扬而激愤。巡视了众位一眼，问道：

"缪澂流军长到了吗？"

"到了。"五十七军军长缪澂流赶忙应声，站得笔直。

"大前天你在华清池见过委员长，都讲了些什么话？"

缪军长一下子窘红了脸，结巴着说："副司令，我错了，我不该说那等无耻的话……"说着说着竟流下了两行泪水。

张学良说："你对他那些侍卫人员说什么'副司令对委员长是忠心耿耿的，只是近来他的左右出现宵小，副司令耳软，被他们包围。'且不说我耳软耳硬，宵小就是奸臣、奸贼，你说谁是宵小！堂堂汉子，东北军一个军长，你在华清池'卖糖'，想干什么！"

全屋静悄悄的，谁也不吭一声。张学良猛一挥手："你坐下。这事到此为止。我今晚上顾不上这些事。只是提一提，让你知错。"他摘下军帽，放于桌上，抬手拨了下头发，提高了声音：

"我们东北军有数十万人马，本来是有足够力量与日寇决一雌雄的。"说到这儿，张学良的神色沉痛起来，"可是我们放弃了东北，却背了个不抵抗的罪名，为全国人民所不谅！这几年的闷气，我实在是受够了。究竟是谁不抵抗？祖宗生下我们，不是让我们当奴隶的。九一八不抵抗，将来历史会证明，不是我张学良单独决定的，是委员长不准我们抵抗。不抗日，日寇得寸进尺，内战无法休止，我们无家可归，国家、民族只有一天天走向灭亡！"说到这里，张学良眼里噙满了泪水。

"问题是，当年无论谁错了，今天不能一错再错。过去，你们跟我张学良背黑锅，任人唾骂。现在，我们还能继续打共产党吗？10月在西安，11月在洛阳，最近在临潼，我屡次向委员长陈说停止内战，改变政策，共产党的问题应该用政治方法解决，请求准许我们东北军去察绥抗击日寇，他不但不批准，反而对我横加训斥，大动肝火，拍桌子骂人，说什么'攘外必先安内'的国策不能变，说什么他就是革命，违反他的意志就是叛国，就是反革命，说我受了共产党的'迷惑'，对他是'犯上作乱'，说是'等我死后你再去抗日'，一次比一次骂得凶，弄得我连半句话也不能讲了。"张学良一面说一面走动，愤愤然绕着桌子走了一周，又站在了原来的位置。

"我们东北子弟是有血性的，不但是活人要抗日，死了的骨头也要抗日！委员长目下是死逼着我们来打内战，不服从他，就赶咱们到福建去，然后把我们一步步拆散，一口口吃掉！"张学良止住话，看了看表，"我现在宣布：我和杨主任商量好了，下半夜，西安、临潼一起行动，采取非常措施，把委员长和他的亲信扣起来，逼他停止内战，强迫他答应我们抗日！大家有什么意见？"

张学良讲完，大家沉默着，心里却翻腾着风云雷电。门一响，孙铭九进来了，他全副武装，矮胖敦实的身材威风凛凛。张学良当着众人的面发出指示：

"孙营长，我令你跟白凤翔师长、刘桂五团长一道去华清池，你要谨慎当心，服从他二人指挥。"

命令完毕，张学良用锐利的目光逼住孙铭九，压低了嗓门：

"有把握吗？！"

孙铭九答："全准备好了，我已派商亚东副营长、王协一连长率领卫队营在灞桥西南侧隐蔽待命！"

张学良顿了一下："明天这个时候，我们不一定再能见面了。你死，还是我死，都说不定。不过，"他用手指比划了鸡蛋大的圆圈，"报纸可要登这么大的字。倘若弄不好，那我们都得上山了。"

孙铭九一边敬礼一边高声回答："完不成任务，我就没脸回来见副司令啦！"

王以哲军长在旁边很有力地插上一句：

"孙营长，全东北军弟兄就看你的啦！"

孙营长以矫健的步伐迈出门外，找白凤翔、刘桂五去了。

这时候，坐在张学良对面的应德田问了一句："抓完了，下一步怎么办呢？"

张学良简洁地回答："人已经派出去了，下一步的事儿，抓住以后再说。"

张学良发布了最后命令：刘多荃师长为临潼行动总指挥，二旅旅长唐君尧带领一个团迅速包围华清池。为了万无一失，我已经派遣一营长王玉瓒从侧翼配合孙铭九采取行动。其他驻守洛阳、兰州的部队立即发布电令，同时行动，不得有误。缪澂流军长今晚坐镇总部，不得离位。

布置就绪，张学良又把谭海招到身边，低声说道："去东楼告诉刘鼎，让他做好准备，把扣蒋之事向保安那边进行通报。"

然后，他站起身，一挥手：

"其余诸位，马上随我一起到新城去。诸位的家眷，赵一荻小姐会用电话一一通知的，你们就不用操心了。"

新城杨公馆里，灯火比以往显得更亮。

城防司令孔从洲独坐在副官室里，回味着杨将军方才与他谈过的每一句话。

"大前天我让你抓紧部队夜间演习，按中央体系的军、警、宪、特驻地秘密配置，你搞得怎么样？"

孔从洲答："演习还顺利，没出什么乱子。"说着从衣袋里拿出一张西安地图，上面标明着敌我双方的配置。

杨虎城仔细看了看，又问："你这一比一的配置法：他们一个营，你放一个营；他们一个团，你放一个团，关键时管用吗？"

孔从洲答："我们在暗处，他们在明处。打他们是以一当十，捏死鸡娃子！"

虎城没有笑："很好！你这才像个城防司令呢！"他坐下来，又严肃地说："蒋介石不顾民族危亡，一意孤行坚持内战，而且挑拨东北军和我们的关系。这次在临潼召开高级军事会议，大举'剿共'，实际上也要彻底收拾我们和东北军。"他略停一会儿，又说："我和张副司令决定给他来硬的，把老东西抓起来！两军的分工：临潼方面，由东北军负责执行。市内西京招待所，火车站，西郊机场，所有军、警、宪、特，统统由你负责，一揽子收拾，先扣起来！你的意见呢？"

孔从洲显得很兴奋："坚决执行主任的命令！"接着又问杨虎城："赵寿山、孙蔚如先生已从三原回了西安，他们是否知道此事？"

杨虎城平静地说："那你别管。你先到副官室里候着。"

孔从洲的心"怦怦"直跳，头上冒出了细微的汗星儿。门一动，王菊人领着赵寿山进来了。赵寿山看见孔从洲静坐空室，很是惊奇："兄弟，半夜三更，你坐在这儿干什么？"

孔从洲抬起头，身子未动，平举右手，手心朝天，缓缓地、意味深长地翻了下巴掌。赵寿山瞪大眼睛，抿紧双唇，什么也没说，连忙进了杨虎城的住室。谢葆贞从赵寿山进去的屋里走出来，为孔从洲沏上一杯热茶，刚抿了两口，孙蔚如也到了。王菊人示了个眼色，孔从洲相跟着，一块进了杨主任的屋里。

杨虎城光着头，端坐正中，眼睛分外有神。他重复了方才对孔从洲讲过的话，讲得斩钉截铁，更为有力。

孙蔚如说："主任和张先生屡谏不听，他这是何意？"

赵寿山说："一石三鸟，居心叵测！"

孙蔚如说："司马昭之心，路人皆知，自以为掩尽人之耳目，实则人之视己，如见其肺肝然。这乃是心劳日拙，徒自为小人耳。"

"岂止小人，卖国贼！"杨虎城的声音掷地有声。

赵寿山晃了下拳头："干！"

孙蔚如说："干就干到底！"

"他是南山上的核桃，只能砸着吃。我与张副司令已经谈妥了。事不宜迟，今晚就下手。"杨虎城说。

他们当即研究行动计划，决定次日成立戒严司令部，孙蔚如任司令，赵寿山兼公安局局长，孔从洲掌握机动兵力，特别要注意国民党地下武装的扰乱、破坏。分头行动时，杨虎城又特意叮咛孔从洲：

"把我们自造的高射机枪分配在新城四周的墙头上。"说到这儿，他忽然笑了，"那些有钱人，没有良心，不怕天打五雷轰，最害怕飞机撂炸弹。明天肯定来飞机，把他们也保护保护吧。"

几位将领很快分头打电话，开始紧张地进行部署。杨虎城和孔从洲、宋文梅对过表，在东侧客厅里等候张副司令的到来。暗夜里，谢葆贞在官邸的石台阶前悄悄站着，寒风时时撩动着她的头巾。她在仔细地捕捉着小汽车的音响。

客厅静极了。眼看已近十二点，约会的时刻到了，却还不见张学良他们的踪影，杨虎城点燃一支烟，在厅里踱来踱去，时不时将焦灼的目光投向门口的谢葆贞。人多心杂，东北军内部会不会走漏风声？张副司令身边什么人都有，鱼龙混杂，会不会有人唆使他变卦？那个孙铭九是很厉害，不满三十岁，会不会一时任性，一枪把老蒋放倒？老蒋奸诈异常，会不会察出端倪，悄然潜往潼关？老蒋万一跑了，怎么办？万一被打死了，又怎么办？跑了或者打死了，立即会有战事爆发，大兵压境，该怎样对阵？……越想头绪越多，越想越难以坐立，杨虎城觉得自己的脸颊有些发热，有些泛红。

门外突然响起汽车刹车声，随之台阶上一阵杂沓的脚步响，张学良带着十多位重要将领赶来了。走在最前边的张学良，一跨进内室就高声地对着杨虎城开玩笑：

"虎城兄，干不干？不干就取绳子，我将我们东北军十一员大将都带来了，你赶快叫人去拴，拴住送往南京，给你升官领赏！"

杨虎城双手一摊："这是哪儿的话嘛？"

"我们这些人生来就不会出卖朋友！"孙蔚如大声说道。

张学良指着十一员将领："我说了，我今天夜里的指挥部在新城，候补人是杨虎城。成功了，是我二人一起搞的；失败了，听任杨将军处理！"

张学良坦荡诚挚的声音，深深打动了杨虎城，他眼里闪着亮光："别说了，快往西边大客厅走，里边早收拾好了。"王菊人、谢葆贞打开门，对面客厅里灯光如昼，炉火通红。

凌晨四时，临潼方向隐隐约约传来了枪声，张学良望了一眼杨虎城，杨虎城对赵寿山一挥手，古城上空立即升起了一连串的红色信号弹……

22. 雷霆飞熛华清池

后半夜，寒气袭人，巍然雄峙的东城门影影绰绰，几星淡黄的灯光敛住光晕，远远看去，像几粒浸在冰水里的黄豆粒儿。天太黑，黑得凝重，靠近城门跟前，才能仰见古城楼的轮廓。城墙边粗壮端直的白杨，光秃秃直插寒霄，一星叶片也没有，静寂不动，看不出死了还是活着。南边侧门"咣咣哐嘟"一阵响，拉开了粗重的门扇，两束强烈的汽车灯光直直打出城外，一辆小汽车"飕"地冲出了古城。

这是一辆灰色铁壳小车，司机右边坐着白凤翔，后边坐着孙铭九、刘桂五、文英奇。孙铭九上衣口袋里装着写给应德田的遗嘱，安排了万一回不来当如何安置自己的爱人、兄弟等后事。他那年轻的媳妇也是东北人，一块儿颠沛流离，辗转来到了西安。方才分手的时候，妻子一直眼睁睁守着他，有什么预感似的，不吹灯，不睡觉，也不说话。孙铭九张了几次口，眼看快一点钟了，才挤出这么几句：

"我今晚有事，你早些睡，别等我。"遗嘱预先装在兜里，终于没有往外取。他知道，万一回不来，这纸片自然会落到应德田手里的。

寒气逼人，万籁俱寂，汽车箭一样北折、东拐，只听见车轮的沙沙声，几十里路一个人影也没有。车灯里闪出了结冰的白刷刷的小河，闪出了一排排丝绦垂着霜花的古柳——快到灞桥了，南桥头木架牌楼远远出现在灯光里，小车没有上桥，却往右一转，进入了堤下柳林里隐藏着的一座小学校。卫队营有两个连昨天就悄无声息地进入了这所已经放了寒假的小学。市镇在河对面，小学校周围是连绵远去的芦苇水荡，败草残荷，荒凉而偏僻。卫队营分乘几辆卡车进校之后，所有战士昨晚上和衣抱枪而卧，每人一把盒子枪，一支马枪，每班配备一挺轻机枪，人人都预感到随时会投入战斗，而且是闪电式的奇袭，可谁也不知晓作战的时间、地点，更不知道将要面对的是什么样的敌手。

白天过去了，毫无动静。后半夜睡梦正香，一阵短促哨音过后，队伍很快集合在冻得梆硬的小院落里。马灯下站着白凤翔、刘桂五、孙铭九、商亚东、王协一、文英奇。白凤翔点了点头，孙铭九进行动员，他声音不高，神情却显得很冷峻。

"现在有重要任务！"

白凤翔在边上加重语气："非常重要！"

"我们马上去华清池，抢救我们的副司令。咱们东北军的命运很危险。委员长不抗日，也不许我们抗日，我们副司令向他请求，他很恼火，不但不给兵，不给钱，反而把我们副司令扣押起来。保卫副司令是我们卫队营的神圣职责！现在西安城里已经开始行动，西京招待所里的南京将领全被我们抓起来了，我们马上去华清池，把委员长也扣起来，营救副司令脱险。副司令如果不能恢复自由，群龙无首，我们整个东北军就垮啦。大家要英勇作战，完成这个极其重要的任务！但要注意，绝对不能把委员长打死！"卫队营群情激愤，有人暗中唾骂："委员长对东北军根本就没安好心！""蒋介石本来就不是个东西。"

两辆停在门口的卡车已经启动了，众人纷纷上车时，孙铭九高声发问："张化东呢？"张化东是七连指导员，他答应一声站了出来，孙营长下令：

"你带一个排扼守灞桥南桥头，天亮以前，不许任何人通过。"

王协一的第一辆载重卡车已经上公路了，孙铭九迅速攀进了后边一辆。五十多个荷枪实弹的身影隐入夜暗，在平展展的石砌灞桥上化作了两道划破浓重黑暗的银白灯柱……

处于山麓微凹处的临潼县城黑乎乎一片，星星稀疏而黯淡，陡兀如兽的骊山西绣岭与夜色混茫成一体，很难辨认出山形。守卫县城的是一〇五师刘多荃的部队，他们已经得到了密令，无声地配合着奔袭而至的卫队营。左侧禹王庙附近住有七十多个宪兵，孙营长指示张万山连长率兵秘密进行包抄。他与王协一带着三十余人直摸向砖砌的牌坊形的华清池大门。白凤翔、刘桂五带着他们的几位副手，紧贴在墙角下，拔出了短枪，一面指挥全局，一面准备相机而动。

华清池门楼挺高，门洞却不大。王协一他们趸到大门边，被蒋介石侍卫队的岗哨拦住："口令！"王协一一个箭步抢到近前，一把揪住那个哨兵的衣领："领我找委员长！""叭！"那哨兵一搂扳机，震耳欲聋的枪声划破了夜空，边上的班长王德胜"砰"一枪撂倒了那个哨兵。两声枪响，捅开了华清池这个马蜂窝。门外的汽车灯忽地亮了，大门左上方"委员长行辕"的牌子，被打过来的灯光照得雪白，北墙脚一群戴皮帽子的士兵一个接一个地向上扒墙，边扒边用手枪往里边射击。守卫在大院内的三十多个侍卫枪声大作，胡乱扫射，与喊声搅成一团。孙铭九贴着边墙，带着几个兵迅速切入写有"华清胜境"四字的二道门里，依山建筑的五间厅平台居高临下，火花竞相闪烁，枪弹从各处的房子里攒射出来，雨点似地交织成密集的火力网。火光下的小石桥附近，弹如飞蝗，半步也不能接近。这是五间厅围墙内的一排蒋家卫士在开枪强拒，他们被白凤翔、刘桂五两位神枪手一一击倒。禹王庙方向的枪声也炒豆一般撒了过来，震撼着华清池，华清池里的亭台楼阁顿时陷入混乱的喊杀声中。天黑，火光很疾，硝烟味浓烈呛人，小石桥那边的水池里"噗嗵"一声，伴随着一声惨叫，分明有人中弹，跌进了丈把深的荷花池里，断梗残叶刷地一响，薄冰迸碎，"忽喇喇"响了几下，便被狂风一样的激烈枪声吞没了。

华清池的枪声传到灞桥，张化东看到西安方向很快腾起了一串串红色信号弹，曳着长长尾线的信号弹刚灭，城里的枪炮声也猛然而起。灞桥在西安与临潼之间，一排守桥的兵士，有的往东看，有的朝西瞅，桥下的冰凌与流水，在枪炮间隙中发出撞击石桥墩的哗哗音响。

"注意! 有汽车!"

几十条长枪倏地架在了桥头两旁，张化东向南竖起一只巴掌，自西安飞驰而至的小汽车"吱儿"一声尖响，煞住了，电筒光下，车里坐着一胖一瘦两个人，身着便服，礼帽压眉，绷着面皮，很不高兴，众人喝令他俩下来，二人动也不动，却摸出两张名片傲慢地递了过来。张化东一看名片，一个是蒋介石的侍从室组长蒋孝先，一个是蒋介石侍从室会计蒋和昌。张化东重又用电筒照了照胖胖的蒋孝先，心里嘀咕："没错，是他小子!"

蒋孝先原是驻北平宪兵第三团团长，在北平时飞扬跋扈，对东北军苛刻至极，东北军上上下下，都晓得蒋孝先不是个好东西。他在西安骡马市一家妓院里突然间得到拂晓时即有兵变的风声，大惊失色，急急往城外溜，准备向蒋介石告急，汽车刚跑过东关的"八仙庵"，城里红色的信号弹就勾起了一片地动山摇的枪炮声。

他盯住张化东，满眼里是凶气："放我过桥。误了事我要你的脑袋!"

张化东看见，他们连的又一辆卡车从小学校里开出来了，正准备增援临潼，自己在桥头坚守一个小时的时间也到点了，便摇了摇手枪："蒋团长，别横。今晚上有热闹事哩，你先把你二位的家伙缴出来。"几个兵伸进手去，三两下摸出了他们衣襟下的武器。蒋和昌面如土色，蒋孝先望着抵住胸脯的冷冷的枪口，瞠目结舌。那辆载兵的卡车已上了大桥。张化东带两个兵挤上了小车，夹持住二蒋：

"对不起! 我们也是奉委员长的命令赴临潼的。我们人多，大车上挤不下，我们仨借个光，搭你个便车。"张化东说着又用枪戳戳司机的后脊梁，"老老实实跟住前边的卡车，不然我可不客气。"临潼枪声打了一个多小时，丝毫没有缓下来的意思。一大一小两辆汽车，急匆匆往骊山驰去……

　　侍卫们还在顽强抵抗着。白凤翔、刘桂五、王协一、张化东简单商量了一下，决定王玉瓒的部队绕着围墙朝内掷手榴弹，同时调集新上来的部队绕到后山坡上居高临下，用机枪向华清池内施加火力。

　　枪炮雷动，火光闪闪，纤巧玲珑的亭台楼阁时时被一团团烟火吞没。孙铭九摸上了东侧的飞虹桥，从曲曲折折的假山小径上匍匐前进，直扑一字儿面北排列的五间厅。王协一他们从西边摸向五间厅。大门口飞来的子弹"叭、叭、叭"击穿了窗玻璃。当孙铭九和王协一冒着弹雨同时摸进蒋介石的卧室时，房里却没有了人影，只见桌上放着一条武装带，一套特级上将军服，还有一副假牙，桌上地下散满了公文，还有照片，最显眼的一张是蒋介石夫妇与张学良的合影。孙铭九摸摸床上被窝，还温温的。

　　曙色朦胧，受了伤躺在走道上的钱大钧猛然看见提枪而入的白凤翔，一把挣扎着扯住他的衣服下襟，抬起半截身子："瑞麟（白凤翔的字），这怎么回事？"

　　"张副司令派我来保护委员长进城，他人呢？"

　　"夜间我还和他一起吃点心，以后就不知道了。呃哟！黑枪乱打，这到底是咋回事嘛！"白凤翔抽了抽衣襟，钱大钧死活不放手。贵妃池里的枪弹

★ 蒋介石卧室——华清池五间厅之第三厅

★ 蒋介石从此窗户逃走

"噗、噗、噗"往外打，孙铭九、王协一大声喊话：

"赶快缴枪，不然我们就扔手榴弹啦！"

"把枪缴出来，不缴枪马上就叫你们到阴司去见杨贵妃！"

贵妃池略低一些，自五间厅平台上炸下去，非连窝儿报销不可。里边的枪声不响了，枪支一根一根扔出了门外。侍卫们一个个举起双手往外走。有一个穿着呢大衣、留着日本式短胡须的高个儿出现了，几杆枪同时抵住了他的胸膛：

"你是不是委员长！"

"不是的！我不是的！"

"委员长在哪儿？"

"不知道。"

"你不明明留着小胡须吗？"

"我不是，你们卫队有人认识我的。"

正撕掳着，东北军里挤出一个人来，凑近前认了认："咳！这不是励志社那个张玉荪嘛，怎么成了委员长啦。"

"啪！"一记耳光重重扇在了小胡须的左颊，误认了的那一位万般气恼："去你妈的小胡须，你也穷烧！"转身就走了。当张玉荪和众俘虏被押进"华清胜境"侧旁的空屋里时，趁曙光并不明晰，他偷偷摸出一把小剪刀，在下巴颏周围胡乱剪了一通，剪了个七长八短。禹王庙与华清池四周仍有枪声。小屋里陆陆续续送进了二十多人，有人只穿了上衣，有人没穿外裤，挤在土炕前直打哆嗦。张玉荪靠近秘书俞国华，悄悄地问："到底咋回事？"

"张学良叛变了，外边都是他的卫队。"

张玉荪怕他声高，直向门外呶嘴。门外亮地里架着三挺机枪，枪口正对着屋门。侍从室的肖赞育半坐炕沿，低头阴沉个脸，他在遗憾昨夜写成的报告，只差一步，没能及时呈委座阅示。报告内容如下："目前最急要者为如何清除张学良左右的危险分子，若不脱开此类包围及影响，张势必致入歧途。九日西安学生之游行请愿及其公开的标语口号，已成风雨欲来之势，如再不严行处置，西北整个局面将无法澄清，张学良更难以自拔，祸将不可胜言。"该项报告放在桌上，一旦落入张学良之手，肖赞育之死活就很难说了。

外面人声嘈杂，委员长没有找到，去向不明，一个粗犷的嗓门在呐喊：

"后山墙上有爬过人的印子，山墙下水沟里有一只鞋。"

"赶快上山搜，他跑不远！"

又有人大声吼叫："孙营长，刘师长来了，现在二门口等你回话哩。"一阵急促的脚步声传到二门之外，显然是孙铭九。

门外又有人说话："白师长，蒋孝先被逮住了，另外还有一个蒋和昌，是个会计。一块押来了，怎么处置？"

白师长发话了："蒋孝先是个坏种，拉出去给拾掇了。"过了片刻，西北方向响了四五枪。枪声过后，脸色煞白的蒋会计被推进了空屋里。一进来就对张玉荪叹息："我和蒋组长一起从城里赶来，蒋组长完了！"边说边摇头叹息。

一阵急促的脚步声从二门口又折了回来，有人连声大叫："孙营长，有种！副司令在电话里夸奖你哪！"

"夸奖个屁！催我上山寻老蒋哩，火气大极啦！"脚步声很快消失在飞虹桥的后边。

西安、临潼是同时打响的。

中央所属的宪兵二团、公安纵队、保安团、各路特务、留守处、办事处七八千人正在黎明前的热被窝里好梦连绵，孔从洲指挥各部队的便衣携带短枪切近哨位，本队按出操动作持枪跑步跟进，口哨一声尖啸，立即开枪冲锋。孔从洲他们在钟楼、鼓楼等制高点上分头指挥，中央各部队被打得落花流水，三个小时，击毙二百余众，缴获长枪四千余支，短枪一千五百有余。

宋文梅率领特务营突袭西京招待所。

二十五军军长万耀煌的夫人守在门边，她把万耀煌藏在橱柜中，硬是被特务营拖了出来。国民党中委邵元冲听到枪声，短衣短裤落荒奔命，刚扑上革命公园的东围墙，被流弹击中，就伏在墙上，抖了一下，不动弹了，死了。士兵冲进豫鄂陕剿匪总司令陈继承的房间，喝问："你叫什么名字？"

"陈继承。"

"你小子是陈诚啦！"举起枪对住脑壳就要扣扳机。

陈继承的夫人披头散发，没命地叫："他不是陈诚，打不得呀！"这士兵才又将枪放下，"那陈诚呢？"陈诚素来欺辱杂牌军队，宗派成见深重，地方部队怨恨入骨。

大厅里，西北剿匪前敌总司令蒋鼎文、第六军总指挥朱绍良、军事参议院院长陈调元，还有卫立煌、蒋百里、蒋作宾、李基鸿、万耀煌夫妇、陈继承夫妇全给押来了，就是不见陈诚。宋文梅惶惶不安，命众人严加搜索。班长汪国鑫在大厅后一间烧火室里发现一个空啤酒箱子微微动弹，踢开箱子，抓住衣领揪起一看，果然是形容狼狈的陈诚。汪班长拍了拍他的肩胛："堂堂总司令么，就这么个熊样儿，不嫌丢人！"拉进大厅时，陈诚灰土满身，腿软无力，被宋文梅扶坐在椅子上，垂头不语。各大员愕然惊恐，不知所措，李基鸿斗胆发问："弟兄们，这究竟是怎么回事嘛？"

宋文梅叹了一声："你们一帮有年纪的人哪里知道我们青年的苦闷。没事没事！再过个把小时，真相就大白了。"

城里到处响枪，"剿总"参谋长晏道刚慌忙爬起。他住在通济南坊，正不知怎么办好，电话铃响了，听筒里传来二处处长江雄风的声音："报告参谋长，外边乱打枪，不知咋回事？"

晏道刚答："我也听见枪响啦，你赶紧派人去查，向我报告！"

过了片刻，江雄风又来电话："我住在五味什字街，盐店街那边好像是十七路军在抢东北军的边业银行。你那边有什么消息？"

"砰砰砰！叭叭！"枪声更紧了，晏道刚压断江雄风的电话，要张学良。张公馆回答："他不在家，昨晚就没有回来。"晏道刚疑心是杨虎城兵变，又摇电话要临潼，接线人说电话早掐断了。他咬了咬牙，电话要到了新城杨公馆。他没有想到，接电话的竟是张学良。

"张副司令，外边一片枪声，咋回事呀？"

"我跟你一样，也晕头转向。"

"我想去见副司令，门口尽是十七路军，出不去呀。"

"外面打枪，情况不明，我想找你，也不自由。"

再问，电话断了。晏道刚赶忙要通江雄风："我已经和副司令通过话了，他说他现在也不自由。"晏道刚的腔调透出压抑着的兴奋，重复提醒江雄风。"张学良也不自由了，你懂吗？！"

江雄风好像是心领神会，连声回答："我懂！我懂！我早就猜出个八九成了。"

压下听筒，晏道刚忽而又很不自在：张学良既然不自由，怎么能代杨虎城接电话呢？那声调也不像是不自由。他拍了下床板："妈的！肯定是张、杨同谋，大难将作！"

"咚咚咚！"十七路军的兵士砸开了门，抓起晏道刚，往西京招待所押去……

扣断晏道刚电话的当口，也正是新城最紧张的时刻。张学良刚放下这边的电话，临潼那边传来了白凤翔的声音："报告副司令，华清池已完全占领，只是不见老东西，被窝里还温温的，看来没有走远，我们正在搜查。"

杨虎城和众将领聚在边上，一个个变了脸色。杨虎城指着电话机："查查汽车，看老蒋的车在不？"

过了会儿，电话中喘吁吁地回答："他的座车还在车库里，别的汽车也全在。"

张学良下令："根据时间、地形和他的体力推断，肯定跑不远，告诉刘师长，立即扩大包围范围，仔细搜查。"

就在张学良给白凤翔下令之时，杨虎城同时对他的卫士队长白志钧下令："把你的大刀带上，迅速赶往临潼。临潼民团团长坏透了，把他的头给我卸回来，要死的不要活的。另外，协助孙营长把委员长捉回来，要活的不要死的！"

"是！"白志钧飞一样跑出门外。杨虎城接过电话听筒，马上又要通了孔从洲："你的部队火速从豁口、兰田一线撒开，封锁骊山，无论进者出者，一律扣留，一个不准放走。"

张学良又一次要通白凤翔，跺着脚下令："告诉孙铭九，九点钟倘若还找不到委员长，就把你们的头给我送来！"发出此令，他声音都变了。撂下电话，张学良很是焦灼："他会不会跳鱼池或者扑崖自杀？"

"不会！"杨虎城摇头，"他这号人，决不走这条路的！"

别的将领们站在边上，感到事态严重，有的默不作声，来回踱步，有的窃窃私语，神色惶然。天已大亮，街上枪声稀稀落落，二位将军并肩走出室外，虽是在踱步，心情却极为紧张。

华清池外刚发出第一声枪响，蒋介石就一骨碌翻了起来。他胡乱爬下床，吩咐门外的侍卫官竺培基迅速布防阵地，构成火网封锁二道门，并连声呼叫："钱主任呢？钱大钧！"钱大钧的卧室正对二道门，他一出来，便被黑地里一排枪弹击倒在地，子弹直透肩胸上部，他挣扎着一侧身，贴住过道墙壁，一动也不敢动。子弹飞蝗般射来，他听见委员长唤他，却疼得无法应声。

初始，华清池外墙四周没有动静，蒋介石以为是局部兵变，指挥叫喊了一会，发现正门一线枪声很密集，他便乘机逾窗而出，黑暗中摸摸爬爬，溜到了东侧围墙边。竺培基爬在墙头上打枪掩护，贴身侍卫、蒋介石的族侄蒋孝镇手扶墙、脚蹬地、挺起瘦小身躯，战兢兢把蒋介石托上了墙头。土墙也还结实，秋夏雨大从骊山冲刷而下的水流，正好贴墙泄去，墙跟下形成了深沟，从里边看去不甚高，蒋介石贴墙跳下去，却禁不住"哎哟"一声，仰面八叉摔倒在冻得铁硬的壕沟里。蒋孝镇翻过墙扶他起来，蒋介石抖索着迈不开步。蒋孝镇顺着委员长身子摸下去，委员长赤着双脚，满地上是冰凉的砖头瓦块，摸不着皮鞋在哪儿，蒋孝镇只好坐在沟沿，胡乱扒下自己的皮鞋，硬给委座往脚上套。套上鞋，蒋介石仍是"哎哟"着走不动。蒋孝镇便蹲下去，背起他往山上爬，瘦小个儿背个瘦长个儿，山又陡，背后子弹"吱吱"横飞，跌跌撞撞之中，蒋介石不知被摔下过多少次，每次跌地，他都尽量抓住黑乌乌的柏树杆枝，不使自己滚进边上的崖谷里。东边暗处的蓝天衬托出齐崭崭一堵石崖，当地老乡称曰"鸡上架"，蒋介石无论如何是翻不上去了，就势躲进了大石侧畔的一缝山垭里。蒋孝镇精疲力竭，跌倒在二三丈远的右下方，他只听见委员长窸窸窣窣往里爬，朝上爬，却怎么也瞄不见那颀长干瘦的身影儿……

★ 蒋介石翻越此墙，逃向骊山。

★ 搜山

山是阴坡，冬日之晨又那么冷，巨石上、落叶上、荆棘上，全是白花花的残雪和霜花。空中笼一层薄薄的云雾，晨光蒙蒙，蔓草荒山中的苍色石壁冷峻突兀，益发显得寒如冰窖。孙铭九带着十多个兵持枪而进，一步步搜索过来，一丛荆棘、一块岩石也不放过。"鸡上架"下边，他们发现了就地半躺着的蒋孝镇，荆棘划破了衣衫、手脸，面色苍白，活像一条失魂落魄的被抽了筋的小鬼。孙铭九问："委员长在哪里？"

蒋孝镇半吞半吐乱支吾，孙铭九用枪口抵住他的脑袋："不说，我马上毙你！"周围的枪口都指向了蒋孝镇。蒋孝镇抖着嘴唇，眼睛却往东侧的山垭里瞄了瞄。孙铭九一挥手，队伍忽啦一下围定了山垭，一步步紧逼上去。忽然有人大喊：

"委员长在这儿哪，在这儿哪！"

随着一声声划破晨空的清亮的叫喊，众人逆着曙色，看见石垭间抖抖索索溜下来一条瘦长的身影，双脚在平处一落稳，便伸出双手扶住一尊鱼脊样的巨石，缓缓直起了身子，四周围立时发出了"哗啦啦"拉动枪栓的金属音响。那瘦长的身影突然缩了缩，颤抖地喊道："我是委员长，不要开枪！你们不要开枪！"那头颅随着惊恐的喊声一抖、又一抖。众人这才看清，眼前站着的真是蒋介石：秃头，嘴里没牙，满身是土，身着古铜色长袍，内穿白绒衬衣裤，裤管一长一短，赤脚板胡乱套一双黑鞋，其中一只鞋带断了，手和腿腕划出了一条条血痕。

"你们是哪一部分的？"他望着一眼眼黑乌乌的枪口，两颊抖得厉害，一副随时可能跌倒在地的样子。

"张副司令让我们来保护委员长，请委员长进城！"

周围十几个人同声发喊："委员长要领导我们抗日！领导我们打回东北去！"有的人双手举着枪向山下大喊："委员长找到了，在这儿哩！"

一听是东北军，而不是红军，蒋介石这才一屁股坐在地上，低头长长地嘘了一口气。忽然，他一抬头，对着照面而立的孙铭九说："你是孙营长——孙铭九！"说罢就直直地盯住他。

"啊！你怎么知道我呢？"

"嗯，我知道，我当然知道。"周围的枪口渐渐垂下来了，蒋介石看出众人没有伤害他的意思，又对孙铭九说："你是个好青年……好青年……把我打死好啦,你打死我吧!"

"副司令要委员长领导我们抗日,快快下山吧。"孙铭九催促。

"你们副司令怎么没有来?"蒋介石半眯住右眼发问。

"他在城里等你哩,专门等你哩!"

蒋介石一下子显得很不高兴:"你叫你们副司令来,我腰疼,不能走,一步也不能走!"他一面说一面坐在地上使劲地摇头。

"你腰疼,我背你下山。"

"山这么陡,怎么背?!这里有没有马?骑马也行,我会骑马。"蒋介石又仰起了脸。

"马在下边哩!"四处的枪声还在不住地响,这是个危险地域,孙铭九简直有些发急了,"委员长,这地方不能久待,你再不走,我就要给你下跪了。请你快下山吧!"孙铭九说着跺了一下脚,向众人示了个眼色,左右一拥而上,架起蒋介石,簇拥着朝山下走去。白凤翔、孙铭九掺着蒋刚出华清池二门,几个士兵看到他的狼狈相,禁不住哈哈大笑,听到笑声,蒋介石又气又恨……

杨公馆楼后是一方小巧雅致的花园,严冬季节,花卉凋零,两架亭台一座假山依然支应着冬日的败落场景。杨虎城咬着烟斗,一口连一口吸烟,张学良的声音很沉郁:"虎城兄,委员长若是到了西安,采纳了我二人的意见,我便送他回南京!"

杨虎城捏住烟斗:"委员长生死未知,是否找得到还说不定……"

"倘若找不到他,割下我这颗头颅,请虎城兄拿到南京去请罪,了结这桩公案!"张学良的声音诚挚而沉重。

杨虎城一把握住他的手,抖着声音说道:"汉卿,天塌下来有地接着,你怎么能这样说话!交往这么久,你把我杨虎城看成什么人啦!"他眼镜后边明晶晶的,张学良侧头向天,长长地吁出一口气。

屋里响起了急促的电话声,二位将军屏住呼吸,仄耳倾听。屋里一声欢呼,谢葆贞几乎是燕子一样飞进了花园:"快,快接电话,委员长找到啦!"杨虎城捏住烟斗,含笑凝视着谢葆贞,张学良大笑一声,跑进屋里。

杨虎城进屋之时,张学良一只脚踩在凳子上,正握住话筒给刘多荃、白凤翔下达命令："所有捉到的人，不得就地处理，要一律给我带回西安！听清楚没有？"

听筒里传来了刘多荃与白凤翔商量的声音。他二人忘记捂听筒，新城这边听得一清二楚：

"白师长，方才已经把蒋孝先毙了，这怎么交待？"

白凤翔很粗鲁："怕啥？给孙铭九通个气，统一口径，回去见了副司令。就说是中流弹死的。"

张学良对着听筒骂了一声："你们真混！"就一把扔了听筒。杨虎城和众位将领都笑啦。张学良扬起两只手，大声向诸位宣布：

"我和杨主任胆大包天，把天戳了一个大窟窿！目前国家民族的命运掌握在我们手里。我和杨主任负责，你们也得负责。赶快筹划研究起草文件，打电报给陕北共产党，请委派负责人来。军事方面，组织一个参谋团；政治方面成立一个设计委员会，马上分头进行工作！"

冬日之晨似亮非亮，山山岭岭雾沉沉的。蒋介石被拥上了张学良专乘的小汽车。前边坐着谭海，后边正中是蒋介石，左边是孙铭九，右边是一〇五师的唐君尧旅长。车里放着件皮大衣，孙铭九给蒋介石披在身上，蒋介石两手交递着一上一下地抚摸前胸，闭目皱眉，口中嘘嘘地呼着长气。

小车到了灞桥，河两边浅滩上的薄冰在日光下寒凛凛的，古柳盘蜷的主干呈现苍黑色。桥头兵多人挤。小车时停时走，连连按喇叭，蒋介石睁眼发问："这是哪儿的队伍？"

孙铭九答："十七路军。"这是孔从洲的队伍正从豁口、兰田一线往下撤。

大桥上什么人都有。一辆人力车，车夫帽檐扣得很低。车上坐着个包得很严的女人，裹得只露出一对眼睛，呼出的白气染白了鬓角的几绺长发。那女人直往小汽车上瞅，车夫却背转头去。谁也不晓得，这个人力车夫是公安局长马志超乔扮的。拂晓时分，警察局与孔从洲的队伍混战一通，伤亡惨重，马志超仅以身免。这个军统局系统的重要角色，匿进城东关友人家里，化装之后，令其夫人乘坐人力车，往东潜逃，从灞桥脱身而去……

蒋介石被送离华清池之后，到了下午，东方隐隐然出现了三十多架飞

★ 护送蒋介石到西安时蒋所乘坐的小汽车

机，轰声动地，飞得很低。以陇海铁路为目标自东而西，在临潼上空，三十多架飞机忽高忽低，来回盘旋。一个早起拾粪的老头，听到"隆隆隆"的机声，仰头一看，乌压压一片，他吓坏了，一下子跌倒在华清池西边公路的交叉口上。机群望见了跌倒的老头，一架"弗利脱"黄色小型飞机很快降落在附近的麦地里，飞行员蔡锡昌刚一下飞机就立即被东北军活捉。这架飞机把拾粪老头误认成委员长了，东北军从俘获的飞机上搜到了备妥的皮衣、皮帽等一整套飞行装备。大家这才明白，这是从洛阳赶来搭救委员长的一架飞机。

凌晨五点，张学良发给驻洛阳的东北军炮六旅旅长黄永安一封密电，嘱其袭击军航两校，封锁洛阳机场，黄永安背叛了张学良，拿着密电向巩洛司令祝绍周和航校主任王叔铭告了密，祝、王与空军司令毛邦初采取应急措施，派蔡锡昌驾飞机来接应委员长。空中的三十多架飞机折回去了，蔡锡昌被送进西安城，拘押在花园饭店。

张学良给黄永安发电的同时，杨虎城密令冯钦哉部连夜自大荔渡过渭水，占领潼关，扼住潼关大门。没料想中央军樊崧甫部第二十八师早在四小时之前已经占领了潼关。冯钦哉进退失据，考虑到个人前程，便灵机一动，秘密派人和樊崧甫搭线，以归附中央为号，背叛了杨虎城。

洛阳、潼关这两道战略上的重要门户很快就丢失了。

23. 沸腾不安的冬日古城

西安绥署设于西安新城，在钟楼的东北方向。新城旧称皇城，原是西太后及光绪帝于辛丑年八国联军攻占北京时避地西安而建的行宫。面积广阔，房舍建筑仿照北京紫禁城，开辟东西南北四门，内为帝王之居。1927年，后部又添建一新式大楼，红檐、灰顶、通体金黄，总体呈多角形状，里边一式现代化设备，成为西安最鲜亮、最宏敞的建筑，名为新城大楼。12日凌晨，从临潼开来的汽车停在十七路军交际处门口。蒋介石下了车，骨瘦如柴，嘴里没牙，披一件皮大衣，走路左右摇晃，孙铭九、宋文梅把他扶进了事前备妥的东厢房。早晨那么冷，宋文梅看到蒋介石苍白的脸上还沁出虚汗，坐在椅上连连长吁短叹。蒋介石发现屋内的电线、电灯拆除了，门窗封遮得很严，外面什么也看不见。宋文梅不断给他添加热水，他喝下一杯又一杯。

这时，身着上将军装的张学良从大楼远处的台阶上走了过来，淡淡的阳光下，他神态安详，步履洒脱。方才在杨虎城的公馆里，知道蒋介石已经被送来了，就对杨虎城说："稍候一下，让他喘喘气，安安神，我们得去见见他。"杨虎城笑着摇手："我不去。"张学良严肃起来："你我先前是怎么商量的？不但要见他，说好了，我们还要把他送回南京哩。"杨虎城说："汉

★ 蒋介石到西安后的住室——新城大楼东厢房。

卿，凡事总有个主次先后，还是你先去为好。"没奈何，张学良一个人先来了。

门一响动，张学良从外面进来，蒋介石神色突变，端坐椅上，出声长吁。张学良谦和地说：

"委员长，受惊啦！"

问第一遍时，蒋介石不理，问第二遍时，蒋介石忽地站起，大声喝道："我不是你的长官，你也不是我的部下，你不要叫我委员长！"

张学良也有些恼："不承认我是你的部下，我还可以以民众资格同你讲话……"

蒋介石打断张学良的话："我问你，这件事是你的部下干的，还是你干的？"

"我的部下干的。"

"那么你知道不？"

"我叫他们干的，怎么不知道。"

"那么你胆也太大了！"

"不是胆大胆小的事，我是拥护你领导抗日，完全是为国家着想，对你并无恶意。"

蒋介石双目瞪直："既为了国家，应先送我回洛阳，送回洛阳再谈。"

张学良声也高了："说得轻巧！今日之事，岂容搪塞了事！你如果仍是执拗不悟，坚持从前那老一套，那就只有让群众公裁。"

听到"公裁"二字，蒋介石禁不住打了个冷颤，青着脸孔不吭声。张学良不示弱："天下事总有个是非曲直，有个正理歪理。不听我的，你这回交给我做做看！"

"我看你有什么好办法！"蒋介石又怕又恨，又羞又恼，两人大声地争吵起来……

十时许，西安各报同时发出了捉蒋"号外"，古城顿时沸腾起来。几十万工人、学生、市民涌上街头，东西南北四条大街、南苑北苑、钟楼鼓楼、大差市、民乐园、体育场……到处是熙熙攘攘的人流。人们一边游行一边高呼："打倒日本帝国主义！""停止内战，一致抗日！""打倒蒋介石！""打倒南京政府！"口号声震天动地。西安师范、西安高中、女师、女中、一中、二中等校师生，组成三十多个宣传队分赴各个街头讲演，张贴标语。卫队二营学生队也上了街，手执"白山黑水满地红"的巨幅横标（白山表示长白山，黑水指的黑龙江，满地红指这块土地在日本侵略者铁蹄下到处在流血），边行进边宣传，讲演者慷慨激昂，听众们凄然泪下。"铁路工人救国会"、"大华纱厂工人救国会"、"妇女救国会"、"回民救国会"、"教职员救国会"、"护士救国会"等救亡团体纷纷成立。下午，24个救亡团体在西安高中召开联席会议，指出"双十二"义举是"中华民族起死回生、划时代的伟大事件"，呼吁"全国各武装部队、各将领、各社团、各政党、各军政领袖齐集西安，商讨救亡大计。"

钟楼东门洞上方，不知是什么人很快用粗壮的圆木绑扎起一座"断头台"，坚决要求处置蒋介石，涌动的人流一直闹到天黑。大前天参加过大游行的青年学生们个个兴高采烈，翘起拇指连声称赞张学良。

下午，"政治设计委员会"成立。召集人为高崇民、杜斌丞、申伯纯、卢广绩、应德田、王菊人、王炳南等。第一次开会，急待研究的第一个问题是这次捉蒋介石属什么性质？应该叫个什么名称？有人主张叫"双十二革命运动"，也有人提议叫"抗日救亡运动"。有人说："《左传》有'鬻拳强谏楚子，楚子弗从，临之以兵，惧而从之'，我们是以下对上，强行谏净，叫'抓'叫'捕'都欠妥，就叫'兵谏'吧。"

多数人立即响应："古人有'武官战而死、文官谏而死'之说，咱们是有文有武，闹不好文武都得死，就称'兵谏'吧。"也有人觉得这名称有点儿封建，最后仍是定为"兵谏"。张、杨二将军采纳了这个建议。

抓住蒋介石，如何处置？条条大街上呼声震耳，设计委员会内部也争执不已。"事变"很突然，捉蒋以后怎么办？张、杨二将军事前没有详细商量，也不可能花更多精力进行琢磨，下一步如何发展，谁也想不出个定局。一种主张认为"擒虎容易纵虎难"，蒋介石罪大恶极，应该公审后杀掉。另一种主张也同意杀，但由谁来杀，值得斟酌，共产党与蒋介石是血海深仇，送往陕北，借红军的刀剁了他，似乎更过瘾。还有一种主张认为杀了欠妥，不如押送到苏联去。另有一种意见不主张杀，理由是张副司令有言在先："只要他答应抗日，还要拥护他作领袖的。"最后，一致的意见是赶快给陕北的中共发电报，共产党政治上高人一筹，还是听听他们的意见吧。

中午，蒋介石向宋文梅要来纸笔，写了个条儿，要见陕西省主席邵力子。

昨天夜间睡得正酣，邵力子夫妇被枪声惊醒，傅学文想逃入墙外一家产科医院进行躲避，被个头矮小的邵主席好不容易推上围墙，一粒横飞的子弹中其右手虎口穿透腕背射出，邵夫人惨叫一声，从墙头摔下，晕了过去。午后，杨虎城闻讯，忙将她送到了省立医院治疗。邵力子正坐在夫人身边，张学良捏着条儿寻来了。一进门，张学良便连声道歉："老大哥，很对不起你！非常时候，我和杨主任不能不这样做，误伤了嫂嫂，实在是抱歉！"

邵力子忙说："可以理解，可以理解！"张学良看过邵夫人伤口之后，便向邵力子说明他同杨虎城的目的在于抗日救国，委员长已到新城，一定要促他反省：以我们这个国家、这个民族为重。邵力子缓缓地擦擦眼镜，说道：

"你二人的动机在于救国，这可以理解的。但做法太冒险了，太玄乎了，一开手就不大好，下一步收拾起来能有把握吗？"

"只要抗日，我们仍愿意接受委员长的领导。可他目下怒气冲冲，一个字都听不进去，还拒绝吃饭，连我们送去的寒衣也不肯穿。现在他提出要见见你，你是浙江人，好歹算他个乡亲，最好去劝劝他。"张学良很诚恳，邵力子点头同意了。

乘着张学良的车赶到新城，邵力子单独去大楼。宋文梅陪着进门，蒋介石看见邵力子，开口就问："你从什么地方来？钱穆尹（钱大钧）在何处？"

"我的夫人手部中弹，钱主任胸脯受伤，已入医院治疗。"

说到这里，二人都不吭声了。因为宋文梅站在边上。蒋介石"吭、吭"两声："宋营长，你出去。"宋文梅退到门外，蒋介石赶过去闭上门，宋文梅又把门推开了。蒋介石"噔"地拍了下桌子，训斥起来："我，委员长和省主席谈话，你竟敢这样！我要你回避，你为什么又把房门打开？！"他怒冲冲走上几步，重新把房门推上，他刚一转身，门又轻轻开了。宋文梅不恼也不笑："请委员长不要生气，我系奉命在此看守。况且，今天的事，谁都可以听听，你又何必上火呢！"

邵力子接住话尾，连忙对蒋介石解释："宋营长还是委员长的学生呢。"

蒋介石一听这个话，很快又变了脸色："哪一期的？"

邵力子答："军校八期的。"蒋介石脸上很快漾出笑意："噢噢！我认识你，我认识你！我给你讲过话，还点过你的名，还记得，还记得！你是个好青年。"

宋文梅板着脸回答："我可是第八期没有毕业。"

"这是怎么啦？"蒋介石表示惊异。

"委员长那时是校长，亲笔签字，把我给开除啦！"

蒋介石脸上由红而白，十分尴尬。连忙转回身，开始同邵力子谈话：

"今天发生的事情，你事先知道吗？"

"不知道。知道了，我的夫人怎么还会受伤呢？！"蒋介石一听，闭口不说话了。

邵力子缓缓地对蒋说道："今天发生了这样的事，希望委员长仔细考虑。日寇不断入侵，已经激起了国民的愤慨，如果政府不设法去抵抗，上上下下必然会酿成许多变故。现在设法弥补，尚未为晚。"

蒋介石叹一口气，站起来说道："要么把我送回洛阳，再谈这些事；要么即行枪杀。人难免一死，我不怕死。在目前情况下，我决不受任何要挟。"

邵力子说："送回洛阳暂无可能，枪杀也决不敢为。委员长是否可以考虑，像以前两次那样自动辞职，暂且下野，俟国家有需要时再行出山？"

"我不能在武力迫胁下考虑这个问题。"蒋介石扭过头去，不愿再谈下去。邵力子说了几句善自珍重的话，告辞走了。

蒋介石静静伏在桌上，把头闷在肘弯里思量了一阵，铺纸捏笔，写下几行字，然后交给宋文梅："这个电报是否可以发出？"

宋文梅答："让我请示一下。"

他将电文转给张学良，这是一份"遗嘱式"的电报稿：

美龄吾妻：余决心殉国，经国、纬国吾子即汝子，望善视之。

蒋中正。

张学良看罢，也给宋美龄拟了封电报：

爱护介公，八年如一日。生平从不负人，担保介公安全，勿念。

两封电报，一并发给了在上海的宋美龄。

蒋介石被关进新城，摸不准张、杨的底细，对宋文梅的一举一动，对房门的一关一闭，时时疑惧。12日深夜，绥署参谋长李兴中忽然接到一封匿名信，要他营救委员长，"建千载一时之功"。李兴中赶快将此信交给了张、杨二将军。城里城外，公审、枪毙蒋介石的呼声有增无减，二位将军也感觉到情况极为复杂。为了防止意外，决定给蒋介石安排一个比较僻静、安全的新地方——高桂滋师长新建的公馆。

13日，张学良与刘多荃去劝说，蒋介石不愿意搬动。于是，张学良又一次寻来邵力子，要他规劝蒋介石迁居。邵力子善于言辞："委员长，高公馆也设在金家巷内，张副司令可以随时见你，尽所欲言。那儿有御寒设备，前边草坪宽阔，卫生条件也极佳。依我看还是迁居为好。"

蒋介石说："我决不迁往他处。如果张学良不送我回洛阳，我打算死在此地！"

"不必太绝对嘛。张副司令爱国心切，自有不得已之苦衷，他的话也并非全无可采之处。"

蒋介石听了很不高兴："凡自称尊敬领袖者，如闻他人诬谤其领袖而不亟起纠正，反以中立自居或默认其说，则其信仰与尊敬皆为不诚……"没想到蒋介石会说出这样的话，反咬到邵力子身上来了，邵力子苦笑着，一个劲摇头。

邵力子临走时，蒋介石忽然要他留步："你见虎城没有？你为什么不告诉他，让他来见我？"邵力子不好表态，含糊应诺而去。

夜不成眠，蒋介石暗自盘算：张学良不断地来看我，我住新城，切近绥署，杨虎城为什么一直不露面呢？二人之间，是否有什么难言之隐？门开了，张学良派人送来了蒋介石遗在五间厅里的假牙。盯住假牙，蒋介石第一次露出笑容。

杨公馆接到张学良的电话，电话里说了邵力子转达的蒋介石要见杨虎城的意思。杨虎城想了想，只好答应。车行在路上，杨虎城脑海仍旧回旋着方才在会客厅里的争执。十七路军几位主要将领对如何处理蒋介石是各执己见，纷纭不一。

多数人主张杀掉。理由是蒋介石很顽固，不杀他便很难实现抗日的总意图；张将军过去和蒋介石关系甚深，不杀，下一步很有可能节外生枝；不杀，各地实力派难免采取骑墙态度，对我们政治上、军事上都不利；另外，十七路军内部有的人庇护特务，暗送秋波，为个人预留后步，不杀掉，也难免有第二个冯钦哉出现，早杀早了，就斩断了那些两面派的妄想。可也有人认为杀了无益，放走危险，最佳方案是我们走到哪里，把蒋介石带到哪里，逼着南京照我们的主张改组，坚决把蒋介石押在我们手里，估计南京政府内部会渐起分化……最后，杨虎城是这样说的："张副司令是这次事变的首脑，我们得顾全大局，听张副司令的。扣个活蒋介石，很可能还得放个活蒋介石。杀是不能杀，放得有条件，只要我们提出的救国主张他能诚心诚意接受，并保证实现，我们便放他。"

转眼之间，进了新城大楼。以往，蒋介石接见杨虎城，并不把这个地方头目搁在眼里，应酬一番就算了事。今天看见戎装整齐的杨虎城，老蒋眼里闪着惴惴的光，咧开嘴唇，似笑非笑，连忙站了起来，扬手要杨虎城坐下。杨虎城和以往一样，不亢不卑，山一样沉稳。

蒋介石压低嗓门："虎城呀，你和东北军可不一样，你是本党老同志，是有功勋的。华清池发生这件事，你可能不知道吧？"

"知道。"杨虎城答。

"那么，是谁出的主意？"

"民众的心愿，大家伙的主意。"

蒋介石紧紧盯住他："是张学良逼着你干的吧？"

"是我自己干的！"杨虎城很简练。

……屋里鸦雀无声，蒋介石吸溜了两下鼻子，默默低下头去，杨虎城瞟了蒋介石一眼，不再吭声，自己走开了。杨虎城走后不久，空中自东而西，又一次传来了雷鸣似的"嗡嗡"声，几十架从洛阳飞来的飞机。在上空低低盘旋。古城在颤抖，轰轰声震耳欲聋，蒋介石忙爬在窗棂间从缝隙里往天上瞅，飞机升高了，轰隆声变小，他才回过头，微露得意之色，对宋文梅说："这是政府的飞机，我估计还要来的。"

宋文梅的枪管往空中戳了戳："我们十七路军的高射机枪，可以打下来！"

张学良忙极了，每次坐车返回金家巷，赵一荻小姐总是急忙忙为他更衣、擦皮靴，每次都是刚一收拾妥帖，他便又匆匆地走了，二人连多说几句话的功夫也没有。

听说钱大钧重伤，张学良急忙赶到医院去看望。医院里照的片子尚未洗出，伤势的轻重一时难定，张学良嘱咐医生一定要尽心治疗。躺在床上的钱大钧看见张学良，神情凄然地说："我侍候副司令两年，兢兢业业，不料得了这么个结果！"

见病房没有别人，张学良握着钱大钧的手道歉之后，说道："我可能还得放委员长回南京。你是个实诚人，稀里糊涂把火车头让我给弄走了，委员长日后能不追究？"

钱大钧茫然不知所措，忧虑地瞪直了眼睛。

张学良说："好在你老兄是吉人天相，这一枪不伤要害。日后返回南京，说不定这一枪能教你逢凶化吉，遇难呈祥哩！"

望着聪敏过人的张学良，钱大钧嗫嚅着说："凶也罢，吉也罢，全是你副司令赏赐我的。天命难违，我有何言！"

坐了会儿，钱大钧又说："兵凶战危，你和杨将军那晚上安排得太可怕了。误伤的不唯是我，隔间病房还躺着个胡若愚哩。"

胡若愚是张学良的旧部，曾任青岛市及北平市市长，这次赴西安晋见委座，在西京招待所不幸中弹。张学良一听，忙拱手告别，过去慰问胡若愚。

胡若愚半躺在榻上，不能开口，仅能以目示意。医生告诉张学良，弹由左颊入，自右颊斜出，幸好未伤及要害，日后痊愈，痕迹是抹不掉的。张学良上去握住胡若愚的手，笑着安慰："你老先生今后更漂亮了——脸上一边一个酒窝！"胡若愚痛苦得连连摇头，一副啼笑皆非的苦相。

扣住蒋介石后，根据二位将军的指示，"设计委员会"很快拟出了八大主张，作为此次事变的具体纲领。拟成之后，准备通电全国。张学良带着文稿，先去西京招待所看望被扣的军政大员。

张学良一出现，被扣的大员们仿佛是突然间见到了什么"异物"，以各式各样惊猜不定的眼光望着他。张学良笑着，对各位一一拱手："对不起！对不起！让诸位受惊啦！我张学良对你们毫无恶意，对任何人都没有恶意，只是和委座政治主张不同罢了……"道歉之后，他念了八大主张的文稿，并要诸大员在文稿下签名。"昨为座上客,今为阶下囚"的大员们想也没想,个个都表示拥护,争先恐后挤上来签名。陈诚签名后,特地说了几句话:

"汉卿,我有一句最当紧的话:就是咱们自己人什么事都好办,什么话都好商量,但是你千万别让戴红帽子的(指共产党)来。他们一插手,我们都得完蛋。"

张学良头一仰,哈哈大笑:"共产党也是爱国家的,爱国家者都是有良心的,讲道理的。天下为公,用不着怕他们。"

大员们站在陈诚一边,纷纷摇头,否定张学良的这个看法。张学良十分感慨,责怪起蒋介石来:"当今之世,尚有谁敢向委员长直言诤谏呢?只有我张学良!委员长好像个灯泡,我暂时把它关一下,我给它仔细地擦一擦,我再给它开开,让它更亮。这次呀,总算向他开了一个大玩笑!天大的玩笑!"

"对领袖开这样的玩笑,古往今来还没有过呢!"不知是谁咕哝了一声。

张学良说:"委员长今日诚然是中国的领袖,今后也还需要他做我们的领袖。但领袖和过去的专制皇帝不同,而今的潮流是一国领袖也应当听取各方面的意见。只要他能一更故辙,采纳贤言,把国家、民族搁在心上,我还要送他回南京呢!"

"可委员长实在是很相信副司令的。"

张学良冷笑了:"得了罢!得了罢!委员长尽听特务放屁。不是说我张某人联俄联共,便是说我张某人对中央如何如何不忠、不敬,弄得我的部队上下离心,无以自明。这些专搞旁门左道的特务除了害人,有什么本事!我这次干出的事,日头月亮一齐晃,那些专会戳七弄八的特务人员,哪里去了?!"

大员们白眼瞪黑眼,无言以对。

张学良接着说:"我现在干的这个事,静候国人公评。假如国人都说我不对,我向国人引咎认错。可委员长的脾气还是那么大。他现在还牛什么?现在是我们自由说话的时候啦!过去他不许我们多说,我多说一句他就训我。现在他不要我说,能由他吗?"张学良气宇轩昂,军政大员们有的是目不转睛,有的是连连眨眼,他们仿佛是第一次才认识张学良。

接连几日,西安古城出现了一系列重大变革。

16日,十余万众在革命公园举行盛大抗日集会。张学良、杨虎城发表了热情洋溢的讲话。会后,十余万众举行了横贯全城的大游行。

游行之际,上月中旬被邀到西安的续范亭又一次面见张、杨。与张学良谈话时,说是蒋之领袖欲太重,尚是虚荣未退,如能决心为四万万同胞作奴仆,则自然会成唯一领袖,此道惟印度甘地先生为彻底而纯洁。张学良很赞同他的看法,并表示,明天要将续范亭这个话告诉给委员长,也让他好好反省。

蒋介石被扣,有人兴奋,有人担忧,有人沮丧,有人紧张。国民党省立医院里,在窗幔遮掩的一间灰暗病房内,有一桩阴谋活动在秘密进行。

两个黑影靠贴得很近。一个是警二旅四团团长沈玺亭,一个是六团团长唐德楹。二位是惯匪出身,谙熟抢劫绑架之术,善杀能溜,在枪林弹雨中左闪右躲,子弹竟不能沾身。大革命时期,归顺了杨虎城。这时节,二人在咬耳朵,声音很低很低。

沈玺亭说:"新城大楼我熟悉。咱们抢出委员长,投奔南京。事成之后,蒋介石不会亏待你我。"

唐德楹眼睛骨碌碌转:"这可非同小可,万一不成,就有杀头剐身之祸。不过'胜者王侯败者寇',自古以来也就这么个样儿。沈团长,你只说怎么办罢?"

"你率六团,我带四团,以加强警戒为名,突然包围新城大楼,我鸣枪为号,发动猛攻,你带精明强悍的人钻进去抢老蒋。得手后冲出南门,向长安境内脱逃,一进子午谷,就是你我的天下。"

"笃笃笃!"有人敲门,二人脸色陡变。

沈玺亭示意唐德楹去开门,自己则佯装平静,左手夹一根纸烟,右手放进袋里,食指扣在手枪扳机上。门开了,沈、唐惊呆在原地——来人是前任旅长张鸿远。孔从洲10月里取代了张鸿远,张鸿远一直是私心耿耿,表面上有些落魄,心里总欲报复孔从洲,报复杨虎城。

沈、唐交换了眼神,把方才的计划告诉了自己的老长官。张鸿远惊喜地拍了下大腿:"二位老弟。实话告诉你们,何应钦部长对我有秘密指令,我和监察院长于右任、顾祝同、刘峙也暗里加紧联系,他们指示我纠集力量,伺机而动。你两个这计划很好，神不知鬼不觉。不过，实在把委员长抢不到手，趁着混乱，这样……也好。"张鸿远意味深长地用拇指、食指伸成个"八"字，神秘地晃了晃。沈、唐明白：混乱中干掉蒋介石，在何部长那里，也算天大之功。

省立医院正在"策划"，而新城大楼，正为蒋介石迁居而纠缠不休。

新建的高桂滋公馆收拾妥了，张学良、邵力子怎么也请不动蒋介石。13日夜半，刘多荃、宋文梅奉了张、杨之命，再一次请他迁居。

国民党处决政治要犯，常常在夜深人静时下手。刘、宋进门。神情严肃，宋文梅武装带上又挂着左轮手枪。蒋介石一见这阵势，分明是土地爷逮蚂蚱——一下慌神儿了，面如土色，两眼发直。刘多荃说："新居给你收拾好了，这里不舒服，不宽敞，新房很清静，保委员长满意。请委员长同我们一起走吧，车在门口等着哩。"

这两天，蒋介石对张、杨的抗日要求那样顽劣，张学良说是要把他交付人民"公断"；而杨虎城对他的态度又那么决绝，今晚突然又是这么个架势，蒋介石的两腿禁不住筛糠一样抖索起来。眼神惶乱不定，嘴里吭吭巴巴地说："这么晚了，你……你们来干什么？我兼行政院院长，绥署是行政院……直属机构……"他一边说一边向后退，退到床边下意识地坐下，"我……死，就死在这里，我……哪儿也不去！"正说着又一骨碌上了床，自床边蹭到床里，从床角拉被子盖住脑袋，就势一滚，贴紧了墙壁。一只手从被底下暗暗地抠紧了床板楞沿，另一只手支住腰，连声"唉哟"，表示腰疼受不了！

刘、宋二人看出他是误会了，彼此使个眼色，忙悄然退出门外，背转身去，捂住嘴偷偷地笑。恰好，孙铭九奉命来询问迁居之事，腰带上也亮晃晃别一支手枪，刘多荃打个手势，让他把枪掖到襟下。屋里是一支摇曳的灯烛，三人站在门口静立不动，里边的"唉呀"声没有了，自门缝望进去，被窝里慢慢地探出了一个光光的脑袋，面色惨白——既然是这么个样子，还怎么搬家呢？他们三个站在台阶下商量了一下，只好回去，分头向张、杨二将军复命。

24. 南京城"戏中有戏"

消息传来,南京顿时陷入一片不安和慌乱之中。许多人呐喊着要采取激烈行动,要进军陕西,炸平西安,攻击张学良、杨虎城的部队。也有人抱怨,委员长不该只带很少一些卫士去西安,去跟张、杨商谈西北的防务问题。西安方面的谣言连连传来,有的说委员长半死不活,一条腿报销了;有的说曾扩情的皮已被活剥,张钉在西安东门的城楼上……

"双十二"之夜,南京中央军校政训处接到何应钦的手谕:速将张学思秘密逮捕。

军政部长何应钦自1927年12月参与"迫宫"事件,使蒋介石第一次狼狈下野后,已丧失了蒋对他的信任。蒋为了表示宽大,也为了黄埔系的团结,故对他继续留用。何应钦则伴君如伴虎,战战兢兢、委委屈屈地度过了几年。西安事变突起,领袖蒙难,东山再起的机会出现了,何应钦就势揽住军事大权,有恃无恐,野心勃勃地拨拉起个人的"算盘"来了。他的主张是不惜玉石俱焚,坚决"明令讨伐":命令二十个师的中央大军,沿河南、陕西边境向前推进,同时命令集中在洛阳的轰炸机,飞往西安及张、杨部队所在地的上空示威。何应钦想得很妙,经过"讨伐"救出委员长,他何应钦是"救蒋第一功";倘是因轰炸西安逗火了张、杨而葬送了委员长,他何应钦是"继蒋第一人",自然他就是中国的最高统治者了。而且何应钦心里有数,后一种可能性更大。为此,何应钦的兴奋达到了极点。朱培德、戴季陶、居正、叶楚伧一伙,积极支持何应钦出兵"讨逆"。

冯玉祥与蒋介石、何应钦面和心不和,他眼看着何应钦趁机捞走了军事大权,对何应钦是耿耿于怀,却又无可奈何。他读了张、杨及陈诚、蒋鼎文等人签名的通电后,舒了一口气:"无非是个逼蒋抗日嘛,不必惊慌。"却又在背地里说道:"汉卿这小子真行,敢干别人不敢干的事儿!"

12日子夜,十几个中央大员分乘几辆小车,来到中央党部。南京城万籁俱寂,众人聚齐时,时钟刚好敲了12下。这伙人只接到张、杨领衔共18人联名发出的通电,内中提出八项主张,别的全不知晓。他们一直呛呛到凌晨3点,形不成决议,谁也拿不出扭转局势的主张来。会抽烟的嘴都抽麻木了;年老一些的瞌睡得头不时挨一下桌面。最后，何应钦以张、杨"劫持最高统帅，目无党纪国法"为名，打起"讨逆"旗号，戴季陶、吴稚晖、叶楚伧顿时齐声响应，"讨伐派"的主张一时占了上风。会议勉强决定了一个剿抚兼施的方案："张学良撤职查办，军队归何应钦调遣。"一面又以于右任、张钫为陕甘宣抚专使前往西安。

在苏州布置抗日战事的张治中接到何应钦的电话后，连夜回到南京。在临时紧急会议做出初步决定后，何应钦提出要张治中担任"讨伐"军的一路指挥。张治中表示忧虑："解决这件事唯一的着眼点是救蒋，为了达到这一目的，应该不惜以任何条件求得解决。"何应钦坚决地摇了摇头："这不可能。"

13日上午，张、杨二将军给冯玉祥发来一封电报："务祈迅即命驾来陕，共策大计。"何应钦抓住这个电报，借口冯玉祥与张、杨有所勾结，想寻个机会把冯玉祥逮捕干掉。冯玉祥所住的头条巷附近，很快出现了一些不三不四的角色。

以宋美龄、宋子文、孔祥熙为首的亲英美派，在上海得到西安事变的消息，真是"晴天霹雳，震骇莫名"。他们带着蒋介石的顾问端纳，连忙飞抵南京。13日早上，孔祥熙与苏联大使馆秘书鄂山荫在孔宅晤面，对苏联施加压力，要苏联保障蒋介石的安全。以何应钦为首的"讨伐派"的那一套把戏，激恼了宋氏兄妹。他们一面与英、美大使馆紧急磋商，一面又让孔祥熙给张学良发出电报，表示"现弟对于国事，尚有种种意见，亟待奉商。尚希指定电台一处，以便随时通电，而免延误。"

14日上午，由宋美龄建议，孔祥熙以代行政院长名义召开一个高级联席会议。会上，国民政府主席林森反对讨伐，何应钦当即起立发言，声言讨伐之必要，并认为刻不容缓。戴季陶接过何应钦的话头，攻击张学良、杨虎城已倒向共产党一边，造谣说张、杨是在会见毛泽东之后才有此叛举。吴稚晖火上浇油："张学良是表面抗日，真正抗日的是蒋委员长，为介石安全，只有火速运兵去。"

宋美龄以航空委员的资格与会，她看出会上的气氛不对，主战之风一阵强过一阵，便试图说动何应钦："张、杨要求的不过是抗日二字，可寻别的途径解决,何必一定要大动干戈呢?"

何应钦一反平日优柔寡断的习性,口气特别坚定:"张、杨身为军人,竟冒犯长官,实属违纪荡法,惟有严惩不贷。"

宋美龄口气软下来,近乎乞求一般:"惩罚是应该的也是必需的,可至少得救出委员长,才能走这第二步,不然……"

何应钦不等她说完,冲她大嚷起来:"我们要站在国民政府的立场说话,不能以私情来破坏党国的威信,现在只有发兵讨伐,别无他路!"

宋美龄见何应钦如此蛮横,扬起眉毛带些似笑非笑的神情,冷冷地瞥了何应钦一眼,挑战似地反问道:"你坚持要用武力,危及委员长生命谁负责?!"

何应钦见宋美龄一针挑到了要害上,不禁骂了起来:"你女人家懂什么!只知道丈夫,国家的事你懂个屁!这是中央常委的集体决定,要迅速救平叛乱,不能不用快刀斩乱麻的手段!"

宋美龄的眼泪扑簌簌成串滚下,声音一下变成了凄婉的细语:"你这样做,太辜负蒋先生了!"她越哭越伤心,用颤抖的声音回骂着:"以后我要你个姓何的瞧瞧,到底是女人家懂得什么,还是你这个臭男人懂得什么!"

冯玉祥见状,忙起来附和宋美龄。考试院院长戴季陶与居正他们又赶忙急电正在德国养病的亲日派头子汪精卫,要他克日返国。实在不行时,他们想由汪精卫出掌全国行政大权。

争吵声中,孔祥熙代院长向张学良发出了"规劝"电文,向太原的阎锡山发出了"祸机相迫,间不容发,务祈我公切电汉卿,促其亲送介公赴宁"的电文,向北平宋哲元、济南韩复榘、开封商震、青岛沈鸿烈等人发出了"泯大难于俄顷,挽国家于万劫"的相类似的电文。

会后,孔祥熙急返上海,拜会孙中山的夫人宋庆龄,求她发表一项声明谴责张学良扣押委员长。孙夫人想也没想,一口拒绝:"张学良做得对!如果我处于他那个地位,我也会那样做,并且可能会走得更远。"孔祥熙碰了一鼻子灰,急急又折回南京。

与何应钦争吵之后,宋美龄一面召集黄埔军官和空军人员开会,鼻涕一把泪一把地央求他们别听何应钦的命令;一面又同宋子文、孔祥熙商讨营救蒋介石的具体对策,她一再要求,先派遣可靠而能信得过的人前往西安,作初步接触，先弄清楚委座的安全与健康之后，再谈其他。

动了一番脑筋，宋氏兄妹第一个想起的是澳大利亚人端纳。1936年，端纳已51岁。他曾是英国《泰晤士报》、上海《字林西报》的记者，辛亥革命初来到中国，曾在孙中山和张作霖之间起过桥梁作用。曾经是张学良的顾问，1933年陪同张学良赴欧考察。1934年张学良回国，端纳又当了蒋介石、宋美龄的顾问。这个外国人在中国官场泡了二三十年，蒋介石、张学良都尊敬他，信赖他。当宋氏兄妹求他之时，端纳出于道义和友情，慨然允诺。

确定端纳之时，宋美龄很快又物色了个上校军官——励志社总干事黄仁霖。

黄仁霖与张学良同龄。张学良幼年时代是在东北铁路沿线一个叫"泗水场"的城镇长大的，那时节，黄仁霖之父是"泗水场"的铁路站长。自从张学良成为副司令以后，黄仁霖、张学良在南京常常见面，动不动在一起骑马、打网球，上紫金山游乐。宋美龄偶尔听人传说他二人的友谊非同一般，不知怎地就想起了这个黄仁霖。

宋美龄立即召见黄仁霖。黄仁霖突然从夫人口中听到这个石破天惊的消息，立时呆了。宋美龄泪光盈盈，黄仁霖不知用什么话安慰她才好。

"我愿意为委座赴汤蹈火。夫人有什么想法，只管吩咐好了。"

宋美龄揩了把眼泪，挑战似地盯住黄仁霖：

"如果我要你到西安去看望委员长，你愿意吗？敢去吗？"

"当然，我愿意去！"

端纳、黄仁霖因为有条件

★ 端纳，蒋介石的顾问，英国籍澳大利亚人，记者出身，长期留居美国。九一八事变后，任张学良顾问，1933年张学良被迫出国后，任蒋介石顾问。

取得对方的信任，便被定为前往西安的代表。孔祥熙院长特意嘱咐黄仁霖：

"你的任务是用你的眼睛，亲自看到委员长，务必要亲眼看见。看见他之后，马上回来向夫人和我报告，报告你亲眼看到的确实情形。你的任务就是这一点，不多也不少，不轻也不重。只要委座健康而安好，那么谈判之门，还是敞开着的。"

12月14日，当端纳、黄仁霖坐着一架三引擎的荣克飞机没入云层里之后，宋美龄回到了府第，她一手支颐，陷入了既纷乱又清晰的回忆里：他（蒋介石）在西安的情况究竟怎么样呢？倘若是落在共产党手中，即便活着，也与死了一样；若是被杨虎城所劫持，既落虎口，想重返南京，恐怕也很难；但假如掌握在张学良手中，那么丈夫就很像是一个在急雨风暴中落水的人，浑身透湿，双手却还搂定着一块漂浮着的长长的木板……可张学良这个人，究竟是感情的成分重呢？还是理智的成分重？

作为夫人，不论是去四川，去云南，去贵州，去河南，包括去庐山训练团，宋美龄始终陪伴着蒋介石。上个月，蒋介石夫妇飞往昆明，陈布雷、端纳、张学良都随侍在侧，在昆明这个四季如春的城市住了一个多月，计划下一步去西安时，张学良在闲谈中对宋美龄说道："西北那个地方气候干燥，动不动风沙弥天，面对面看不清人。夫人你沿途劳顿，端纳先生也上了年纪，实在是太辛苦。再说委员长也喜欢轻装简从，很讨厌前呼后拥。西安是我的防区，我劝你们不必随同了，还是先回南京歇息歇息。你看如何？"

虽是闲话，却纯然是一片"好意"，于是宋美龄带了陈布雷、端纳和一大批侍从室家属，直接自昆明飞回了南京。"好一个难以捉摸的张学良，你这样甜言蜜语，巧为安排，究竟是有意呢还是无意？"宋美龄越想越头疼，顺手拿起桌上方才写好的信稿，从头至尾重看了一遍：

夫君爱鉴：

你脾气不好，你心中的话总不肯好好地说给部下听，同时你也不好好地倾听部下的意见。这样情形，我一直是很担心的。因此，你每次外出，我总是常常陪同你一起去。这次航空协会在上海开会，我不能不去参加，所以没能同你一起到陕西来，想不到就在这一次出了事情！东北军都是亡省亡家的人，他们同情抗日，要求抗日，是自然的事情，你应该把你心里的话告诉他们，对他们的抗日情绪应该很好地加以安慰。可是你不这样做，所以激出事情来了！我现在托端纳先生冒险去看你，望你为国家为民族保重身体。在可能和必要的时候，我愿意亲自去西安一趟。最后告诉你一句话：南京的情形是戏中有戏。

　　敬祝
康健！

妻　美龄

　　下午四时，这封信便到了西安上空——一架飞机绕城盘旋。飞机上投下了一个掷信筒，内有一封给张学良的信："端纳受蒋夫人委托，与黄仁霖前来拜见少帅，如同意接见，请立即饬人在机场烧起几堆烟火为号，指示降落。"

　　西安机场上很快烧起了几堆烟火。

★ 张学良阅读端纳带来宋美龄的信

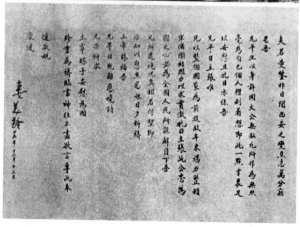

★ 宋美龄给蒋介石的信

25. 保安窑洞里的电波

12月12日拂晓，当蒋介石在骊山阴坡的山道上正失魂落魄地爬着滚着时，西安金家巷的刘鼎便奉了张学良的命令，将起草的急电发往保安，向中共中央报告了"扣蒋"的消息。紧接着，王以哲也向毛泽东、周恩来、彭德怀发去电报："蒋先生已扣留在西安。"

在陕北高原一条狭长曲折的山谷里，面对洛河，静悄悄、冷飕飕的夜暗中坐落着一个小小的土里土气的城镇，这就是中华苏维埃人民共和国的临时"首都"——保安。炮楼山石壁上的一孔窑洞里，突然亮起了一盏灯，豁亮的窑窗，在寒夜里分外明晰，异常惹眼，仿佛是天上的一颗巨星突然间跌落在了荒凉的高原上。灯光下，一个瘦削颀长的身躯半弯着，一头长发投影在窑壁上，像那夏日黄昏兀起的云头。灯光近处，电报上方，是一双明彻、敏锐的眼睛——这是毛泽东主席。他穿着一身灰色的普普通通的红军制服，两方红领章在油灯前异常鲜艳。他抬起头，长长地呼出一口气，左手同时重重地压了下简陋的木桌，神情很激动。回过头对正倒洗脸水的警卫员说道："好啊！张学良、杨虎城把蒋介石给扣啦！"警卫员吃惊地半张着嘴，毛泽东又重复了一遍，"蒋介石被抓起来了！赶快去请所有政治局委员到我这儿来！"

警卫员飞一样跳出了窑洞，片刻之间，一排接一排的窑洞便像传递火种似地亮了起来。灯光亮起的刹那间，笑声、叫声、欢闹声相继传出窑洞，窗门一眼眼掀开了，墙壁上白粉刷成的"团结抗日，枪口对外"；"打倒日本帝国主义"；"红军万岁"等一长串醒目的大标语在灯光下依稀可辨。红红的火把擎出洞外，一把、一把、又一把，仿佛是从窑洞里连连投出的火球，一跃出洞门就倏地拉开长长的火尾。火尾抖动着，与欢呼声、笑闹声交织成跳跃的熊熊火焰，火把自上往下，一行行聚到街上，这个荒僻山谷里的小镇一下子红火了……

"哈哈！赶快把蒋介石这小子送到保安关起来！"

"保安要他干啥，就地宰掉算了！"

"先游街示众，让老百姓都看看，然后处决！"……

天亮了，毛泽东主席的办公室里暖烘烘的，木炭火格外红。毛泽东、朱德、周恩来、秦邦宪、张闻天、王稼祥、张国焘他们围坐在一起，一张张脸孔喜气洋溢，热烈、兴奋地议论着这个惊雷似的喜讯。张学良的电报在屋子里迅速传递着："吾等为中华民族及抗日前途利益计，不顾一切，今已将蒋及其重要将领陈诚、朱绍良、蒋鼎文、卫立煌等扣留，迫其释放爱国分子，改组联合政府。"电文希望中共中央将自己的意见告之，并邀请中共派代表团来西安共商大计。

1927年四一二政变以来，十年了啊！蒋介石杀人如麻，对共产党必欲置之死地而后快。现在，蒋介石突然被张、杨二将军扣了起来，大伙儿怎能不兴奋、不快活呢？！众位领导人聚在一起，你一句，我一句，他刚坐下，另一个又站了起来……12日一整天，毛泽东、周恩来、秦邦宪一次又一次地来到张闻天住的窑洞里商谈对策，同西安方面的电报来往不断。中午时分，中共中央书记处向共产国际连发三封电报，通报了西安事变的有关情况。

晚上，举行群众庆祝大会，会上通过一项决议——要求公审卖国贼蒋介石。保安偏僻闭塞，如此重大的事变又来得这样突兀而复杂，历尽磨难的共产党从切身经历着眼，从中华民族传统的历史教训出发，事变当天作出这样的决议，合乎天理，也合乎人情。主持正义，伸张正气，坚定不移地站在张、杨二将军和全国人民一边，对共产党来说是天经地义的，是不可动摇的。13日清晨，保安各单位接到通知，急忙赶往抗日红军大学前边的坪地上抢修飞机场，人们纷纷猜想：可能要把蒋介石押到保安来。平地、砍树、抬石块，干得十分起劲。飞机场差不多了，空中果真传来了"嗡嗡"声，一架飞机在低空盘旋，转来绕去，时高时低，最后又朝西安方向折回去了。

下午，机场停修，人们才闹清了党中央的意思，不是把老蒋送到保安来，而是张学良派飞机要来接我们的代表团到西安去。但因山沟狭小，飞机降不下来，只好另行设法。

就在人们抢修机场的时候，中共中央政治局的会议正在张闻天的住处召开。毛泽东主席就"西安事变的意义"、"对形势的估计"、"对蒋介石如何处置"三个重大问题提出意见，由大家展开讨论。自遵义会议后，张闻天被选为党的总书记（负总责）他从1935至1938年都在主持书记处工作，他最后发言时指出：

"政治形势很紧张，不断发生全国性的政治问题，在抗日形势上表现最大的问题就是民族妥协派问题，在这一问题上总要发生一种突变。而张学良、杨虎城这次行动正是开始揭破民族妥协派的行动，向着全国性抗日方向发展。"因此，他明确总的方针是"把局部的抗日统一战线，转到全国性的抗日统一战线"。

在策略上，张闻天提出："对妥协派应尽量争取，或分化、孤立，我们不采取与南京对立的方针……改组南京政府口号并不坏。尽量争取南京正统，联合非蒋系队伍。在军事上采取防御，政治上采取进攻。"

对于如何处置蒋介石，会上也是两种意见。多数人认为应该审蒋、除蒋，张闻天则认为蒋虽被扣，可他还是代表国民党正统，如果除掉，不利于联合国民党抗日。会上唯有张国焘提出，不但要公开审蒋、除蒋，而且要坚决打倒南京政府。

由于事出突然，会上谁也拿不出完全成熟的意见。毛泽东最后说道：我们处在一个历史转变的新阶段，前面摆着许多道路，同时也有很多困难。他强调军事上采取防御的方针，不要把反蒋和抗日并列。

1936年12月12日，红色电波先后三次穿过寒冷的天空，三封来自中国西北保安的中共中央电报先后到达设在莫斯科的共产国际执委会。前两封电报转述了张学良和刘鼎给中共中央来电的内容和张学良、杨虎城提出的八项主张。后一封电报报告了西安事变的扣蒋情况，并说叶剑英、王稼祥已去西安，周恩来亦将前往，同时还通报了中共中央采取的行动计划。

西安事变使共产国际大为震惊。最初的反应是要杀死蒋介石，有人用拳头不停地敲着桌子喊着"杀！"有人搓着手激动地喊道："抓住了！"

然而，从12月13日起，苏联《真理报》、《消息报》等报刊和共产国际刊物《国际新闻通讯》连篇累牍地发出报道、评论和文章，却又对西安事变的发动者张学良和杨虎城进行指责。

12月14日，苏联《真理报》在其社论《中国发生事变》中指出："西安事变"是中国亲日分子的一个阴谋。《国际新闻通讯》等共产国际刊物，也不断地把张学良说成是"叛徒"、"强盗"。

苏联政府竭力贬斥西安事变，表白自己同这一事变毫不相干，这是出于当时历史条件下对外政策的需要。他们认为，在中国只有国民党有力量，只有他们能得到英美的同情和支持；而中国共产党正好相反，既没有力量，又得不到英美的同情和支持。因此，苏联政府虽然不赞助蒋介石反共，但更惧怕蒋介石联日。经过权衡利弊，苏联谴责西安事变及其发动者张学良和杨虎城，力促西安事变的和平解决，避免中国再爆发内战。

12月16日，共产国际执行委员会给中共中央发来了由季米特洛夫签发的电报。①季米特洛夫发给中共中央的电报，被称作"莫斯科回电"。电报说：作为对你们来电的答复，我们建议采取以下立场：（一）张学良的行动不管出自何种动机，客观上只能有损于中国人民抗日统一战线力量的团结，并助长日本对中国的侵略。（二）既然这个事变已经发生，中国共产党必须考虑到现实情况并坚决主张和平解决事变。

"莫斯科回电"的前一天，即12月15日，毛泽东、朱德等15位红军将领致电南京国民政府，指出事变爆发"实蒋氏对外退让、对内用兵、对民压迫三大错误政策之结果"。对此"绝不可负气横决，反而发动空前内战"。并提出："公等而果欲自别于蒋氏，复欲自别于亲日派，谓宜立下决心，接受张、杨二氏主张；停止正在发动之内战……联合各党、各派、各界、各军，组织统一战线政府。"这是仅次于中共中央名义的一种表态，目的是在要求停止对西安进攻，接受张、杨的主张，团结御侮。而且表示一旦抗战，红军愿"与贵党军队联袂偕行，共赴民族革命之战场"，表明与南京政府是和解而非对立的态度。这是事变发生的第四天，这个时候，尽管中共领导核心在策略思想上还没有完全一致，但在这关乎民族危亡、涉及历史进退的紧要、急迫的重大关头，能迈出这坚决的、关键性的一步，在中国共产党来说，是极其艰难的。很显然，在国际国内风起云涌的斗争漩涡里，中国共产党转舵摇桨，独立自主地确定着自己的方向和策略，这是趋于成熟的重要标志。

12月16日晨，灰亮的天空纷纷扬扬飘动着鹅毛大雪，山峁川道，沟洼河谷，呈一派银色的世界。周恩来副主席窑洞前，挤满了送行的人群。秦邦宪、李克农、邓发、李涛、罗瑞卿、童小鹏等二十多人组成代表团，一支骑兵部队担任护送。战士们牵着战马，风雪里抖擞而立，准备启程。周恩来披一领布面皮大衣，腰束宽宽的武装带，脚蹬黑皮鞋。毛泽东主席领着人们，一直把代表团送到大路口。分别时，他紧紧握住周恩来的手，凝望着他：

---

① 这份电报本来在12月16日即已发出，但因电码错乱，不能译出。中共中央要求共产国际重发，12月20日中共中央收到该电报。

"恩来同志，全世界、全中国这时候都看着西安。西安很复杂。你们这次去，担子可是不轻噢！"

26. 八方风雨汇西安（上）

张、杨急欲将议定的八项爱国主张用文电通报全国，盼望得到各方面的支持和响应。电文交给交通处长蒋斌，限令即日发出。谁也没料及蒋斌别有用意，将文电偷偷扣压下来，转而向南京方面暗送秋波，秘密地向何应钦告发了西安的内部情况。南京在舆论界占取先机，切断了西北方面的一切通讯与交通，西安方面的报纸、宣言全部被检察官烧毁。西安整天广播，解释它们的行动，呼吁各方主持正义，而南京广播电台却进行强有力地干扰，淹没了发自西安的一切声音。相反，国民党当局却向全世界制造谎言，伪造加工各个方面的文电，什么红军已经洗劫了西安，妇女被"共妻"，少年男女被诱拐，东北军、西北军全成了土匪，肆行抢劫，什么张学良这个鸦片鬼，要蒋委员长付赎金八千万元等等……

过了两天，张、杨觉察出情况不对，一查，才发现通电根本没有发出，迅即下令逮捕了蒋斌。

河北的宋哲元，山东的韩复榘，各拥重兵，屏障华北，这二人的动态极为重要。而宋哲元是由于张学良的推荐才坐上华北第一把交椅的，他的二十九军曾在长城一线同日本较量过，官兵尽是北方人，对日军痛愤至深。张学良此番"兵谏"，自然对宋哲元寄予厚望，当天就发去电报，请他亲来西安或派全权代表共商大事。而宋哲元回电却提出两条先决条件："一、共产主义不适合中国国情，请公务与共产党绝缘；二、蒋委员长之安全，关系民族存亡，请公负责维护。"张学良一看，不屑地摔到了一边。韩复榘则多方讨好，一方面致电张学良，表示愿效驰驱，一方面又打电报给何应钦，表示对蒋介石至为关切。张学良心中有数：韩复榘这人不可靠。

广西的李宗仁、白崇禧，云南的龙云，一向与蒋介石矛盾很深。蒋介石被扣，他们明确表示支持。四川的刘湘听到消息，喜形于色，认为这是自己在四川重树优势地位的大好机会，张、杨望他在军事上有所表示，却没有下文。

新疆的盛世才，事变前曾向张学良的代表表示过他抗日救国的决心，并希望西北各地在这个问题上合作。事变一发生，他却于17日发出通电，极力洗刷自己，声明此次事变与他"毫无关系，且亦绝不赞成"。

宁夏的马鸿逵，最初惧怕张学良这个副司令节制他，赠送"盖西北"良马进行笼络。事变发生后，他摇身一变，忙向南京献媚："国势厄陋，千钧一发，张学良竟冒大不韪，妄作主张，势非断送国脉不止。"他尤其憎恨杨虎城："既得陕西，复据甘肃，进而欲攫宁、青两省，冀达大西北之迷梦。"

设计委员会办公室里，张、杨二将军翻阅着雪片一样的电报。各路"诸侯"的电文，五花八门，言词不一，使张学良不免有些失望。杨虎城看出张学良面色不悦，从旁婉言解释："自北伐兴师以来，国内变乱无常，敌友动不动翻覆，尤其是杂牌军，常常受到排挤。他们脚踏两条船，以图自保者，比比皆是。见怪不怪，这些电报就无所谓了。"

张学良说："我不反蒋时，他们都反蒋；我一下反蒋了，他们又叫我的倒好。全都是些反复无常之辈。"

杨虎城说："他们鉴于历次反蒋斗争总以蒋介石取得胜利告终，先采取观望态度，也是出于慎重。"

张学良的情绪很烦躁："现在从军事上看，只有广西李、白态度明朗，但他们山高水远，救不得近火，看起来，你我是外援无望。山西和陕西只有黄河一线之隔，阎锡山的动向，举足轻重。今天上午，我已经派我的情报科长李金洲坐飞机往太原去了。现在我把事情做出来了，看他阎百川怎么办？！"

一个多月前在洛阳为老蒋祝寿，张学良与阎锡山一块向蒋进谏，碰了钉子，晚饭后他二人摒去随从在军校操场散步，阎锡山曾讲过这样的话："汉卿呀，看委员长的态度，刚愎自用，唯我独尊，你我是不能再说话了，只有咱们自己以后看机会，慢慢地做罢！尔后你有什么主张，随时通知我，我老阎决计支持你。"

阎锡山那些话，显然在张学良心里打下了极深的烙印。回想起往事，张学良望着杨虎城，说话声突然间又激昂又严峻："李金洲临上飞机前，我要他告诉阎百川：'临潼这个事，别人咱不说，你阎百川不要想摆脱干净，倘若真的把我逗毛了，必要时我将调集华北部队，会师太原'。"

杨虎城心里清楚，张学良之所以这样恼火，完全是阎锡山前天拍来的那封电报引起的。

　　西安张汉卿、杨虎城兄：两兄靖机电及汉兄元未电均诵悉，环读再三，惊痛无似。弟有四个问题，质诸兄等：第一、兄等将何以善其后？第二、兄等此举，增加抗战力量乎？减少抗战力量乎？第三、移内战为对外战争乎，抑移对外战争为内战乎？第四、兄等能保不演成国内之极端残杀乎？兄等是否更以救国之热心，成危国之行为！……今兄等行此断然之行为，增加国人之忧虑，弟为国家，为民族，为兄等，动无限之悲痛，请兄等谅察，善自图之。弟阎锡山。寒（十四）午机印。

这号摇身一变，突然逞另外一副嘴脸的无耻电文，无异像刀子般扎在张、杨的心上。难怪张学良怒火中烧，咬牙切齿，恨不能兵戎相见。杨虎城忍了忍，还是以开导的口吻说道：

　　"你我担子重，还是要将目光放远大些。目前国际方面的反映，也和咱俩预想的大有出入。我们得通盘考虑，光盯住太原这个老滑头，不行。"

　　是的，企图扩大侵华战争的日本，一直虎视眈眈注视着中国局势的变化。扣蒋的消息传到东京，内阁和军部连星期天也不过了，频繁地召开会议，研究对策。东京《朝日新闻》发表社论，说西安事变"实在是可喜的现象"。日本外相表示，如蒋介石与张、杨妥协，"日本不能再作静观，不惜采取断然手段，以武力占领京沪。""绝对不能与张学良妥协。否则，日本政府将不能坐视。"日本极力挑拨南京对西安作战，意在火中取栗。德、意法西斯与日本取同一步调。英、美、法却与德、意、日不同，日本侵华，排挤了英、美在华的利益，蒋介石被扣，南京政权更可能易手于亲日派，所以他们主张西安事变和平解决。

　　最使张学良感到意外的是苏联的态度。

　　中共和苏联的关系，张学良了如指掌。为了抗日，夏季在南京出席国民党中央会议时，张学良就特意与苏联大使鲍洛莫洛夫会晤过。张学良说："中国非抗日不可。抗日成败与苏联皆有关系。日本野心无穷，苏联终难免受其害。与其单独应付困难，莫如订立'中苏军事同盟'，共同对付日本。"苏大使答复："苏联政府一定郑重考虑您的意见。"事变发生了，张学良密切关注着苏联的反应。

　　在南京，孔祥熙很快找到苏联驻京代办，告之以西安事件："外传此事与共产党有关，如果委员长安全发生危险，则全国之愤慨，将由中共而推及苏联，将逼我与日共同抗苏。"日本则一再扬言，西安事变出自"苏魔之手"。苏联考虑本身会受到来自日本与德国的东西夹击的威胁，遂在12月14日的《消息报》上连续发表《张学良之策动》的文章，认定"张学良的暴动将破坏中国抗日的力量的团结"。为了表明苏联与事变无涉，文章说张学良是受了日本特务和汉奸的唆使，"张之行动成为对日本阴谋者的一种贵重赠礼"。这个信息对张学良的打击太大了。他回到金家巷公馆，午饭吃了几口就推开了，赵一荻发现他的脸色从来没有这样怕人。少帅终于是少帅，他破例了，独自喝下几杯酒，是几杯上好的烈酒，捂住被子睡了。赵一荻轻轻拉严了窗帘，微暗中守候在床边，心里惴惴不安，在天大的难题面前也能踢能摔的他，今天究竟是怎么了呢？她想问又不敢问，也不能问。西安、全国、全世界起了这么大的风波，这风波是紧紧围绕着张、杨二将军起伏、旋转的。赵一荻平时只是默默地、谨慎地处理些紧要电文，很少出门，这时却隐隐感到，自个儿也紧紧地被巨大风波裹在了"漩涡"的中心，既然许身于张学良，命运之绳索便将他二人拴为一体……床上一动，张学良醒了，他盯住赵一荻一笑，一骨碌坐了起来，似乎又恢复了生气勃勃的常态。赵一荻连忙站起，帮他刷牙漱口，收拾衣裤。

杨虎城最感棘手的，是四十二师冯钦哉的叛变。变生肘腋，张、杨丢失了潼关大门，渭水北岸与洛河西岸已经无险可守。杨虎城派军法处处长张依中去疏通，冯钦哉竟然将张处长活埋了。谢葆贞见丈夫闷气沉沉，帮他解烦："冯钦哉这个人，见你器重孙蔚如，早就对你怀有二心了。"

杨虎城说："冯钦哉在西安有很多房地产，五十开外了，前不久还弄了个年轻美貌的武功女子作妾，高官厚禄，享不尽的福，他又何必冒险反蒋呢？——他本来和我就想得不一样，面合心不合，不是一路人。"听到娶妾，谢葆贞脸儿倏地一红，低下头去。她1913年生于西安，也是颇有姿色的年轻女子，杨虎城的第一个夫人罗培兰病故之后，谢葆贞已是第三个夫人了，比虎城小二十岁。

虎城自觉失言，忙又岔开话题："可是眼下，我们还得想些法子稳住这个冯钦哉。少树一个对头，西安的人心会安定一些。"

谢葆贞抬起头来："再要往大荔派人，我看只有派马文彦去。西安解围时他出过力，帮助过冯钦哉，冯钦哉在他面前总不好马上翻脸。"

　　杨虎城答："也好。刚才接到电话，南京派来的'西北宣慰使'于右任、张钫也到潼关了，想来招降我，还要我派车到潼关去接他们。马文彦到冯钦哉那里把事情理清楚，顺便去一趟潼关，挡一挡这个宣慰使。"

　　从小生长在西安的谢葆贞很知底：于右任现任南京政府监察院院长，他的故乡在渭北三原县。陕西靖国军时代和虎城就是部属关系，在反对北洋军阀之中与虎城建立了深厚的友谊，是同事，是乡党，又是知心朋友，就连谢葆贞和于右任一家也是很熟悉的。于右任写得一手好字，有人说，他那毛笔字的神髓得之于榆林长城之下的红石峡，漠风塞气，云容水色，熔于一炉，在书法界堪称一绝。在南京，他以西北方面的唯一元老自居。南京这次派他赴陕进行"宣慰"，于右任是信心十足："凭我和虎城的公谊私交，一定是马到成功，凯旋回京。"现在虎城要挡于右任的驾，谢葆贞眼睛一亮，因为她知道，于右任一旦进了西安，虎城是不好应付的；因为他两家太熟悉了。将于老挡于潼关，确属上策，她为丈夫的明决干练感到欣慰。

　　马文彦赶到大荔师范学校的四十二师司令部见到了冯钦哉。冯钦哉，山西万泉人，说话一口山西腔。他矮个鼓肚，头方腿短，戴一副小镜片的茶色水晶眼镜。因为失眠、酗酒，眼里布满血丝，显得凶狠如兽。

　　马文彦向他转述了张、杨二将军扣蒋的经过和意图，望他不要产生误会，伤了和气。冯钦哉听罢，哑着嗓子吼："扣蒋这么大的事，杨虎域为什么不事先通知我？他根本就不相信我冯钦哉！"

　　马文彦忙为解释："这事是突然情况下定的，就连西安的孙蔚如也是事后才知。"

　　冯钦哉说："这话我不信！他杨虎城一味就不把我当人看。"

　　冯钦哉之所以突然间这样绝情，西安城里的杨虎城怎么也料想不到，是老谋深算的蒋介石在他们上下级之间做了手脚。冯钦哉沉默片刻，又说道："你来之前，他杨虎城让续范亭来游说过我。你看我冯钦哉这个人，是他那等在自个儿肚子上动刀子的人能扭转的吗！"马文彦看出背后有文章，便不多进言，悄悄转投潼关，去挡"宣慰使"的驾。

27. 八方风雨汇西安（下）

端纳、黄仁霖被接入张公馆，惴惴不安地坐在会客室里，捕捉着门外的声音。没过多久，自远而近响起有力而急促的足音，二人连忙站起身来，笔立恭候。门开了，张副司令出现在门口，英武的神采里透出几丝憔悴，很明显是从紧张的会议室里脱身出来的。

端纳大步迎上前去："少帅，您这些天辛苦了，我祝您平安！祝您幸运！"

张学良熟练地拥抱了一下给自己做过六年顾问的外国朋友："欢迎您光临！"转过身，与黄仁霖握了握手。

端纳开门见山地问："蒋先生的安全怎样？"

张学良一笑："蒋先生倘是不安全，我就不会在机场上点火欢迎您降落。"

端纳笑笑："少帅的人格，我是最相信的。"

"端纳先生且到隔壁房里歇息三十分钟，我就带您会会蒋先生。"端纳很礼貌地点点头，被随从副官领出了会客室。

一刻钟后，张学良又进了会客室，里边只有个黄仁霖。他扫了黄仁霖一眼："老黄，作为朋友，在这个时候你不该来西安。"

"副司令，我没有任何政治任务。蒋夫人派我来，只要我看看委员长的健康情况，给端纳先生和委员长交谈时当当翻译。让你和端纳顺利地进行接触。"黄仁霖搓动两手，语言谦和。

"我可以向你保证，委员长现在很好。至于你有无政治使命，我是不在乎的。"

黄仁霖急不可耐："既然这样，我也想见见委员长。"

张学良忽然不高兴了："老黄呀，这不是往常那样的社交拜访，你我都随便。目下我们这里正有一个大问题纠缠着无法解决，有些事我自己也不能作主。见委员长必须由我们的设计委员会决定。你作为我的私人朋友，不要叫我做那些无法办到的事。"

这对旧时的朋友争执了十多分钟，端纳过来了，张学良一挥手，黄仁霖被副官连拉带推地送进了另一间屋子，"咣"一声锁了门。端纳耸了耸肩膀，望了望关紧的门扇，皱皱鼻头，随着张学良走去。

在新城大楼的那间屋子里，蒋介石半裹着被子面壁而卧，瘦长的身躯伛偻着，似乎比往常干缩了许多。端纳进屋之后，亮亮地叫了一声"蒋先生！"蒋介石拧过头认出了端纳，忙撑着身子费劲地坐起来，使劲握了握他的手：

"是端纳先生呀！我知道你是会来的。"

"是的，我来了，我会来，夫人也会来的。"

蒋介石当即愠怒地望了边上的张学良一眼。说道："她不能来，她不能到这个强盗窝里来！"

端纳摇动一只手，表示蒋先生说法欠妥。同时，把宋美龄的亲笔信递了过去。蒋介石如获至宝，转过身细细看信，第一遍看得很快，第二遍才看得很细致，看着看着，淌下泪来。那捏信的手指也微微发抖。张学良看在眼里，便转过身给端纳努嘴示意。端纳上前一步，对蒋介石说道："我这次是受夫人的委托而来的。方才与张汉卿将军进行了谈话。可以告慰的是，张、杨两将军对你并无加害之意，只要你答应他们的主张，两将军还要竭诚拥护你做领袖。我认为这个主张不仅是张、杨两将军的，也是你们全中国民众的迫切要求，而且许多西洋人也赞成。"端纳频频抬起手比划着，"蒋先生若能接受这个主张，今后将变成个这样大大的伟人！顶天立地的伟人！"他忽而又演员似地俯下身去，用手平抹着地面上空，"要是不接受，今后将变成这样小小个矮人，小爬虫那样的矮人！"他身子很快又起来了，食指点着心窝，"中国和蒋先生个人的安危荣辱，全系于蒋先生个人心思的一转！明白吗？"

宋美龄一封信和端纳一席话，使蒋介石死灰色的脸上渐渐浮现出几丝活气，身板似乎也无形中笔直了许多。趁蒋介石不留意，张学良对着端纳，用手在空中划了个大弧。端纳进而又劝蒋介石："二位将军特意为蒋先生准备了个又安全又洁静的地方，温暖舒适，乐在其中，蒋先生为什么不去住住？"

蒋介石扫了眼张学良，对端纳连连点头："我马上搬家，我马上搬家。"

张学良对宋文梅他们发了话，众人陪着蒋介石，一溜烟似地驰向高桂滋公馆。蒋介石坐在小车里拼命往街上瞅，无奈小车太快，遮裹又严，什么都是一掠而过，一晃而灭。

高公馆在金家巷内，与张学良公馆斜对面，地形易守难攻，防卫力量又换成了张学良的心腹亲信，比新城大楼显然安全了许多。倘是端纳晚来一天，张鸿远、沈玺亭、唐德楹一伙裹挟蒋介石潜入终南山的阴谋就可能付诸武力，成为现实。这一桩未遂的诡计，张、杨二将军却始终一无所闻。

搬家之后，端纳立即向记者发表谈话："张、杨此番举措，纯为救国主张，绝无对人之意，余甚钦佩……我返京之日，当对此间情形转告京沪各界。"

12月15日，端纳飞抵洛阳，用长途电话向宋美龄报告了事态真相，并说："蒋先生身体安泰，张、杨二位的动机纯为爱国，别无意图，他二人欢迎南京派人来陕磋商释蒋问题。"宋美龄立即为"发现第一次希望的曙光"而"惊喜若狂"。何应钦一伙闻此，则连连叫嚷："端纳来电，其本意是迎合西安心理，欲诱孔（祥熙）、宋（子文）入陕，多一重要质者，以加厚其谈判的力量而已。"并且连忙发布了对张、杨的"讨伐令"，派飞机在渭南、华县一带肆行轰炸。这样一来，宋美龄忽又异常"惊惧"，忙回长途电话给端纳。央他返飞西安，让委员长对何应钦下一停战手令。在洛阳过了一晚，端纳又飞抵西安，向张、杨二将军说明来意，由张学良陪端纳再去面蒋。

端纳向蒋介石转达了夫人的口信后，张学良说道："委员长，我们对你可都是一番好意，可他何敬之（何应钦）却派空军用炸弹示威，地面部队也开入潼关。他要打，我们就撕开脸打。我这里几十万军队，也够他何敬之喝一壶的。不过，两下若是杀红了眼，飞机在西安城乱扔炸弹，那就不知是会炸着我张学良，还是炸着委员长了。"

端纳也说："这个高桂滋公馆很漂亮，我从飞机上看得最鲜豁，除了钟楼、鼓楼，看来就数它了。蒋先生可万万别大意噢！"

蒋介石一语不发，他绞尽脑汁，终于写下一纸手令：

"敬之吾兄：闻昨日空军在渭南轰炸，望即令停止。以近情观察，中正于本星期六以前可以回京，故星期六日前万不可冲突，并即停止轰炸，为要！顺颂戎祉。"

写手令时，蒋介石心里很作难。他一方面怕何应钦的炸弹扔进高公馆，另一方面又想以武力要挟张、杨，欲在几天之内放他逃生。所以在手令中只肯以三天为限。张、杨二将军看了手令，觉得三天时间，许多问题来不及解决，张学良向蒋介石提出推迟几日，蒋介石说什么也不愿更动，于是，只好决定由端纳和蒋鼎文携手令飞回南京。与端纳同来的黄仁霖，仍被关在张公馆里。

黄仁霖作为张学良的故友，一下飞机便被关进黑屋，感到太窝囊了。他耐住性子，再三提出请求："要晋见张少帅，以儿时的朋友身份晋见。"

张学良匆忙的身影终于又一次出现在黄仁霖面前，比起那些在南京骑马、打羽毛球时的神情，少帅掩不住自己疲惫的形色。黄仁霖向他请求："端纳是一个外国人，他可以和委员长住在一起；我是你儿时的朋友，常来常往的朋友，和委员长照照面也不许，这太绝情了罢。"

"我从来没有把端纳当外国人看。你是我的朋友，可你这个朋友来的不是时候。"

"我变个法儿，从窗洞或门缝里不声不响地瞧瞧他，我不惊动委座，委座看不到我，他也就没法说什么话，这你总该放心了吧？"黄仁霖小心翼翼地陈述自己的主意，"这样一来，我回去就可以凭良心向蒋夫人复命，蒋夫人心里活动了，不再疑心西安，彼此之间总是好商量一些吧。"他见张学良心有所动，又补充道："蒋夫人对别人怎样看，我不敢妄说，对少帅，上有天下有地，她可是很重感情呀！"

"嗯，你这个主意听上去还不错。让我想想看，你还是坐在屋里等着。"张学良一转身出去了。一个多小时过后，腰里别着手枪的谭海进来说道："黄先生，一切安排好了，跟我走吧。"

张公馆对面，隔过一条窄窄的东西小巷就是高公馆。门外、院内刀枪林立，戒备森严。黄仁霖明白，这就是禁闭委员长之处了。他随着谭海，蹑手蹑脚走上宽宽的台阶，拐向一扇枣红色的木门。门上方装有方格玻璃，玻璃用白漆刷过了，在右角下方，在门把上处，鸡蛋大一块漆已经刮去，黄仁霖想：卫兵们肯定就是从这个小洞里监视委员长的。谭海以手示意：你就从这个洞里看过去，不准发出任何音响，不许有任何举动。黄仁霖弯下腰，凑近洞眼，但他马上感觉到，一个硬邦邦、冷冰冰的东西顶住了他的腰部，心一凉，他不敢再动了，那是手枪，是食指一勾就让他见阎王的左轮手枪！

蒋介石坐在床上，正在同从洛阳返回的端纳谈话，张学良坐在床头另一端，神情专注地听着。蒋介石下半身用一条淡绿毛毯遮盖得严严的，面容有些苍白，有些晦气，身子坐得挺直，过一会儿，就习惯性地把手举向头部，丝毫看不出受伤的迹象。黄仁霖不眨眼地看着，看着，直到分明感到左轮手枪在有意戳动的时候，才依依不舍地离开了门口。

黄仁霖回到张公馆里，静候张副司令到来，自己好尽快返回南京复命。下午一时，张学良才到，眼睛微红，神色有些恼恼，有些激动。黄仁霖连忙起立："我现在很满意了，委座是安全的。你能早早放我回南京吗？蒋夫人可是等着呢。"

张学良却大声地说："你满意了，我不满意！你还不能走。"

"这是何意？"黄仁霖心中一凉。

"端纳不留神走风了，委员长要见你。"

"好啊！"黄仁霖心里一跳，"你同意我去见他吗？"

"我有何法？他咬定要见你。"

黄仁霖情不自禁地拍了下巴掌："这就好啦！"

张学良用手势煞住黄仁霖："没那么容易，你别高兴得太早。见他之前，我有两个条件。第一，你不准张口说一句话，只要漏出声音，你就别想出去。"

"我没有带任何口信，不张口是可以的。"

"第二，委员长也不可以对你说什么话，一旦他开了口，你也没有好果子吃。"

黄仁霖头疼起来，一脸苦相："天哪！你办不来的事，我黄仁霖能办到吗？他是我的长官，只能由他高兴，我怎么个阻止他对我说话？！"

张学良拉下脸来："你少啰唆！这些就是条件，不接受也得接受。违犯了条款，别怪我张某人不够朋友。"张学良挥了一下手。

张学良将黄仁霖带进了蒋介石的屋子。

望着蒋介石，黄仁霖脱下帽子，长长地鞠了一躬。畏怯地瞅了张学良一眼，终于颤颤地发出声来："我是奉夫人之命前来探望您，请您多加珍重！并且不要讲话太多。"

蒋介石眼圈微红，嘴角有点儿颤抖。自从事变以来，他这是第一次看到自己人——自己的夫人派来的亲信。他嘴角动了几动，却没说出一句话。静默片刻，忽然一转身坐到木桌前，挥动毛笔疾疾写了起来。字写得大，连写两张，又写第三张。丢下笔后，对黄仁霖说："你靠近些，我把这封信读给你听。"

张学良板着脸，脸色发黄，出气有些变粗。黄仁霖不敢动，委员长瞪了张学良一眼，便主动往黄仁霖这边挪挪身子，他把信一字一句地反复念了三遍。第一遍念完后，黄仁霖偷偷瞧了少帅一眼，张学良紧抿嘴唇，脸容变得很激动，膝上一只手握成了拳头，黄仁霖心里嘀咕："完了！回南京的机会完了！"委员长一遍又一遍地读，他是要黄仁霖把每一句话、每一个字铭刻脑海，只要人活着，口信就能够带出去。这封信前两页这样写道：

"余决为国牺牲，望勿为余有所顾虑。余决不愧对余妻，余决不愧为总理之信徒。余既为革命而生，自当为革命而死，必以清白之体还我天地父母也。对于家事，他无所言，唯经国、纬国两儿，余之子亦即余妻之子，望视如己出，以慰余灵。但余妻切勿来陕。"

第三页信上的大意是：叛军倘若在三天之内不把我送回南京，各路大军迅即进攻西安，即使是踏过我的尸体前进，也当在所不惜！

上午为端纳所写的手令，张、杨二将军审阅之后，已经是忍了又忍。眼下又来这样一手，这不是明令中央军向西安进攻吗！

黄仁霖出了房间，张学良在走廊里快步追了上来。下了台阶，黄仁霖虽不敢看张学良的脸色，却分明感觉到张学良怒气难遏，黄仁霖胆怯地嗫嚅："我哪里不对了？"

"哼！你样样都错啦！"

黄仁霖一只手从外边压住中山装的内袋："这不外乎是家信一类的文字，我决不会添油加醋使局势恶化的。"

"放屁！"张学良粗鲁地打开黄仁霖的手，扯开外衣，把一只纽扣拉蹦了，内衣的口袋被撕破了，他三两下抢走了那封信，还数了数，三张，是三张。四个身躯高大的卫兵逼上前来，刺刀闪闪，黄仁霖动也不敢动。

张学良怒气冲冲："你要放明白，这是委员长不让你走啦！"他对卫兵下令，"让孙铭九关到卫队营去，严加看管！"

黄仁霖被推进汽车，他长长地叹了一口气。是的，是委员长留下他了——生死线上的委员长太孤单了，亟需一个生灵陪伴他的生命。委员长能安全脱险，黄仁霖自然无恙；委员长若有不测，黄仁霖则是一桩由蒋夫人特地送过来的"殉葬品"。

28. 周恩来进入西安城

西安古城，笼罩着一派战争气氛。南京政府大多数人估计，蒋无生还之望，于是就冒出了讨伐轰炸派，产生了幸灾乐祸者。张、杨二将军的部属也觉得既用非常手段扣住了蒋介石，骑虎之势已成，也就没什么妥协的余地。

由于事变极其突然，张、杨二将军对于如何彻底实现八项主张，如何达到逼蒋抗日的目的，如何抵挡南京方面的军事进攻，并没有、也不可能有系统、详尽而明确的方针，特别是在如何处置蒋介石这个关键人物的问题上，颇感棘手难缠。各方面的呼声霹雳闪电，一个比一个强烈，张、杨需一一倾听，件件斟酌。张学良亦感到问题的复杂性："想不到抓住他（蒋介石）就像抓住个刺猬，拿起来扎手，放在地上又怕逃遁，实在不好办！"他二人翘首陕北，急切盼望中共代表团快些到来。

飞机把周恩来一行从延安接到西安，是雪天又近了黄昏，张、杨忙得不能脱身，加之不知飞机返航的具体时间，所以没来得及到机场迎接。周恩来下飞机后，悄悄地让在机场迎接的刘鼎把他领进金家巷一个地下共产党员涂作潮的家里。涂作潮曾到苏联学习过，回国后明里是无线电装配商，暗中为共产党安装收发报机。

在低暗的小屋里，周恩来一面喝水一面闲谈，一面顺手拿起地上剪铁丝的剪刀，剪自己又长又浓的胡须。涂作潮一回头瞧见了，不无遗憾地劝道："太可惜了！你是有名的美髯公，怎么剩下这长短不齐的胡茬了！"

周恩来笑了笑，继续剪理胡须……

"中共代表团来了，周先生来了！"这消息立即拨开了笼罩在张、杨二将军心头的愁云。

杨虎城舒心地说："这下好了，中共派周先生来了，他能跟蒋介石平起平坐，老蒋再也装不成臭架子了！"

张学良更是兴奋："人呢？周先生人在哪儿？快些给我请来！"

张公馆门前，张学良焦灼地等待着。当秦邦宪、周恩来领着中共代表团拐进小巷时，他急步迎上前去，紧紧握住周恩来的手，两个人激动地对视着。

"张将军，您好！这一阵儿您瘦多了！毛泽东先生让我向您问好！"

"感谢毛先生！"张学良惊讶地盯着周恩来，"你的胡须……？"

周恩来往下巴处抹了一下："剪了。"

"那样长的美髯，太可惜了！"

周恩来答："张将军太辛苦了！我剪去长须，在城里也就不惹眼——可以更方便地协助张将军。"

张学良再次拉紧了周恩来的手，感激地说："谢谢周先生！谢谢代表团！"

周恩来一一介绍代表团的成员，张学良逐个儿握手，寒暄。当张学良、周恩来并肩领着众人走向东楼的时候，许多人窃窃私语：一个是"剿共"的副总司令，一个是被"剿"的共产党的副主席，怎么会亲热得像一对老朋友呢？张公馆并立着三座格局一致的精致楼房，洋式建筑，俱为三层。代表团被特意安顿在东楼三层楼上，周恩来靠东住两间，一作卧室，一为客厅。三楼中间大屋里摆一张长方大桌，鸡、鸭、鱼、肉，香气扑鼻，张学良以丰盛的晚宴欢迎中共代表团。天低云暗，雪花稀疏，暮色已经合拢了，屋子里却是酒暖饭热，一派融洽的欢乐气氛。张学良为代表团敬过酒之后，作陪的应德田又上前敬酒，张学良向周恩来介绍："这是我的私人秘书，美国康乃尔大学毕业的博士，忠忱爱国，是我要好的朋友。"周恩来与之两杯相并，宾主一饮而尽。

晚宴之后，周恩来独个儿走上西楼，张学良和赵一荻在楼梯口迎接他。周恩来将手伸向女主人："这是赵一荻小姐吧？我们虽然没见过面，交道可是打过不少哩。"

★ 中共中央代表团团长周恩来

张学良与红军的交往属于绝密，此类电文，全是赵一荻一手处理的。赵一荻美丽的睫毛动了动，莞尔一笑："汉卿天天盼您呢！您再晚来几天，他要急出病的。"客室里清静异常，一盆水仙花幽香四溢，赵一荻端上茶点，默默退出，倒插了门，守候在外间客厅里，翻阅着画报。

张学良说："杨主任听说您到了，急着要过来看望您和代表团。我说您明天早早就过去，杨主任说他在'止园'里专候。"周恩来笑着点了点头。两人的谈话便进入了正题。

张学良叙述了蒋介石目下的情况、南京的动态及各路军阀的反响，继而说道："委员长独断专行，立逼我和杨将军配合中央军继续'围剿'红军，我们劝说他，苦谏不行，进行哭谏，委员长反而声言要把我们的队伍调离西北。我俩实在是忍无可忍，万不得已，只好实行兵谏。倘若不捉他，不临之以兵，就无法使他猛省，内战就不能停息，抗日只能是一句空谈。"说到这儿，张学良面起忧色，叹息一声，从兜里掏出一张《消息报》拍在桌子上，连连摇头："可苏联这么个态度，毫无根据，信口中伤，实非我始料所及！"

周恩来盯了一眼《消息报》，又怔怔地注视张学良。张学良语调很沉重："本来，我一直是想与苏联取得联系，盼望苏联支持我们抗日的。我通过李杜，通过新疆，都试图竭力沟通。这个事，你我四月在肤施会面时也通过气。但我万万没想到……"张学良愤愤然拍了下眼前的《消息报》，"莫斯科电台连日大骂我是亲日派，我的行动是暴乱、投机、分裂，比任何电台都骂得难听，弄得我和杨主任进退失据，啼笑皆非。你说说，这事让我怎么办？"

苏联以第三国际的名义发给中共中央的电报，周恩来是有看法的，认为它对张、杨二将军的义举所取的态度是不公平的。面对张学良，他呷了口茶，才徐徐回答：

"对苏联的看法，请张将军不必多虑，它不太了解我国的国情，看问题难免偏颇……我党已努力在向苏联解释。相信他们只要了解了事实真相，是会改变对张将军和西安事变的态度的。"

周恩来一边讲，一边谨慎地观察着张学良的细微表情，斟酌着用词的分寸。张学良是个爽性人，他努力挥开了《消息报》投射在心头的阴影，诚恳地表示："对消息报我并不特别介意。整天盼您来，我是急于听听贵党毛泽东先生和您的意见。"

"我们党和毛泽东主席本人，这次特别让我向张将军致意，对您和杨将军的爱国热忱和正义行动表示钦敬！义所当为，毅然为之，这一举动是进步的！是果断勇敢的！不仅符合我们共产党人的意愿，也符合全国人民的心愿，它将成为转变中国历史的一个重要枢纽。"

听到这样的评价，张学良心里一阵热乎，甚为感动，但一想起目前的处境，情绪并不松快："是功是过，现在还难说哟。"他身子往沙发背上靠了靠。

"这就要看张将军如何处理，如何收局。"

张学良的神情很诚挚："周先生，事情现在很棘手，很难办。我盼您来，就是盼你早日帮我拿定个主意。"

周恩来说："眼下的蒋介石，既不同于俄国十月革命后的沙皇尼古拉，也不同于滑铁卢战役后的法国拿破仑。前者是经过群众暴动被推翻的，后者是经过战争、全军覆没后被流放的。可蒋介石呢？扣是扣住了，他的实力还原封未动，所以各方面的反应就像暴风雨一样骤然而起，非常猛烈。在这种条件下如何来处置蒋介石，就要非常慎重。"

张学良把茶杯递到周恩来跟前："这正是我最头疼的事儿，请您坐下说。"

"西安事变目前存在着两种前途。如果能说服蒋介石停止内战，共同御侮，会使中国免于被日寇灭亡，争取一个好的前途；如果宣布他的罪状，先公审，尔后杀掉，这样不仅不能停止内战，反而会引起更大规模的内战，为日本造成进一步灭亡中国的有利条件，这就使得中华民族的前途比现在更糟糕。假如走后一条路，那就辜负了二位将军抗日爱国的一片苦心。"

听到这里，张学良似乎镇静下来了，面容上没有了不愉快的表示。他若有所思地说："若是后一个局面，那我张学良就是历史罪人，唯有以头颅谢天下了！"

周恩来站起身来："现实要求我们争取中国走向一个更好的前途，那就是争取举国一致的抗战；西安事变是一个走向光明的转折点，而抗战则需要的是全国的统一与合作，不仅仅限于西安一隅。我们现在要想尽一切办法说服蒋介石，使他放弃内战政策，走上抗日的道路。因此，我们主张和平解决西安事变，并同意你的意见：只要蒋介石答应停止内战，一致抗日，就可以考虑体面地释放他。"

听到这儿，张学良笑了笑，以奇异的目光审视着周恩来，他怎么也没有料想到中共会提出和平解决的方案。十年"剿共"，血海深仇，谁能想到他们会以民族利益为基点而"以德报怨"呢？周恩来耐心地以至情至理剖析全局，使他在彷徨、朦胧之中感到了主心骨之所在。他浑身一阵轻松，站起来了："说心里话，我张学良对您和毛先生的意见向来是很尊重的，'兵谏'是天大的事，既然连你们中共都同意和平解决，我张学良还有什么话可说呢！"张学良的语调是平静的，心情却极不平静！听到这个话，周恩来心中的一块大石头落了地，便连忙调开话题："毛泽东先生要我告诉二位将军：为促成和平解决，必须给予南京的进攻以沉重打击，促进蒋介石反省。在军事上，我们也决定给二位将军以积极的实际援助。这不是扩大内战，这是为了遏止内战，以实力深化'兵谏'，不得已而为之。现在，问题的症结是蒋介石的态度，他愿不愿意、有没有可能将'安内'的政策转变成'攘外'。"

两人继续商讨了一系列具体对策。夜半时分，张学良拿出一张纸条要周恩来看。这是蒋介石写给宋美龄的一份"遗嘱"："余决心殉国。余死后，余之全部财产由汝继承，望汝善视经国、纬国两儿，有如己出。祝上帝赐福于汝。"

周恩来看罢，沉吟片刻："我不相信他要'殉国'，这纸片也不是专给他老婆看的。真正视死如归的人，不搞这一套。色厉内荏，外强中干，心理上空虚的人，往往倒喜欢来这一手。"

张学良忆起蒋介石搬家时的狼狈相，不禁朗然地笑了，与周恩来一块笑了。一直静静守候在门外的赵一荻小姐，终于听到了亲切的、熟悉的笑声……她轻轻站起身子，放下了手里的画报。

北大街近北门处往西通一条长巷，叫九府街。九府街中街有一座坐北朝南、典雅富丽的大型中式建筑，是杨虎城的另一座官邸——止园。唐朝初年，这里是政治中枢太极殿的所在地。千年变易，难以细数。1931年到1932年春，杨虎城改建为"止园"。初建时取"紫气东来"之意，叫"紫园"。易"紫园"为"止园"，才是上半年的事儿。

周恩来赶到止园，杨虎城已经在门口等候多时了。他毡帽布袍，马褂眼

镜,一派关中士绅打扮。杨虎城热情地让周恩来入内,周恩来却盯住门脑上镌刻的"止园"二字不挪脚:

"噢!是辛亥元老寇遐的手笔,好别致的书法。"周恩来转过头问杨虎城:"杨主任。为什么取名'止园'呢?"

"字面上是'止戈为武'的意思,退一步看,我也有'止乎于此'、不更求长进的心思。"

陪伴周恩来的张文彬站在边上,插了一段话:"老蒋十月到西安,杨主任打算在止园宴请他一次,蒋介石下车后,一抬眼看见这两个字,死活不进门了,拧身非要返回临潼不可。当时众人闹不清是咋回事,弄得杨主任和十七路军几位主要将领目瞪口呆,丈二和尚摸不着头脑。"

杨虎城给张文彬使了个眼色,张文彬也便故意束住话尾,不往下说了。周恩来看看杨虎城,杨虎城也意味深长地注视着周恩来,含笑不语,似有所待。

周恩来双手抱在胸前,望着"止园"二字略一沉思,笑了:"我说蒋介石这个脑袋瓜也太迷信了——他的名字叫'蒋中正',这个'正'字去了头,不就是'止'吗?他不敢进杨主任的府第,心里觉得这个'止'字是不吉之兆。"

张文彬与杨虎城交流一下钦佩的眼神,忙将周恩来往里让:"外面冷,快请周先生进屋里坐。"

二人坐定之后,周恩来把昨天晚上同张学良的会谈作了介绍。杨虎城听了,愣着眼沉思了好一会儿,才说道:"我是个粗人,文化不高,见识浅陋。至于发动这场'兵谏',我杨虎城是追随张副司令的,更愿意倾听和尊重中共方面的意见。既然你们两方意见一致,我无不乐从。"

周恩来看得出,杨虎城是心里有话,不便直言,便主动靠近一些,诚恳地说:"虎城兄,这次事变是你和张将军共同搞的,你二人为主,我才是客嘛。至于蒋介石的个性与为人,你更了解。有什么高见,还望直言。"

周恩来谦和可亲,从容不迫,杨虎城深深地吸了几口烟,嘴角终于露出一丝不易觉察的苦笑,说道:"蒋介石这个人,真真是凤毛麟角,在中国历史上是少见的。这块土地上的所有军阀包括我在内,谁都拧不过他,斗不过他,贵党和他对敌,长期分庭抗礼,地位上是平等的,可以和他平起平坐,要打就打,不打就罢。可我和张副司令是他的部下,轻易把他放了,他一旦失信，一旦翻脸，我们的处境就很危险，很不妙。"

"我要是处在杨先生这个位置，也会这样想的。"周恩来很耐心，"不过，说到蒋介石守不守信用，我以为信义问题在目前关系着蒋介石个人的政治生命，他倘若失信，更便于我们向全国人民揭露他，他在道义上必然是一败涂地。至于会不会报复也不完全取决于蒋介石个人，只要我们东北军、西北军和红军三方面团结一致，与全国人民形成强大的团体，老蒋他纵有报复之心，也难以施展的。"

"蒋介石这个人，心如刀刃，毫无信义，诡诈阴险，睚眦必报，什么瞎瞎事儿他都干得出来。文人反对他，他还勉强睁只眼闭只眼；我们武人反对他，便恨之入骨。"停住话，杨虎城磕磕烟斗，让自己的情绪稳了稳，继续说道，"话又说回来了，贵党比我肚量大，看得远。现在，你们置血海深仇于不计，以国家民族利益为重，我还有什么顾虑的呢?! 我只是说，放蒋是有条件的，决不能轻而易举放他走。"

周恩来说："难得杨将军这样识大体、顾大局。多年以来，中国的军事家、政治家打内战不惜血本，一说到抵御外侮，唯恐于己有损，更谈不上牺牲自己。这是中国的灾难，着实令人感到难过和惋惜。"

临分手时，周恩来又说："为了加强我们之间的联系，我打算调南汉宸回西安。"

杨虎城一口答应："好啊，汉宸与我是老关系了，他来了更好。"

出得止园返回的路上，被雪后的寒风一掠，周恩来脑海里更清晰了。张、杨二将军对中共的意见很尊重，对代表团很信赖，这是一致的，也是很难得的。而二位将军深处的考虑，明显是有差异的，不那么一致。张学良目下对汪精卫、何应钦一伙亲日派极其反感，惟恐他们乘机上台，他们愈张狂，张学良拥蒋以压制汪、何的想法便愈强烈，两害而权其轻，他是宁可拥护蒋介石来亲近美、英，决不会亲日。杨虎城则不同，他是在长期军事角逐中逐渐形成的地方实力派，多年来与老蒋的关系一直别别扭扭，现在既然抓了他，一不做，二不休，纵是不审不杀，至少也应在政治上使蒋介石垮台或者失势。二位将军心理状况是复杂微妙的，张学良心急如火，忙于定点；杨虎城瞻前顾后，心神不安。急于让中共代表团拿出个主意，却正是二人不同情绪的同一交点。代表团倘是一着不慎，处理失调，"三位一体"的团结合作就很成问题。也正是想到这里，周恩来当机立断，决定迅速把南汉宸调回西安，与王炳南左右配合，协同代表团做好杨虎城的工作。金家巷这边呢？应德田显然是张学良的心腹，今晚得找他好好扯扯，让他为团结抗日尽一把力。

周恩来回到金家巷东楼。千头万绪，太复杂、太紧张了，大伙儿劝周副主席注意身体，有人递来了一杯热茶。周恩来一面喝茶，一面要通了在西北总部那边办公的党政处长卢广绩的电话："卢处长，听说那个'剿总'政训处的处长曾扩情被关押在省银行里，你陪我去看看他好吗？"曾扩情是个监视东北军、西北军思想动态的老牌特务，大伙对他没有好感。

周恩来继续与卢广绩通话："我想劝说这个人利用广播电台向全国民众进行广播，向南京方面广播……啊？你说曾扩情该怎样对南京方面发话？这个我想好了：要想委员长平安回京，西安与南京之间只可以文说，而不可以武争，古语说'奔车之上无仲尼'，现在是炮火炸弹下边，委员长的安全也就无从谈起……"

边上的同志听着周副主席机动灵活的安排，睿智、幽默的话语，一个个禁不住笑了。

会晤杨虎城之后，周恩来又给保安发去一电，这份电报里透露了两条最新消息，一是现在宋美龄、宋子文有扭转蒋介石转向抗日的愿望；二是南京亲日派在积极活动，欲让汪精卫上台当政，取代蒋介石。

29. 穿云破雾的宋氏兄妹

正当蒋介石在高公馆给端纳写停战三日的手令的时候，南京推举何应钦为讨逆总司令，下达了讨伐令：

刘峙为前敌总司令，顾祝同、蒋鼎文、朱绍良、陈诚、卫立煌分别为一、二、三、四、五集团军总司令，集中三十多个师包围西安。

"这是干什么？简直是给委员长脖子上套绞索嘛！"宋美龄急坏了，吃不下饭，睡不着觉。当端纳、蒋鼎文持着蒋介石致何应钦的信函飞到南京时，她一刻钟也不让停滞，要他们立即给何应钦送去。

信送去不久，三民主义励行社的书记邓文仪求见蒋夫人来了："报告夫人，我以为政府的决策、部署是有道理的。我们只有兵临城下，使叛逆震恐，方可派人飞往西安和平谈判,营救领袖,这是以战止战,以毒制毒。"

宋美龄沉着脸不吭声,邓文仪又说起来:"再说,委员长那封手令,我以为对于进军也有所暗示。"

宋美龄禁不住反问一声:"怎么个暗示法?我怎么看不出来。"

"信末所写的'戎祉'字样,夫人怎么理解呢?我的理解是以重兵为砝码而求和平解决,才符合委座的心理。"

宋美龄听了,以惊奇的目光望着邓文仪。委员长以往的信函手令里,的确是从来没有出现过"戎祉"字样。宋美龄冷静之后,仍坚持原来的意思:"张副司令是个重感情的人,这一点我比谁都清楚。我哥哥已经准备好了,和端纳一块飞往西安,情况若真如端纳所说的那样,我也准备前往。至于进兵,三天之内决不许动。谁违背委座的手令,我就怀疑谁心术不正,有借刀杀人之嫌!"

邓文仪一脸难堪,无话可说。

为了营救,宋美龄又打电话恳求在上海的宋庆龄设法与中共联系,她想直接与共产党会晤。宋庆龄表示为难,宋美龄声泪俱下,赌咒发誓,说是绝对保证中共来人的安全,宋庆龄这才松了口,很快通知了住在上海的中共代表潘汉年。

正当宋美龄、潘汉年对宋美龄的西安之行仔细进行交涉的时候,宋子文与端纳已经飞往西安了。宋子文是蒋介石的姻兄,又是南京政府里亲近英、美派的代表,背后有四大家族作后盾,是个典型的实力人物。他站在英、美和四大家族利益一边,认为张、杨提出的改组南京政府的主张,可进一步驱逐亲日派,便于建立一个清一色的亲英美内阁。在西安,他会晤了蒋介石,又会晤了张、杨二将军。

张学良很关心蒋介石的态度,一见宋子文便问:

"怎么样?说通他有把握吗?"

宋子文说:"人在极度紧张的精神状态下,爱情的滋润最容易使他的心肠软下来。我为他捎来夫人一封信,他读到'如子文三日内不回京,则必来与君共生死'一行时,哭起来了。——如果要顺利解决这场事变,我看非蒋夫人来西安不可。"张、杨二将军一同点头。宋子文得知中共代表团已在西安,又主动与周恩来进行了一次长谈。21日他带着满意的心情飞返南京。一下飞机，啧啧称赞周恩来，说周恩来有"政治远见"，是个"最了不起的人物"。诸位军政大员听了此言，一个个"目瞪口呆"。

22日，一架飞机从南京飞往洛阳，停留半小时之后，又折向西安。机舱里坐着宋子文、宋美龄、端纳、蒋鼎文，还有军统特务头子戴笠。宋氏兄妹这次去西安谈判，得到了代行政院长孔祥熙的首肯。戴笠是蒋介石的重要心腹。西安传来事变的消息，他哭丧着脸到处奔走，失魂落魄，不知怎么办才好。他对他的同伙说道："怎么办啊！如何是好啊！委员长生死难卜，我见了何部长，他主张讨伐；见了宋院长和夫人，说是打不得，要用政治解决。贺衷寒、桂永清他们却主张兴师问罪。'猪往前拱，鸡往后扒'，各有各的路数，领袖又如何能得救呢？我想最好能找到飞檐走壁的武侠混入西安，把领袖给救出来。"说完便一头趴在床上号啕大哭，一面哭一面用拳头捶床，捶得床板直晃动。军统局的同伙七嘴八舌，多数主张打。戴笠一头又翻起来："打吗？不打委座尚且难以活命，打起来不是发催命符吗？！夫人认为主张打的人是心怀叵测，另有鬼胎！"

大伙说不成了，一齐问戴笠："文道武道，你究竟主张哪一条嘛？"

戴笠双拳往空中一举，大叫一声："我看两手都要！"说完又扑在床上，干声号啕。大伙围住他纷纷摇头。

宋氏兄妹准备赴西安，戴笠寻上门去，一定要同往。戴笠摸透了老头子的心理，值此危及生命之交，倘不冒死前往，不论老头子能否生还，对他都可能有杀身之祸——蒋介石死了，首先是军统特务头子情报不灵，陷领袖于死地，该杀；蒋介石若是生还南京，生死大难，你特务头子贪生而自保，失职于先，偷活于后，更是该杀该绞。"孤注一掷，总比坐以待毙为好"。所以戴笠指天誓日，相当坚决。

宋美龄觉得戴笠影响很坏，去西安会坏事。宋子文则持相反看法，他认为蒋介石组织"四维学会"时，戴笠是张学良的下属，二人关系甚好，这次前往，帮一句算一句，总能起点说服作用。宋部长说服了宋美龄，戴笠这才坐上了飞机。

飞机临近西安上空，宋美龄从怀里掏出一柄左轮手枪递给端纳，抹泪说道："西安现在是狼穴鬼窟之地。落地之后，万一叛军失去控制，要扣住我和子文，你要毫不犹豫地先把我打死，洁来洁去，我不愿意受人凌辱。"端纳想了一想，还是伸出手接过了手枪。

飞机停落机场，张、杨二将军亲往迎接。宋美龄为蒋介石带来了许多食物、用品，还带来了一个服侍她的女佣蔡妈。宋美龄一下飞机就请求张学良：

"汉卿，希望你不要检查我的行李。"

"夫人请便，我不敢难为夫人。"

宋氏兄妹由张学良和杨虎城陪着前边走了，戴笠走在最后，他随身携带的一支小手枪，被十七路军几个士兵强行收缴了。戴笠进到张公馆，一见张学良，"噗"地跪在地上，"少帅，你可要保我一条命呀！"说着说着竟呜咽不已。张学良见他的手枪只剩下个空皮套儿，禁不住笑了，边笑边解开皮带，把自己的手枪摘下来送给戴笠，戴笠站起身来，扯袖子揩一把泪，连称：

"副司令伟大！副司令伟大！"对杨虎城和十七路军，却暗暗嫉恨于心。

张学良边笑边说："你这个军统局长是怎么当的？西安发生这么大的事情，你怎么事前没一点情报？饭桶！你养了一伙饭桶，他们光会吃老孙家的羊肉泡馍！"

戴笠嗫嚅着答："吃下豹子胆啦，我们哪儿敢做副司令的特务工作呀！我连做梦也万万不敢想，你会来上这么一手。"

"我早就当面说过你，你只会鸡鸣狗盗的那一套，不是个将才。"

端纳偕同宋氏兄妹来到西安，视张学良为第一道救命符。五年前，张学良的夫人于凤至和宋美龄结成干姊妹时，宋子文相继也和张学良兄弟相称，在东北军的财政问题上，宋子文因为与美国、英国相熟，私下帮过张学良不少忙。端纳早就当过张学良的顾问，彼此间自然很随便。

这些人和张学良在一起，亲昵如家人，而且动不动来几句英语，张学良又懂得英语，应对如流。这就使坐在一起的杨虎城将军渐觉苦恼。杨虎城向来是顾大局的，为了尊重张副司令的地位，遇到具体问题都请张出头，他自己有意保持缄默。细心的宋子文有所觉察，就主动到新城去了几次，对杨虎城显得很尊重，也很亲热。

言谈之中，宋氏兄妹很快感觉出张、杨二将军在关键性决策上对周恩来先生的意见很注重。中共是委员长多年剿讨之寇仇，周恩来目下偏偏又在张、杨心目中举足轻重，宋氏兄妹经过审慎考虑，就主动向张、杨二将军提出：希望拜会中共代表团，并和周先生晤谈。

宋美龄是蒋介石的妻子，宋子文是蒋介石的姻兄，周先生愿意见他们吗？张学良挂去电话，周恩来这样回答："宋子文先生与我谈过，开诚布公，很融洽嘛。现在蒋夫人要来，我同样欢迎。"

下午，宋氏兄妹来到东楼前，周恩来把他们迎进客厅，双方表示了应有的敬意之后，客气地坐了下来。周恩来不准备先开口，宋子文左右调理，尽量地和解气氛。

宋美龄早就听说过周恩来是个人物，而今对面相坐，也分明感觉出这个中共副主席气质不凡。尽管经历了多年艰苦的生活与种种政治磨难，可以看出，他仍然是一个精明强干的政治家。静了片刻，还是宋美龄先开口："委员长这次不幸蒙难，贵党怎么看待呢？"

"咎由自取！这完全是蒋先生自己逼出来的。张、杨二将军赴诉无门，忍无可忍，顺应了全国人民的心愿。说委员长这是什么'蒙难'，那是南京政府的名词。"周恩来目光严峻，语音虽不高，每一个字眼却刚正凛然。

宋美龄到底不是一般的女人。她说："西安明显是劫持领袖。历史上早有过这样类似的事件。"

宋子文见妹妹说话带有锋芒，急忙阻止："周先生与委员长是老关系，你对周先生谈这些干什么？"

周恩来抬手止住宋子文，口气仍是刚正而平和："历史上的叛乱，不外是两条：一为金钱，二为权位。你们来到西安，张、杨二将军和各位将领，有哪一位向你们的权位、钱财、地盘伸过手？"

宋美龄有点窘，脸色微红。周恩来又说："南京诬蔑西安兵谏是'叛乱'，显示他们在历史知识方面愚妄、浅薄，甚至是无知。"

宋子文忙站起身打圆场："那是何应钦、戴季陶他们瞎吵吵，蒋夫人和他们想的并非一致。要真是认定为叛乱性质，夫人她怎么能到西安来，又怎么能主动拜会你周先生呢？"

周恩来右手轻弹着沙发扶手，坦然一笑：

"南京的情况我清楚,有人白衣挂帅,兴师申讨,可你蒋夫人却想尽一切办法阻止用兵。截然相反的两样做法,究竟谁能救出个活着的蒋先生呢?现在到了西安,你们都明白:蒋先生所面临的更大危险来自何应钦和他的轰炸机,而不是张、杨二位将军。"

宋美龄沉思片刻,又抬头问道:"面对目前这个局势,保安方面有什么打算?"

周恩来说:"蒋委员长能否继续作领袖?关键看他在抗日问题上的态度。南京方面假如执迷不悟,一定要打,我们已经奉陪十年了,再奉陪十年也不怕!何况蒋先生现在被扣在西安。我们之所以与二位将军一起,商量着和平解决,实在是以中华民族的危亡为着眼点的。蒋先生无视这一现实,已经导致下今日的不幸,倘若还有人不引为戒,斗着胆行权用兵,那后果是可以想见的。"

宋子文忙说:"亲聆周先生上次谈话,已使我宋某获益匪浅。愚妹今天登门拜访,主要是协商双方正式谈判事宜。方才冒昧失言,请周先生海涵、海涵!"

"若是这样,那事情就好办了。为了国家民族的生存,我欢迎蒋夫人、宋部长拿出高见,我也愿意与委员长讨论国策问题。"

宋子文连忙给宋美龄示意,宋美龄平静地说:"委员长腰部受伤,疼得不行,床上翻身都得我帮扶一把,所以谈判的事,他的意思是由我和宋部长代表他具体商谈;另外他还提出,所有商定的条款,不做书面签字,均由委员长以领袖的人格保证执行。"

周恩来以敏锐的目光审视着宋氏兄妹,很快就回答:"'兵谏'是张、杨二将军发起的,未来的谈判是显示'兵谏'结局的一个关键。委员长提出的这两条,得与二位将军协商决定,我个人没有权利决定。"

兄妹二人被周恩来送出客厅,一前一后下了东楼。转过一座假山,宋子文又一次喟叹:"周先生是个天才,罕有的天才!难怪张、杨二将军对他推崇备至。"

宋美龄又一次抹抹泪水:"看这个样子,委员长若是不转变国策,这一次就别想回南京了!"

24日上午，谈判在张公馆二楼会客室里进行。应德田担任记录。蒋方的代表是宋氏兄妹，西安方面的代表是张学良、杨虎城、周恩来。

张公馆对面隔过一条小巷就是高公馆，蒋介石躺在高公馆的床上。一旦有议决不下无法定夺的难题，宋子文便差遣门外的蒋鼎文穿过小巷，当面请示蒋介石。一辆小汽车在两个公馆间穿梭般拐进拐出，不知往返过多少趟。

谈判主旨以八项主张为依据，最后由周恩来作主归纳为六条：

一、双方停战，中央军撤至潼关以东；

二、改组南京政府，驱逐亲日派，容纳抗日分子；

三、释放一切政治犯，保障民主权利；

四、停止"剿共"，联合红军抗日，共产党公开活动；

五、召开各党各派各界各军的救国会议；

六、与同情抗日的国家合作。

谈判结束后共进晚餐，张学良如释重负，脸上挂着笑，浑身似乎一下轻松了许多。宋子文与杨虎城坐在一块，连连给杨虎城夹菜，添酒，弄得杨虎城反有些不好意思。散席时，周恩来忽然提出："委员长住在对面，我想顺便过去看看他。"

宋子文、张学良满口赞成，宋美龄一下子不知所措，可也不好推托。这时，电话室有人传话，杨公馆有急事，催杨将军回去。杨虎城顺水推舟，拱手告辞。

夜色苍茫，朔风正紧，蒋介石在灯下闷首独坐，他急着想知道谈判的进展情况。忽然一阵杂沓的脚步声响过台阶，张学良挟带着一股寒气进了屋，身后紧跟着宋美龄、宋子文。张学良朗声说道："委员长，你从前的一位旧属特意来看望你啦！"

蒋介石的脑子还没转过弯儿，宋美龄、宋子文已让在两旁。

"蒋校长，您好！"一声清亮的问候，一个潇洒的身影出现在灯下。

"周恩来！"蒋介石半张着口，几乎不敢相信自己的眼睛！孙中山创办黄埔军校，蒋介石任校长，周恩来任政治部主任，彼此早就熟识。

眼前的周恩来，眼神灼灼闪动，蒋介石倒吸一口冷气，慢慢地坐回原位，半偏过脸去，脸颊上一阵煞白。周恩来从容不迫："我们是十年内战的对手，今天能在这里见面,有幸! 也难得! 不过,请校长放心,我不是来算旧账的,是来同你商谈今后的救国大计。"

此时的蒋介石脑海里像过电一样,涌动着往事:1926年"中山舰事件"一发生,周恩来就冒着生命危险,赶到广东造币厂,义正辞严,质问得蒋介石哑口无言。1927年四一二大屠杀,周恩来在上海领导工人武装起义,突然被特务抓住,不料却被一位同情者救走了,蒋介石一阵空喜欢。1931年冬天,顾顺章在武汉叛变,出卖了中共中央的秘密地点,周恩来化装成牧师,又一次脱险。蒋介石气愤极了,曾悬赏八万银元买他的一颗脑袋,一直实现不了。可今天晚上,就是这个周恩来,突然堂堂正正坐在蒋介石的当面,大器磊落,神态自若,反而一下子弄得蒋介石手足失措,错愕不已。

一番商谈之后,周恩来起身告辞,张学良陪着他走出门外。周恩来的身影消失好一会儿了,屋里三双目光还呆呆地望着门口……

送走周恩来,张学良陪着端纳又回到高公馆。宋子文对张学良说:"夜里这样冷,你这些天也够辛苦的了,四小姐在家等着哩,该早早歇息才是,怎么又来了。"

端纳说:"是我请他来一下。今天下午已经谈判了,最好定一下回南京的事情。"

宋美龄说道:"汉卿,委员长那天下的手令,说是停止进兵三天为限;我从南京来时,又求何部长宽限三日,明天是最后一天了,怎么说呢? 况且,明天又逢一年一度的圣诞节日,我和委员长都是基督教徒,明天动身,能取个吉利。你能把这个作为最好的圣诞礼品,赠送我们吗?!"

宋子文也说:"下午商定的六条,应当趁热打铁。委员长一回南京,就可着手实行,以免夜长梦多。"

张学良望了蒋介石一眼:"今天早上,委员长说西安这里没有戴笠的事,要戴笠回南京去。午间送走戴笠,我向杨主任、周先生提出了你们回京的事,杨主任认为,连一个签字都没有就放人,这怎么成! 城里都是绥署的部队,城门也是十七路军把守着,杨主任不松口,很不好办。"

宋美龄很焦急:"杨虎城脾气很拗,万一说不通怎么办? 难道就这样拖着?!"

宋子文白了妹妹一眼,说道:"我明天一早到新城去。人都有个性格,我觉得杨主任也不是那号咬死理的人。"

蒋介石半倚在床，用毯子盖住下身，歪头看着墙角上自身的投影，心里却琢磨着屋里的每一句话。端纳一扬手，对着张学良："你一个副司令，难道就没有另外的方法吗？"

张学良难为了好一阵，试探着说：

"实在不成，就说赴南京交涉罢战言和事宜，让夫人和端纳先走一步。我这里暗中将委员长化装之后，坐汽车混出城门。一进入东北军营内，送往洛阳就方便多了。"

不等张学良说完，宋美龄打断了他：

"这样鬼鬼祟祟地逃走，我不干！不如就死在这儿算了！"说罢又红了眼圈。

一直面对墙角的蒋介石转过头来了：

"你们光想早日回去，回到南京又有什么意思呢？"大伙一齐望着他，"我这次在西安栽了个大筋斗，名声、地位、尊严全毁了。一个国家统帅走上了这种末路，在人们心目中还有什么分量呢？对于汉卿、虎城和周先生，我绝对没有话可说，你们确实待我不错。可事情已经陷入这步田地，我日后怎么领导政府，怎么发号施令呢？"蒋介石越说越难过，竟"呜呜"地哭了起来，"汉卿，你成全我罢，我想好了，如果我们不能一块离开这里，你还是把我和美龄一起处置了干净！这样活着有什么意思！"

这阵势，把张学良隐伏在疲惫身躯里的憨劲一下子挑逗起来："只要委员长停止内战打日本，回南京以后，我愿意负荆请罪！"

蒋介石不抬头，只抬动一只手有气无力地拍了下毯子："你这次举动，也就是鲁莽了一点，可动机是为了抗日，为了民族，又没有加害于我啊！有什么罪可请呀！"

"这是我自己愿意的，你不必顾虑。为了便于你领导抗日，我甘愿负荆请罪！至于治罪方式，你可以指示：'着该员率部出兵东北，收复失地，戴罪立功。'既显示委座宽宏大度，我也可如愿以偿，喋血故乡，虽死而无怨！"

蒋介石抬起头来，脸上一扫悲痛之色："你说的办法大致不错，身为领袖，可是我还不想采用。"

张学良决断地说："委员长倘若疑心我的诚意，我跟你一起去南京。一言九鼎,让天下人看看我张学良!"

宋美龄接连摇头:"这怎么行呢?杨虎城、周恩来先生和你的部下会允许你这样做吗?"

"不管谁允许不允许,凡是我决定的事情,都得由我。"

宋美龄又问:"你不怕南京有人恨你,对你下毒手吗?汉卿,你是个副司令,凡事要三思而后行呀!"

"我不是小孩子,利害得失会权衡的。如今是抗战第一,而抗战必须委员长领导,挽回委员长的名誉威信比什么都重要。只要抗战实现,东北能够收复,什么我都不考虑了!"

张学良更急着要把委员长他们送回南京,他又一次约请周恩来过来,与端纳一块围绕放蒋回宁之事又一次进了高公馆。当张学良代表在场的蒋介石、宋子文、宋美龄、端纳提出明天圣诞节,要将他们一行放回南京时,周恩来提出三条,要求委员长保证执行:(一)停止"剿共";(二)容共抗日;(三)允许中共派代表前往南京商谈具体事宜。蒋介石连忙回应:"共产党向北推进抵抗日本,一直是我希望的。如果共产党愿意停止一切共产主义宣传活动,并服从中央领导,我将像对待自己子弟兵一样进行看待。"他继而又对周表示,"等你休息好了时,可以亲自来南京,我们可以针对相关问题进行详细讨论。"周恩来见蒋介石爽快地答应了自己提出的条件,对明天放行之事也就痛快地点了头。

出了高公馆,夜已深沉,周恩来提醒张学良:"明天放他们回南京是件大事,你得先和杨主任商量好了才行。三位一体,我方只代表我们一方的意见,是不能代表杨主任的。"张学良连连点头。

翌日一早,天空晴朗,寒气却袭人。张学良早早就到了新城,与杨虎城并肩而坐。

"委员长他们现在不走不行啦!南京目下很复杂,汪精卫、何应钦跃跃欲试要当家,一旦政权易手,他们得势,委员长若是还在西安,可就一文小钱也不值了。"

杨虎城知道他的意思,故意喊夫人谢葆贞给副司令准备早餐,回避这个话题。

张学良坐不住:"君子一言为定,他们昨天既然接受了'三位一体'的主张，立下诺言，我们就应该及时放人。"

"放了他们，有什么担保？"

"委员长的人格。"

"老蒋什么都有，就是没有这个东西。凭这个放他，飞机一离地面他就要变脸。"

"可留在这儿，下一步又该怎么办？夜长梦多呀，不知会出现什么乱子，我觉得肩上的担子太重，简直受不了。"

"放是要放的，你缓一缓，我们再想一想嘛！放虎归山，久后伤人。这么个大事，我们也应该让设计委员会知道。"

谈话并不愉快，张学良转回金家巷，急火火地上东楼去找周恩来，想求他疏导杨虎城。周恩来刚吃过早饭，听罢张学良的请求，答应与杨虎城进一步交换意见。他二人走下楼时，张学良补了一句："周先生，不但要放他，为了给他挽回面子，我考虑还要亲自送他回南京！"

周恩来一愣，猛地站住脚。他很严肃地正告张学良："汉卿先生，作为朋友，我想奉劝你一句。"张学良静静地听着，他从来没有见过周恩来这样严厉、郑重。

周恩来说："政治是钢铁般的冷酷无情！放蒋是为了合作抗日，我愿意尽最大努力。至于你亲自送蒋，纯粹是感情用事，大可不必。'一失足成千古恨'，虽是古语，我总以为它也是政治隐语，是许多生命与鲜血留下的教训。"

张学良默默地站着，未置可否。

周恩来去了新城，张学良转回西楼，高崇民在张学良的办公室里等着。他主动向张副司令报告设计委员会昨天下午开会的情况："会由我主持，出席的有杜斌丞、应德田、卢广绩、申伯纯、王炳南。至于二位将军和周先生向蒋方提出什么条件进行谈判，大伙说听凭你们三人做主，没什么异议。关键是在什么具体保证之下方可放蒋，不能红口白牙说几句话，就把他们放走。大题目后边必有大文章，万一将来不认账怎么办？起码有两条，他们现在就可以办到。"

"哪两条？"

"一、军队撤出潼关；二、释放上海被捕的爱国七君子。只要他蒋介石写几行字，立时可以兑现。"

"这又不是搞什么商业交易。他已经说过不作任何签字，杨主任和我早就同意了，现在又要我二人出尔反尔去求他？！"

高崇民咽了口唾沫，尽量平静地说："会上有人讲，'兵谏'是大家提着脑袋干的，不是张副司令和杨主任两个人的事情。你们小娃娃逮蚂蚱一样，说捉就捉，想放就放，究竟这设计委员会还算不算一回事？！"

张学良拍着高崇民的肩膀，要他冷静一点。他说："南京有情报，亲日派现在搞阴谋，委员长只有速返南京，才能镇压大局。在这种情况下要什么签字都是无用的，你们要相信委员长的伟大人格和伟大诺言，这就是最大的保证！"

高崇民仍是不依："如何放蒋是三位一体的事，不能由咱东北军一家决定。"

张学良说："只有杨主任有些犹豫，周先生已经去劝说他了。你们设计委员会可以继续开会，把第一流的方案提供出来嘛！"高崇民这才下了楼。

张学良忽然间又想起什么，俯在窗口喊住高崇民。高崇民又跨上来。张学良说："你们讨论的这个情况尚未定型，暂且就别报告杨主任了。"

"我已经向杨主任报告过了，是他催我来向副司令报告的。"张学良无话可说，摇摇手打发高崇民走了。

赵一荻端上饭来，张学良刚拨拉了几口，应德田、孙铭九寻上来了，在小客室里等着。赵一荻逼着他多吃几口，一面夹菜一边嗔怪他："对委员长闹'兵谏'，人家委员长倒是在对面公馆里安宁着、自在着，你却是日夜折腾，生生能把个活人忙死、累死、急死！"张学良顾不上理她。

张学良走进小客室，正用手绢擦着嘴唇，应德田就开了腔："空口无凭就放老蒋，这事变不是石灰窝里打了一砖——白气冲天，白变了一场？！"

张学良很不高兴："我清楚，你们想硬逼委员长签字。你们以为签了字就万无一失吗？这里签字，回去以后想撕毁还不是一样撕毁。他在这里命令中央军退出潼关，暂时退了，一回南京又重新下令出兵，我们又奈何于他？释放七君子，也是如此。我们做事，必须能放能收，自己的事情自己了，不能两手捧着个刺猬老是放不下。阎锡山派赵戴文今天来，谁知道他卖的什么药？！这是关系重大的国家大事，非同儿戏，万一出了岔头，谁担得起？！杨主任那边的冯钦哉已经翻脸了，我们内部难道就没有问题？"

应德田说："尽管如此，也不应过急。倘若签字不能算数，所谓'人格'不更是一摊子尿泥吗！白纸黑字人人看得见，口头上的人格连个影影也没有，一口否认，我们从哪儿寻找根据！副司令说得对，我们不应该老是捧个刺猬放不下，可也不能怕扎手就稀哩糊涂朝外扔！"

"照你们的说法，就这样扣在西安，一直等他签字再放他？"

"当然是这样！"

张学良声音高了："那怎么行！那一定要搞出大乱子来！我决心尽早让他走，你们不要想不通，并且我还打算要亲自送他回南京哩。"

仿佛一个炸雷，应德田、孙铭九的心头猛然一震。以前他二人似乎也影影绰绰听到过这个话，可今天听来，格外惊心。

张学良站起身，边踱步边说：

"这个，你们不懂。他是领袖，领袖有领袖的人格，有崇高的尊严。我们发动这个兵谏，对他打击太大，说抓就抓起来，抓起来一会儿要他这样，一会儿又要他那样，要猴似地，还成什么领袖，成何体统？他以后怎么办？怎么见人？所以我决定亲自送他回去，使他保持住威信和尊严，好见人，好办事，在国体面前不致感到难堪。我也清楚，你们最担心的是，怕他不放我回来，我想他不能，也不敢。真是这样，我们东北军能答应吗？'三位一体'能答应吗？再退一步讲，就是真有危险，我想应该首先看我们做得对不对，不应该在自身安危上兜圈子。发动这次兵谏，我何曾只顾过本身的利害？！只要于国家民族的前途有好处，有危险也应在所不惜！"

应德田双手抱住头，双目向地，显得万般痛苦。孙铭九冷冷地说："你把别人当父亲，别人未必把你当儿子。进了南京，他若还真的不放你，我们东北军怎么办呢？"

张学良一下子激动起来："照你这样说，我只有不送！"

"当然不送！"

"他是领袖，以后邀我去京开会、办事，你说我去还是不去？"

孙铭九哑了。

张学良大声说："如此畏首畏尾，我以后简直无法和他共事啦。在这个世界上，怕危险是不行的，不怕危险才能够免掉危险……这就是哲学！"张学良一根指头直指空中。

"我头疼得要死，先让我到院里吹吹风。"应德田猫着腰一阵风跑出去了。

张学良很烦躁，也想出门，孙铭九却"唰"地跪下身，紧紧抱住张学良的大腿，声腔带点儿抑制不住的哭音："副司令你得说清楚呀……"

张学良甩不开他，一声长叹，低首发问：

"我且问你，孙铭九，你对我忠实不忠实？"

"不忠实我会去抓蒋介石吗？！我会照你说的眼睁睁朝天上戳窟窿吗？！"

"你说说，咱俩谁高明？"

"当然你高明！"

"既然我高明，你和应德田还为什么这样胡搅蛮缠？！我主意已定！你二人不听我的话，掏出你的枪，把我张学良打死算了！"

孙铭九还是死死不松手，眼泪鼻涕就势在张学良裤腿上抹了一下："副司令和杨主任商量了吗？"

"杨主任不同意，我有何法？莫斯科对我们骂个狗血淋头，阎百川诡诈奸猾想做买卖，冯钦哉他们又内部踢咬……你让我怎么办好呢！"张学良很是痛苦。

"万一你回不来，怎么办嘛？！实在要走，你得给西安留个手谕，这儿得有个人扛住旗杆才成呀！"

张学良想了想："你丢开手，我马上写。"

"写给谁？"

"当然是杨主任。"

孙铭九铁钳似的双手终于松开了。

午饭以前，张学良召集东北军部分主要将领在西楼会客室开会，向众人说明放蒋的理由：

"我为什么敢于冒天下之大不韪，把委员长扣留在西安，主要是为争取'停止内战，一致抗日'的国策，现在谈判已经成功，假如我们拖延不决，不把委员长尽快送回南京，中国土地上将出现比今天更大的内乱。假如因我而造成国家内乱，四分五裂，天地崩溃，那我张学良真是万世不赦的罪人。如果是这样，我一定自杀，以谢国人！"

张学良感情异常激动，会场鸦雀无声，他的每一句话都强烈拨动着每一个人的心弦。

"阎锡山想在南京和西安之间做交易，他那是白日做梦！我们是'好汉做事好汉当'，自己请的神自己送。我们不请客，更不请阎锡山那样的政客。兵谏之先，我曾把联共抗日的打算和主张，同阎锡山通过气，他满口表示赞成和支持。兵谏以后，我打电报向他求教，他回电突然向我提出好几个'乎'，什么促进抗战乎，破坏抗日乎，停止内战乎，扩大内战乎，最后是质问我'何以善其后乎？'连篇责斥，连篇质问，而且把这样的电报又送到南京去发表，纯粹打的是投机取巧的鬼算盘！"

有人提问："有人传说副司令不但放蒋介石回去，而且还要亲自送他回南京，这是什么意思？"

张学良神色郑重地回答："是的，我打算亲自送他！菩萨是我推倒的，我再把他扶起来。这一着是要抓住蒋介石的心。大家都知道，这次事变对蒋介石是个致命的打击，现在不但要放他走，下一步还要拥护他作领袖，还要同他一起共事，所以我要给他撑面子，恢复从前的威望，让他今后好见人，好说话，好做事，这就是我送他的本意。其次，我亲自送他含有向他讨债的意思，使他答应我们的条件不能反悔，也难以反悔。另外，南京对西安兵谏是横说竖说，满城风雨，我去了可以压一压亲日派的气焰。委员长是炒面，我是狂风，我要让那些信口雌黄的人张不开口。总之，为人要讲义气，做人情要做到家，同人合作就要合作得有根有梢。我在这个问题上想得比你们高明，比你们深远，你们要听我的话，在这非常的时刻不许胡说胡闹……"

张学良很激动，也很严厉，在座的将领们你看看我，我看看你，谁也不肯吱声，人们处于似被说服而又未完全想通的状态之中。

30. 总算脱了"虎口"

回到卧室，赵一荻正坐在窗前独自垂泪，张学良觉得奇怪："小妹，怎么了？"

"你，你不能太意气用事！从前你把《三国演义》反复看，总是称赞关公的义气，那是小说呀，怎么能当真？！"赵一荻揩一把泪水，声音有些发颤。送蒋回南京的事，她显然知道了。

"南京我是常来常往的嘛，你何必这样多虑？"张学良想宽慰她。

赵一荻说："这几天我睡不安宁，总有些不祥的预感。南京是是非窝子，还是不去的好。"

"我几次为蒋解围，恩德非同一般，这些我不图报答，可他总不至于恩将仇报罢！"

"西安这场事，天大的恩情也一风吹了。说什么没有加害于他，他会这样想吗？华清池那个晚上，说打死也就打死了，他难道连这也不懂！"赵一荻泪眼婆娑。

"小妹，这些我都想过。退一步讲，即使我受点委屈，只要能换回我们东北故乡的土地，我也不悔。再说，不洗刷清白，总让我背个'不抵抗'的污名，我实在心有不甘！"

赵一荻清楚，张学良决定了的，任是谁也挽不回来。她哭泣一阵，索性什么也不说了，背转身去洗脸。谭海从外室传话："宋部长来了。"张学良对着镜子扯扯衣襟，忙走出门外。

宋子文站在会客室里，一反文质彬彬的故态，神色有些慌张："我从杨主任那儿回来，半道上收到一封联名信，委员长和夫人看了，也都六神无主。汉卿，我们只有求你想法子了！"说罢，拿出信来，双手递给张学良。

张学良关上屋门，打开信看到："商定的问题必须有委员长的亲笔签字，中央军队必须退出潼关，有这两条，委员长才能启行。否则，张、杨纵然是许蒋回京，我们也誓死不从。"落尾签名的，都是东北军、十七路军的高级将领。将领们已经背着二位将军自作主张。张学良的眉棱突突直跳，宋子文摸出手帕连连擦汗。

"汉卿，说话呀！"

"事态严重，最严重的还在杨主任那里。"

宋子文连忙凑近他耳边说："周先生费了许多口舌，我又说了一河滩的好话，杨主任总算是想通啦！我给你的这一封信，杨主任并不知晓。"

张学良眼睛一亮："杨主任通了？！"他看看表，"现在是两点半，你们马上准备,我和杨主任立刻送你们动身。"

仿佛突然间听到了纶音佛语,宋子文又紧张又兴奋,激动得说不出话来,双手抱住张学良使劲摇摇,快步小跑下了楼。

张学良转身又推开卧室屋门,手提的小皮箱打开着,赵一荻正噙着泪打点行装。每次出远门,提箱里都装着张学良的必用之物,不用张学良叮咛,大小用物总是收拾得又干净、又齐全。张学良叫了一声:"小妹"。赵一荻头也没回,低头回答:"事到如今,我只求求你,你得和杨主任、周先生打一声招呼。"

"杨主任答应了,我马上去找他。"

"周先生呢?"赵一荻转过泪眼。

"小妹呀,冬天里说黑就黑,已经来不及了。"他很快招了招手,拉上门走了。

赵一荻赶去拉门,门被倒锁上了,一时心急找不见钥匙,转了一圈,她攀住朝北的窗口,分明看见他的小车拐向了公馆大门,想喊,张了张嘴,却喊不出声来。小车一转弯消失在小巷里,赵一荻捏手绢紧紧堵住嘴,不让自个儿哭出声来,胡乱抹了一把泪,转身忙拿起电话听筒。东楼中共代表团的人回话:"周副主席不在,也许过会儿回来。"压了电话,要出总机,连忙要卫队营,接电话的是连长于文俊,赵一荻几乎是喊着发话:"让孙营长立刻到副司令办公室来!"

杨公馆前,杨虎城、谢葆贞将张学良送出门外,张学良疾步上了车,从车窗探出头来:"我在高公馆等你。飞机四点半起飞,你可是快哟!"

杨虎城夫妇转回屋里。

"马上放他?"谢葆贞问。

杨虎城点了点头:"南京很复杂,东北军内部也有不稳迹象,副司令已经铁下心了,周先生对我也是反复开导,宋子文又哀求不已,我若是再不松口,势必成为众矢之的。"

谢葆贞有些发急:"和平解决,就这样草草收场么?周先生提议和平解决,并没说马上放他走。捉他是兴师动众,满城风雨,现在放他,起码也应该告诉诸位将领,告诉设计委员会和周先生。"

"现在是偷着放,声张出去,老蒋他们就拔不动脚了!你想不通,我更想不通。别叨叨了,赶快给我换衣裳,我去送送人家。"

气急败坏的孙铭九坐一辆汽车东扑西转,终于在涂作潮的家里找到了周恩来:

"周先生,二位将军同委员长去飞机场了,知道吗?"

周恩来一听大惊,神色异常:"不知道,走了多大工夫?"

"十几分钟。"

方才有两辆汽车一前一后,从金家巷驰上东大街,车速迅疾,坐在小店里的周恩来远远地看见,但不知其中的奥妙。

周恩来忽地站起来,迅速拿起衣服,边穿边往外走:"你怎么不早告诉我?"

"四小姐急惶惶要我找你,我费了天大劲儿才寻到这儿!"

周副主席飞快地上了孙铭九的汽车,往前一指:"快去机场!"

张学良要周副主席去开导杨虎城,但谁也没说马上就启程呀!更教周恩来担心的,是张学良很有可能会送蒋赴宁。周恩来方才还在苦苦琢磨呢。"嗨,真是……"周恩来焦虑地连连摇头。孙铭九连连催促司机:"快!开快!"

融雪天气,又湿又冷。街上行人稀疏,一式青灰颜色的笨笨穿戴,头脸严严地缩在棉衣棉帽里。夕阳西下,天幕晴碧,是冬日里难得的好天气。高高的杨树槐树古姿古貌,似枯未枯,衬托着剪影似的苍黑色的西城楼,齐崭崭的城墙横亘南北,清晰的城堞间,离离荒草绰绰约约在冷风里抖动。两辆汽车一前一后穿过西城门,径直西去。

蒋介石从窗隙间已经看见那一架张学良专用的波音飞机了,忽然觉得边上的宋美龄在用手捅他。他把头抵近窗边,机场四周,戒备森严,只是在戒严线以外,聚集着成群结队的学生,乌压压一片,足有两三千人。警戒士兵很快散开在学生队伍前边,以枪口对准学生,禁止他们说话。学生队伍距波音飞机不远,两辆汽车"吱"地煞停在学生与飞机之间。

蒋介石一行下了汽车,提前到达的一辆车上走下了刘多荃、何柱国二位将领,赶上前去向蒋介石、宋子文他们举手致礼。送蒋介石回南京的事瞒着刘多荃和何柱国，张学良不知这二人是得了孙铭九的临时通报急急赶来的，只好用奇异的目光望着他俩，当着众人，也不便查问。学生队伍里似乎有人认出蒋介石、宋美龄了，万分惊讶，互相耳语，队伍里语声窃窃。

蒋介石以惊惧不安的眼光盯住学生队伍，心跳得很厉害：不是说好秘密飞离吗？机场怎么这么多学生？西安学生向来是很难缠的，"一二·九"那天的万人游行，虽然只到十里铺就折了回去，但那气势，老蒋总算是领教过一次。他一把拉住杨虎城的手，忙不迭地表白：

"仗不打了，以前的内战由我负责。答应的条件，我一定实行，这个你们放心。否则，你们可以不承认我是你们的领袖。我答应你们的条件我再讲一遍：第一、回京后即命令中央军入关部队撤出潼关，今后如再有内战发生，当由余个人负责；第二、停止内战一致对外；第三、改组政府，集中各方贤良，容纳抗日分子；第四、联合一切同情中国抗日的国家；第五、释放上海被

★ 1936年12月25日下午4时，蒋介石离开西安之前，在西安机场。右起：杨虎城、蒋介石、宋美龄、傅学文、邵力子。

★ 起飞之前

捕领袖;第六、今后西北各省军政统由张副司令、杨主任负责。西北今后就交给你们了。我说的对不对?"

杨虎城直视着他,点了点头。

蒋介石放开杨虎城的手,转过身子又一把拉住张学良的手:"汉卿,机场上……这么多人,他们是要……"

杨虎城一下子恍然大悟,朗声回答:"委员长,外地今天有客人来西安,是绥署通知部分学校组织迎接的。"

蒋介石、宋氏兄妹这才一块石头落了地,不约而同地长长地松了一口气。他们正要上舷梯,一辆汽车按着喇叭飞一样冲过警戒线,"嘎——"地急刹在飞机旁边。赵一荻小姐提着个小皮箱,涨红着脸跑到张学良跟前:"汉卿,带上这个!你连换洗的衣服也不要了!"宋美龄喜盈盈地迎上来:"噢!四小姐。这次很忙乱,咱姐妹也没有空好好坐坐。你原谅我吧!"说着亲亲热热拉住赵一荻的两只手。

宋子文说:"三两天就回来,带不带衣服无所谓。我那里再穷,还给汉卿寻不上一件衣服?!四小姐也太关心汉卿了。"

听出张学良真的要上南京,刘多荃、何柱国惊惶不安,二人退在边上附耳低语。杨虎城低下头,咬住嘴唇不吭声。这一切,蒋介石都看在眼里。

端纳上来说话:"四小姐放心,蒋夫人保证汉卿的政治生命,子文保证你们的一切财产,戴笠负责汉卿的安全,还有我呢——我统统保险!首先保险汉卿三天后回来。你在家好好等着罢。"

赵一荻小姐那湿湿的眸子把他们挨个儿扫了一遍,凄然一笑,不言不语。

蒋介石那神情,似乎对张、杨有无限的感激,他上前一步说道:"汉卿,到此为止吧。我看你现在去南京没有必要,南京有南京的体统,我虽是领袖,好多事情并不由我,你去了,如果他们打你的主意,我可就遗臭万年了。你一定要去,也须待我回去安排安排……"

张学良是个认定辙道不回头的人,他提住手提箱不放手:"东北同胞三千万,全国民众四万万七千五百万,我张学良沧海一粟,不能光想我自己。"他一挥手,"别再耽误了,上飞机。"

离别时,杨虎城那铁钳一样的双手一把抱定了张学良的右手,二人四目相对，杨虎城紧抿着厚厚的嘴唇，动也不动，张学良却分明发现他那眸子深处泛动着什么，张学良忙扭过脸去，用力把右手抽了出来。张学良踏上舷梯，何柱国突然奔过去，一把揪住他的后衣襟，涨红着脸庞，揪得那么紧！张学良回头硬硬地擘开他的手，压低嗓门训斥：

"别胡闹！我不去，谁同南京讲话？！"

赵一荻小姐哭出声了，张学良佯装没听见，头也不回，大步跨进了机舱……

机声轰鸣，大地颤抖，颤抖得夕阳也有些暗淡。学生队伍正前后骚动，波涛一样起伏，又一辆小车箭一样冲过了警戒线，波音飞机已经颤抖着脱离地面，开始折往东天。周恩来急忙忙钻出小车，抬头望天，机翼扇起的一阵狂风扑得周恩来一下子睁不开双眼。隆隆机声摇天撼地，震耳欲聋，几乎是吞没了一切，在周恩来眼前，仿佛是低低的天雷有意在古城上空猛烈轰动，又似乎是"双十二"之夜那炒豆般的枪炮声突然有一场新的聚裂新的扩张，教人顷刻间什么也不能思索……

飞机升高了，隆隆声远些了，西方有一缕乌云，隐隐地投向夕阳。周恩来仰望天空，泪流满面，连声地叹息："张汉卿、张汉卿！"杨虎城、孙铭九、赵一荻、刘多荃、何柱国一字儿站在寒风里，寒风首先搅乱了赵一荻的乌发，夕晖映射着杨虎城冷峻铁青的面孔，四周一片沉寂。

杨虎城拿出张学良方才塞给他的手谕，上书：

> 弟离陕之际，万一发生事故，切请诸兄听从虎臣孝候指挥。此致，何、王、缪、董各军各师长。
>
> 张学良
> 二十五日
>
> 以杨虎臣代理余之职。

毛笔字，很草，"虎城"写成"虎臣"，"孝候"写成了"孝候"。

杨虎城看了看，捏住手谕苦笑着摇摇头。张学良方才说的话，还响在他的耳畔："我要亲自送送蒋委员长，争取三天之内返回，至迟也不过五天，请你多偏劳几日。"

一抹黄昏的光线投射在东墙正中，高崇民依照张学良的指令正在设计委员会的办公室里召集杜斌丞、王菊人、申伯纯、李维城、卢广绩、吴仲贤等十余人进行讨论，研究究竟有什么保证才能放蒋飞走。天空忽然响过一阵震耳的飞机声，飞机声刚刚消逝，秘书处处长洪钫一股风似的闯进门来，附在高崇民的耳边告诉他：蒋介石、宋美龄已经飞走了，副司令陪着一块儿走了！高崇民立即站起来向会议宣布。这消息好像劈头一盆冷水，大伙木然、愕然、继而哗然。

杜斌丞捶胸顿足地大呼："竖子不足与谋也！天地间竟有这等荒唐事，我是不是在做梦！"

卢广绩含着泪，说不成话："既是走了，就算是走了吧！"吴仲贤拍着脑袋："好了，紧张半个月了，今夜晚该好好打它一场麻将了！"

有人摸着脑勺说另外的话："这个吃饭的家伙怕是长不牢靠了！"

高崇民大声地说："我同意老卢的看法：副司令走了，就算是走了罢。他一个人光明磊落去南京做盾牌，可以顶住蒋介石几十万大军，关中地区可保平安无事！"

卢广绩半瘫着身子反问："老高呀！这是我刚才的看法吗？！……"

飞机五时三十分即可抵达洛阳，南京方面立即广播了这一消息。西安市听到广播，人人惊讶，家家惋叹。杨虎城的秘书米暂沉跑进参谋长李兴中的办公室，李兴中坐在一张摇椅上双手搂住头，拼命地晃。米暂沉问："老蒋走了？"李兴中嗯了一声，仍是个晃。"还有谁跟了去吗？""还能有谁？我们的英雄！中国的少帅！"米暂沉忙又走进杨将军的办公室。杨虎城又沮丧、又愤懑，正坐在沙发上和神情茫然的孔从洲、杜斌丞说话：

"不仅放了一个，还陪走了一个！除了汉卿，天下谁能干这号事！匆匆忙忙放蒋，我心里就疙疙瘩瘩，而他一定要陪蒋走。我原以为副司令心里有话，纵然不对我说，一定会征得周先生同意的。及至在机场上照面的时候，周先生也是茫然如梦。陪蒋去南京，这么大个事不听我劝，又不和周先生商量，这还算什么三位一体？！"说完浩叹一声，捶着前额，谢葆贞忙给他拧个湿毛巾递过来。

粉巷的王以哲得到这个消息，闭门痛哭，门口的哨兵听到哭声，满脸惶惑，不知如何是好。

住在开元寺的白凤翔,酒瓶口对住大嘴,仰脖子灌了个酩酊大醉,醉后痛打其妻,吼着泄愤。

张学良的屋里,秦邦宪、叶剑英、刘鼎想从赵一荻小姐口里问问详情,赵一荻小姐只是个哭,以泪洗面,不置一词……这一夜,她那卧室里一星灯光也没有。

‖ C 部 ‖

无边落木萧萧下

31. 便下西安向洛阳

波音飞机在暮霭中的洛阳上空盘旋，缓缓下趋，声音越来越震耳。从12月12日那天起，洛阳无形中成了西安和南京往来的中间站。洛阳在河南省西端，西行四百里便是陕西潼关，无论平时或是战时，作为中原重镇，历来是军事上必争之地。

飞机上可以看清洛阳的轮廓了，机场正前方是洛阳航空分校，那一座小小的双层西式楼房，建筑虽属一般，客厅陈设却是现代化的，很是精美雅致。蒋介石脑海里，忽而浮现出10月31日的情景。那一天，洛阳全城张灯结彩，鼓乐齐鸣，万民募款捐献飞机的献机典礼也安排在这一天，机场上人流如潮，轰隆隆的机声撼人心魂，五十架崭新的飞机分作十队，在低空编队排成"五十"字样，庆贺蒋介石五十暖寿。蒋介石坐在台中央，身穿海陆空大元帅礼服，长统马靴，雪白手套，帽子上插一根长长的白翎毛，宋美龄亲手切开孔祥熙赠送的特大寿糕，分送主要贵宾。那是多么煊赫、又多么富有神仙意味的一幕哟！蒋介石为什么选定洛阳祝寿呢？他实在喜欢吴佩孚在洛阳过五十寿辰时，康有为赠送的那副寿联：

牧野鹰扬，百岁功名才一半

洛阳虎踞，八方风雨会中州

可惜，蒋介石的华诞富态是富态，富态得压倒了吴佩孚，却终于没有得到这样一副令人神迷的寿联。更可恼的是，从祝寿到而今，统共还不到两个月，自个儿就被生生关押了半个月，半个月的提心吊胆，现在从空中突然一下子化作了无可名状的奇耻大辱……飞机就要着地了，坐起身子的蒋介石禁不住回首，扫了一眼张学良。宋美龄清楚，从西安至洛阳，委员长就这么一次性地看了看飞机上的人。

天色黑定了，停机坪前临时燃起了一盏煤气灯，照得机坪如同白昼。飞机在铺着沙子的机坪上稳稳地停住了，舱门口缓缓放下一架小梯子来。分校主任王叔铭站在小梯之前，注视着打开的舱门。人们敛声屏气，只有煤气灯发出轻微的、均匀的"嗞嗞"声。首先出现在机舱口的是宋子文,宋美龄紧跟在后。宋子文戴着礼帽,宋美龄黑色外衣,颈部露出浅浅的淡雅的内衣花边,头上搁一顶薄薄的软毡帽,庄重里有一丝说不清的风韵。宋子文故意慢慢下梯,好让身后的妹妹心理上更稳当些。

宋氏兄妹踏地之后,舱门口才出现了蒋介石。他上身穿黑色短褂,下身是蓝袍,头戴黑呢帽,身板挺得笔直,欢迎的人群潮水一样趋上前去,连呼"委员长好!委员长好!"有人眼中闪着泪花,有人把帽子抛向空中。蒋介石微笑着连连点头。

人群里不知谁摇着拳头狂吼:"打倒张学良!打倒杨虎城!"

蒋介石一声断喝:"怎么能打倒张副司令!"全场突然静默。

王叔铭向蒋介石敬了个漂亮的军礼,忙攀上扶梯,正对着梯面,伸开两臂扶住蒋介石,一步一步向下退走。蒋介石到达地面,用手往身后一指:"张副司令。"张学良微笑着正下扶梯,王叔铭怎么也不敢设想他会随机同来,一下子愕然、愣神儿了。王叔铭是蒋介石的忠实信徒,他很快阴沉下脸,不打算理睬。蒋介石反应极快,又一次指着张学良:"这是张副司令!"王叔铭受到暗示,这才立正、挺胸,向张学良敬了举手礼。机场上谁也料不到张学良会来,一片紧张的窃窃私语……一行小汽车亮着光柱滑出机场的时候,一轮明月刚刚从东方升起,寒波湖水似的洒满了机场……

于右任被杨虎城拒于潼关,"宣慰"无效,怕返回南京无以交差,便起了就地瓦解十七路军的打算,所以仍逗留在潼关。突然得到蒋介石返回洛阳的喜讯,于右任连忙派前陕西靖国军副总司令张钫赶到洛阳表示慰问。

张钫急忙赶到西宫那座双层西式洋房时,蒋介石一行吃罢晚饭,刚刚沐浴完毕。夫妇俩住在最豪华的二楼套间里。张钫一见,连声问安:

"委员长受惊了!受惊了!今日能虎口得生,益发证明委员长吉人天相。"

"张学良真是条北方汉子!"委员长却称赞起张学良来,并且指着隔壁屋子,"他随我来了,就住在那边。你既然看我来了,也应当见见他。"

蒋介石在西安的情景不便多问,安慰一番之后,张钫要蒋介石夫妇早早歇息。他就走进了隔壁房间。张学良正准备上床,一见张钫,又穿好外衣,一块坐下。张钫重复蒋介石方才的意思：

"副司令真是好汉子，言必信，行必果，说到做到，一点不含糊！"

"解铃系铃，这是我们中国的古训嘛。"

张钫是河南新安人。他问了问西安近日的情况，说得几句，便发现张学良眼色蒙胧，已疲惫到极点，就站起告辞。张学良送他到门边，他又低声告诉张学良："刚才我看过委座了，他有一句话，让我顺便转告你。"

"说吧。"

"原话是'你告诉汉卿，明早发个电报，让他先把在西安的陈诚、卫立煌、陈调元、朱绍良四个人放回来'。"

"这个自然。"张学良很爽快。

张钫刚走，河南绥靖主任刘峙和河南省主席商震又来看望蒋介石了。洛阳是他二人的辖区，二人又是儿女亲家，于是一块赶来了。最初得到西安事变的消息，刘峙吓得面如土色，他觉得老蒋完了，自己也就完了。后来听得何应钦即将当家，一下又得意起来。他与蒋介石的关系是鼠猫关系，与何应钦则是小老鼠与大老鼠之别，用不着提心吊胆。今日突然得到蒋介石被释放的消息，他心头便有点怪怪的滋味。见了靠窗而坐的蒋介石、宋美龄，他又忧又喜，半天说不出一句完整的话："张汉卿……这这……真是……叫人咋个说嘛！"

宋美龄抬起一只手指了指她侧畔的墙壁，意思是：张学良就在那边屋里，不必谈他。听说张学良来了，刘峙更没话可说。蒋介石泥神一样坐着不动，默无一言，空气显得很窒息。

商震乖觉，先把宋美龄作了话题："夫人敢入虎穴龙潭，能以微笑而平静狂澜，这在历史上能为千古美谈划出超尘的一笔。"简单几句话，把个宋美龄说得满面春风，蒋介石也面露悦色。商震又巧妙地拨转话题："委员长，在你面前，我不揣冒昧，想说一句带有封建迷信色彩的话。"

"说吧。"蒋介石点点头。

"临潼这个地方，山形有颠龙滚虎之势，领袖之类的大人物是不适宜于去的。周幽王幸骊山，犬戎把他杀了；秦始皇幸骊山，国家命脉衰微了；唐高祖李渊过骊山，差点儿让人打落马下；唐明皇幸骊山，安禄山给他搅了个天昏地暗，乌烟瘴气。像委员长这样能从华清池危而复安的，除过救世主之外，历史上不会再有第二人了。"

蒋介石一挥手："那个鬼地方，我以后再不去了！"

宋美龄开始送客："有话到南京再说吧，谢谢你们！"

刘峙、商震退出蒋介石的房间，从隔壁张学良的门口经过时，屋里已熄了灯。张学良鼾声如雷，屋外听得清清楚楚。刘峙特地将耳朵附近门缝，往里听了听，呶嘴说道：

"是汉卿在打鼾。天大的事，把他的确给累坏了，累坏了！"

商震拉开他，编了句古诗："'他有迷魂招不得'，副司令三十六岁，未进不惑之年，你让他好好地睡罢！"

睡得太香了，这大概是张学良有生以来最香最酣的一觉。隔壁屋里的蒋介石却没有睡。

宋美龄要入睡了，蒋介石却摇起了她，让她披上外衣，坐在淡黄的灯光下，捏一根铅笔，蒋介石说一句，宋美龄往纸上写一句，很快写下《对张、杨的训词》。

张学良的鼾声，既含有蒋介石终于接受了他的救国主张的满足感，又透露出他个人磊落如日月的襟怀本色。而夜不成眠的蒋介石呢？却要从突然受挫的领袖感觉中竭力再涂上一层超越圣贤的英雄色彩。就在这么个不平常的晚上，各地欢呼领袖脱险归来的情绪沸腾到一个最高潮，可也惹得另外三四个有兵马、有地盘的权势人物，在这个月色宜人的晚上难以成眠。

蒋介石一到洛阳，阎锡山驻京代表赵丕廉忙以急电向太原报告。阎锡山阅电后疑信参半，习惯性地把双手插在腰后裤口，在中和斋（即绥署办公厅）宽敞的地板上独个儿踱来踱去，灯开得很暗，月光把他淡淡的投影压缩得更短、更粗，皮沙发上放着那一张电文，白亮亮的。

济南的韩复榘，一面给南京去过电报表示拥护中央，一面又给张学良致电，表示服从副司令，愿效驰驱。这个晚上他正约几个要人打麻将，忽然传来委员长已经脱险的消息，韩复榘立即停住两只肉墩墩的短手，瞪着牛眼，口沫乱溅："这个张汉卿，做事怎么如此虎头蛇尾！"麻将桌上这个话，种下他以后的杀身之祸。

新疆的盛世才，在事变发生时，估计西北各省至少也会与南京决裂，自成格局。但因苏联否定张、杨的举动，盛世才又不敢轻易表态。蒋介石回洛阳的消息传开了，盛世才才说了话：

"我了解少帅这个人，他最容易冲动，在冲动下把委员长扣起来，又在冲动下进行释放，偌大个东北军，弄不好要在这个冲动型人物的手底输个精光。"

四川的刘湘，一听说扣住了蒋介石，极为兴奋。致电张、杨，表示川陕唇齿相依，愿作你们后盾，而且主张对蒋介石要断然处置。25日，张学良派往四川的代表宋醒痴赶到了成都，刘湘当晚为宋醒痴摆宴洗尘。刚刚就座，成都忽然得到了蒋介石安抵洛阳的消息。刘湘闻报大怒，当着宋醒痴的面拍案大骂："张学良小子这是干啥嘛！耍魔术一样说变就变，一会儿夏天，一会儿雪天，谁听他的话算谁倒霉！"宋醒痴手足无措，脸上又红又烧，吃不成饭。次日天不明，悄悄离开了成都，去向不明。他怕刘湘把自己扣起来，向蒋介石卖好。

26日上午，洛阳机场大道两旁站满了军校、航校的军队，机场上停着七八架飞机。一行汽车飞驰过来，两旁响起了军乐声和"万岁"的呼声，蒋鼎文、毛邦初、刘峙、商震、张钫等军政人物一一出现，个个面带喜色。宋美龄下车后，风度翩翩地与端纳一起上了容克飞机；蒋介石被两个侍从扶下车来，穿蜜色绸袍，戴蜜色呢帽，向欢送人群频频答礼，尔后又由毛邦初将军扶他登机。飞机在尘土飞扬中扶摇而上，在欢呼声中盘旋一匝，转向南京，四架战斗机尾随护航。

众人已经散去，又一辆汽车飞驰而至，那是宋子文陪着张学良赶来了。两架绿色战斗机起飞之后，张学良、宋子文所乘坐的那架波音机才继而升空，紧接着，从机场另一端赶来七架战斗机，尾随在张学良机后……人们仰首眺望，眺望空际这威严的阵势，聆听云霄里远雷一样的轰轰音响。

波音机正在飞行，一场从蒙古刮来的沙尘暴卷过长空，灰雾弥漫，视线不明，七架战斗机被波音机甩下了一大截。伦纳德郑重地对张学良说道："或许我们不去南京最好！"因为这翻滚的黄云正是个摆脱的机会。"不管它。"少帅冷静地回答，"如果有人要杀我，让他杀吧，我不在乎。"

洛阳军校俱乐部里，正在欢宴四处赶来的军政、新闻各界人士，空旷的厅堂里，以前就悬挂着中央各位军政长官的大型巨照，客人们举杯之时，发现那一排大照片里有一张变成了四方空架，异常显眼——这里原先挂的是张学良的照片，早在十天之前，就撤下来了。

洛阳在喜气洋洋地欢送蒋介石回南京。西安新城杨虎城的会客室里，却发生了张学良离开后的第一场争执。

一大早，杨虎城收到了张学良从洛阳发来的要他释放陈诚、卫立煌、朱绍良、陈调元四人回南京的电报。杨虎城沉思一阵，不想执行。又转念一想，这不是小事，应该听听东北军的意见。电话打到金家巷，王以哲、何柱国二位军长很快赶来了，他们看罢电报，对杨虎城说："把这四位放了，其余十几位留下来反而碍眼，干脆全放走吧。"

杨虎城尚未表态，应德田、孙铭九、卢广绩又坐着车一阵风似地赶来了。孙铭九一进门就问："听说要把南京的大员放走，是吗？"

王以哲答："是的。"

孙铭九说："这一封电报可信吗？怎么可以证明这是副司令签发的？"

王以哲反问："倘若不是电报，是副司令的亲笔信，你放不放？"

★ 1936年11月，蒋介石准备在陕西召开西北"剿共"军事会议。南京政府一批军政大员陆续云集西安。西安事变发生的当日，这批人员全部被扣。

孙铭九一时噎住了，答不上来。应德田拨开他，说道：

"王军长，就是亲笔信，在今天这非常的背景下，也要看是不是副司令的本意。昨天我劝他不要亲自送往南京，他对我说：'中央还有十几位大员在这儿，怕什么？！'可见副司令放蒋介石而留下这些大员，并非是因为忙乱而忘记了这些人物，他很明显是有用意的。我们必须按照他的真意行事。"

何柱国捏着电报问道："不放大员，眼下怎么向副司令回话？"

卢广绩上前说道："副司令说是三五天之内一定回来，可以这样回电：'我们决意等您回来亲自释放这些大员，以便话别欢送，恢复情谊'。这就等于明告老蒋，副司令不回来，这批人也别想回去。这些人都是蒋介石的心腹，蒋介石不会扔下他们的。"

孙铭九说："这些人伤的伤，死的死，回到南京只会给副司令的身上抹屎抹尿。副司令不回来，不能放走他们。"

应德田又说："倘若你们害怕副司令回来进行责备、处罚，我可以主动承担责任，说明这是我的过错，与各位将军无关。"

王以哲很不高兴："你们太多心了！副司令自己都送蒋去了南京，我们扣住这些鸡毛蒜皮还有多大意思！副司令说过，'送人情送到家'，这电报又是直接给杨主任的，又不是给你们的，你们让杨主任夹在中间怎么做？"

众人都盯着杨虎城。杨虎城站起来说：

"看张副司令的意思，我们不放，会给他在南京造成困难。既然是这样，我们就做到仁至义尽，全部放了罢。"

应德田、孙铭九、卢广绩黑着脸孔，只好从命。何柱国、王以哲在边上建议："索性下个请柬，今晚举行便宴，欢送他们回京。另外，在易俗社要不要再包一场秦腔？"

风风火火紧张了半个多月，杨虎城脑际忽然闪过了12月9日晚上在易俗社的那一场误会，便苦笑了一下，说道："包戏的事，我看就不必了。"

众人散去了，杨虎城脑海里还翻腾着半个多月里变幻不定的一幕幕风云。思前想后，他忽然觉得，在张学良一系列英勇表现的另一面，似乎又潜藏着某种内心上的怯懦。极度紧张、激动不已的时候，他会流泪痛哭，他会指天誓日，置生死于度外；但在松散无聊的时候，就是醇酒美女，以荒嬉无度来求取麻醉。捉蒋送蒋，突抓突放，这大起大落的急剧变化，不正符合他几十年的一贯心性么……想到这儿，杨虎城禁不住仰天长叹。

32. 雾遮白下千林暗

从洛阳直投南京的飞机还在云层里穿行时，各地的电文已雪片似地飞到了南京，全是"欣闻钧座返京，欢庆莫名，谨电祝候""非特天相吉人，实亦中华之幸""诚国家之幸人民之福也"以及"薄海吹腾，万众忭舞"之类的贺词。也有人给邵元冲、蒋孝先、萧乃华、杨振亚一伙在西安事变中殉身者的家属来电："西安变起，祸乱猝发。诸公义愤捐生，慷慨赴难，英名浩气，永世长留。"

蒋介石、宋美龄的飞机在明故宫机场着陆时，机场上欢迎的队伍人山人海，锣鼓鞭炮齐鸣，彩旗花带翻舞，欢呼声浪响彻九霄……仿佛在欢迎什么想往已久、倾慕已久的"大英雄"降落人间。军乐声中，何应钦、林森代表军政各界向蒋介石鞠躬致慰，冯玉祥、戴季陶、居正、张继、孙科、陈立夫、李烈钧、朱培德、陈公博逐个儿致礼问候。

面对这热烈盛大的欢迎仪式，一位记者记起了两个多月前同样盛大的双十国庆节庆祝活动。那时有两个大节目，一个是童子军代表一万人在紫金山大露营，一个是首都各界十万人提灯大游行。晚上提灯游行时，南京最繁华的新街口一带挤得水泄不通，当东北三省的童子军代表经过时，万众齐声高呼："收复东北三省！""打倒日本帝国主义！""还我河山！""中华民族万岁！"声动天地，许多人在火树银花里淌下了热泪。这位观灯的记者也是流泪人之一。

"时光只两月之隔，今天欢呼委员长归来，其热烈程度与双十节相似。其用意、其心理有多少一致之处呢？南京城太容易激动了，往往激动得让人莫名其妙。"记者禁不住这样嘀咕。

驾返南京，千头万绪，蒋介石忙得不可开交。有几宗区区小事，蒋介石却安排有序。

一是颁发纪念章。为表扬和鼓励忠贞人士，凡在事变中同时被难之人，一律颁发西安蒙难金质纪念章一枚，上面镌有"安危他日终须仗，甘苦来时要共尝"的联语，正中间铸有蒋介石的肖像。有两位人物勋章特异，与众不同：一位是端纳，营救有功，由国民政府颁授大绶采玉勋章一座。一位是"双十二"那天驾飞机落在临潼野地里的蔡锡昌，特颁五等宝鼎勋章一座，以彰忠勇。

二是蒋介石召集同难人员到官邸摄影留念。主要侍从，连同几位女眷，总共二十二人。众人正绕着委员长喜洋洋地列队时，"西北剿总"参谋长晏道刚和绥署政训处长曾扩情急忙忙赶来了，正想钻入队列里，没想到蒋介石突然伸长手指指着他俩，怒色满面，厉声喝斥："你两个滚出去！给我滚出去！滚！"当晏、曾二人红着脸退出时，蒋介石要来一张纸，用红铅笔写道："晏道刚无能，曾扩情无耻，永不录用。"他把手令交给侍从副官，才正襟危坐，直视照相机。

晏道刚曾任过侍从室主任，是委员长身边的人，后来是特地安插到张学良身边伺察动向的，可西安有这么大的"阴谋"，晏道刚直至最后也没有一个字向蒋介石报告，当然是"无能"的典范。曾扩情退出委座官邸时，却感到十分冤枉。周恩来要他为维护委座安全而对南京广播，他也就大声呐喊："奔车之上无仲尼——黄埔同学一定要信赖张学良副司令，万不可各走极端，鲁莽灭裂，危及委座安全。"爱护领袖，喉咙也喊哑了，委员长安然回京，不奖不赏也罢，反而认为那是为叛军张目的"招降广播"，连合个影也不让沾边。

与众人照完相，蒋介石与几个主要军政大员说道："我想停止复兴社的活动。你们各位考虑考虑，这个提案是否可行？改日一起商量。"复兴社在蒋介石被扣以后很活跃，桂永清是何应钦的侄女婿，他率领教导总队自南京开到前线，配合空军在渭、华一带轰炸扫射，企图攻占西安，因为遭到东北军的有力狙击才作罢。复兴社另一主要负责人刘健群也与何应钦关系深切。依照复兴社那一套施行下去，蒋介石认为：纵然是激不起张、杨杀他，起码也要被南京方面的飞机、大炮埋葬在那个高公馆内。所以摄影完毕，留下一张意味深长的照片之后，蒋介石有那么一条提议。

三是蒋介石深知对警卫人员家属讨命事件必须处理妥善，不仅是对死者家属有安慰，更重要的是对活着的警卫军人要有交代。因此，他在官邸召见了死者家属及代表。一是表达个人的悲痛心情；二是对活着的家属加重经济补偿；三是对张学良的处置蒋介石做了简单的表示："对这个人（指张），我和你们有着一样的心情，而我有我的处境，但我向你们保证：'只要蒋某在世一日，一定不做对不起你们的事，请你们记住，勿告诉外人，更不许乱来'。"蒋介石对警卫军家属的口头承诺，是绝密，除侍从秘书陈布雷知道外，对外是严加保密的。

莫说这些小人物了，就是南京政府内声势煊赫的军政大员们，因为委座归来也是有人高兴有人生气。

宋子文很得意。事变之前，宋子文想用财政限制蒋介石扩军，一再卡军费，同时又想增加税收，二人闹得不可开交，宋子文闷闷不乐。这次西安之行，彼此矛盾消释，挽回了蒋介石的信任，宋子文在仕途上又将转入鸿运。戴笠更高兴。他把自己西安之行同蒋介石当年于永丰舰护卫孙中山相比，说他是"冒死而去，呈祥而归"。何应钦则做了一场"讨伐军总司令"的滚滚硝烟式的大梦，有恨无人省，有气没处发，还只得硬着头皮向蒋诉说他的一片仗大义、伸国法不得已而讨逆救主的苦衷，虽然张学良送委员长已回南京，他表示自己对西安城仍旧咬牙切齿，恨不得一下子炸平。

蒋介石表面不动声色，举措方面似乎很重视政治舆论，而脑海里却转得很快，总在思考着经过西安事变，如何进一步求贤求圣，神化自己，从一度挫折中进一步塑造个人的历史形象。所以一到南京，便向中央引咎自请处分。中央一再慰留，并准许给假一月，以资休养。利用一桩丢尽脸面、出尽洋相的"不幸"遭遇反转身给自己脸上贴金敷粉，是一宗天大的难事。自从脱险的飞机一降落到洛阳、南京，蒋介石日日夜夜焦思苦想，反复忖度，一直是围绕着这个题目。现在有条件了，他便利用这个"休养"的机会，先把陈布雷安排在溪口文昌阁里，精心编凑了《西安蒙难半月记》，初稿完成后，蒋介石看过多遍，陈布雷八易其稿，然后才付印发表，公诸社会。

这个半月记里，着重夸奖冒着生命危险前往西安的宋美龄，仿佛是这位"女神"的镇静、坚毅的人格和定力，加上那双温柔灵巧的手，才解开了西安与南京之间的死结。时隔不久，又发表出一篇宋美龄的《西安事变回忆录》，以委婉的笔调，透露出何应钦、戴季陶一伙的作为、见解，竟然不及她一个妇女，对南京城里的主战派施行了含蓄的讥讽。戴季陶看罢宋美龄这个回忆录，气得在家里大动肝火，挥动拂尘把一个漂亮名贵的花瓶"哗"一声打得粉碎："宋美龄不足道，她终究是个女人家，可委员长怎么竟容许她把这等文章拿出来发表！"

蒋介石使尽浑身解数给自己脸上贴金，才不理会军政大员们怎么哭笑、怎么闹情绪哩。《西安蒙难半月记》和《西安事变回忆录》相继出笼之后，他就有条不紊地干自己要干的事儿了。

一回到南京，钱大钧就被关进了监狱。

钱大钧1893年生于江苏吴县，曾就读保定军校留学生预备班，后入日本士官学校，成绩一直名列前茅。归国后一直是老蒋的红人，先后出任黄埔军校教官、校参谋处长，后由老蒋亲自点名升至侍从室一处中将主任，一直随老蒋左右。

事变前夕，张学良对钱大钧说，他要以东道主的身份做件好事，说是"据委员长专列司机讲，机车车头气泵有点儿小毛病，要到西安车站维修一下，时间不长，很快就会修回来，你看如何？"钱大钧与张学良私人交情较深，不知是计，未加任何思考就答应了。

事后钱大钧想向蒋介石报告这件事，继而一想，修车是件好事。蒋介石专列车厢被甩下，机车头开进了西安车站。当车头开走之后，钱大钧若有所思地想找张学良说什么，可是犹豫一会儿，欲言又止。

12月12日凌晨，孙铭九率部攻打临潼华清池捉拿蒋介石，枪声大作。钱大钧被枪声惊醒，赶紧拔枪急奔蒋介石卧室救护主子，谁知老蒋不在，他又折回寻找。可子弹未长眼睛，钱大钧被流弹击中倒地。幸亏子弹只是穿透肺叶，加上抢救及时，才幸免一死。宋美龄、宋子文等赴西安探望蒋介石时，曾专程去医院探视过钱大钧，钱大钧说："只要委员长未伤着，我受点伤不算什么。"

西安事变，蒋介石认为是他一生的奇耻大辱。他除了明恨张学良和杨虎城外，还暗恨钱大钧等人，因此，他回到南京惊魂稍定，便迫不及待地提审钱大钧。问他是否与张学良互相串通，故意将火车头开离临潼，使他遇难时不得脱身？

蒙在鼓中的钱大钧，起初并不知道老蒋为啥扣押他，当听完这话后，连呼："冤枉！冤枉！"蒋介石见状，问他冤情何在？钱大钧被逼无奈，这才诉说了自己陪蒋介石到西安后，日夜随侍不离一步，对张、杨兵谏事前毫无所知。又详细讲了自己当时如何中弹的情景。钱大钧说完，扯开上衣让蒋介石看枪伤，他背部中弹，子弹从右肺斜出。接着，钱大钧又哀求正在旁边的戴笠将血衣取来递给蒋介石。老蒋看罢，脸红一块白一块，怏怏而去。

第二天，蒋介石指示戴笠，将钱大钧暂时调离侍从室，让他到杭州休养一段时间。老蒋饶了钱大钧，但死死咬住另外两个人：一个是军统局派往西安的特务头子曾扩情，另一个是前侍从室主任、西北"剿总"中将参谋晏道刚。蒋介石斥责他俩对兵谏事先毫无所察，致使酿成大祸。当即发下手令："曾扩情不明廉耻，晏道刚不尽职责，撤职查办，交戴笠执行。"曾、晏二人大呼冤枉。戴笠私下对他俩说道："委员长这口恶气还没有出来哩，不杀你俩就已经够宽容了！你们比不了钱大钧，人家身上有枪眼，你两个有吗？"两人只好自认晦气，承受飞来之祸。

针对张学良，南京的步调来得很急骤，也很周密。26日蒋介石到京，27日中央党部开会欢迎委员长平安返京，会上就决定组织高等军法会审张学良，29日国民党政府下令李烈钧为本案审判长，朱培德、鹿钟麟为审判官。李烈钧是国民党元老，辛亥革命前后追随孙中山，曾任大元帅府参谋总长，张作霖当年就是通过他与孙中山进行联系的，张学良一直把李烈钧视为长辈。30日，李烈钧拜会蒋介石。坐定后，李烈钧进言：

"张学良发动事变是'叛逆'行为，有谋害主帅的打算，但悔改及时，又亲送委员长回京。愿委座念惜他国恨家仇在身，有对国事偶生幻想的心理基础，恕其过激，宽大为怀，赦免对他的处分而释放他回西安戴罪立功。"李烈钧完全是为蒋介石着想，欲借此机会而使国人由衷地崇拜胸襟"宏伟"的委员长。

蒋介石直着眼睛听着，一声不吭。李烈钧又借古喻今："我国历史上有两个人：一个是齐桓公，不追究管仲对他曾有射钩之仇，却拜管仲为相。另一个是晋文公，寺人披几次要谋害他都未得逞。后来有人又要谋害晋文公，寺人披得到消息赶往晋文公处告发，晋文公不肯接见，经寺人披说明来意后，晋文公宽恕他并接见他，结果又免受一次暗害。这两桩历史典故可否作为本案的参考，请委员长核示。"蒋介石干咳两声，似乎要发话了，这可是一锤定音哟，李烈钧全神贯注。好一会儿，蒋介石金口玉牙，只说出六个字来：

"君慎重审理之！"此言过后，再没有了下文。

李烈钧走了，蒋介石又召见黄仁霖——在西安被关押过十一天的自个儿的"殉葬品"。

黄仁霖家居上海，大难不死而侥幸荣归，他向宋美龄请假，准备回沪和家人欢度新年。他的请假立即获准，宋美龄而且对他的勇敢和忠诚很是赞扬。他回家只过了一个晚上，第二天一大早南京就来长途电话，要他立即回京。一到南京，蒋介石单独接见他，说道：

"汉卿在首都将要接受军法审判，审判以后，我把他安排在孔先生中山门外的乡间住宅内暂且居住。审判前后，我要你去'照料'他。安全措施已经部署好了，你去负责办理就行。西安的阵势你是身有所历的，所以我也就想到了你。眼前这个任务，对你来说也是很有些意思。我相信你自会妥善处理的。"

张学良暂住在北极阁宋子文的别墅里，这是一座别致而优雅的建筑。山丘上下密集的松、槐林里，有一座草皮苦顶的大屋，因为有高大的林木掩映，结苔的草皮又与树色相近，远处看去，以为这儿是绝少人烟的一片荒林。实际上。大屋顶下是一座双层楼的格局，西式小窗，青枝绿叶环绕着小栏杆晾台，里面是阔绰的客厅、餐厅、卧室，台灯、地毯、电风扇，与外面的田园景致截然是两样。从栏杆晾台上可以望见烟波浩渺的长江，巍峨苍秀的钟山，明镜似的玄武湖就在别墅左下方闪烁映动。对面邻近的山包上是有名的鸡鸣古寺，两个山包一般高，古寺与别墅就似乎很切近。这里是南京近郊，与闹市若即若离。每天早晨，附近乡间茅屋里传来第一声鸡唱，这古寺里就跟着响起第一下钟声，将晓而未晓，钟声过山越湖，清脆、悦耳。久而久之，这山寺就取名"鸡鸣寺"。

刚住进这儿，张学良从松槐绵密的院里眺望不远处的钟山，不知怎的，忽然想到了去年之今日。续范亭在中山陵剖腹"明志"，也是12月26日！刚刚过了一年，一前一后，一"血谏"，一"兵谏"，自己竟然也落到了这个地方。天下事也真怪！在这个潜藏于林荫的豪门巨第里，前来看望张学良的小车络绎不断，政界的要员，军界的将领，群众代表，社会贤达，新闻记者，几乎是纷至沓来。宋子文一步不离地陪着他。每当为客人们送行时，张学良总是很乐观地说："过一两天我就回西安，那里情况极端复杂，我不回去，是一定会发生乱子的。"

有一天，蒋介石派来的一位侍从副官仍在客厅里等着张学良。一见他进屋，站起来说："副司令，政府有许多人建议，您能否写个东西，让委员长消消气。南京这边飞短流长，搅得委员长很不自在，饭吃不好，觉也睡不好。"

宋子文打圆场："汉卿，既然陪委员长来了，顺手写上几个字，算是一个过场，何必认真。"

张学良想，自己送他回南京，头都磕了，作个揖又算啥？于是挥笔写下几行字：

> 学良生性鲁莽粗野，而造成此次违犯纪律之大恶，兹觍颜随节来京，是以至诚愿领受钧座之责罚，请处以应得之罪，振纪纲，警将来。凡有利于国家者，学良万死不辞，乞钧座不必念及私情有所顾虑也。

蒋介石捏住这个纸片，从容不迫，显得豁然大度："此事我不介意，由政府去处理。"政府心领神会，说张学良是军人，把这封信转于军事委员会，继而转给了高等军事法庭。

28日，张学良身边渐渐清静一些了。东北知名人士阎宝航接到宋子文的通知，也关心张学良的前景，很快赶来了，候在大厅里。这时，宋子文先进来见他："我与蒋夫人、张副司令现已商妥，想请你去一趟西安，告诉他们，张副司令几天内就回去；副司令有一封信带给杨虎城先生，让他把那五十一架马丁飞机放回来，抗战时离不了这批家伙，别损坏啦。"

"我可以和张副司令见见面吧！"

宋子文将阎宝航领进小客厅，张学良站起来握手。电话室铃响，宋子文被人叫出去了，阎宝航问："宋先生让我告诉西安，你几天内就回去，这，有把握吗？"

张学良低下头沉默片刻，说道："我这次举动是为了国家，为了民族，他们待我怎么样我不在乎。"阎宝航以期待的目光注视着他，张学良机警地环视一下屋子，以手指向西北方向，轻轻地说，"他们不让我回去，那边能答应吗？！"阎宝航领会了，轻轻点头。

宋子文进来了："阎先生，您走以前，蒋夫人要见见您。"

阎宝航出来后，遵嘱去见宋美龄。宋美龄说："阎先生，西安这回事情险些儿弄出大乱子来，子文和我吃了苦头，现在总算是平息了。你去西安告诉东北军、西北军的将领，副司令这几天就回去，大家要安心，要平静，不要再生出什么事情来。"

"你和宋部长都说张副司令很快就回去，这可靠吗？"

宋美龄嫣然一笑："别人信不过，你还信不过我和子文吗？我们和汉卿的关系非同一般，我们之所以敢冒死去西安，不就凭汉卿的赤子之心吗？现在怎么能返回头胡弄汉卿？！"她宣誓似地说道，"天地良心，我们宁可牺牲一切，也不能对汉卿失信。"

宋美龄将阎宝航送到客厅门口，又说："见着杨虎城先生，代我问候他的老母亲。她母亲在蒲城老家，我在西安时又太忙太乱，心情也不好，没得机会去看望她老人家——这个话，你一定要给我带到。"

阎宝航快要出大门了，宋美龄还站在客厅门前频频招手。

放飞机的事，西安又一次闹得不愉快。

这一次，杨虎城和应德田、孙铭九是一个心思：已经五天了，张副司令还没有回来，飞机和飞行员就不能再放了。王以哲、何柱国固执己见："你们怎么如此多心！我不相信委员长会起那种心思——不放副司令回来。副司令那样慷慨大方，他暂时不在，我们就这样鸡肠小肚吗？！这样下去，岂不惹人耻笑！"

应德田说："副司令对阎宝航有所暗示，他将回来的希望全押在我们身上，寄厚望予我们，请二位军长仔细斟酌，千万别掉以轻心。"

王以哲发了脾气，横竖不依。杨虎城无奈，为息事宁人，只好下令放走了五十一架飞机和五百名飞行员。

孙铭九相当恼火，对应德田大发牢骚："我们东北军里有些人，对张副司令实在是无情无义！我闹不清他们葫芦里卖的是什么药！"

33. 戏剧性的微妙博弈

明天元旦，别墅里却没有一丝欢愉的气氛。宋子文陪着张学良，连下棋、玩麻将也觉得乏味。宅邸四周秘密布置下的一层层警戒，一天紧似一天，渐渐切断了张学良同外界的联系。张学良不能出门，宋子文异常恼火，他质问门前的特务、军警："是谁叫你们这样做的？"对着宋部长，军警、特务面有难色："部长不要冲我们发火，这是上峰的命令。"宋子文气得脸膛发紫，亲自到蒋公馆去了两次，很晚才回来，脸涨得通红。张学良把这一切听在耳中，看在眼里，他反而显出些松弛与豁达。

昨天晚上，宋子文从宋美龄那儿回来，心情更是沉郁："汉卿，军委会明天上午10时要对你进行审判，说是走走过场，走走形式，审判后马上特赦。"面对这突如其来的新花招，张学良不吭声了。他默默走回自己的房间，和衣而卧，一夜没有开灯，屋里什么响动也没有。早上，鸡鸣寺第一声钟响，他屋里就亮了灯。宋子文从门缝瞄进去，看见张学良从里到外，衣装焕然一新，正蹲在那只小手提箱前——赵一荻小姐急惶惶送到飞机场的那只小皮箱，把一个小小的皮包往内衣口袋里裹塞。

早点后，二人冷冷地坐着。张学良问：

"怎么个去法？"

宋子文说："审判长李烈钧会来接你的。"

刚说完，一名扛有中校肩章的副官跨了进来，背后跟一宪兵，副官递给宋子文一个纸帖，宋子文阅后变了脸色。张学良瞄见上边有两个刺眼的大字："传票"！神色很是难看，眼里射出一股可怕的光芒，他挺起胸，大步向门口停着的汽车走过去。宋子文快步追上来："汉卿，我陪你、我陪你！"

进入候审室，两名卫兵迎上来："请你摘下领章、肩章，还有腰间的手枪，这是规定。"张学良像一头雄狮，狠狠地盯着卫兵，半晌没有理睬。卫兵打算动手，宋子文喝了一声，卫兵不敢动了，宋子文回头劝道："汉卿，看我的面子，把手枪卸下罢。"

张学良鼻腔里"哼"了一声，摘下了手枪，他的脑海里翻腾得很厉害：他后悔前几天写下的那封信，什么"请处以应得之罪"，这不是授人以柄吗！还有前几天委员长"辞职"的什么把戏，对西安死去的蒋孝先、邵元冲、杨镇亚、萧乃华一伙搞的"抬棺游行"，不都是为今天的审判铺垫台基吗？！张学良愤愤地扼住手腕，黑青着脸，仿佛那腕部被恶狼冷不防咬了一口。

时钟响亮地敲了十下，李烈钧与全体会审人员纷纷入席，宋子文陪着鹿钟麟走进候审室。鹿钟麟与张学良握了握手，说道："汉卿，今天开庭，我们都知道，你有你的难处，你上去有什么话尽管讲。法庭内不许携带武器，这你是知道的，别往心里搁。"

张学良走进法庭，气宇轩昂，嘴角含笑，向全场扫视一眼，观众席上起了一阵骚动。主审席上坐着李烈钧。朱培德、鹿钟麟为审判官，陈思普、邱毓桢、袁祖宪、郭作民分别为军法官、书记官。李烈钧对面置一木桌，一把小椅，张学良知道这是自己的"席位"。这个从来想也没想过的"席位"，忽然使张学良感到今后的情形已非寻常，心情倏忽间非常激昂。他走近木椅，静坐无言。

李烈钧咳嗽一声，戴起老花镜，照例问道："你是张学良？是不是弓长张的张，学而时习之的学，良知良仁的良？多大年龄？哪里人氏？父母在否？妻室姓氏？子女若干？"

张学良冷笑而对，不发一言。

"你知道犯了什么罪吗？"

"我不知道。"

李烈钧翻开陆军刑法："陆军刑法的前几条，你都犯了。你身为军人，为什么劫持统帅，躬行叛变？"

张学良答："你这个问题太大了。中间经过，请问蒋委员长，他是知道的，我也不便详说。不过，我绝对不是劫持，而是爱惜蒋委员长；也绝对不是叛变，而是爱护我们的国家民族。我们要申诉自己的意见，实现我们的主张，并无丝毫谋乱的意思，怎么能说是叛变呢？倘是劫持、背叛，请问委员长是怎么回到南京的呢？我张某人为什么要跟他一起来呢？26日在飞机场上，你们都有目共睹呀。"张学良答语直率，铿锵有力，毫无惧色。

李烈钧早有所料，微笑一下，毫不动气，他看看左右审判官，个个相对无言。再看看张学良，张学良已将双手交叉于两臂，两只脚置于桌上，仰首向天，目中无人。法庭内交头接耳，叹息张学良真不愧是张作霖的儿子！

李烈钧清清嗓门，又问："你胁迫统帅，是受人指使的呢？还是你自己策划的？"

张学良笑笑："你看看我这个人，是别人所能指使的吗？！我再说一遍，一切都是我自己的主意，一人做事一人当，我所做的事，我自当之。我不承认我们是叛乱。"

李烈钧干咳几声，又问："你把中央许多大员都拘禁起来，这还不是叛乱吗？"

张学良仰头大笑，直等笑过来才回答："他们身为大员，平日穷奢极欲，不知爱国爱民，蒋委员长误就误在他们身上。比如陈调元，身为军事参议院院长，在西京招待所拘留不过几天，就动手调戏陈继承的娘姨，可谓老而风流。又如平日口出大言的陈诚，领袖遇难，又不营救，又不殉节，却一头钻进啤酒箱子里，满头满身都是灰，这也配得上是中央大员吗？！还有……"

李烈钧听他骂到二陈，愈来愈不像样，只好拍打桌子，停止其发言。

张学良说："好好好，我不谈别人了。但我有一句话想请教审判长，可以吗？"

"那当然可以。"

"民国二年，审判长在江西起义讨伐袁世凯，有这回事吗？"

"有的。"

张学良双手双脚都放下来了，略略直直身子，又问："为的是反对袁世凯的专制与称帝，对吗？"

"对的。"

"我在西安的举动，正是为了对中央的专制独裁有所谏正！"

李烈钧听此一言，吓得满头冒汗，忙打断他的话："你胡说！委员长人格高尚，行事伟大，袁世凯怎么能望其项背？！你太荒唐了，自寻末路，还要强词夺理，胡说八道！"

审判官见审判长上火，连忙站起身劝他息怒。李烈钧沉静片刻，扶扶眼镜，才继续发问："你在西安做的事，应据实供出，不然对你是不利的。"

鹿钟麟也说道："审判长待人诚恳宽厚，你不要失掉这么个难得的良好机会。常言道，机不可失，时不再来。"

张学良仰仰头，目光显得分外有神：

"我与杨将军这次兵谏，只为八个字：团结御侮，抗日救国！诸位先生、女士，想我东北三千万同胞沦于水深火热……"

李烈钧知道他激情如火，说起来很富于煽动性，便拍着桌子大声制止他的论战架势："东北是怎么丧失的？九一八丢失东北是怎么回事？难道你不知罪吗？！"

张学良手往桌上"叭"地一拍，霍地站起身来，从怀里取出四方小皮包，由里面取出九一八时蒋介石发给他的那封电报，准备宣读。李烈钧和各位审判官情知不善，忙一齐站起来制止，张学良抑制不住自己，不顾一切地宣读起来，全法庭的人都绷紧了心弦：

无论日本军队此后在东北如何寻衅，我方应予抵抗，力避冲突。吾兄万勿逞一时之愤，置国家民族于不顾。

蒋中正

据说九一八事变时，蒋介石给张学良将军拍发了这封"铣电"之后，后悔无及；因为这是出卖祖国山河的罪证。为此，他曾下了很大功夫，指使特务企图将这封电报偷走，但一直不能得手。今天，被张学良以悲愤的声音公诸于众，法庭顿时哗然。

李烈钧收不住场，人们只见张学良稳如泰山，双目炯然，胸脯一起一伏，声音在大厅里久久回荡："诸位先生、女士，我张学良生世以来，已经三十六岁，今年是我的本命年，谈不到对国家民族有什么建树。九一八事变，日寇打进来，我连还手的样子都没有摆一摆，一封电报，就拔营起寨，退进山海关；进了关，又被指东调西，刀光剑影，炮火连天，一直打的是谁？是骨肉同胞！这是我张学良一直感到负疚、感到痛心的！"说到这里，全场鸦静到极点，人们只看到张学良两眼微微闪动着泪光。"不抵抗主义，不是创自我张学良，而是创自蒋委员长！我个人千错万错，有一点我问心无愧，这就是西安'兵谏'！我上疏，我哭谏，我迫不得已而举行兵谏，完全是为抗日救国而发。眼看我中华民族党已不党，国将不国，兵连祸结，政以贿成，满心期望通过兵谏，委员长能受到震动，反躬自问，没想到我一片赤忱却落得这么个下场！耿耿此心，天日可以为证！"

该说的，长江大河似地一泻而下，张学良反而觉得浑身轻松，他望望一个劲拭汗的李烈钧，脸上挂着冷笑，两只手却将电报文稿往小皮包里收拾。这些电报作为绝密件，一直为赵一荻收藏。到南京换取衣衫，打开手提箱，张学良才发现摺好的衬衣里夹着这个小皮包，他当时一下握紧了它，酸甜苦辣，心里泛起了种种滋味儿……今天在法庭上，他才深深觉得这是抛向蒋介石的一颗重型炮弹！同时，也才更深切地感到了赵一荻在他生命关键关口的分量。

患有高血压病的李烈钧懵头懵脑，却问下这样一句："张学良，既然如此，你又为何亲送委员长返京？"

浑身轻松的张学良一下子也随和了许多："我在事变中意识到委员长被党内的顽固派和患恐日病的分子所包围，国策虽然不对，其本人并不是没有御侮抗日的想法，他只是在抗日与安内的时序安排上与我张某人抵牾；况且，这次在西安又亲口答应了我所提出的停止内战、一致抗日的要求。御侮救国的目的既达，只要国家与民族有了希望，至于个人得失，我不计较，所以才送委员长回京的。"

李烈钧于是宣判：张学良首谋伙党，对于上官为暴行胁迫罪，判处有期徒刑十年，褫夺公民权五年。李烈钧心里清楚，他所宣布的判决是按蒋介石交下的判决书"照本宣科"进行的，他这个审判长只是在演一场戏，这样判决，是准备着让蒋介石做人情。果然，蒋介石很快就交来呈书："当今国事多艰，扶厄定倾，需材孔亟，该员年力富强，久经行阵，经此大错，宜生澈悟，尚复加以衔勒，犹冀能有补裨……"里面罗列一大堆理由，为张学良请求"特赦"。下午，国民政府就发布命令："张学良处十年有期徒刑，本刑特予赦免，仍交军事委员会严加管束。此令。"人说"官"字两张口，说黑说白，立法毁法，全在蒋介石一人。

会审完毕，张学良不能回北极阁别墅了，他被押进了太平门外孔祥熙的公馆。这时候，西安方面将五十一架飞机和五百名飞行员也放回来了，蒋介石轻轻一笑，便彻底打消了放张学良回西安的念头。

张学良被送到孔祥熙公馆，七八个持手枪的特务如临大敌，将张学良拥至室内；宋子文被堵在门外，不许入内。宋子文气得浑身发抖，大声地朝司机一挥手："走，去蒋公馆！"宋子文性格温和，很少生这么大的气。汽车冲到蒋公馆，戒备森严，其中两位小头目挡住宋子文："非常对不起宋部长，委员长今天身体不适，不见任何人，请您改日再来。"宋子文一甩膀子，怒冲冲直往里闯。"国舅"今天这样厉害，众军警一个个呆若木鸡，无可奈何地瞪着他的背影。内室的警卫很快就听到了宋子文和蒋介石争吵的声音，一阵高一阵低，宋子文的声音很是骇人。"你不讲信用，叫我怎么做人！"宋子文的双脚用力地连跺了几下，把地板震得咚咚响。

"我不能放他回去。放他走，今后，我对部下怎么治理！"

宋子文气愤地说："你不要做人，我是要做人的！你碰汉卿一根毫毛，

★ 南京中山门外孔祥熙公馆旧址，张学良的幽禁生活就从这里开始。

我非跟你拼到底不可！到那时我就把全部内情公布于世，不仅让国内老百姓知晓，而且向全世界发布新闻，让外人也可以了解你！"

当宋子文从蒋宅里出来时，怒容满面。回到北极阁别墅，晚饭也不吃，水也不喝，过了个把小时，他就乘京沪特别快车回上海去了。此后有那么一段时间深居简出，南京几次打电话要他出席重要会议，宋子文理也不理。

宋子文前脚走，端纳顾问很快又寻到蒋公馆里，这个外国人，对蒋介石从未说过这样难听的话："我怎么也没有料想蒋先生会是这样一个小小的、无聊的人，不懂得诺言，不懂得信义，刚刚说过的话就不算数，这算怎么个领袖呢？！我来向您辞行，向夫人辞行，马上离开南京，离开中国，我没有脸再待一天了！"蒋介石瞪直双眼，连连出着粗气，半句话也说不上来。对于他的心计心术中不可告人的东西，他早就抱定一条：死也不能向人间有任何吐露。

端纳走后，宋美龄从里屋出来，悄坐在蒋介石身旁，一脸晦气地说道："我哥哥和你一吵再吵，吵翻了，端纳又走了，这都是在西安为你而出生入死的人啊！"

蒋介石面带凶色："要说出生入死，我是第一人嘛！你们同情张学良，东北军那子弹可不认我，五间厅台阶上若有一颗子弹打中我的脑壳，别人还用得着去西安吗？……你妇人家，感情用事，不管这感情多么高尚，从古至今怎样受人称颂，在政治场合始终是不可取的。"

宋美龄涨红了脸："汉卿若照你这样不重感情，你我能回到南京吗？"宋美龄赴西安也是感情所使，所以接下这么一句。

1925年东北军打败孙传芳后，首次进入上海，张学良第一次见到沪上的知名闺秀宋美龄，而且一下子为她出众的气质所倾倒，称宋"美如天仙"，两个人还约会了几次。那时蒋介石也在追求宋美龄，而且追得很凶，及至追到了东京。

蒋介石想到十多年前的那一幕，便冷眼盯着夫人，说道："你要认准，张汉卿他是张汉卿，我是蒋中正！"宋美龄一下子噎在原地，静了片刻，忽地转身，气呼呼地进入内室去了。

蒋介石在室内踱来踱去，踌躇良久，接着便给侍从室下令："给我准备飞宁波的飞机，我要回溪口老家养伤。"

张学良整天不发一言，只是闷闷不乐地蒙头大睡，送去的饭菜只戳一两筷子，就放下了。

主管看守工作的黄仁霖看望张学良来了。他摘下礼帽，深深地鞠了一躬："张将军有什么要求的，生活上有什么不舒服的？"张学良却看也不看他，沉默着不愿接口。在西安，黄仁霖是他的囚犯，一到南京，他却成了黄仁霖的囚犯——这难堪的情景也象征着他和蒋介石之间微妙的关系转化。黄仁霖似乎意识到了这一点，叹了一声："作为老朋友，我最知你，你是个最守诺言的人。"张学良这才瞟了他一眼，仍不吱声。"可惜，你出身于有权势的富豪门第，年轻漂亮，位高权重，任性执拗。光阴似水流年，你却把大好年华都虚掷了，浪费掉了。"

黄仁霖拿出一本《圣经》，翻开扉页："我把它送给你，你可以消释寂寞。我在这里写了两行字：'我希望这本书能帮助你，就像它所帮助我一样'。"张学良扫了一眼《圣经》，知道黄仁霖在西安被关押的十多天里，成天就捧的是这个玩意儿。他终于笑笑，把书接在手里，一抬手丢在床头。

黄仁霖看了一眼被扔过去的书本，又说："我从你的气色上有所发现。"

"发现什么了？"张学良终于开口了。

"目前这种情况下，只有一个人，世上也只有这么一个人，才是你神灵的感召，是你幸福的泉源。"

"这个人是谁？是上帝吗？还是委员长？"

"四小姐。"

张学良闪了闪眼睛，试探着问："她能来一次最好。这个，你老黄有办法吗？"

黄仁霖站起身准备告辞："凭我的能力，凭你我的友情，我试一试。"

黄仁霖走出大楼，正要上汽车，一个特务送来一封特急电报，电报自上海发来："姐姐病逝，望速回沪！"黄仁霖转身走近那株硕大的云杉，掏手帕擦着泪珠。他那姐姐正怀着身孕，26日却赶着参加庆祝大会，庆贺委员长脱险，也庆贺自西安脱险而归的弟弟，想不到被人群拥挤，受伤流产。送进上海一家医院的病榻上，昨天还来电报祈求能在上天国前会上弟弟一面，而黄仁霖因为有这个"微妙"的任务脱不开身，想不到今天姐姐就长辞而去，以无限遗憾的神情进了天国。黄仁霖一声长吁，撕碎的电报纸雪片一样散落地面。

　　张学良送蒋介石去了南京，西安的将领们也本着"人情送到家"的宗旨，放走了军政大员，放走了飞行员和飞机。蒋介石在报纸上发表了《对张、杨的训词》，西安明明听着不对味，也只好隐忍着，缄默着。三天过去了，五天过去了，却传来张学良受到审判的消息，西安一下子"奔走骇告，莫知所措"。元旦这天，全城举行了一次东北军、西北军联合大检阅，"打倒蒋介石！""打倒南京政府！""放回张学良将军！"的愤怒声浪摇撼着古城。南京方面却兵分五路，以四十个师的兵力向西安集结推进，至潼关、华阴、华县一带筑垒布阵，炫耀武力。西安方面忍无可忍，遂形成一种强烈的应战呼声，红军与东北军、十七路军一起行动，积极地进行了必要的军事部署。1月5日，"三位一体"经过协商，由杨虎城领衔发出"歌电"，向南京表示抗议。"歌电"措辞委婉，立意严正，骨子里是十分的强硬。

　　西安呼声强烈，当时形势又不允许蒋介石掀起内战。于是南京又变化策略，一方面委派东北名流吴翰涛、王化一持着蒋介石、张学良的信来西安劝和，一方面又令驻潼关的顾祝同委派洛阳警备司令祝绍周，到西安试探着进行和谈。

　　谢葆贞是"西北各界妇女救国联合委员会"的会长。游行时，她走在妇女队伍的最前边。有一天，她赶往金家巷去看望赵一荻。

　　"笃笃笃！"她敲响赵一荻卧室的小门。自从张学良走后，赵一荻也仿佛变成了另一个人，院里没有了她轻盈绰约的纤纤身姿，楼梯上没有了她宜喜宜嗔的春风面影，偶尔闪现一下，也很少与人说话，显得忧心忡忡，焦愁不安，不知道自己下一步怎么办好。杨虎城多次叮咛谢葆贞，要多多往金家巷去："目下的四小姐，恐怕比南京的少帅更痛苦。"

门轻轻开了，形容憔悴的赵一荻小姐一看是她最盼望的女友，湿润润的眸子里有了亮色。

"成天一个人孤坐，会闷出病来的。知道你病了，张副司令心里会更难受。"谢葆贞说，"看你的神色，昨晚又是一宵没睡！"一面说，一面往梳妆台上望了一眼，台正中仍然放着张学良刚到南京那天发来的电报："午后二时抵京。寓宋子文兄处，一切安善。请转告诸同志释念。学良。"这才几天呀，情况急转直下，广播里连连传来不幸的消息。

赵一荻说："我老是想从前的事。当年在北平时，我请一位星相家暗暗为他测过八字，星相家说他是三环套目格局，中年以后有牢狱之灾。我不懂什么叫'三环套目'，你看看，这不是说中了吗？！"

谢葆贞搂住赵一荻瘦削的肩胛，瞄一眼床头壁上被花手绢轻轻掩上了的小镜框（里面镶着张学良和赵一荻的合影），说道："别往那儿想，那是迷信。"

赵一荻说："就算是迷信，不说它了。可我总感到，他是个带兵的将才，却不是那号搞政治的角色。"

"这话怎么说？"

"他心地太善良，太实。政治和诚实是两码子事，左右政治的是权势、手腕，权势和手腕的圈子里有多少诚实可言呢？！"赵一荻望着谢葆贞，"宋子文、蒋夫人他们之所以敢来西安，就是看准了汉卿的善良和诚实，抓住了他的孟浪幼稚，巧妙地利用了他。"

"小妹又想邪了。"谢葆贞摇头否定她，"张副司令此行，示大义于天地。我想了好多天，觉得他比别人都想得深远。"

前几次来，谢葆贞对赵一荻深表同情，两人一块垂过泪，一起叹息过，可从来没有说过这等话呀。赵一荻疑惑不解地盯住她。她没心思梳妆，悒郁的神色里含一股幽怨，也许是在抱怨谢葆贞怎么会说出这样的话儿呢？

谢葆贞说道："这次事变是紧接住'两广事件'的又一起反蒋事件，加上张副司令在九一八时奉了密令对日退让，很多人就胡乱猜疑，猜疑他发动这个事变是不是诚心抗日。这种疑虑在西安不大明显，在外地就很普遍，许多人就误认为这是张、杨利用实力僭位夺权搞兵变！"

"也许有人会这样看。"赵一荻附和地说。

"这从各地来的电报里就能看出,尤其是地方实力派,都怀疑我们抗日的诚意。"谢葆贞看得出,赵一荻听得很仔细,"张将军是大聪明人,所以亲自送老蒋去南京,在政府心脏里为西安事变进行辩护,用个人的身家性命抵御四面八方的流言蜚语,惊天地,泣鬼神,我看这是一桩了不得的壮举!"

谢葆贞的话像是冬日里难得的暖流,使赵一荻陷入了少有的沉思……沉思片刻,她抬头望着谢葆贞。好一阵才说出话来:"你上过学,爱读书,想事情跟别人想得不一样,难怪外边传说你哩。"

谢葆贞一笑:"传说我什么?"

"说'杨夫人是个共产党。可要留神!'还说,你'是共产党有意安插到杨主任身边的可疑分子'哩。"

谢葆贞沉默了一下,端庄凝重,显得很和蔼:"小妹,我也年纪轻轻,何尝不懂得生活?不懂得青春?说心里话,虎城要是不像现在这样有权有势就好了,我们可以在终南山下找一块园地,两个人在一起过简朴宁静的日子。可现在,正像张副司令说过的,已经是骑上老虎了,既跳不下来,又收拢不住,有什么法子呢?!你实话告诉我,你看我像不像外边所传的那样——是个共产党?"

"有时像有时又不像,我说不上来。"赵一荻轻轻摇头,"打死我,我也不敢乱说。"

"我说呀,你是个小猾头!"谢葆贞佯装嗔怒,抱住赵一荻拧了一把,赵一荻"哎哟"一声,二人同时滚在了床上。就势平躺在床上,谢葆贞喘了喘,又搂住赵一荻说话:"咱们当女人的太难了。跟个窝囊废,受一辈子晦气;跟上个有志气的,更得准备吃大苦,受大难。咱俩是一个命,苦苦命。下一辈子呀,你我说啥也不要再托生个女人了!"

赵一荻摇头:"这能由你由我吗?!"

正说着,"笃笃笃"有人敲门。她二人一头坐起,忙理理揉乱了的衣服和头发,赵一荻又利索地扯扯床单,谢葆贞这才过去拉开门。

"啊!杨主任!"进来的是杨虎城,副官从外面轻轻地带上了门。杨虎城随身带来一个文件袋。赵一荻小姐平时和谢葆贞常常接触,亲姊妹一样,但和杨虎城正儿八经照面，这还是第一次，便恭敬地侍立着。杨虎城要她坐下说话。赵一荻方才坐下，屋里静静的。杨虎城说：

"西安很乱，我这心也聱乱。张副司令走了，我也没有把你照顾好。"他说得缓慢，心情显出沉重。赵一荻懦弱，听到这里，眼圈儿又红了。"吴翰涛、王化一从南京来了，也带来了张副司令的口信：让你到南京和他见见面。"赵一荻转过身去，用手绢擦着泪水，哽咽起来。谢葆贞连忙扶住她，轻抚她的后背。杨虎城不说了，打开文件袋，取出一封封信件。"吴、王二位明天就动身，你收拾一下，准备和他们二人一块坐飞机走，这样到南京也有人招呼你。"

赵一荻哽咽着问："见一面之后怎么办？"

杨虎城说："具体怎么办？听副司令的叮咛。我的意思，在副司令回西安以前，你最好先到香港避一避，那里你熟悉，房子什么都现成。西安目下不安宁，很不安宁，张副司令倘若不赶快回来，下一步恐怕更难收拾。"杨虎城拿起那一叠儿信函，"这是东北军将领托你带给张副司令的信件，大伙急切地盼望你能传到他手里。"

谢葆贞替赵一荻拿主意："这些信件被检查出来，反而不好。你记性好，我说，干脆在西安把内容都背下来，把信毁掉。"赵一荻默默点头。

杨虎城又说："副司令爱吃个西餐，爱吃个水果。西餐没法带，冬天的水果也不大好，我准备了一些苹果、梨、橘子，明天随飞机一块走。"说到这里，杨虎城有些动情，声音有些发涩，"你告诉副司令，'留得青山在，不怕没柴烧'，回西安的事由我们设法，让他千万保重自己！"

赵一荻的泪珠又淌了下来……

34. 君有迷魂招不得

奉化溪口，在蒋母坟庄的庐舍里。虽是严冬，高低参差的松柏依然以青翠的姿色笼罩在四周。蒋介石半躺在床上，一面养伤，一面算计着南京，算计着西安。张学良囚禁在南京，不是个办法，这个人生性好动，交际广泛，在南京政治旋涡里认识的人太多了；搞下这场事变，更为全国上下所瞩目。审判是审判过了，可张学良在审判厅竟然公开了那封最见不得人的"铣电"。这样一来，人们心里是不是服气这场审判，就很难说。所以，回溪口不久，蒋介石就给南京的戴笠下了密令：迅速将张学良解到溪口。这里是四明山山麓，山青水秀，景致益然，适合于读书，让他来这里修养性情，反省往事。

蒋介石正在苦思苦想，副官进屋报告："张钫从南京赶到溪口镇了，求见委员长。"

"他来了吗？让他下午来见我。"

西安事变发生，于右任、张钫作为南京特别派出的宣慰使赶到潼关，却被阻滞在那里，作为陕西元老，想不到被杨虎城来了个黑脸拒之，他二人实在是愤愤不安。好在25日那天，蒋介石获释了，张钫便连夜赶往洛阳与委员长见了一面，事情才算过去。张钫在开封住了几天，忽然接到奉化来的电报，委员长要他去一趟奉化。拿着电报，张钫赶到南京，到于右任那里坐了坐，也到别的在京的陕西人那儿走了走，大伙是同一个看法："委座让你去，一定是为解决陕事有所商谈。关中是个好地方，百姓是好百姓，你只要抱定一条宗旨：只要和平，不要战争。"

溪口镇距蒋母坟庄六里地。下午，张钫赶到了坟庄庐舍。青砖屋舍，精巧严整，因为林木丛杂，层层叠叠，外面不容易看到这一长排灰色的房屋。从屋里穿过林隙往外眺，居高望远，却是一目了然，到处是连绵青山，山脚下是远近延伸的方格式的水田。蒋介石穿着钢架背心，转动不方便，对张钫点点头，示意他坐在床前准备好的沙发上。寒暄几句，便转入正题。蒋介石说：

"目前陕局尚在混乱之中，你熟悉陕西情形，以你之见，以为应该如何处置？"

张钫试探性地询问："委员长，听说你和张、杨二位将军在西安商谈，允许了什么条件？"

蒋介石梗梗脖子昂起头："那是子文他们谈的事。我除了训斥他们，商谈过什么？！现在我们只研究对陕西如何善后罢。我告诉你，何应钦他们可是主张声罪致讨、以整纪纲的，他的话是'不将叛逆根本铲除，养痈必贻后患'。"

张钫说："何部长这是借个原故泄他肚子里的火气，委座明察秋毫，比我更清楚。中央部队目下拥挤在潼关到渭南这条路上，计有八师之众，飞机有100多架。渭南到秦岭山下，几十里宽。而东北军和十七路军也20多万，且是'哀兵'。现在听说红军已在商州活动，这里是山峦起伏地区，如果他们出洛南到泰峪，中央军的后路就受到威胁，有被掐断的可能。张、杨部队在临潼、鸿门、斜口一带凭依山形，易守难攻。就这样打起来，军事上对我们分明是一盘死棋。我认为用政治解决较为便利，也切合目前的实际。"

蒋介石一声不吭，默思了一会儿，忽又转了话题，谈起张学良来："一个东北人，还有一个陕西人，身有草泽意味，鲁莽野蛮，灭裂武断。东北军调到陕西才几天嘛，两恶相济，张汉卿就轻举妄动，铤而走险，以致酿成这种局面。"

"汉卿对日本人有杀父之仇，失地之恨，东北子弟鼓动他抗日回东北，才出此行径。这是张汉卿与别的军阀迥异之点，委座清楚。"

"安内才能攘外，他们不明白我的意思，而出此下策。我的日记里有抗日的计划，他们在华清池收了我的日记，风声泄漏出去，日本对中国的侵略就要升级了。你看目下这个烂摊子，怎样对外？张、杨掀起这样的风波，真是坏了我的大事！"蒋介石说着又紧紧盯住张钫，"杨虎城这次举动，你和于右任，事前真的连一点感觉都没有吗？"

张钫心里一惊，蒋介石怀疑的大网怎张得这样野？他赶忙回答："这几年我和陕西相隔太远，于右任住在南京，沾边儿也不多。再说，那么多中央人员撒在西安，也全都蒙在鼓里，没有看出什么。我想虎城、汉卿合伙，八成是出于汉卿的主张。"

蒋介石的目标却一直瞄住虎城："我待虎城不薄，他又是党员，何以会同汉卿这样来做？在西安我单独见他，给他个转弯的机会，可他还强硬的了不得！你总可以想想，虎城对我的误会是因为什么？"

张钫说："有一次虎城到杭州见你，韩复榘也在。你对韩隆重热情，和虎城只随便问了几句，便催他回去。是不是有这么一次？"

蒋介石想了一下，点头默认。

张钫又说："有一次在石家庄，虎城赶去谒见，你对他说：'你为绥靖主任兼陕西省主席，好好干，中央决不换人。'虎城兴高采烈地回到陕西，正要大展鸿猷，你却不打一声招呼，突然任命邵力子为陕西省主席，使他不免怨望。"

蒋介石又点了点头,默认了。

"我还听说,虎城与人来往的信件被西安特务人员查获,全都报告了委座?"

蒋介石摇头了:"这我不晓得,恐怕是有人从中离间。"他连连饮下几口热茶,说道:"虎城为人很聪明,西北那么些大员里,我还没发现有过于他者。他的缺点是学识根底浅薄,容易被人家动摇。我和他谈过多次话,向来把他看作是忠实的同志,这次事件却让我很痛心!他的地位不算低,还想干什么?!我认为他误入歧途,实在是可惜。我对于老同志是决不辜负的,如果虎城迷途知返,在西北我还是要借重他的。对西北方面,你和右任及陕西的朋友们多想想法子。"蒋介石时恼时忧,忽刚忽柔,一会儿像是测试张钫的心理,一会儿又像是要张钫下一步当个传声筒,把他的话传给杨虎城。弄得张钫一时间无所适从。

"虎城既然赞同委座出陕,可见他拥护委座之诚。委座海量,向来是爱护部下,还希望对虎城也不要失望,不要灰心。"

蒋介石终于露出了一丝笑容:"是的。我若是对他失望,今天这些话就不必谈了。我今天的意思,你可以转达给右任兄。"

从南京到奉化,飞机只能在宁波西南的机场起落。张钫赶到机场准备返回南京,想不到在候机室门口与南京飞来的张学良打了个照面。一大群军警、特务在刘乙光暗示下,远远地转悠着,监视着。戴笠、米春霖、贺耀祖陪同穿着一件灰棉大衣的张学良,张学良大步走过来,寒风里微缩着头,风撩动衣襟,多少有些寒怆。他一下子认出了张钫,停住脚大声地问:

"张先生,好呀!你几时来的?"不等张钫回话,又问:"委员长让你去陕西吧?"

戴笠摇手招呼:"先进候机室,坐屋里谈,外边风冷。"

五人坐定,仍是张学良先发问:"你来奉化,委员长对你怎样谈的?"戴笠在边上,张钫实在开不得口,支支吾吾,半天说不成一句话。张学良见此情景,双手一拍,朗声笑了:

"张先生不用说了,我全明白。你这次一去西安,我张学良就回不去了。"

张钫神色有些仓皇:"副司令这是什么意思?"

张学良收住笑:"我曾经对虎城说:'我把委员长送到南京,三五天就回去。'可现在二十天了,我却往奉化赶。你若是奉了委员长的指示前往西安,我给虎城许的愿不是全泡汤了吗?!"

见张学良一无所忌,张钫也不拘谨了:"你把委员长送到洛阳,为什么不在那时就折回西安?"

张钫这么一问,忽然勾起了张学良从洛阳飞向南京的半道上,沙尘暴里飞机驾驶员伦纳德对张学良的提示……这时戴笠插言:"那天晚上他累得要死,睡还睡不醒呢!"也是打趣的口吻。

张钫摇头:"现在你睡醒了吧?!"

张学良想笑笑,泛起在脸上的却是一个哀哀的苦笑。边上的米春霖、贺耀祖直望着机场上正待返航的飞机。张学良说:"飞机快飞了,不说了,你赶路要紧。"说着站起身,握了握张钫的手,"我回不了西安,那边彼此打起来可不妙哟!"

这一天,正是1月13日,数千里外的陕北,毛泽东与中央机关大前天离开保安,这个时候也正在进入延安城。

> 风云雷电任纵横,僵蛇经月复成龙。
> 押解汉卿归溪口,红旗更进延安城。

汽车飞似的穿过溪口镇,时而北,时而西,直往巍峨高耸的大山上拐去。江南究竟与西北不同,春节刚过,北方还是雪虐风号,寒气凛然,这里却近山沁绿,远峰淡蓝,溪水已经喧动着春的音响。张学良坐在车上,哪有心观景呢?他看到了山口预先布置好了的宪兵哨位,凭眼力,他推断出这个山口至少有一个连的兵力。一直上山的汽车突然间平缓下来,车前方出现了一座梦一样的古寺,几株极粗的银杏树列于门首。戴笠指着古寺说道:"这是雪窦寺,全名叫'雪窦资圣禅寺',是天下禅宗十刹之一。"汽车斜过寺门,冲出一箭之地,停在了西首两排木屋面前。张学良看到屋门前一个木牌,白底黑字,写着"中国旅行社溪口分社"。张学良琢磨了一下,这地方距离溪口镇也就是十五六里地。溪口镇是委员长出生的地方,蒋母的坟庄大约就在镇子和雪窦寺之间的某个山包上。"委员长在他母亲躺着的墓前半躺着养伤，我这个伤了委员长的张某人也被撵到这儿闭门思过来了。"张学良在心里这样忖度，想笑，也想哭。戴笠、米春霖陪他下车，特务队队长刘乙光已经把三十多名便衣特务撒了开来，每个特务都佩带着左轮手枪，尽管四外冷清无人，唯闻山溪淙淙，特务们仍然是背向旅行社，高度地警戒着远处，面对雪窦寺方向，撒开的特务最多。戴笠名义上是让这些人"保护副司令的安全"，而张学良最清楚"保护"二字在这里的含义。刘乙光比张学良略大几岁，个儿不高，却精明得很。一旦戴笠不在，他就对张学良的一举一动绝不放过。

日暮时分，米春霖、贺耀祖算是完成了陪送任务，告辞走了。刚走时间不长，一辆汽车又飞驰而来，是戴笠从蒋母坟庄里把邵力子给领来了："副司令，邵先生这可是一心一意伴你读书来的，你看看，连铺盖行李都一起拉上来啦。"戴笠满脸是笑。

邵力子小矮个儿，棉袍可体，他摘下礼帽，一手抱在胸前稳稳鞠下一躬："副司令，山不转路转，在我们浙江老家，我们又见面了。"

张学良拉住他的手："邵主席，夫人手上的伤怎么样？"

邵力子说："咳！已经都一个月了，伤口愈合了，好啦。"邵力子想起"双十二"凌晨夫人翻墙而中弹的狼狈相，自己的脸上也有些发窘，他装着擦眼镜，避开张学良与戴笠的目光。心里却抱怨；张学良哟，你是大聪明人，干吗还提这号事？

夜里，山上寒气重。张学良与邵力子睡在一间小屋里，各自用厚厚的棉被裹住全身，只露出个脑瓜。油灯早早熄了，便衣特务在门外不远处踱来踱去。两人不甚瞌睡，便有一句没一句扯闲话。邵力子说："你不在西安闹这个事，我俩还睡不到这一个屋子里来。"

张学良说："这就叫'千里有缘来相会'。"

两人忽然都不吭声了。张学良一时间想得很多很多：蒋、冯、阎中原大战，杀得天昏地暗，张学良出面制服了冯、阎二人，冯玉祥、阎锡山至今仍是高官厚禄。两广军阀在南方起事，通电反蒋，南京一片慌乱，事后，李宗仁、白崇禧仍是桂系领袖；两广也仍是鞭长莫及的小王国。可轮到我张学良，就不同了，我不过是激于民族大义，举行"兵谏"，促其改弦易辙，事后为表赤诚，亲自"赴都门请罪"——不料竟这么个下场！

想到这儿，他对邵力子说："我这次冒生命危险送委员长回京，原想扮演一出从来没有过的好戏。如果委员长也能以大政治家的风度，放我回西安，这一抓一送一放，岂不成为千古美谈！可惜，真可惜！一出好戏硬给他演坏了！"

黑暗里的邵力子听到这话，哭笑不得。他只觉得张学良涉世未深，对中国官场上的阴险、狡诈与反复无常体会不透，便叹息着说："你从老帅那里接下来一副江湖侠义心肠，这实在令人佩服，佩服！"

"咳！江湖上也不全是侠义，那时节，东北的土匪也了不得……"张学良重重地叹了一声，"算了，不提这些事了。你是绍兴有学问的人，对奉化这个地方自然很熟，给我讲讲这雪窦山和门口这个寺院嘛。"寺院里击钟敲木鱼的诵经之音，在空山里隐隐约约，张学良觉得怪好听的。

邵力子说了起来："这寺院可是来历很深的了。晋朝时有尼姑在此结庐，最初叫瀑布院；咸通年间毁于兵火，称重建的寺院为瀑布观音观；咸平二年，才开始叫雪窦资圣禅寺。"

★ 邵力子（1933年照）

邵力子（1882—1967）字仲辉。浙江绍兴人，前清举人，同盟会会员。曾任上海大学代理校长，主持上海《国民日报》。1921年加入中国共产党。1925年任黄埔军校秘书长。1926年退出共产党。1927年先后任国民革命军总司令部秘书长、中国公学校长、国民党陕西省政府主席。

"山上是有几股盘来绕去的溪水，可没见瀑布呀，怎么总叫什么'瀑布'院？"

"你刚刚到，没顾上细看。这儿是个万峰绝顶的小平原，纵横百余顷大，四近九峰环抱，玄珠峰、天马峰、象鼻峰、五雷峰、石笋峰，一峰比一峰俏丽。西北最高那个峰叫乳峰，下面有一石洞，泉水长年四季从洞中喷涌而出，其色如乳如雪，所以整个山就叫雪窦山。这个小平原收集来诸峰流水，南边不远就有个了不得的千丈岩瀑布，雨后声动九霄，壮观雄奇到极点……"

张学良黑地里不耐烦地敲着床沿："南方到处是这等玩意儿，你别叨叨它了，等天气好时咱们慢慢转悠。这名寺古刹有什么掌故呀？你给我说一个听听？"

邵力子脾性真好，咽下一口唾沫，便说这雪窦寺："唐代时，寺内有个小和尚，每天清晨听见院内蚯蚓叫便须起床做课，这儿不养鸡，蚯蚓比鸡还叫得早。日子一多，贪睡的小和尚便反感这条蚯蚓，他烧下一壶开水，决心烫死它，让它叫不成声。方丈发觉了，大为震怒，立即命小和尚到千丈岩瀑布跳下去舍身赎罪。小和尚面对瀑布，号啕大哭，不敢往下跳。恰巧东岙村一个杀猪的回家路过这里，盘问小和尚因何伤心。当他听说是因为害一条蚯蚓就得跳崖自赎时，顿脚长叹：'我杀过三千头猪了，你一条蚯蚓还没我一根猪尾巴长，应该让我先跳。'说罢扔下杀猪担子，一纵身跳了下去。你猜怎么着？"

"千丈岩，连个尸体也没法收！"

"哪里哪里？！突然间天地放亮，香风拂拂，金光闪闪，鼓乐齐鸣，只见杀猪的身骑白鹤，徐徐升天。原来是，天庭里怜悯这小和尚平日苦苦修炼，特来接他，不料想却被杀猪的捷足先登了。"张学良不吭声，邵力子怕他睡着，反问一句，"你可知道这叫什么故事？"

张学良答："这叫'神仙也有误会'，好人没接着，把个坏蛋给成全了。"

"哪里的话？这叫'放下屠刀，立地成佛'。这个闻名的典故就出在此地。"

回应力子的，是一起一伏的鼾声。

邵力子悄悄地自言自语："说睡就睡着了，副司令真是个奇人。"

35. "三位一体"的聚合裂变

南京、西安对峙着。

十天半月又过去了，南京对西安双管齐下的手段愈来愈明显：一方面是调兵遣将威胁压迫，一方面是对东北军、西北军的高级将领进行利诱和分化。这时候，杨虎城才分明感觉到西安向南京"讨价还价"的主动权渐渐输光了，手中任何"抵押品"也拿不出来了。他感到失策，感到为难，感觉到蒋介石的难以对付，也感觉出自己的蠢笨无能，仿佛坐在一艘掉了底的船上。

杨虎城很快也看出来了，东北军是个非常特殊复杂的团体，没有张学良，便没有了主心骨，抽去主心骨，整个东北军的团结必然发生动摇。东北军十几万人马，力量最为雄厚，它一旦动摇不定，三位一体的稳固性就很成问题。他和中共代表团看法一致：争取张将军迅速回来，是维护西安局势的关键。正如南京没有蒋介石势必分崩离析一样，西安无论如何离不开张学良。张学良送蒋介石回南京之日，没有看出这一着。杨虎城如今看出来了，而在溪口的蒋介石却比他看得更透彻。这就是政治眼力，这眼力决定着一幕幕悲喜剧的微妙进程。

张学良拖着回不来，蒋介石的军事压迫，政治分化，金钱收买，暗地分裂等手段在西安却一天天生效。十七路军四十九旅旅长王劲哉的部队叛变，沈玺亭、唐得楹两个团投蒋，有人正在做警一旅王俊、教导团李振西、独立旅韩子芳等人的工作。东北军方面，于学忠名义上是负责人，实际上驾驭不住全军，骑兵师的檀自新不稳，另外也有人偷偷向南京派代表，秘密地向蒋介石输诚。

陕西旬邑人张慕陶，大革命时期加入中国共产党，在中共六届四中全会时被开除。西安事变前依附于阎锡山，事变中混入西安，一面给阎锡山搞情报，一面在红军、东北军、西北军之间挑拨。他到处扬言："共产党主张放蒋是右倾机会主义的错误。张、杨二将军捉蒋是对革命的伟大贡献，可惜被共产党的错误政策出卖了。为今之计，万不能再听共产党的话。"他还鬼鬼祟祟地告诉杨虎城："张学良做得太漂亮了，捉蒋由他，放蒋由他，送蒋又由他，什么风头都让他出了。你杀人连两手血都没沾上。蒋介石的为人你是知道的，日后他饶谁也不能饶你。你想想，这样'和'下去，将来怎么得了！"周恩来找张慕陶谈话，严厉制止他的活动，而且指示南汉宸设法把这个人管束起来，不许他出门。

西安情况这样复杂，杨虎城的内心一天比一天难熬、痛苦，但他是个果决的人，很快赶赴渭南前线进行视察，接见了一些军官，对部队进行鼓动，准备以武力手段与南京见分晓，争高下。

杨虎城有自己的主见，但在具体执行中却又不得不受东北军的制约。冯钦哉、王劲哉一伙叛离之后，十七路军剩下四万来人，其力量远不能和东北军相比，既打算用兵，怎能不考虑东北军的意见呢？

这时候的东北军，很快分化成为新旧两派。老派以王以哲、何柱国、刘多荃、高崇民为首，就在南院门粉巷王以哲的病榻前开会，他们的意见是为避免内战，应采用"和"的方法营救张学良。王以哲说："副司令虽然不在，东北军还有我们嘛。既然顾祝同他们提出要我们从渭南前线撤兵，为了避免冲突，那就先撤兵吧。"以应德田、苗剑秋、孙铭九为首的"抗日同志会"的少壮派听到王以哲说出这样的话，联系到他们前一度放大员、放飞机的一系列作为，认为老派这样做是取媚南京，进一步投靠老蒋，企图取张副司令而代之，以换取升官发财的机会，对老派很有意见。

王以哲、何柱国、刘多荃这些兵权在握的人积极主和，十七路军中的赵寿山、南汉宸、王炳南、申伯纯对作战用兵也持有异议，影响所及，杨虎城的作战决心便产生动摇。正在杨虎城左右为难的一个晚上，东北军团一级干部六十余人带着签名单找到新城杨公馆来了。这是一张以搭救张学良为缘起的签名单，谁主张营救副司令而决心对中央军开战，谁都可以在上边签名。看样子，在上面签名的团级以上军官就有一百余众。见着杨虎城，孙铭九、卢广绩首先发话：

"副司令临走时手令东北军听杨主任指挥，现在中央不讲信义，扣留了副司令。我们东北军的头头无动于衷，置之不问，我们大家签名，请杨主任指挥我们作战，我们只要求中央放副司令回来，别无其他目的！"他们边诉说边哭泣，最后形成了五六十人的放声大哭。有的边哭边吼："副司令回来之后，命令我们缴枪，我们也心甘情愿！"冬夜哭声，摇撼得灯光也显得暗淡起来，这样悲愤的场面，使杨虎城、谢葆贞和在场的十七路军干部，纷纷洒下了同情的热泪。

从渭南前线究竟撤不撤兵？杨虎城不能撇开王以哲、何柱国直接作出决定。他只好流着泪劝解大伙："张将军被扣，我心里非常难过。我俩人共同搞了这么一件大事，现在要我一个人来支撑这个局面，我实在是力不从心啊！"

在设计委员会值夜班的高崇民从黑暗处目睹了这个场面，觉得杨虎城对"和平解决"的问题动摇不定！内心很是不满。他赶到粉巷王以哲的病榻前，郁郁地说："西安不待了，我要到渭南把握军队去。我告诉你，你要留神少壮派的一举一动。"

王以哲不以为然："他们能怎么样？难道说少壮派能打死我王以哲吗？！"

"关键是杨主任动摇了，对少壮派的力量不可低估。他们那个集体痛哭的场面太吓人了，我总觉得这事的后边还潜伏着什么。"

王以哲很不高兴："你也太疑神疑鬼了吧！"高崇民不悦，转身走了。

少壮派离开以后，杨公馆安静了，屋里只剩下杨虎城夫妇。谢葆贞悄悄告诉丈夫："少壮派不仅仅是签名哭诉，有人告诉我，这些人还准备采取非常措施，甚至杀人。"

"这还了得！他们想杀谁？"

"别人我没听说。南汉宸是周先生发电报从天津叫过来的，他整天向西北各界人士宣传和平解决，眼下又积极主和，听说少壮派有人扬言要干掉他。"

虎城很吃惊："汉宸和我是十几年的老朋友，1930年入关后又当过我的秘书长。你今晚到九府街走一趟，把这个风声告诉他，劝他躲一躲。少壮派的情绪令人同情，可也令人忧虑。"

谢葆贞进内室准备更衣，门一响，南汉宸微笑着进了会客室。谢葆贞一面让座一面说："人都说我们关中地方邪，说谁谁就到，一点不假。"谢葆贞说罢，借故走开了。

南汉宸盯着杨虎城："我一来西安就听人讲，你说是为国家、为民族摔了这个摊子，响！值！可今天，我看你不太高兴呀！"

杨虎城说："不是我不愿意高兴，我高兴不了。副司令被扣了。一想起老蒋的为人，我抓他一点也不后悔。"

"这就好，这就好！"

"今天你来，我正有要紧的事情同你谈。你我之间，一部分是纯朋友关系，一部分是政治关系。政治方面，十几年来我是对得起你的。你这次来西安，我不反对你站在贵党的立场上说话，但你们也要替我想一想。你刚一来到时我就对你说，和平解决就是牺牲我。张汉卿咬定要和平解决，结果如何？现在差不多可以看出来了。你们中共主张和平，可以和蒋介石分庭抗礼，平起平坐；我是蒋介石的部下，蒋的为人是睚眦必报的。和平以后你叫我怎么对付？！所以和平的前途就是牺牲我杨虎城！这种情形你为什么不替我想一想？你只一味地站在你们党方面说话！"虎城的神情很激动，南汉宸很少见他这样激动过。虎城继续说，"目前西安的局势很不稳，不知道会演变出什么事儿来，作为朋友，我可以立刻把你送到三原东里堡老太太家里去，那里是安全的。西安的事，你不要过问了。"

南汉宸很冷静，直等老朋友发完火，才说："我是那边的人，就得办那边的事。说到私交上，你我是好友，我不出卖你；说到党派关系上，我们共产党决不做对不起朋友的事。我不能走！"

"我这个人嘛，一遇到紧要关口，对私人交情和个人得失的考虑不由得就放在政治之上，不如你党……"杨虎城话中带刺，一时冷静不下来。

南汉宸一挥手打断他的话："目前的严重局势怎样处理？我马上找周副主席，重新研究。"南汉宸说罢就走了。

就在杨虎城对南汉宸发火的时候，在金家巷张公馆的东楼，中共代表团正在开会，围绕西安的不稳局势，围绕东北军内部的和、战之争，秦邦宪、周恩来、叶剑英、刘鼎他们各抒己见，讨论得很热烈。会议正在进行，应德田、苗剑秋、孙铭九、何镜华闯进来了。他们担心王以哲、何柱国会蒙蔽住中共代表团，决定从政治上先发制人。

孙铭九抢先说道："我们要坚持先让张将军回来，尔后从渭南撤兵，你们代表团怎么看？"

叶剑英和刘鼎说："那样恐怕有引起战争的危险。退兵以后，三位一体好好团结，仍然可以要求张将军回来。"

应德田不同意："东北军不同于红军，它是以少帅个人为唯一中心的团体，这是我们东北军的特殊性。有副司令在，这个团体能够维持；副司令不回来，这个团体失去中心，可能很快走向分歧、涣散、崩裂、瓦解。在这危难关头，为东北军前途计，必须先把副司令营救回来。"接着他又说明张将军在三位一体里的重要性，而且说杨主任也是这么看问题的。

周恩来站起身，耐心进行解释："东北军的特殊性和张副司令在东北军中的重要性，我们十分了解，我们极愿意把副司令营救出来。但这样不撤兵而僵持下去，很容易引起战争。一旦引起战争，不符合副司令发动西安事变的初衷；战局一开，你死我活，他们更不会在双方打仗的时候放回副司令。战争容易引起更加混乱的局面，对团结抗日的前途有害无益。共产党与蒋介石是血海深仇，我们永远不会忘记；共产党与东北军和张副司令的血肉关系，我们也永远不会忘记。但现在以战争方式要求副司令回来，没有什么好处。"

何镜华正想发言，苗剑秋激动地站起身来，双手叉腰，对着周恩来大声说道："1月8日，你同国民党代表张冲进行了接触；1月10日，你写信给蒋介石，要求蒋介石制止内战并改组南京政府；这几天，我们特务团逮住了一个从南京来的神秘人物，叫潘汉年，从他身上搜出了张群和你们进行交涉的文件，说什么中央承认你们是合法的政党，还要给你们拨付给养。营救我们张副司令，你们哪里当一回事嘛！"

秦邦宪起身说道："国民党的三中全会2月15日就可能在南京召开，为了结成统一战线，中共放弃了许多革命的和前锋的口号。当国家还暴露在未能统一的危机之前，我们共产党就不能只顾眼前的利益。"

苗剑秋、何镜华涨红脸膛，立时恼了，争吵起来："既然不帮助我们打仗，你们红军开到关中干什么来了？你们不帮，我们也要打，难道说你们就袖手旁观，看着蒋介石消灭我们？！"

孙铭九一下子跪在周恩来面前，又哭又叫："你们不同我们合作，咱们岂不是破裂了吗？！我们这样各顾各，张副司令就完了啊！"应德田以怨愤而痛苦的眼光望着周恩来。

左右为难的周恩来只好表示："别吵别闹！这个问题很重要，容我们好好商量一下，明天答复你们。"

这里送走了应德田他们，南汉宸早坐在周恩来办公室里等着哩。听了汉宸的汇报，周副主席感到情势非常严重。连夜与叶剑英赶到渭北云阳镇红军司令部驻地，与张闻天、彭德怀、任弼时、左权同志一起研究，在颇难两全的困境里重新作出决定。

翌日清晨，天气很冷，杨虎城和少壮派得到了中共代表团这样的回答："只要你们团结一体，意见一致，中共绝不会对不起两家朋友。包括打仗在内，红军愿意联合东北军、西北军，与中央军决一雌雄。"

南汉宸转达完周副主席的话，他忽然看见，杨虎城眼里涌出了泪花……

王以哲、何柱国很快就知道了少壮派与中共代表团谈判的情景，为贯彻先从前线撤兵的主张，1月29日的晚上，在五十七军和一〇五师的驻地渭南，召开了东北军高级干部会议。

出席会议的有中将军长何柱国、缪澂流，中将师长刘多荃，少将师长常恩多、霍守义、刘启文、刘桂五，少将旅长高福源、唐君尧，少将总队长孙铭九。西北总部出席的有中将参谋长董英斌，少将副主任洪钫，少将处长卢广绩、王尔瞻、陈先舟、张政枋、应德田、邓玉琢、周文章。此外还有东北军元老马占山、鲍文樾、高崇民、苗剑秋、刘伟等四十余人。

董英斌主持会议。他说："今天的会议本应王以哲军长主持，他因为身体有病，委托我代为主持。现在我们东北军内部有主和、主战两种意见，两相争论，很难取得一致，这对于副司令、对于东北军都无好处。今天会议的目的，就是希望大家坐在一起，推心置腹地好好谈谈，使意见趋于一致，然后根据这个一致的意见坚持下去，才有力量，才能使东北军走上光明的前途。"

第一个发言的是何柱国："根据现在的形势，我们只应该接受中央的撤退命令，接受与顾祝同谈妥的条件：听命撤兵。这表明我们东北军是尊重中央、服从中央的，然后再慢慢请求放副司令回来，中央就比较容易接受我们的请求。倘是进行战争，蒋军兵力强大，我们打下败仗，他们更不能放副司令回来，东北军的前途将更加黯淡。战争引起内战，也不符合副司令发动兵谏的意图，将使他陷于极大的痛苦之中。因此，必须先接受顾祝同的撤兵条件。我这发言，也代表王以哲军长的意见。"

何柱国刚说完，政治处少将处长应德田立刻起来讲话。他是少壮派推

举出来的代表, 预先就对要说的内容进行了充分准备:

"我认为, 第一, 我们绝对不能把营救副司令的希望寄托在讨南京欢心上面。我们的一行一事, 是不是只有取得了南京的欢心才有了好结果呢? 从东北军入关助蒋起, 直到与红军达成停战协定为止, 这一段离乡背井的日子里, 东北军全体将士付出那么大的牺牲, 做了那么多讨南京欢心的事, 结果怎么样呢? 我们的损失不仅不予一枪一卒的补充, 甚至连阵亡将士的家属也得不到毫金粒粟的抚慰。12月25日副司令放蒋、送蒋, 接着我们又放人、放飞机, 每一项事都得到了蒋介石的欢心, 其结果又怎么样呢? 在座的每一位心里都十分清楚, 用不着我重复。相反, '双十二'凌晨把他抓起来, 关起来, 尽管他满腹愤恨, 极不欢心, 却仍旧不得不接受我们所提出的抗日条件。事实告诉我们, 讨南京喜欢才能营救副司令的想法是极其错误的, 不说幼稚, 起码也是南辕北辙。

"第二, 蒋介石扣留副司令虽然是恶毒的阴谋, 但为着本身利害, 他只能试探着进行。他要我们放那批将领, 为什么他不直接打电报命令我们放呢? 为什么要副司令打电报而又仅仅提出放回四名不说全部放回呢? 他要我们放回五十架战斗机, 为什么要宋子文、宋美龄出面, 并请副司令写信进行释放呢? 这种间接的政治手腕, 证明他是在一步一步试探我们的态度, 是投石问路, 谨慎小心地从西安抽回一系列'抵押品'。如今审判了副司令, 仍留下了'严加管束'的尾巴, 他之所以运用非法律的管束词语, 显然是在阴谋扣留中留有伸缩的余地。他派王化一、吴翰涛、祝绍周来, 以及要我们派人去, 无一不是在进行试探, 试探我们营救副司令的决心怎么样。如果我们不争取副司令回来就乖乖撤兵, 俯首听命, 那就是一误、二误、还要三误, 副司令这一辈子也别想回来了! 一句话, 今天已经到了营救副司令的最后关头。

"第三, 副司令一直渴望着我们能够坚持, 能把他营救出来。临上飞机时, 他对杨主任说, '争取三天最迟也不过五天就回来'; 他又对阎宝航说, '他们不让我回, 那边能答应吗?!' 他还对鲍文樾说, '你们不坚持, 我完了, 你们也完了。' 副司令一再暗示我们坚持, 这样撤兵能算是坚持吗?! 现在杨主任和十七路军用眼睛看着我们, 杨主任望眼欲穿, 是一心盼望副司令回来的, 中共代表团也表示支持我们对中央军作战, 难道我们东北军自己反而这样怯阵怕死吗?!谁都明白,副司令是我们东北军的主心骨,并非十七路军和红军的领袖,我们的领袖被扣,我们难道连外人还不如吗?东北儿女、东北汉子的血性哪里去了!……"

应德田慷慨激昂,一连说出八条,剖析得明晰透彻,反问得动人心魄。他说完之后,会场上没有出现任何争论,也没有一个人提出异议。在一片热烈的赞成声中,缪澂流军长大声地说:"赞成应处长的意见!副司令不回来,我们宁愿战死,决不撤一兵一卒!"

主持会议的董英斌,当即作如下决议:

"在张副司令回来以前决不撤兵。中央军如再进逼,我们破釜沉舟,不惜决一死战!"

董英斌为了慎重起见,又因王以哲本人不在场,认为这个决议案需要赞成的人签字,好拿回西安交王军长执行。到会的四十多人,一个接着一个,在决议案上挥笔签名。

应德田长长舒了一口气。他站在北临渭河的窗口,让河滩上吹来的湿湿的寒风掠过自己发烫的面庞……身后签名的沙沙声,在他心头腾起一种神圣的快感。他情不自禁地吟哦出两句古诗:"渭北春天树,江东日暮云……"

36. 一声炮响　蒲城兵变

渭南会议开得一边倒,紧凑,整齐。遗憾的是因病躺在西安粉巷的王以哲却没有参加。他在病榻上听了何柱国的介绍,一直摇头,一席话又把已经签过名的何柱国扭了回去。何柱国说:"我一个人好办,在决议上签名的四十多个人呢?!"王以哲说:"于学忠是张副司令手谕里指定的东北军负责人,把他从兰州接过来,重新研究。"何柱国照王以哲的指令,去寻应德田通气,应德田想了想,觉得于学忠对张副司令很忠诚,为人正派,资格又老,于是便同意接他来西安主持东北军的事宜。

1月31日黄昏时分,于学忠乘飞机降落在西安。

高级会议在王以哲病榻前举行。应德田、何镜华、杜维纲他们七八人守在隔壁堂屋里,一支接一支抽烟,墙那边的每一句话,听得清清楚楚。

杨虎城主持会议,谁也不先讲话,屋子里长时间沉默。

"还是请周先生起个头吧。"杨虎城打破沉默。

"这里是西安,不是延安。我们以你们两方的意见为意见。还是你们先讲为好。"周恩来的声音平和,谦逊。

又是沉默。沉默之后是你看看我,我看看你,你推我,我又推他,就这样拖延了个把小时。这边堂屋里,何镜华揪住自个儿的头发狠狠摇了好几次,七八双眼睛也是你看看我,我看看你。

杨虎城提高了声音:"张先生临走时,下手谕由孝侯兄负责东北军,请孝侯兄代表东北军发表意见。不要再推辞了。"语调很恳切。

于学忠这才结结巴巴说了起来:"我刚由兰州来,不了解整个局势的详细情况,到西安后,才知道东北军内部有主战、主和两种意见,很不一致。我的军队现在兰州,我看还是请鼎芳(王以哲)兄谈谈吧。"

王以哲说:"和也好,打也好,要快快决定。和平撤退的条件已经与顾祝同谈妥了,这样犹犹豫豫僵持着,是有危险的。这是军事上最忌讳的状态。"

"我看还是根据鼎芳兄的意见,和就和了罢。要打,我的队伍在兰州,一下子拉不过来。"是于学忠的声音。

王以哲忙接住话茬:"我同意孝侯的意见,和是上策。"

"我同意孝侯、鼎芳的提议。"何柱国表态。

隔壁堂屋里,不知谁的水杯跌在了地上,碎裂之音很尖锐。王以哲不高兴地皱了皱眉头。

静默片刻,杨虎城说道:"从道义上讲,应当主战,我们十七路军是不打算撤退的。现在张先生不回西安,掏心里话,我是压不住阵的。我们十七路军,在捉蒋、放蒋以至释放军政大员、放走飞机等一系列问题上,都跟东北军兄弟采取一致行动,现在又怎么能例外呢?既然你们现在坚持撤兵,我们就听从你们的意见,和平解决罢。周先生,你的意见呢?"

周恩来很为难,众人都盯着他,他呷了好几口热茶,才开始说话:"我们原来是主张和平解决的。因为你们两方有许多人主战,而且意见很强烈,很尖锐,张先生在东北军中举足轻重,这个意见我们详细研究过,情况也确实是如此。为了张先生,为了道义上对得起朋友,我们红军最后也下决心不惜一战,有流血牺牲是应该的。现在你们两方既然一致主和,为了团结,我们当然是赞同的。不过我想提请你们双方——都要高度注意自己内部的团结，耐心说服你们的部下，否则，恐怕还会节外生枝，发生意想不到的风波。"

会议延长了六个小时才结束，当何国柱走进隔壁堂屋时，烟雾未散的桌边只剩下张政枋一个人，满地都是烟灰，有的熄了，有的正冒烟。张政枋对着何柱国郁郁地说：

"这边昨天晚上让人把作战命令都起草好了，今天却来了个一百八十度的大转弯，太让人伤心了！伤心透顶！"说罢拧身走了，何柱国喊了几声，他头也不回。

2月1日上午10时，东北军主要将领在新城大楼集中开会，由于学忠传达昨晚王宅会议的精神。于学忠讲完之后，会场一片静寂，没有一个人吭声，于学忠感觉出来情况不妙，非常不妙。为了以迎合人们的心理来转变会场的气氛，他接着方才的话又主动表白：

"我于家受张氏父子两世深恩，对副司令的感情比谁都深厚。可眼下是进退两难：打吧，怕打不回来，反而把事情打坏；不打吧，更怕副司令回不来……我心里实在是难受哇！"说罢竟放声大哭起来。他一哭，众人益发觉得副司令回来的希望渺茫了，今后再难见张学良的面了，许多人一下子都痛哭流涕。

卢广绩、陈先舟向着于学忠跪下，一面痛哭一面大声疾呼，坚决要求与中央军开战。王以哲病着，何柱国没有到会，于学忠除痛哭之外，拿不出任何具体决策……乱哄哄散会时，门口大街上左一伙右一伙的东北军士兵，堵住汽车不让过，争着抢着盘问会议精神。东北军有史以来，没有过这样混乱的会议。

应德田、孙铭九同住在距金家巷不远的启新巷。绝望、悲伤而又怀着莫名的愤慨的少壮派们，一直认为应德田、孙铭九、苗剑秋才是联共抗日、忠于副司令的核心人物。2月1日之夜，又黑又冷，以往那些熬着寒冷卖八宝稀粥、卖鸡丝馄饨的流动担子因为实在撑不住冻，早早收了摊子。远远近近，一条条黑影却缩着脖子，不约而同，纷纷摸进了启新巷。两间堂屋里亮着灯，或站或坐，满屋是人。苗剑秋、何镜华、刘启文、邓玉琢、杜维刚、文英奇、商亚东、王协一、于文俊……正好三十六位。后来有人称这个晚上是三十六个天罡星在玄风桥聚会。

三十六张悲愤的脸,你一言我一语,句句蘸着油,带着火。

何镜华说:"以往参谋团的命令都由我草拟,现在何柱国要下撤军命令,把我踢开,让刘本厚干起来了。"

孙铭九说:"下午何军长叫我去听命令,要我把特务团和抗日先锋队撤下东门楼,集中到指定的驻地,准备撤离西安——他这是试探我听不听他的指挥。"

"为什么他二人不愿意副司令回来呢? 莫非真地想投靠老蒋? 一官半职就那么样叫人眼红呀!"有人问。

"他二人派人与顾祝同秘密接触,谁知道闹的啥名堂!"一张张脸孔,有的更黑了,有的泛红了,一墩墩树桩一样全站在屋子里,言词充满火药味。

"老蒋骗他二人,说给个省主席当当,他们就真的背叛副司令了?!"

"他们有什么理由不执行渭南决议?"

"阳奉阴违,推翻渭南决议,就是出卖东北军。我们不能答应!"

"杨主任还坚决要副司令回来呢,他两个反不同意,到底安的什么心!"

"中共代表团都强调副司令重要,表示支持我们,王以哲、何柱国这是怎么啦?!"

应德田摇着手大声说道:"不营救副司令的不是杨主任,也不是中共代表团,而是我们东北军自己——我们的窝子里烂了! 酸了! 臭了!"

"王以哲在满洲的时节,就置了不少私产,眼里哪有我们东北军。"

"忘恩负义,太可恨了,应当马上惩治他们!"

"谁出卖副司令,谁就是内奸,不杀不能解恨!"

"于学忠和他俩是一路货!"

有人小声异议:"于学忠是被他俩挟制的,不能这样。"

"留下于学忠执行渭南决议!"

三十六人痛恨王以哲、何柱国,拳头戳动,满屋鼎沸,孙铭九紧紧盯着应德田、苗剑秋。

应德田挥动双手问大伙:"到底该怎么办?"

"杀掉他们!"屋里齐崭崭一声吼。

应德田转头问孙铭九:"照大家公意办,行吗? 你表个态。"

孙铭九没有回答。

苗剑秋又对着大伙高声发问:"铲除王、何,保留于学忠,执行渭南决议,坚决营救副司令,有人不同意吗?"

又是一声齐吼:"没有!"

站在炕台上的孙铭九这才猛个儿挥下了拳头:"好!"

满屋的声音轻了下来,叽叽喳喳,拟出了这样几条:

一、由于文俊带一排人搞掉王以哲。

二、商亚东带一排人搞掉何柱国。王协一协助商亚东。

三、参谋处处长徐方与南京有秘密勾搭,由文英奇搞掉他。

四、交通处副处长宋学礼是王的副手,办事处处长杨大实为王、何办理过联络南京之事,由孙聚魁收拾。

五、交通处处长蒋斌,扣押八大主张之通电,现押在特务团,立即处死。

六、派人看守住于学忠,防着他惊慌失措,飞返兰州。

七、在东城门截留住赴潼关签字的和谈代表李志刚,让他老老实实回家。

八、后半夜在主要街巷同时贴出除奸标语,明天一早迅速行动,同时行动。

九、准备下一步向杨主任、向周副主席的请愿事宜。

应德田、孙铭九、苗剑秋、何镜华拟订出各项方案,众人分头采取行动时,已经是后半夜了。

正当少壮派不约而同地往启新巷汇聚之时,何柱国正坐在王以哲的病榻前说话。

"下午我试探孙铭九,他一声不吭,一双牛眼看看我就转身走了——这局势看起来很严重!"见王以哲不答腔,何柱国又补充,"不要求副司令回来就撤兵,这是东北军全体反对的,众怒难犯,对那一伙少壮派,你又不是不知道……"

"有什么想法？你直说吧，别转弯子。"

"我说，咱两个今晚上一块挪窝——搬到杨主任那里去住。"

"你的意思是避一避风头？"

何柱国点点头。王以哲伸手否定："杨主任在战、和问题上态度不明，他的那些兵纪律又不怎么样，那儿说不定更危险。"

"不管多危险，他杨主任总不会让你我在他的家里流血吧。"

王以哲仍是摇头："我一个堂堂的军长，在自己部队里活到避难的地步，还有什么意思？！你去，我不去。去了是天大的笑话。"

何柱国默坐不动，王以哲催他离开："我不信，少壮派吃了豹子胆，竟然敢在我王以哲头上动土！"

黑地里，何柱国一个人摸出粉巷，走向自己的小汽车。

何柱国连夜搬进新城杨公馆内，大白天也不回家，更不轻易出门。有关军务，都是副官们赶到新城来向他请示。在这儿，他看到杨主任烦恼透了，连谢葆贞也不敢在他面前多说话。怎么能不烦恼呢？针对西北地区，蒋介石派来大批特务，一手拿金钱，一手擎官帽作为诱饵，到处进行分化瓦解。继王劲哉、冯钦哉、沈玺亭、唐得楹等人叛变之后，民团也纷纷插起了叛旗。白水的刘子威宣布"中立"，富平的周公甫、蓝田的张子厚、长武的马继武也都出现不稳之势。正在这时，东北军驻武功的一〇六师师长沈克，驻蒲城的骑兵师第十师师长檀自新也公开通电背叛。最叫杨虎城揪心的是蒲城。

渭北重镇蒲城，是杨虎城的老家。骑兵师是12月13日被张副司令调到蒲城布防的，担任着掩护渭南迄终南山一线主力军右翼的任务。2月1日早上，县城中街一声炮响，叛兵四起，枪声大作，地方民团被下了枪械，县长程海岑和杨虎城的弟弟杨茂三被关进了东街文庙——檀自新的师部里。杨虎城的老母孙一莲，因为厌恶城里的烦嚣生活而留居在县城西槐院的老屋，她老人家也被软禁起来了。

檀自新是锦州人，给张作霖当过卫士。目下张学良回不来，蒋方秘密劝檀自新倒戈，条件是赏五十万现洋，叛旗插起后扩编檀师为骑兵第四军，升檀自新为军长。蒲城四近，十七路军、东北军都驻有人马，檀自新畏惧杨虎城惩罚他的叛变行径，又知道杨虎城是有名的孝子，于是扣住杨老太太作人质，关键时刻可以作为对付杨虎城兵马枪炮的"挡箭牌"。

何柱国见杨虎城焦愁烦恼得吃不下饭去，主动寻上来说话："杨主任，檀自新和我都是东北军的，多少还能搭上话，我去蒲城交涉，接回老太太，如何？"

"危险！去不得。"杨虎城望着何柱国，"檀自新这个人，和我这边的冯钦哉是一路子神，翻脸不认人。"

何柱国怎么能不了解檀自新呢？其人寡廉鲜耻，嗜杀成性，变脸比脱裤子还快，活脱脱是又一个冯钦哉。杨虎城吸烟踱步，绞尽脑汁。讨伐吧，完全可以打垮檀自新，那老母亲就完了；乞求吧，就得向叛军作出让步，这在杨虎城是违心的。作为孝子，杨虎城又放心不下年迈的母亲……他的作难、熬煎，何柱国一一看在眼里。

谢葆贞在边上插了一句："最好能找一个可靠的、和檀自新有旧谊而又能说上话的人，去试一试。"

一句话提醒了何柱国，他忽然兴奋地拍了一下大腿："有了！杨大实！"

"杨大实是谁？"谢葆贞一愣。

"骑兵师驻西安办事处的处长嘛！"何柱国介绍说，"他和檀自新是同乡，同事，过去来往较多。他是个读书人，到过法国勤工俭学，在东北大学当过教师，会说会写，洞悉时务，在东北军里有一定的地位。他去再合适不过了。"

"这号入虎穴狼窝的事，人家肯去吗？"杨虎城有些心动。

"知识分子赤诚爱国，因为'兵谏'，他对副司令和杨主任十分推崇，私下说起你来是很仰慕的。这个人平时又好交朋友，爱讲义气。只要杨主任首肯，由我去请他。"张学良走后，东北军扔给杨主任的头疼事太多了，何柱国目前又托他庇护，所以一心想为杨虎城解解困扰。何柱国走了后，杨虎城对谢葆贞说道："我记起来了，张副司令曾经给我介绍过杨大实这个人，言下很是赞赏。开会时我也认出他了，不过没有交谈过什么。人活在世上都有个求人的时候，想不到今天我得有求于他哩。"

"这事闹不好就得舍命，只不知何军长能不能搬动他的驾？"

"东北军弟兄们很讲义气，有知识的人最能珍重友情，这一点我深信不疑。特别是张副司令相中的人，十个有九个是可靠的。可惜时世多艰，他们有家难归，流落到荒凉的西北来了。"

办事处设在南院门附近的盐店街。何柱国寻见杨大实，转达了杨虎城有所拜托的意思，杨大实慨然承诺。他要何柱国先回新城复命，自己简单收拾一下就来。何柱国刚一走，几个好朋友就围住了杨大实："檀自新的根柢是土匪，杀人像喝凉水一样。现在既已投靠老蒋，就是我们的敌人，如以朋友的身份去看他，非常危险！你去了，很可能先拿你祭旗！"

"你借故推托不去，何军长、杨主任也不能把你怎么样，他们都是精明人，谁不理解其间的厉害。"

杨大实正七上八下、心神不定时，忽然一个人推门而入，"噗噔"一声跪下，掩面而泣。杨大实一看，是办事处的娄伟杰，自己一下子也莫名其妙："老娄，这是怎么回事？快起来，快起来！"

"我不能起来，除非你答应我一件事。"老娄边哭边说。

"什么事儿？说嘛！"

"我前天和你谈的我们骑兵十师有变动的那些话，你见了檀师长，千万不要说是我说的。"

1月28日，檀自新召集他下边几位团长在蒲城开了个极其秘密的会议。檀自新在会上讲："东北军、西北军这一次抓蒋又放蒋，积怨已深，张学良赴京难返，东北军行将解体，识时务者不如早自为计。我已派张树森参谋长赴开封与刘峙取得联系，刘峙已允许我们扩军。扩军等于升官。只要占领蒲城，拍发电报表明脱离东北集团，拥护蒋中央，诸位与我便是功成名就。不知大家意下如何？"檀自新这些话，就是娄伟杰透露到西安的。

眼下娄伟杰跪哭不起，杨大实忙说："你的事儿我能办到，保证能办到。"

老娄还是扶不起来，哀哀哭泣："我们师长心黑手硬，假如知我泄的密，非要我的头不可。处长啊，你就保保我这条命罢！"说着又大哭起来。好几个人同时动手拉他起来，边拉边说："你别着急嘛，老杨还不一定去蒲城哩。"

娄伟杰忙说："我看也是不去好，我们师长已经红了眼，根本不会放老太太。秘密会议上专门研究过老太太之事，檀师长一再说老太太是个护身符。你若去，准惹杀身之祸。"

最后，杨大实这样表态："谢谢诸位朋友的好心！不过，杨主任现在不仅是西北军的头儿，也是我们东北军的统帅，他的母亲已是快七十岁的人了，遭此变乱，生死难保，杨主任身上的痛苦可想而知。这次'兵谏'，为的是抗日，也是为了我们东北的故乡，我身为军人，应该见义勇为，挺身而出，即使老檀杀我祭旗，我也是为国捐躯，死得其所！我杨某决心已定，谢谢诸位的好意！"

杨大实赶到新城杨公馆时，杨虎城、谢葆贞已在门口台阶上等候。让进厅里，谢葆贞沏好茶，退进旁边小屋去了，厅里只有杨虎城、杨大实对面而坐。杨虎城站起来，走近杨大实的茶几，俯下身用双手将茶杯重新端正一番，以示敬意，杨大实也双手扶住茶盘欠身答礼。杨虎城正襟而坐，说道：

"这次想请杨处长辛苦一趟，到蒲城把我母亲接出来。上了年纪的人，经不住兵荒马乱的折腾，我真怕有个三长两短，对不住老人。见面时请你转告檀师长，'兵谏'是国家大事，不是谁一两个人可以左右的。再说人各有志，我杨某不是那号容不得人的人，他与我素无积怨，没必要徒伤感情。他倘若不放老太太出来，你也不必过于为难。"停了停又说，"檀师长的心性我也略知一二，蒲城此行，你千万要保重。即使接不回老人家，我对你也是非常感谢的！"

"能把老太太接出来，当然很好，老檀若心怀叵测，我会审时度势，随机应变对付他。请主任放心。"

杨虎城很高兴："最低限度是你要安全回来。希望你留意他说的话，摸清他心里的状态，回头再寻对策。饭已经准备好了，请你先吃点东西再上路吧。"

说话间谢葆贞端着一方木盘进来，在桌上摆下两盘炒菜，一碟盐面，一碟油泼辣子，一碗紫菜汤，两个馒头。杨主任再三礼让，盛情难却，杨大实只好吃下半个馍，喝了几口汤。他情绪复杂，忐忑不安，哪有心思吃饭呢？

简简单单吃过，杨大实起身说道："何军长说我和老檀有深交，那是言过其实。只不过工作中常打交道，比别人熟些罢了。老檀为人，主任也许知之不深，他见利忘义，根本不晓得'道义'二字为何物。这次投靠老蒋，也是利之所在，势所必然。我今天去，也做好了回不来的准备。"

杨虎城思量片刻："如果这样，我看你先不必走，等空气缓和缓和再定夺。"

"主任不必多心，假如心怀犹豫，我今天就不上你的门来。"杨大实很坚决，"我现在就动身，主任还有什么吩咐吗？"

"要不要带随员？"

"一个司机给我开车就行了，带随员反倒惹嫌。"

汽车已经开动了，杨大实看到杨虎城、何柱国高大威武的身躯还站在门口，谢葆贞站在台阶上，心情沉重地目送着汽车，一起频频招手……

蒲城在西安东北方向，距西安一百五十里。车颠簸在坎坎坷坷的"公路"上，杨大实脑海里想得古里古怪。想到了太子丹"白衣冠"送荆轲于易水之上的悲壮场面，禁不住默念那"风萧萧兮易水寒"的诗句；忽然那曹操置酒为蒋干饯行而各怀心事的场面也浮现出来，他又一下子哑然失笑……正当他心潮起伏时，一声断喝："停住！"车被几个哨兵拦住了。"上哪里去？车上是什么人？"哨兵是东北口音，杨大实知道已进入富平地界。

司机正在与哨兵分辩，杨大实忽然看到他的老同学贺奎师长和几个人走过来，贺奎也看见了杨大实："大实，上哪里去？"

杨大实把贺师长领远些，悄声说是去蒲城，而且把去的任务从头到尾说一遍。贺奎拉住大实的手，疑惧不安："有把握吗？"

"你指的是什么？是指接杨母成功呢？还是说我个人的安危？"

"两者都有。"贺奎说。

"我是两者都没有把握。"杨大实说，"东北军出下檀自新这号黑货，我们有何脸面见人家杨主任？！此行凶多吉少，我准备为国捐躯！"

听了这话，贺奎很激动，摇着杨大实的肩膀认真地说："既然这样，你就放心只管去吧。把老太太接出来万事大吉，如果他檀自新丧尽天良，敢对你下毒手，我贺奎也就对他不客气了。哼！看他檀自新有几个脑袋！"

贺奎的师距蒲城很近，真的要给檀自新来一个四面楚歌，檀自新哭也哭不出来。杨大实很高兴："好，好！咱俩没有白同学一场。有你这个后台，我觉得腰杆也硬了许多。"二人握手告别，"我回来也要路过这里，你等我的消息吧。"

汽车直奔蒲城。这汽车是杨主任亲自派的，杨大实拍拍司机的肩头："方才的话你都听到了。我完蛋了，你就回富平向贺师长报个信。"

司机头也没回："杨处长你就放心吧。杨主任尽忠尽孝，你这是赴汤蹈火，大仁大义。我虽是个车夫，可心口里亮着哩。"平平常常的几句话，说得杨大实心里直热乎。

"你是杨主任的司机？"

司机点点头："以前可是在红军里干过。"

离蒲城西门有一里多路，司机发话："处长你听，城墙上打枪哩！"

杨大实想，鬼门关就在眼前，一闭眼先冲到城下再说。便命令司机："快开，快开！"

司机说："你往我身后躲，身子往低里猫！"话没说完，"砰"的一声，车前挡风玻璃被子弹打了个开花，密集的枪声更震耳了。车子越快，子弹越凶，只听得子弹在前后左右吐噜、吐噜乱飞。汽车裹着一团黄尘冲卷到西门跟前，杨大实翻下车挥臂大喊："别打啦！自己人！别误会，我是来慰劳你们的！"

枪声停了，一个人从城墙上飞跑下来，杨大实认出是素日熟识的田排长。田排长边跑边叫："太玄啦！太玄啦！车一个劲跑，我们就一个劲地打，真的打死你怎么办？你真是个'二百五'！"

杨大实也擦汗："不快跑，不更危险？"

田排长哭笑不得："对你们这号文官，真是他妈的说不成！"边说边前后端详，"没伤着吧？"

杨大实拍拍衣裳，身子转了个圈儿："你看看，我这不很好嘛？！"他转圈儿的那个笨拙姿势，把开车的那个司机也逗笑了。

杨大实进了师部。几个认识的人神态各异，却尚未现出什么恶意。从东北讲武堂毕业的檀自新，身材短小，说话瓮声瓮气，他故意拉长声调："大实，今番你来一定有什么使命吧？"杨大实故意借点烟之机没答话，檀自新把半截香烟往地上一扔，"大实，在这个时候，你能到我老檀跟前来，说明我老檀没瞎眼，你够朋友。"

杨大实忙接住话茬："是嘛，人不亲，土亲！"

檀自新鼓起血泡眼发开了牢骚："东北军是杂牌军，我们骑十师是杂牌中的杂牌。这世道不看风使舵，行吗？别说抗日救国，连吃口饭都难啦！"

杨大实显得漫不经心："你不说我也清楚。"

檀自新挪挪椅子靠近些，显得十分神秘："前天陈诚派人来告诉我，副司令回不来了。他回不来，我们不靠中央靠谁?!"

杨大实点头佯为赞许。檀自新兴致浓了，声音又放开来："副司令是条好汉，敢做敢当，演了这场负荆请罪，聪明绝顶! 千古第一!"他竖起大拇指扭了几朵花，大发议论，"更聪明的是没有杀老蒋。副司令明白，老蒋那臭屁股不好揩，谁去揩都得抹上一手黄酱。你想，何应钦、陈诚、刘峙、顾祝同、蒋鼎文这些嫡系，谁能指挥谁? 至于韩复榘、宋哲元、傅作义、阎百川、李宗仁、龙云，本来就是胡凑合。老蒋一死，必然大地龙蛇各霸一方，驴踢牛顶，狼撕狗啃，你戳我打，烂摊子就砸了。副司令聪明就聪明在送蒋委员长回南京，一翻掌按住个空中的太阳，一抬手扶起个中流砥柱，说不定下一步时过境迁，副司令更有重用呢!"

杨大实笑了笑："照你这样说还有盼头，副司令一高升，你我又能借光。"

"当然，当然。"檀自新频频点头，"别看南京又声讨、又审判、又判刑，老蒋鬼得很，那都是老蒋在演戏，演给天底下傻子们看的……"

杨大实觉得是火候了："副司令同杨主任，关系可是非同一般哟!"

"那是! 那是! 一般交情万万不能共举大事。"

"那我问你，杨主任的母亲现在怎样?"

老檀哈哈一笑，掸着烟灰："杨老太太现在很好，很好，一切如常，一切如常。"

屋里在座者都交头接耳，喊喊喳喳:

"看看看，我估计他就是为这事来的。"

"杨虎城派说客来了，果然不假。"

檀自新却不管别人，主动向杨大实表白他如何保护老太太的安全，如何照顾老太太的生活。杨大实赶忙说："我替杨主任先谢谢你了!"

檀自新晃动脑瓜："谢倒不必。你回西安向杨主任报告，让他一万个放心。"

杨大实又试探着说："老檀，你也知道，杨主任是个有名的孝子。杨主任说，如果方便，让我接老太太去三原东里堡老屋，请你给予帮助。"

檀自新一听这话，脸马上就冷了下来。停了会儿才说："我看，你接不走。这个老太太可不一般。前两天我去看她，问她打枪可叫她受惊了，她说国家大事要紧，受点惊算啥？再说檀师长派这么多的兵保护我，就更不怕了。我一听，这真不愧是绥靖主任的娘，深明大义，见高识广。我说老太太如果愿去西安，我派兵护送。老太太说祖祖辈辈住蒲城，住惯了，哪儿也不想去。故土难舍嘛，老人都有恋土的习惯。"

杨大实心里嘀咕：檀自新诡计多端，竟用这个话来堵我的嘴，这说明他们早有所料，先作了准备。必须设法攻其心理弱点，才有可能救出老人家。今天刚一见面能以友好态度相待，说明他最怕杨将军调兵扫荡他……杨大实担心把问题谈僵，就故意谈些别的松弛气氛：什么西安城里老百姓生活如何紧巴，交通如何混乱，等等。

在座的各位听着意思不大，渐渐离去。天色不早了，檀自新就命令勤务兵："开饭。"

饭后，天也黑了。屋里没有别人，檀自新躺在大烟盘子旁边过瘾，杨大实坐在一旁喝茶。抽了一阵，大概神儿提起来了："大实，没有外人。你说，你到底干什么来啦？"杨大实郑重申明，一是看望老朋友，二是看看杨老太太。檀自新追问的原因，不外是想知道杨大实是不是来劝他回归东北军。檀自新一扬手："唉！我知道你是来当说客的。我呀，任你有苏秦、张仪的辩才，也动不了我的主意。老朋友、老同乡嘛，你亮你的底儿，我不计较。"

杨大实想了想，来了个欲擒故纵："我并不想动摇你服从中央的决心，服从委员长是光明大道，只要他抗日，将来大家都要跟他走，不过你是快人快马，先迈一步罢了。"

檀自新高兴了，把烟枪一推，往起一站："英明！你确实有远见，也就是个早晚问题，水流长江归大海嘛。"

杨大实又一次切入正题："我想接老太太去三原老屋。"檀自新的脸又阴沉下来，说道："三原离西安近，西安可能挨炸弹，远程大炮也可以轰进去。依我看这边比那边安全。蒲城这地方往东一撤就可出潼关，出了潼关万无一失。"潼关外是中央军。檀自新好像一投入老蒋的怀抱，就保了险，就长命百岁，有享不尽的荣华富贵。

杨大实不再绕圈子了，他横下一条心，直捅主旨："老檀，你这次行动，我可以理解。但广大东北军能理解？杨主任能理解？西北军能理解？想我直言……"

檀自新凶凶地挖了他一眼："说吧！"

"老太太住在这里，你以为奇货可居，万一有兵来攻，可以打出这张'王牌'。其实，这是大错而特错，蠢不过的愚蠢，我看你是背上了一个重重的包袱，给自己脖项上套了一条长长的绞索！"

檀自新愣着眼，仿佛在挑衅："赐教！"

"两军对垒，俘获对方主帅的亲眷作人质的事古已有之。从楚汉相争项羽俘获刘邦的父亲，到三国时期关云长兵败偕刘备二位夫人落入曹营，结果如何？都帮的是倒忙！现在社会往前发展，人也聪明了，谁不想做个明智派？古代尚且无用，何况今日！此其一也。你老檀口口声声说对老太太照顾如何周到，但再好也不如人家儿子照顾得好。而杨主任兵权在握，全省党政大权在他手里，现在连东北军也归他统率，时间长了，社会又不太平，一旦有闪失，杨主任怪罪下来，谁担当得起？此其二也。自从你有了行动，东北军对你议论纷纷，啥话都有，若是以营救老太太为词，兴兵讨伐蒲城，师出有名，名正言顺。别人不说，贺奎的步兵师，刘桂五的三个骑兵团就驻扎在你们身前身后，他二位对杨主任佩服之至，简直是奉若神明。你想想看，贺奎、刘桂五，马王爷三只眼，哪个是好惹的？！你想靠中央？老蒋的兵远在潼关以外，远水不救近火。你说把老太太留在这里是不是个'祸根'？此其三也。我们都是东北人，东三省三千万父老在日本铁蹄下当牛当马，我们军人不能保卫家乡国土，本已失职，如果因内乱而死，葬身异乡，死后又背个臭名，我们有何脸面回见列祖列宗在天之灵？此其四也。凡此四件，望老兄三思。"

见檀自新一个劲抽烟，默不作声，杨大实又添上说词："目前好几位东北军的师长向杨主任请缨伐蒲，杨主任都没答应，他说你是骑兵师的宿将，应给你留点儿回旋的余地。杨主任真真是襟怀云水！我是听了这个话，才主动来看望你老朋友的，要不是看你是同乡，我在西安吃得撑了，来当这个'说客'！打仗嘛，你是内行，我不想多言，骑兵攻坚守城怎么样？！没门儿！倘若你执迷不悟，一旦战端骤起，下一步弄得天怒人怨，鬼哭神号，那就悔之晚矣！"杨大实接着又加重语气，"张、杨发动兵谏，已传遍中外，妇孺皆知，普天下百姓都拥护。你老檀为一位老太婆而开罪老百姓，四方唾骂，后代指你的脊梁骨，那你的下场就酸得说不成了！"

檀自新又猛吸了几口烟，仍沉思不语。

翌日一早太阳冒红时，满眼布满血丝的檀自新走进屋里："大实，我想好了，吃完早点我陪你看杨老太太，劝她跟你走吧。"杨大实心中暗暗欢喜。

蒲城是个古镇，街道很窄很长，汽车拐了好一阵才到一座旧式青瓦门楼前。大门口、二门外全是双岗，墙角处、小巷里是游动哨。

穿过二道垂花门，老太太似乎知道檀自新来了，由一位年轻女仆扶着，神色不安地站在堂屋前，有礼貌地说："请二位进屋坐。"

檀自新说："老太太，去西安吧，主任派人接您老人家啦。车子准备好了，在外头等着哩。"

老太太不喜不忧，表情漠然："去不去一样，西安有我儿，蒲城也有我儿，檀师长不是和我儿一样？!"她说话像小学生在背书。檀自新笑了，满意地看着杨大实笑。杨大实觉出这是在演戏。这时，一位副官跨进院内，要檀师长出去有要事报告。

檀自新离开，屋里只剩下三个人。杨大实压低声音对女仆说："杨主任派我专接老太太。"

女仆点点头，俯在老太太耳边小声嘀咕了几句，老太太流露出喜悦的神色，不住地端详杨大实。门外有了脚步声，杨大实故意提高嗓音："你在这里给檀师长添加麻烦，杨主任心里也过意不去。"

檀自新进屋，瓮声瓮气地指着杨大实："老太太，他也姓杨，你们五百年前是一家子。你在蒲城，我操不了这份心，趁早回西安吧。"

老人看看杨大实，又看看檀自新，说话突然斩钉截铁："一言为定！这位长官在当面，是你檀师长亲口答应让我走的。大丈夫说话，吐口唾沫是个钉！"回头命令女仆，"走！马上走！"说着扶起拐棍站起身来。女仆要收拾衣服，老太太很生气："啥也不带，有条活命就好！"

檀自新傻住了，脸上红一阵白一阵不是滋味。杨大实连忙打圆场："老小老小，老人都像娃娃一样爱冲动。不必介意，不必介意。"

檀自新苦笑了："唉！咱千好万好也不如人家儿子，你今天算给我去了块心病啊。杨主任面前，还望多多美言。"

檀自新抢几步在前引路，女仆、杨大实一左一右扶住老太太往外走。老太太指指灶台、门窗、照壁，让杨大实看那麻麻点点的弹痕，眼里噙着泪花，颤巍巍摇头。女仆一再暗示她不要说什么，老太太这才晃动着往外走。

汽车出城时，檀自新最后叮咛："大实，请你告诉杨主任，我对他还是尊重的。只因为咱们东北军没有主心骨了，三魂七魄捏不到一块了，我才投靠中央的，请杨主任谅解。"

汽车飞似地开进了富平县境，杨大实如释重负地吁了口长气，老太太却不言不语，扑簌簌流下老泪。杨大实说："现在脱险了，应该乐！"

老太太说："多亏你杨处长有能耐！"

杨大实指指打破的窗玻璃："更多亏这位司机，他先救了我的命，我才能救您出虎口。"

老太太和女仆都望着司机，司机只顾开车，仿佛没听见他们的对话。车颠得厉害，老太太两手紧抓住前座靠背，说道："我被他们吓破胆了，开始你让我回西安，我不敢应口，我以为这坏蛋又变什么鬼把戏坑害我呀。"

汽车停在了一〇九师岗哨前，贺奎师长和几个军官快步迎上来，安慰了杨老太太一番。要老太太下车吃饭，老人家执意不肯。几个军官听了在蒲城的经过，同声赞叹："好！大智大勇，换来了大恩大德。杨主任知人善任，所以是马到成功！"

贺奎却以异样的口吻告诉杨大实："昨天夜里到今天一大早，西安出事了——东北军少壮派分头行动，要杀王以哲、何柱国、宋学礼、徐方、蒋斌，再就是你杨大实！"杨大实一慌，傻瞪住两眼，泥塑般动也不动。

"何军长在新城，你昨夜在蒲城，才幸免于难。别的全完了！"大实的脑袋"轰"一声胀得斗大，手脚也凉了半截。汽车已经动了，他还痴痴然发呆，贺奎在窗外挥手告别，杨大实一点反应也没有。老太太拉住杨大实的手，一面摩挲一面安慰：

"这么说，昨夜搭救我，你在西安城里也免了一灾！这都是天爷爷有眼，善有善报。"她故意显得高兴，向杨大实说道，"你知道我叫什么名儿么？叫'孙一莲'。"

杨大实闹不清老太太要说什么。

"俺娘也信佛，每逢初一、十五就领我进庙烧香，见庙台上观音娘娘都是莲花托着，说是化一枝莲花托着观音多福气啊！俺娘就给我起名叫孙莲花。后来长大了，穷得整天吃树叶，哪里还像枝花，这才改成个'孙一莲'。我从小托菩萨之福，老了老了还死里逃生；你救下我，你也是洪福齐天哟！"

冥冥之中究竟有没有执掌人们命运的神灵呢？就连这个出洋留过学的杨大实也有些茫然、后怕，悲痛、庆幸交集于胸中，他喃喃地说：

"是福不是祸，是祸躲不过！"

汽车直奔三原东里堡，杨主任和许多人迎候在门外。女仆扶老太太下车，杨虎城赶上一步，深情地叫了一声："娘！"一声呼唤带着哭音，他眼里汪满了热泪。

老太太好像很生气，翻了翻眼，没理儿子。杨虎城一动不动地站在那里，杨大实他们也进退不得，立于一旁。停了停，杨虎城抢前和女仆扶老太太进屋，老太太怒容满面，抖动一头银发数落儿子：

"你们办的啥事？对得起西北的父老兄弟？！亏你还五马长枪，枉打了半辈子仗！——一不做，二不休，既得罪他蒋介石，就不该放他！"她手里的拐杖在地上墩得"笃笃"直响，"你比他张学良大七八岁哩，五谷杂粮白吃啦！你们呀，放蛇入洞，纵虎归山，这是造孽！"

老太太一番话，使得每一个在场的人，都垂下了头……

37. 周恩来力挽狂澜

2月2日凌晨，天麻麻亮，一辆汽车上坐着商同昌、文英奇，三拐两拐冲进南院门，在粉巷二十七号大门外兜了个圈子，忽地又拐出南院门，消失在另一条小巷里。粉巷二十七号是王以哲的庄宅。汽车回到营房，商同昌、文英奇告诉五连连长于文俊："门口有两个拿着手枪的警卫，正对大门的房子里住有一个排的兵力，机关枪上了子弹，看这情景，王以哲那里已经有所防备。"

于文俊全副武装。他说："我带一排兵坐大卡车到粉巷胡同口下车。这一带每天早上都有操练跑步的队伍，我们列队唱歌通过二十七号的大门，队伍过半时我打手势，突然散开采取行动，打它个冷不防。"

文英奇问："你知道王以哲的屋子吗？"

于文俊答："王以哲是我的老师，他的卧室在进门后的右手房间里。"

于文俊带一排人出发后，商同昌加派了一批便衣武装，在粉巷附近巡风接应。王以哲的警卫人员撑熬一宵，浑身乏困，有点儿松弛，那边"出操"的队伍步伐整齐，歌声嘹亮，从大门口经过时，"呼啦"一下漫进大院，"叭儿"一声，一个警卫人员被打趴在地，其他人全被一支支短枪逼在了屋里、墙角，动也不能

★ 长城抗战将领王以哲 (1933)

动。于文俊带着一位排长直奔王以哲的卧室，病在床上的王以哲听见枪声，自己的手枪一时又不在手边，情知不妙，索性坐起上半身，把被子顺手往瑟瑟发抖的妻子身上掩了掩，直盯住门口。

门"砰"一声踹开了，提着驳壳枪的于文俊对住王以哲拱了拱手，大声说道："军长，学生对不起你啦！"说罢和那个排长同时举枪，对准怒目而视的王以哲"叭叭叭叭"连发十几枪……

十几分钟后，商同昌赶来了，看见王以哲身中九枪，躺在了床榻上，商同昌伸出一只手，拉被子遮住他的全身。回头出来，看见有个披头散发的女人只穿着内衣，被捆绑在院里，于文俊说："她是王军长的太太。"

商同昌一挥手："把她放开，这与她没有关系。"

几个兵上去解绳，那女人泪流满面，一言不发，商同昌对她说："我们都是一块从东北来的，迫不得已打死军长，我们也都痛心！这事与你们家里人没有关系，你赶快到街上买棺材把军长盛敛起来。"一个兵从屋里提溜出王军长的大衣，披在女人身上。

从粉巷出来，商同昌很快赶往何柱国的公馆。半道上，应德田指示政治处的人四处散发《告东北将士书》，商同昌接住一张，上边印着："张副司令能回来，一切都可以谈；张副司令不回来，只有去拼命，用武力叫汉奸们胆寒，迫

使他们把张副司令送回西安……在现在的情况下，张副司令能否回来，只看我们是否有决心去拼命！"车颠动厉害，看不真切。很快到了何公馆，门口的哨兵早被缴了械，换上了王协一带来的兵。其余的人埋伏在院里，专等何柱国一进门就开火。何镜华提着手枪过来了，商同昌问："何军长会回家吗？"

何镜华摇头："可能性不大，他在杨公馆好几天了，一次也没回来。刚才有一个卫兵回来看动静，一见门岗换了，撒开脚就跑回了新城。"

"王协一呢？"

"带了几个人到新城去了，我让他相机而行，看见姓何的就开枪。"

正说哩，又一辆汽车停住，孙铭九跳下来了："怎么回事？应德田急得不行，叫我赶来看看！"

何镜华说了情况，孙铭九手枪一抢："走！上车，到新城去。抓住他就地正法！"

汽车飞一样开到杨虎城公馆门口，门口警戒森严。王协一从另一条巷口里出来报告："何柱国坐在杨主任客厅里死不挪窝，我让宋文梅几次引诱，就是个不出来。"

孙铭九手枪一摆："跟我进！"

门口警卫一看这架势，大喝"停住"，一面也拔枪在手。

正在这时，杨虎城出现在门口，他一身军装，却光着头，一只手又在腰际，声色俱厉："大胆！怎么能在我的屋里杀人！"

孙铭九、何镜华、商同昌、王协一都傻了眼，动也不敢动。

杨虎城大声呵斥："再要纠缠，我马上下你们的枪！"孙铭九一伙纷纷钻进汽车，一溜烟走了。

杨虎城转回客厅，何柱国被吓得面如土色。谢葆贞忽然从对面屋里快步而出，面带喜色："贺师长从富平来长途电话，老太太救出来了！"杨虎城回头说道："备车，我马上去东里堡。"

何柱国忙拉住杨虎城的手："王军长完了，宋学礼、徐方他们都完了，杨主任，我这条命可在你手里捏着呀！"

杨虎城明白他的意思："我去一趟，下午就赶回来。我的家就是你的家，你不要出门，保准无事。"一回头又对谢葆贞发话，"你给我招呼好何军长。"

临出门时，杨虎城握了握何柱国的手："你们呀，怎么也不该把渭南会议踢个底朝天。"

于学忠住在前一度关过蒋介石的新城大楼里。下午两点，应德田他们打来电话，要接他到金家巷张公馆来议事。于学忠推托着，说啥也不愿意闪面。没办法，应德田安排孙铭九在张公馆坐镇，他领着刘启文、苗剑秋、杜维纲、何镜华、邓玉琢等八九个人赶到新城大楼去见于学忠。

早上的情况，于学忠全知道了，他两眼红胀，心神不安。当应德田他们提出要他团结东北军，执行渭南决议，坚持营救副司令时，于学忠显得非常沉痛：

"你们大家坚持营救副司令的心情我理解，我也同意，但我没有办法。这并不是我对副司令不如你们忠诚。我，你们知道，并非东北军嫡系，我是北伐战争时期自吴佩孚那边投诚老帅的，老帅器重我，特别栽培，恩重如山。老帅去世后，副司令又对我另眼看待，特别信任，我是受了大元帅、副司令两世知遇之恩呀！"说着说着哭了起来，边哭边说，"在今天这样的情形下，我实在无能为力。你们知道，我的三个师都在甘肃，离这儿很远。渭南前线是缪军长的五十七军和刘师长的一○五师，缪军长新任不久，是王以哲力保的；刘师长是王以哲保定的同学，平日很是亲近。你们想，今天王军长这么个下场，我指挥他们，他们怎么会听呢？何军长也不同意坚持渭南决议呀，我还听说，他已命令刘师长、缪军长率部队向西开拔了。我今天向你们发誓，我若怀有二心，不忠于副司令，我定将不得善终。但今天，叫我有什么办法呢？！"于学忠的话，说得在座的人情绪很低沉。

邓玉琢说："我起草个不撤军的命令，你可以签发嘛！"

"我一个人签了没用，不过我可以试试，和杨主任一块签署。另外，你们分头把马占山、鲍文樾、张政枋接到我这儿来，我派他们去渭南，设法劝阻缪军长和刘师长。"

眼下也只能如此，大伙便分头行动。

王以哲被杀的凶讯传到金家巷中共代表团的办公室，众人一下惊呆了。周恩来忽地站起，又忽地坐下，愤愤地说了声："简直胡闹！"怎么办呢？周恩来急促地踱步思考着。

代表团一位同志急乎乎进来报告："外边议论纷纷，有人造谣说王以哲军长被杀与中共有关，说是应德田、孙铭九整天在我们这儿进进出出，有所密谋。"那位同志望着周恩来，"另外，周副主席前天晚上去王军长家开会，迟迟不表态，现在也被说成是故意要阴谋。不明真相的东北军已发生争执，而亲近王以哲的一伙扬言要对我们代表团采取非常手段，为王军长报仇。驻防渭南的东北军现已调转枪口，向西安开拔。"

形势急转直下，代表团全体成员又吃惊，又气愤。有人说："事情到了这步田地，我们还留在西安干什么？撤！趁早撤！"

有人不同意："这样不明不白地撤，岂不等于默认我们是少壮派的后台吗？！杀掉王以哲的责任，不是跳到黄河也洗不清了吗？！"

"不撤，王以哲那一派来报复怎么办！"

大家忧虑地望着周恩来。周恩来实际上并未怎么考虑代表团本身的安危。西安突然出现混乱，出现了事先预料不足的最恶劣、最危险的景况，很可能导致三位一体的最后破裂，进一步导致西安事变和谈成果的全盘废弃，这样下去，还能有人相信抗日民族统一战线吗？还能相信共产党和红军吗？……想到这些，周恩来双眉紧皱，忧心如焚。而大伙眼巴巴望着他，他又必须很快作出抉择：

"代表团大部分同志进行转移，暂时移到云阳镇红军的驻地待命。一部分同志留下，坚持做好东北军的工作，竭尽全力维护三位一体的团结。"

大家一致同意这个提议，但在讨论谁走谁留的时候，又争论起来。多数同志认为周副主席目标大，处境最危险。"谁都可以留下来，就是周副主席不能留。"

"同志们，你们谁都可走可留，我是一条路：非留下不可！正因为我目标大，是代表团负责人，各方面眼睛都紧紧盯着我，我就必须留下来坚持到最后。"他不容异议地宣布了行动部署，"一、代表团迅速撤到云阳镇待命；二、我和叶剑英等同志留下继续工作；三、代表团全体成员第一件事：先去粉巷，吊唁王以哲军长。"

下午，中共代表团抬着新扎的花圈，花圈正中斗大一个"奠"字。众人分别拎着香、表、挽联一类祭品，以不紧不慢的步伐向南院门方向走去。周恩来罩着灰色的外衣，左臂上缠着黑纱，走在最前面。这是西安又阴冷又沉闷的一天，凡是知道早晨几桩惨案的人，总觉得全城各个巷道里都弥漫着一层恐怖的气氛。街旁两行店铺多数上了门，少数半开半掩，顾客相当稀寥。小刀子似的西风不停地刮着，干枯的树梢晃摇不已，从郊外乡野早早飞返古城的寒鸦，在树梢上空"哇哇"乱叫，旋翅低飞，点缀得古城益发凄凉。

南苑门发生惨案，最先传遍了西城。这一行灰衣白纸的队伍经过钟楼时，三三两两聚合着的人儿看出形景来了，一个个禁不住倒抽一口冷气，私下里窃窃："这是到南院门去的吧？那地方现在杀气腾腾，谁去谁倒霉。"

"呃！前边那个是周恩来呀！天哪，这不是寻着去送死吗？！"

吊唁的队伍来到了粉巷胡同口，王以哲部下的一群士兵正在紧张地构筑工事。一位军官远远认出了周恩来，猛个儿一怔，抛下铁锹，飞步向巷内跑去。

"中……中共代表团来了！"

"什么？"有人以为自己听岔了。

"周先生他们排着队来了，抬着花圈，戴的黑纱。"

"啊？！"

哭泣声很快止了，只听见挽幛在西风里啪啪有声，一对正燃的大蜡烛光焰摇晃，蜡泪长长地流滴而下。

"冤家路窄，他来得正好！"帐帘后钻出一位年轻军官，这是王以哲的内弟，他轻信人言，认定中共参与了刺杀姐夫的阴谋，一直嚷嚷着要报仇雪恨。现在仇人自动送上门了来，岂肯放过。他"嗖"地拔出手枪，从喉咙里低吼一声，往外冲去。

"站住！"后堂里传出严厉的吆喝声。

年轻军官一愣，被钉在原地。众人回头看时，两个戴孝的侍女扶着一位头发散乱、泪痕满面的人站在帘口，这是王军长的夫人。

"你哥哥从东北流落到西北，谁也想不到，下场这样惨！今天这是头一批来吊唁的人，我不许你在你哥哥灵前无礼！"说着泪珠又雨线般洒落下来。

"这是中共代表团！"青年军官恨得咬牙切齿，"是我哥的大仇人！"

"中共代表团怎么啦？！"王夫人边揩泪边说，"前天晚上我从窗缝里看见了周先生，面善心慈，他绝不是那号作恶的人。"

年轻军官没好气地插上枪，不满意地看着他的姐姐，退到了帐帘后边。周恩来走进来对哽咽不已的王夫人沉痛地说：

"夫人，王将军不死于'九一八'，不死于古北口，竟死于自己人之手，我的心里很难过！"周恩来眼里淌下了热泪，"王将军是东北军的元老功臣，也是我们党和红军忠实的朋友。是他最早沟通了我们和张将军的关系，亲自参加我们和张将军的延安会谈，在这次兵谏中他起了重要的作用。这种友情我们党是永远不会忘记的！他的功劳，中国人民也是永远不会忘记的。他不幸被害，这不仅是东北军的损失，也是全国老百姓的损失！……夫人，事已至此，悲也无益，希望你节哀，希望你珍重身体，和东北军兄弟一起，为实现收复东北而尽力！"

由于悲伤，周恩来脸色沁白。他的话感动了每一个在场的人，哭声一下子又迸发而起，满堂风声纸声"哗哗"作响，王夫人又一次昏厥过去，几位女眷连忙围上来抢救。帐帘后边突然爆起一位男子的哭声，这是一个撼天动地的哭声。周恩来静静地凝视着王以哲将军的遗像，热泪长流……

于学忠派出马占山、鲍文樾、刘伟杰去高陵说服五十七军的缪澂流，未得结果，三位说客无颜再回西安，跑往北平去了。张政枋去渭南说服刘多荃，与王以哲有旧谊的军官们一个个怒目而视，调解无法进行。陈昶新去平凉做王以哲的旧部吴克仁的工作，碰了钉子，狼狈逃回西安。东西两路大军不肯听于学忠和总部的命令，把复仇的矛头反而指向西安，整个东北军内部互相猜疑，人人自危。缪澂流逮捕了一〇九团团长万毅，向三原方向构筑工事；刘多荃逮捕了团长康鸿泰，逼走副团长王甲昌，扣押了驻一〇五师的中共代表邹鲁风，而且将一〇五师一部退驻临潼，准备与西安的抗日先锋队和特务团决一高下。自相残杀的趋势步步进逼，周恩来忧心忡忡，坐卧不宁，忙派刘澜波前往一〇五师消除误会。渭南前线凡是东北军撤离的地盘，中央军很快占领，尾随着向前推进。

面对东北军可能在血火中全面土崩瓦解的紧迫局势，于学忠、何柱国、周恩来、杨虎城只好又一次作出决定，仍然接受南京的要求，迅速自前线撤兵，而且准备把西安也让给中央军。这时候的中央军趾高气扬，气势汹汹，西安方面派代表前去交涉，顾祝同在和平文件上只是大大咧咧签一个"阅"字，其气焰完全是上级对下属的派头，已经毫无平等协商的意味了。

少壮派打一下再和的意见，至此已全部化为泡影。刘多荃听从高崇民的主意，指使特务团中他的族弟刘凤德积极进行内部活动，孙铭九分明感觉到了特务团内部开始蠢蠢欲动，已经不易控制。

在金家巷张公馆里，从外面归来的卢广绩碰见了张皇四窜的孙铭九，一下子拦住，进着泪花气愤地质问："你们杀王军长同谁商量过？王军长一倒，这不更乱套了吗？！"他一头撞到孙铭九身上，又哭又闹，眼泪鼻涕齐下，"你小子枪里有子弹，也把我崩了罢！我不活了！"

苗剑秋过来死命拽住卢广绩："你声小点、声小点嘛！让别人看见多丢脸啊！"

孙铭九挺挺腰，眼泪也滚下来了："我好汉做事好汉当，决不愿连累你们！"

周恩来听到吵声，快步从东楼赶下来，帮着苗剑秋拦住卢广绩："乃赓（卢广绩的号），事已如此，吵来吵去没有什么用处，只能让人看笑话。你赶紧去找杨主任，问他如何善后。"

坐车赶往杨公馆的途中，卢广绩渐渐地冷静下来。应德田从美国留学回来，卢广绩曾主动向张学良进行推荐："这是个人才，你不用他太可惜！"张学良笑笑，把应德田留在了身边。过了几个月，卢广绩与张学良闲谈，随便问了一句："比起苗剑秋、孙铭九，你看应德田这个人怎么样？"

张学良见屋里没有旁人，便往沙发上一仰，感慨地答："这三个人呀，各有所长，也各有不足。孙铭九是个娃娃，有热情，不大动脑筋；苗剑秋是个'疯子'，没高没下，无法无天；应德田是个'骡子'，浑身是本事，关键时刻能踢能咬。这三个人呀，用的好了成事，用之不当就败事。"

副司令认人可真是准。眼下这么大的事，不就是被这三个火枪手活活搅乱的吗？！回思往事，卢广绩很感内疚。

进了杨虎城办公室，只见杨虎城坐在沙发上，闭着两眼。卢广绩问："杨主任，下一步可怎么办呀？"

杨虎城动也不动，眼也不睁，半天没吭声，卢广绩的心"咚咚"直跳。他正准备退出去，杨虎城睁眼开口了："我正想问你，他们几个人——应德田、孙铭九、苗剑秋打算怎么办？刘多荃师长打电话给我的秘书，说是'杨主任决不能保护叛徒'！"

卢广绩说:"副司令走时,叫我们听杨主任的命令。他们三个都是血性之人,你叫他们今天死,他们不会活到明天早上。"

杨虎城直起身子,一声冷笑:"他们能自杀吗?有日本少壮军人的气魄吗?事到临头,只怕他们不能。"

卢广绩心情郁郁地返回金家巷,进张公馆之前,他让汽车拐了个弯,先折进启新巷。常来常往,不用通报,自个儿走进孙铭九的家里。卧室门外,忽然听到孙铭九的妻子哭着说道:"你……逃一条活命要紧。实在是非走不可时,你甭告诉我……"

"我先寻周先生认错,决定走时,不告诉你咋行?我丢心不下你。"

"别告诉!别告诉!趁我不备开枪打……打死我,没有牵挂一身轻,你自个儿逃命吧!"

女人哭得说不下去。卢广绩清楚,这个没有文化的乡村妇女,也是辽宁新民县人,她和孙铭九是娃娃亲,相亲相爱,随东北军一块挪挪走走,漂流到西安的。与孙铭九过日子,她提心吊胆,一天舒心日子也没有过。今天无意间听到这样的话,卢广绩默默地垂下了头,又蹑手蹑脚退出了启新巷。

卢广绩回到张公馆,杨虎城已经与周恩来通过电话,商量了善后事宜。东楼会议室里,周恩来、刘鼎正和应德田、苗剑秋坐在一起谈话。见卢广绩进来,周恩来示意他一起坐下。周恩来对应德田说:

"你和苗剑秋、孙铭九必须马上退出西安,先到云阳镇红军中去。"

应德田还莫名其妙:"我们搞掉王以哲,是要坚持营救副司令回来。怎么要去云阳镇呢?"

苗剑秋不耐烦地驳他:"现在祸起萧墙,变生肘腋,刘多荃向西安回兵要杀我们,还营救什么副司令呢!周先生要我们避避,现在没工夫跟你解释。"应德田有些沮丧。

周恩来说:"你们离开西安,一方面可免东北军自相残杀,另外还可以保持'同志会'其余的人留在东北军里。保留火种,对下一步联共抗日有利。"

卢广绩盯住周恩来,为他担心:"他们三人这样一走,周先生可要冒祖护杀人犯的嫌疑!"

周恩来痛苦而严肃:"这是没办法的事,蒋介石用权术把我们一步一步地逼到这样田地,最后一步棋,只能这样走了。"

门"哗"一声开了,孙铭九冲进屋,一下跪倒在周恩来面前:"我错了!请周先生宽恕我!"周恩来连忙拉起他。

刘鼎说:"既然人都在场,收拾一下快点动身。方才接到情报,蒋介石已下令通缉你们三位。再迟疑就走不脱了。"

由刘鼎陪同,应、孙、苗和苗剑秋的好友文英奇,还有同志会的孙聚魁、孙殿科,另外加上五六个士兵,分乘三辆汽车连夜赶到了红军一方面军司令部所在地——云阳镇。接着,同志会的康鸿泰、王甲昌、商亚东、张哲、陈大章也被迫离开了东北军。中共东北军工作委员会负责人刘澜波,用《红楼梦》里一句诗慨叹少壮派的这个结局:三春去后群芳散。

缪澂流、刘多荃奉了何柱国的密令,分头开始对少壮派进行严格搜捕。手枪营营长已被刘多荃的族弟刘凤德接充,他们将连长于文俊剖腹挖心,祭奠了王以哲在天之灵。

刘凤德又率兵查抄了孙铭九的家,孙铭九逃走了,孙铭九的妻子被五花大绑起来,押到了城墙外护城河边,对这个不到三十岁的乡村妇女正要行刑,有几位东北军士兵赶过来说情:"她是咱东北土地上的女人,整天操持家务,哪里晓得孙铭九的行径。无论如何,不能这样胡乱杀人!"就这样,又赦免了这个女人。死罪免了,启新巷那个家是回不得了,刘凤德下令,不许她的形影再在启新巷一带出现。

高福源12月1日晋升为少将,接任一〇五师第一旅旅长。2月2日,他奉命回西安办事,本来与于文俊、孙铭九枪杀王以哲之事毫无关系,刘多荃却认定他是少壮派。在西安的东北军团长盖雁村收到了刘多荃的密令,邀请高福源到他家参加宴会。高福源在约定时间高高兴兴地进了门,一进会客室,"砰"一声,盖雁村开了头一枪,中弹的高福源没有倒下,他倚墙而立,怒声喝问:"这是干什么?!"盖雁村又开了第二枪,高福源才"噗"地倒在地上,盖雁村抢上一步又开了第三枪。满地是血,盖雁村的卫兵把尸首装进麻袋,抬出中正门,胡乱埋在城墙、城河之间的一堆瓦砾摊下。一个有胆有识的爱国汉子,就这样牺牲得不明不白。

动乱年月,人的命运祸福是很莫测的。夜深人静时,城墙根下跃动着一蓬纸火,传来一个女人哀哀的哭声,那是高福源的妻子的哭声……

"二二"事件几天之后，蒋介石就做出决定，所有宣布忠于中央的东北军部队仍留原防不动，其余东北军则被东调豫皖，接受整编。而东北军中主要将领除投靠南京者外，同样也因"二二"事件深受刺激，迅速失去对中共的信任。孙铭九他们由刘鼎带往红军驻地避祸的情况也很快为东北军高级将领所知，以致一些将领竟怀疑他们所为曾受中共暗中指使，更有谣传个别将领仍属刺杀目标。所有这些情况，都弄得东北军上层人心惶惶，大都担心"在西北将不可避免地与共党红军纠纷不了"，急于迅速离开此一贫瘠的是非之地。

"二二"事件也不可避免地影响了杨虎城和他的十七路军。因"二二"事件前及"二二"事件中杨虎城曾有所摇摆，东北军将领这时对杨"甚误会"，并怀疑杨曾对东北军将领不利。虽经周恩来反复劝说，仍难释其嫌。杨虎城亦因中央军将到，确信十七路军必受压迫。他明确告诉周恩来：十七路军以后必难生存。2月8日中央军开入西安。次日顾祝同率西安行营人员正式进驻西安。随后，中共红军与东北军、十七路军三方分别与顾祝同谈判。"三位一体"事实上已全线崩溃，全盘瓦解。

在"严加管束"的名义下扣住张学良死死不放，则是蒋介石权术生涯中的一笔得意之作。当蒋介石被扣在高桂滋公馆时，南京是"戏中有戏"，一天比一天复杂化，全局不稳的趋势逐日明显。现在是一腕子翻回手来，只要死死扣住张学良，同时对西安方面施以相应的挑拨和诱惑，西安也会发生与南京相仿佛的情景：杨虎城指挥不了东北军，东北军里的于学忠、王以哲、何柱国、缪澂流一人一把号，更没有什么统率作用。三位一体的主角东北军收拢不住，与十七路军、红军的合作就无从谈起。

蒋介石硬是看准了这一步棋，死死下定了这一步棋。这步棋如此顺利，而后引起的效应是这样巨大，这样圆满，却有些出乎蒋介石的意料。

被软禁在雪窦山的张学良，得到东北军即将移驻河南、江苏、安徽"整训"的消息，夜不成眠，叹息不已，后半夜爬下床，在静悄悄的寒夜里流着热泪，给西安的于学忠写下这样一封信：

孝侯兄大鉴：

柱国兄来谈，悉兄苦心孤诣，支此危局。弟不肖，使兄及我同人等为此事受累。犹以鼎方诸兄之遭殃，真叫弟不知如何说起，泪不知从何处流！

目下状况要兄同诸同人,大力维护此东北三千万父老所寄托此一点武装,吾等必须将吾们的血及此一点武装,供献于东北父老之前,更要者大家共济和衷,仍本从来维护大局拥护领袖之宗旨,以期在抗日战场上显我身手。

盼兄将此函转示各军、师、旅、团长,东北军一切,弟已嘱托与兄,中央已命与兄,大家必须对兄如对弟一样。弟同委座皆深知兄胜此任。望各同志一心一德,保此东北军光荣,以期供献于国家及东北父老之前,此良所期祝者也。有良一口气在,为国家之利益,为东北之利益,如有可尽力之处,决不自弃。

弟在此地,读书思过,诸甚安谧,乞释远念。

西望云天,不胜依依。

开源(缪澄流)、宪章(董英斌)、静山(吴克仁)、芳波(刘多荃)同此,并请转各干部为祷。

此颂

近安

弟张学良手启

2月17日于溪口雪窦山

张学良又何曾料到,东北军3月份开始东调,蒋介石命几个军分别驻在豫南、皖北、苏北地区,驻地分散,且不相统属,均直接归南京军政部管辖。随着军队的迁徙转移,大批随军眷属再来了一次大流亡,较之1935年开往陕西的情景,远不相同。那时有张学良统一安排,毕竟还可以全盘筹划,彼此照拂。现在不同了,不少男儿伤亡在陕北的"剿匪"战场上,遗属无人过问,求告无门。东北军又被分裂为几个部分,分驻几个地区,谁也管不了谁。眷属们乞讨为生,死亡累累,许多竟流为乞丐乃至娼妓。东北军里有人愤愤地说:"这是又一次九一八。"

蒋介石痛恨东北军,反复将痛苦的药剂往东北军身上挥撒。原"乙案"中的安徽省主席拟由东北军推荐人选,现在见东北军如此狼狈,便不给了。抗战爆发,除了吕正操、万毅后来率部参加八路军以外,其他各部全数被蒋介石断送在战火之中。王以哲的六十七军,后由吴克仁率领,在上海抗战撤下火线后,竟被蒋介石的军队包围起来予以消灭。对于东北军的"文章",蒋介石是一笔一笔地勾划着, 涂抹着。

然而, 不管如何, 西安兵谏给了蒋介石沉重一击, 使他对人心的向背有所领悟。在全国人民抗日怒潮的推动下, 他不得不暂时放弃反共内战的错误政策。为了巩固初步实现的国内和平, 进一步推动国民党走上联合抗日的道路, 1937年2月10日, 中共中央致电国民党五届三中全会, 提出联合抗日的五项要求和四项保证。

五项要求是:

一、停止一切内战。集中国力。一致对外;

二、保障言论、集会、结社之自由。释放一切政治犯;

三、召集各党各派各界各军的代表会议。集中全国人材, 共同救国;

四、迅速完成对日抗战之一切准备工作;

五、改善人民生活。

四项保证是:

一、在全国范围内停止推翻国民政府之武装暴动方针;

二、工农政府改名为中华民国特区政府, 红军改名为国民革命军, 直接受南京中央政府与军事委员会之指导;

三、在特区政府区域内, 实施普选的彻底民主制度;

四、停止没收地主土地之政策, 坚决执行抗日民族统一战线之共同纲领。

中共中央的电报, 得到全国各阶层人民的热烈拥护。2月21日, 国民党五届三中全会通过的所谓《根绝赤祸案》, 实际上承认了中共的四项保证; 23日全会通过了宣言, 提出的十四项内外政策, 实质上接受了中共五项要求的基本精神。五届三中全会表示了国民党由内战独裁和对日妥协向着民主统一和对日抗战的转变。

这一转变, 显示出西安兵谏的重大意义。

38. 四山雾霭渐分明

蒋介石因腰伤先往奉化溪口小住, 再赴杭州西湖休养疗伤。与溪口一样, 西湖也是他的避风港和栖息地, 每当失意之时, 这两处"风水宝地"便是他韬晦养心的首选。蒋介石此次来西湖不仅为养伤，还要在此会见周恩来。他望着刚刚由沪返杭的夫人转交来的中共文件，心绪不宁，盘算不定。

周、蒋谈判终于开始了。

在西湖南山烟霞洞，双方略事寒暄，便相对而坐。周恩来和蒋介石身旁各有一干练的助手：潘汉年和张冲。周恩来开门见山，表示了中共与国民党合作的诚意，但强调中共拥蒋的立场是站在民族解放、民主自由、民生改善的共同奋斗纲领上的，寻求的是彼此的谅解和相互的真诚，而绝不能接受国民党关于"投降"、"收编"的种种诬蔑。

蒋介石一边听着，一边慢腾腾地岔开话题，假意奉迎地说：中共有民族意识，有革命精神，是新生力量。西安事变的和平运动影响很好。

周恩来待蒋说罢又单刀直入，紧扣主题，再一次重申中共坚持苏区完整、政府民选、红军不变等项主张，要求蒋介石给予明确答复。

蒋介石回避道："这些都是小节，容易解决。至于合作，你们不必说与国民党合作，而是与我合作，永久合作。因此，要拿出一个永久合作的办法。

当周恩来问蒋介石对这个"办法"有什么具体考虑时，蒋介石猾头地说："我正在养病，还未考虑好。"睿智机敏的周恩来洞悉蒋介石的内心，看穿了他的真实意图在于"领袖问题"，即所谓合作也是有条件的。但眼下最要紧的还是共同创造一个全民抗战的良好局面，以强有力地抗击日本帝国主义的侵略。所以周恩来提出：共同纲领是保证合作的最好办法。为此，他与潘汉年不卑不亢，力陈中共主张，分析利害关系。双方唇枪舌战，谈判陷入艰苦的拉锯状态。此后，双方又几易场地，几经交锋。蒋介石理屈词穷，面对素有"谈判圣手、外交长才"之誉的周恩来柔中有刚的步步紧逼，心中无限感慨：周恩来，我昔日的部下，可惜四一二枪声一响，我们分道扬镳。如今，这个共产党领袖就站在我面前与我分庭抗礼，我却奈何他不得。蒋介石苦思良久，迫于全国军民强烈要求抗日的压力，终于表示：同意周恩来提出的搞个共同纲领规范两党行动的建议，由周恩来先回陕北负责起草这个纲领。并说：即使办法尚未肯定，他也绝不再打红军。听到这里，周恩来长长地松了一口气，站起身来。

中共中央4月15日发表了《告全党同志书》。国共两党长达十年的内战枪声终于停止了。

处理棘手之事，蒋介石最讲究明暗两手。杭州三月，烟景如梦，蒋介石又连连向西安吹送暖风，说是他的病好了，腰也不怎么疼了，愿意与杨虎城见见面，而且表示，在这样难得的季节里在西子湖边见面，彼此间最能恢复感情。蒋介石这话开始是由宋子文传达给杨虎城的，杨虎城没有在意，紧接着，顾祝同也告诉他这样的话，杨虎城这才忽然省悟：这就是"命令"。

3月29日，杨虎城、于学忠、邓宝珊、李志刚乘飞机到了杭州。杭州是人间天堂，三月良辰美景，是"天堂"最好的境界。会见时，蒋介石由宋美龄、宋子文、胡宗南陪着。

杨虎城先开口："委员长身体好些了吧？"

"腰疼渐渐地轻了，不要紧。"蒋介石盯住杨虎城，"我对身体上的折磨，向来很能忍耐，吃一点苦，受一点罪，不算什么。"

胡宗南插言："委员长这一点上是绝对超人的，作为领袖，确属难能可贵。"

蒋介石止住胡宗南，说道："我向来对人宽大，不记旧怨，以往如何待人，你们是全知道的，不必多说。但对部下过于信任，以致发生这次事故，使各方面受到损失，我身为长官，自觉不足为训。"说到这里，咽下口唾沫，正了正身子，骤然间加重了语气，"张汉卿常对我说，有他老子，他跟他老子走；没有他老子了，他跟我走。他劝我搞法西斯组织，说什么'国民若是不甘做亡国奴，非得大彻大悟、信仰领袖、拥护领袖不可，我们国民应有耐心，要给领袖一个充分试验的机会。'说得比唱得还要好听。可现在他竟如此，你说这是个什么样的人！"满厅里鸦雀无声，蒋介石的声音凌厉而尖刻。

"张汉卿有什么军人品格？他打不过共产党，就向共产党投降；还吹牛皮要打日本，如果打不住日本，还不是要向日本投降吗？！"他拍打着茶几逞威，"他的部队正在火线上牺牲，他和王以哲竟秘密跑到陕北与敌人议和，这怎么对得起部下，怎么对得起长官！王以哲身遭横祸，这是上天行罚！罪当有之！"

宋美龄见他脾气太大，又见杨虎城半低着头，脸色很不好看，忙端起盘里的水果给在座各位分发，边分发边说："事情已经过去了嘛，汉卿人又在溪口，就是吸取教训，也可以慢慢地讲嘛。"宋美龄这样一说，蒋介石的语调才渐渐缓和了些。

"张汉卿是这样一个人，虎城竟跟着他走，仔细想想，能对得起谁！幸亏还没有荒谬到底，假如说昏天黑地中不肯回头，还能有今天吗？张汉卿这些天自我反省，已经初步认识了自己的一些过错。我以为无论哪一个人，'知错能改即圣贤'，能认识过错，就能得到原谅，也就会有他的前途，我向来是这样看人的。比方说唐生智，也曾背叛我一次，可是，他表示了真诚悔过，我不是还照样信任他吗？！这是我向来的作风……"蒋介石早就知道张、杨都与共产党暗中相通，可他怎么也想不到张学良会铤而走险，于是，他便怀疑是城府颇深的杨在张的背后点了一把邪火。于是，蒋介石滔滔不绝，一口气讲了两个多小时。

始终目光下视铁青着脸的杨虎城，在蒋介石说完后，只说了一句："委员长的话，我记住了。"

第二天，蒋介石约杨虎城单独谈话。

蒋介石问："事变解决后，中央对你的部属进行了安置，这样安置有没有不当之处？"

"没有意见。"杨虎城答。

蒋介石又问："经过此次事变，你在这样的环境中继续任职，情感上是否觉着有不方便的地方？"杨虎城没吭声，蒋介石马上又说，"在事变中各

★ 国共两党合作后的宋氏三姐妹。
右起：宋庆龄、宋霭龄、宋美龄。

级人员对你是有不满情绪的,他们对你的印象,一时转不过来。你继续任职,各方面会有些不方便。你不如先往欧美参观一个时期,然后回来再任职。出国费用由政府负担,启程的具体时间也不必规定,可以从容准备。方便的话,把夫人谢葆贞和孩子都带出去转转……"对付有才干的地方将领,第一步是调离部队,削其兵权,削了兵权就等于是铩了雄鹰的翅膀。蒋介石是认准了这一手的。来西湖之前,杨虎城对这一步棋作过忖度,精神上有所准备。当着蒋介石的面,略微想了想,他只好点头应允。

从内心讲,杨虎城不愿意离开陕西,不愿意脱离十七路军。久经沙场的战将一旦脱离了自己所凭依的部队,无异于蛟龙失水。张汉卿已经是失水蛟龙了。从杭州回到西安后,虽然蒋介石给他下了"革职留任"的处分,他仍然密切注视着华北的紧张局势,他觉得经过此次事变,蒋介石怎么也挡不住全国人民的抗日浪潮了,一旦抗战爆发,他就会投入抗战而不再出国。

4月16日,4月30日,蒋介石两次来电催促杨虎城起身。16日电是让顾祝同代为相催的,电文里有这样的话:

> 总之虎城如磊落态度,听命辞职,则照中在杭所谈者,毅然行之,不应提出任何要求条件,示以至诚。则中央不能不体其善意,自能优遇。否则,一提条件,则无复可言矣。如其决然辞职出洋,并望其能在本月内来沪,中当派员为之筹划一切也。

孙蔚如、赵寿山、孔从洲等人联名给蒋介石去电报,说明杨虎城将军患高血压病,请求准杨缓行,蒋介石不许。十七路军的一位旅长以黄埔学生的身份见蒋介石,为杨说情,也被拒绝。

离开西安之前,杨虎城在新城公馆里会见了十七路军的主要将领。大伙议论纷纷,有人提议:"杨主任不能离开部队,更不能出国,既然被撤职了,可以以养病为由,住到耀县的药王山上,北面邻靠红军,与蒋相抗,等待时局变化,尔后再行出山。"

许权中非常激烈:"我率领我的部队担任警卫,中央来硬的,我们就和他硬干!"

许多人异口同声赞同这个提议:"老蒋逼人太甚,在杭州说好的'启程时间暂且不定'，现在却连连逼迫，这安的什么心?！"

杨虎城制止住众人："张副司令与我举行这次兵谏，为的是改变国策，挽救民族危亡。看目前的景况，蒋介石在这个问题上尚未最后翻脸。这是关系到中华民族生死命脉的大事，我们不能让老蒋抓住把柄来背弃在西安谈妥的条件。只要能实现全国一致抗日，就是把我个人牺牲了，把我们十七路军牺牲了，我认为都是值得的，是有意义的!"杨虎城动了感情，在场的许多人淌下热泪。

5月27日，天晴日丽，惠风和畅，杨虎城即将飞离西安而前往上海的消息传遍了西安古城，成千上万的工人、农民、知识界爱国人士和市民，还有十七路军的官兵，从各条街巷向西郊飞机场集中，飘飘彩旗下奏响着各样乐器，男女老少高呼着起起伏伏的口号："停止内战，一致抗日!""拥护八大主张!""欢送杨将军!""抗日万岁!"……机场上更是人山人海，部队吹起了礼号，从乡村来的大锣大鼓和军号声、乐器声竞相起伏，响彻云霄。杨将军从人海甬道中缓步行进，挥动帽子，频频向人流致意，两旁排列的队伍争先恐后同他握手，许多人激动得热泪满面，说不出话来。甬道多长哟，杨虎城足足走了一刻钟，才来到欧亚航空公司的客机旁边。这样盛大、这样隆重的送别仪式，在西安是空前的。西安学联的学生代表挤到飞机前，将几册题名为《故乡花草》的纪念册赠送给杨虎城，这是许多学生用采自终南山的一系列植物标本分贴的。杨虎城捧住它，手微微有些颤抖。故乡的土地、故乡的人民似乎有某种预感，在这一天是分外激动，分外深情……杨虎城在舱门口连连招手答谢，高呼："朋友们，同胞们，再见!"他声气宏浩，呼声像远雷一样掠过人海，掠过晴空……

也就在这个机场，蒋介石脱钩还不到半年，他就翻转身用一根有形无形的丝线，将杨虎城扯离了西安，扯离了这块自小生养他的土地。

杨虎城赶到上海，蒋介石又发来急电，特地召他上了趟庐山。

在山上，蒋介石问道："到了国外，如果有人提到西安的'事件'，你打算如何解释呢?"

杨虎城回答："顶好不提此事。"

蒋介石连连点头："好! 好!"便让杨虎城回了上海。

★ 杨虎城庐山见蒋后，从南京飞返上海，在龙华机场。左起：杨虎城、杨拯中、谢葆贞。

十七路军的重要干部——赶到上海送行。一天晚上，在祁齐路的临时寓所里，杨虎城对赵寿山、孔从洲说下了许多体己话。杨虎城很激动，这个晚上的话似乎比以往任何时候都多：

"十七路军是由辛亥革命以前一部分被逼上梁山的穷苦农民组合成的，长期以来是一群合伙的弟兄关系，从民国初年到靖国军失败，退到陕北，有了和共产党的合作以及安边教导队的举办，为参与北伐战争准备了条件。留在关中的部队1929年开到山东经过整训，才成为一支像样的军队。1930年回陕，大旗下共有六万人马，成为陕军中硕果仅存的部队。十七路军能在动荡风云里站住脚，倒不是我杨虎城有什么能耐，关键是我们能够跟着时代潮流前进，把力量集中在国家民族的需要方面。

"这次'兵谏'，我的任务只完成了一半，扣了蒋介石，使他没脸再打内战了。所谓'停止内战'一点，大体上有了眉目。剩下的一半救亡抗战，我能不能亲身参加很难说。你们相处有年，互相了解，内部一定要精诚团结，舍此，就会被蒋介石肢解消灭。我们是国民党军队中首先提出抗日的部队，要在抗日战场上积极作战，有了好战绩，得到人民的支持，他蒋介石就不敢把我们怎么样。

"最重要的一点，我谈谈我们和共产党的关系。靖国军失败后到了陕北，我和共产党有了接触，投入了大革命的行列，从榆林南下的时候，就是那么几千人，但声势很大，打败了北洋陆军第七师吴新田，坚守了西安。1927年大革命失败后，国民党日益走向反动，我们把国家民族的希望寄托在共产党身上，因此有了在皖北的合作。皖北暴动失败后，我们对共产党虽然还未失望，但对他们当时的政策接受不了。部队回陕，我们只能通过南汉宸、杜斌丞他们进行抗日救国活动。九一八事变后，国民党卖国投降活动一步紧跟一步，而我们这时候和共产党的关系也不和睦，使我非常苦闷。过去有一位朋友告诉我：中国历史上各王朝的灭亡，不外三个因素——外戚、宦官、藩镇，有一于此，这个王朝便要覆没。蒋介石已兼而有之，再加上外界有强敌日本，内有武装的中国共产党，蒋介石这个统治绝不会长久。1935年共产党发表了《八一宣言》，接着毛泽东先生又派汪锋带着他的亲笔信来找我，要建立统一战线，我觉得共产党的政策对头了，我们又有了合作的条件。毛泽东之所以主动找我们，我觉得这不是偶然的，他从我们以往的历史出发，知道我们不是封建军阀，也不同于一般的军队，是一支革命的队伍。

"这次'双十二'兵谏，全国上下一致喝彩。我们这个烂摊子，纵然这一次摔掉了，也摔得值，摔得响！你们心中要有数，中国军阀全都败在蒋介石的手里，张学良缠不下蒋介石，我杨虎城也缠不下蒋介石，你们更缠不下他，能缠下蒋介石的只有陕北的毛泽东、周恩来。你们和南汉宸很熟，和张汉民也共过事，对共产党有一定的认识，我告诉你们：我们住在渭北，北边是朋友，南边是冤家；北边是光明，南边是陷阱。到了蒋介石压迫我们，我们的存在发生危险时，我们就断然倒向共产党，跟着共产党走。兄弟呀，十七路军在你们手里，望你们好自为之！"说到最后，杨虎城强忍着泪，唏嘘不已。

6月29日，杨虎城偕同夫人谢葆贞、儿子杨拯中、随员亢心栽、樊雨农及

★ 于右任、邓宝珊送杨虎城出国考察。前排左起；刘守中、杨拯中（杨的孩子）、于右任。后排左起：杨虎城、谢葆贞（杨夫人）、邓惠霖（邓宝珊之女）、邓宝珊。

一位翻译，并随身带着同宋子文约定的电报密本，乘美轮"胡佛总统"号离开上海，前往美国。由于远离祖国，归期无定，所以各地的老朋友、旧部属、各界代表及上海工农群众近千人赶到码头送行……

39. 中秋月醉抚妙高台

春天悄悄来了。

雪窦山叠嶂生云，峰峦秀丽，显得更清晰，更幽美。中国旅行社雪窦分社别墅的门口换上了另一副招牌："张学良先生招待所"。侧旁雪窦寺山门上竖着一块直写匾额："四明第一山"，是蒋委员长的手笔。这一方高山小盆地本是著名的风景区，长年四季游客众多。只因为住进了张学良这个特殊人物，山上武装宪警、便衣特务七八十人，对上下的游客严加盘查，宁静的山洼一下子森然、紧张起来。游客觉得不是个味儿，便一天天少了下来。雪窦寺的香火也冷落了许多。

初到溪口，张学良孤身独处，心情很是恶劣。于凤至从前旅居美国，事变后回上海，赵一荻在事变后也由西安回到上海。在宋美龄的周旋之下，蒋介石也为了使山上的少帅"稳定囚情"，便准其每隔一月，于、赵二人可以轮流换班上雪窦山"值勤"——陪伴张学良。善解人意的赵一荻这一年刚25岁，有年轻温柔的女人在身边厮守，张学良精神上得到慰藉，愁容满布的脸上开始绽出了笑容，沉默寡言也变为谈笑风生了。从此乃不断外出到附近各处寻幽探胜、游山玩水、打网球、下象棋，逐渐恢复了闲适活泼的生活。

春天很快过去了。卢沟桥事变爆发的第二天，中共中央便迅即通电全国，指出"平津危急！华北危急！中华民族危急！"同时致电蒋介石：请缨杀敌，为国效命。为早日促成合作抗战，周恩来亲自起草了《中国共产党为公布国共合作宣言》，7月14日在庐山交给蒋介石。国民政府外交部于事变第二天即向日本大使提出口头抗议。7月18日，周恩来、秦邦宪、林伯渠同蒋介石、张冲、邵力子在庐山就合作抗日、红军改编、对日作战方针等问题举行谈判，国民政府决定派第四十军、第二十六路军、第五十三军等部十三万人北上应援，先后进抵保定以南地区。举国上下动起来了，张学良兴奋得无以成眠。

8月里，张学思来到上海，与大嫂于凤至及赵一荻相聚。

张作霖一生娶过六个女人,生下八男六女。张学良是原配夫人赵氏所生的嫡长子,张学思是四夫人许氏所生,为张学良的四弟。在那个等级森严的"大帅府"内,张学良与四弟的感情是真挚深厚的。张学思从中央军校毕业后,在北京的五十三军当了个小小的见习排长。抗战爆发,社会上风传张学良将要出山重新主持东北军。得到这个消息,费了许多周折,张学思终于在上海等到了机会。有一天,蒋介石派黄仁霖到了上海,约赵四小姐同去溪口见张学良。张学思向黄表示出探望大哥的迫切愿望,经黄请示蒋介石获得批准。于是,张学思、赵四小姐及黄仁霖一行三人,一同上了雪窦山。

赵四小姐常见,张学良突然看到与黄仁霖一同上山的弟弟,一下愣神儿了,一肚子话,一下子又说不上来,刘乙光、许建业挤前挤后,赶着款待张学思吃饭,张家弟兄没有单独说话的机会。晚上,张学思被指定与刘乙光睡在一个屋里。张学思很快看出来了,他与哥哥之间没有随便交谈的可能,这里一切布置都是严密的,有计划的。

翌日上午,黄仁霖上溪口镇去了。特务们仍是轮番跟进,死守在他们兄弟身边。张学良、四小姐似乎也一下子健谈起来,可除了谈吃谈喝、扯无聊的闲话之外,一句正事也不讲。午饭后,张学良兴致勃勃地邀弟弟游览雪窦山名胜,去观赏千丈岩瀑布,张学思心情郁闷,不太想去,一心想和哥哥单独说会儿话,听听他究竟有无获释的可能,听听他对目前时局的看法。四小姐机敏地丢给张学思一个眼色:"嗳! 你千里迢迢,难得来一次,可不能错过这个机会的哟!"张学良不容分说,一手拉起张学思,一手拉住四小姐,一面往外走,一面给刘乙光发话:"给我多带上些炮仗。"

弯弯曲曲的小路上,赵一荻不时弯腰采几朵莹莹的小白花或是淡黄色的野花。她一停身采花,张学良就停步,前后左右的特务也就不前去了。望着闲情十足的大哥,望着跳过小溪采花的赵一荻,张学思十分纳闷……

两股清溪穿过高高下下的绚丽野花泻入锦镜池,又流过蔓草连络的关山桥,从千丈岩顶突然间倾泻而下,雪浪翻涌,惊天动地。

握一蓬鲜花的四小姐不敢近前,站在崖侧一座小寺庙的石台上,扶住栏杆远远观看。一个警卫用大笸箩端上许多长短不一的红绿鞭炮,递到张学良跟前,张学良提起一串百子小花爆,交给张学思,他一下子点燃了,"哔哔啪啪",一长串金星样的火花在雪雾里闪烁,张学良转身拿起半尺长的大红色的"天地响"，点燃后朝那瀑布前方奋力扔去，水雾凉气中爆开一团团硕大的金色花朵，爆炸的声音尤其响亮，四小姐后退几步，两手捂住耳朵。百子小花爆响完了，张学良还在把"天地响"一个接一个往下扔，望着短衫短裤、挥臂放炮的大哥，张学思禁不住鼻子发酸，难过得差点儿滴下泪来：一个叱咤风云的将军，怎么突然浑身是小孩子气呢？这一朵朵金花缀于阔大凶猛的瀑布之上，稍纵即逝，转瞬即灭，是胸中积怨的发泄呢？还是另一类无可消释的巨大疑团所形成的幻影？……望着正对面倚栏捂耳的四小姐，张学思佯装揩去溅在脸颊上的水花，揩去了眼角溢出的热泪……

自千丈岩转入雪窦寺，是因为寺里的一片诵经声吸引了张学良他们。进得寺里，才知道是一位年轻女人在做佛事超度亡夫，那妇人在两行披袈裟、执法器的和尚的导引下叩首作揖，泪痕满面，四小姐远远看着她，心里很是同情。张学良不理会这些，带着张学思在大雄宝殿里转来转去，指指划划。

那个做佛事的妇人见张学良气宇不俗，便趁着燃表的间隙悄悄地询问和尚："这个人是谁？"

和尚低声回答："这就是有名的张学良将军。"

听说是张学良，那女人的双眼忽然直了，"唰"一下扔了手里正燃的香表，那香表火苗落在供桌下，烟火直向黄布桌帘舔将上去，正念经的老和尚"呀"了一声，忙伸脚去踏火。那女人却扑过身去，一把揪住了张学良的短衫襟子，赵一荻眼快，一下插在张学良前边，隔住了那女人直撞过来的头颅："干啥！你要干啥！"

那女人撞了几下撞不着张学良，一屁股跌坐在大殿上，两腿浑蹬，两手胡乱拨散了头发，号啕起来："赔我的丈夫呀！姓张的土匪！你赔我的丈夫！"张学良一下子摸不着头脑，张学思使劲掰那女人的手，那女人攥得死紧。

刘乙光一个箭步蹿上去，一把揪住和尚的领口，手枪逼住胸脯："秃驴！方才给她说什么来？惹她在这儿撒泼！"

那和尚浑身直抖，一个劲作揖："贫僧多嘴！怪贫僧多嘴！她是蒋孝先的妻子，他丈夫被人在西安用枪打死了。恕我失言，恕我失言！"

刘乙光挥拳要揍那和尚，张学良止住他，对那女人发话："人死了，活不转，我也没有个好办法。我看这样吧，你这堂佛事开销的费用全由我张某人付清。你看这样行不行？"那女人见张学良大度、和蔼，言辞诚恳，知道不是撒泼的对象，只好一面收敛哭声，一面点头认可。

第三天午后，九峰背后雷声殷殷，层层黑云从西北扑卷过来，凉风摇得含珠林（传说含珠林里有黄巢之墓）松涛起伏，仿佛山凹里地底下也有复苏了的什么英灵，与天雷在应和着，呼唤着。张学良、四小姐带着张学思往那四间平房走过去，刘乙光带着四个人连忙跟上来，张学良边走边看天："今天不能出去玩了，只能到书房看看画报。"一进书房，四小姐张罗着同特务们打牌，特务们坐定之后。她故意对张学良说："你兄弟俩看画报去，让我们好好玩玩。"

张学思随着大哥走到书房的一角，三座大书架正好遮住特务的视线。张学良摆摆手，示意张学思别出声，接着又指指墙壁，暗示那里装有窃听器，然后很快从书架角上抽出了备妥的纸和铅笔。山里的闪电"唰唰"地射进屋里，滂沱大雨打得屋顶上一片混响。两兄弟在纸上飞快地写着、交换着，迅速用橡皮擦抹去谈过的内容，电闪仿佛是有意，将那纸条儿上的一笔一划照得分明、清晰。张学良飞快写下八个字："料想不到！料想不到！"接着又很快草了个"蒋"字，让弟弟一看又飞快抹掉。接着写：我曾写信要求抗日，蒋不允；美龄代蒋复信，命我"好好读书"。接着又飞笔写道："自由二字，渺茫，渺茫！"电闪雷鸣里，张学思看到大哥呼吸迫促，眼角有泪，忙回复一行字："我想寻宋美龄，以我作人质换你出山！"

张学良连忙回复："幻想！徒劳！枉然！"

张学思看着看着，热泪从腮边止不住滚滚而下。张学良又写道："多看进步书，回东北军去，以国家民族为重，抗战到底！"

张学思挥一把泪，疾疾回复："您的话我一定办到！"

张学良伸开双臂，一下搂定了弟弟……

突然，门外传来特务队长刘乙光的声音："张先生，下棋呀！"边说边推门而入。张学良早已收好纸笔，他说："好啊，画报看腻了，也该换换脑子。"

张学思随着黄仁霖走后，转眼间中秋节到了。中秋之夜，张学良指定要到妙高台赏月饮酒。张学良平时不大喝酒，宋子文送来的名酒，压在箱里，特务们早就眼馋得不行了。

这一天，刘乙光早早张罗出三桌酒席，正中一桌最丰盛，安排的是张学良、四小姐、许建业，还有刘乙光一家大小。另外两桌是特务警卫人员。满月从千丈岩那边冉冉而升，妙高台上清凉爽快，荫荫古木让出一方碧天，碧天那皎月将光波远远洒在了亭下湖里，四山寂静，万籁无声，三桌丰盛的点心美酒，临席者似乎渐渐进入了神仙境界。张学良神情肃穆，众人也只饮酒，不划拳，说笑也是低声。许建业忽然提议，赵一荻小姐应当唱一支曲儿或者来一段京剧清唱为张将军助兴，被张学良摆手制止了。赵一荻第一次发现，张学良对山、对天、对水、对月那么注重，久久凝望，望一会儿饮下一杯酒，对同饮的众人置若罔闻。众人吃点心吃得正高兴时，张学良对着皎洁的明月连饮三杯，晃摇摇往起站，四小姐连忙扶住他，她那扶少帅的手禁不住微微颤抖，她清楚，国难家仇深重的汉卿以坚主抗战之躯被囚居深山，面对锦绣山河，心里该有多么难言的痛苦！她轻声恳求道：

"你有什么话，别老是闷在心里。这样会闷出病来。"

张学良乜斜着眸子，一条臂膀就势将四小姐搂紧了，另一条膀子却对月挥起，大声地说："诸位，现在日本鬼子大举来侵略我们祖国了，我……我张学良带你们打日本去！"

山下突然起了一阵风，万壑作响，古木摇动，仿佛是千军万马在及时回应张学良的呼唤。月光下的赵一荻，流下了两行亮晶晶的热泪……见此情景，刘乙光、许建业连忙也走过来扶住张学良，连呼撤席。众人异口同声："醉啦！副司令醉啦！"

抗战进行两个月了。7月底，日军向北平郊区发动进攻，与中国军队展开激战，第二十九军副军长佟麟阁，第一百三十二师师长赵登禹阵亡，北平很快陷落。8月13日，"上海事变"爆发，日军以海军舰炮猛烈轰击上海市区；月底，日军占领延庆、怀柔、张家口，在北宁、平绥两路，天津、北平、张家口以南以西三百公里的正面上完成了战略展开。面对如此形势，张学良怎不焦心呢？！

9月21日（农历八月十七日），厨师做饭不慎，木质结构的招待所忽然失火，"噼噼叭叭"，硬是被烧成了一片平地。

从此以后，雪窦山住不得了，张学良开始了移地而居的"管束"生涯。他的移动，外表上是很气派的，他和四小姐、刘乙光坐在宋子文特送的保险轿车里，随行人员也有小车七八辆，另外有一字儿排开的成十辆卡车，专运他们的行李用品，还有那些书籍画报。

离开溪口，第一站移居安徽的黄山。在黄山住了十多天，奉命移到江西省的萍乡，萍乡住了三个多月，又移动到湖南的郴州。在郴州住到1938年，又移往湘西沅陵的凤凰山。

40. "哲利波"号客船归来

杨虎城夫妇在欧美考察期间，发生了七七事变。杨虎城兴奋异常，接连两次急电蒋介石要求返国，请缨参加全民救亡图存的抗日斗争，却没有得到蒋介石的答复。杨虎城很着急，另电宋子文，嘱其转请。10月2日，宋子文的电报终于来了："值兹全国抗战，各方同志均纷纷集合，共赴国难。吾兄虽未奉电召，弟意宜自动返国。如何？盼复。"杨虎城很高兴，立即打听归国的船期。

捏着电报，谢葆贞却紧皱双眉，提出几个疑问："这里说'各方同志均纷纷集合，共赴国难'，为什么对首倡联共抗日的张学良将军只字不提呢？既然要你回去，为什么蒋介石不用电召，而宋子文又说'宜自动返国'？咱们在外，与孙蔚如、邵力子、于右任多次函电往还，这些知己朋友怎么不提说回国的事呢？"听着夫人的话，杨虎城不吭声。

谢葆贞又说："宋子文这封电报，倘若是蒋介石授意发的，背后就可能另有文章。"

身边随行的几个人也都劝杨将军在海外多延留些时日，看看形势的发展，然后再决定行止。

杨虎城东归之意已定，别人很难劝转："我和张将军发动兵谏的唯一目的是为了抗日，现在国内全面抗战已起，倘若我杨虎城仍然逍遥国外，实在无颜见江东父老。至于回国之后，蒋介石怎样待我，我不想过多考虑。"谢葆贞与随行人员见他这样说，再也不说什么。他们了解杨将军的脾气。

10月29日，杨虎城中止了"出国考察"。当他从法国的马赛启程的消息传到南昌时，正在南昌的蒋介石立即召见戴笠。蒋介石憎恨张学良的离心，但心底又总是怀疑杨虎城是真正的肇事者，暗地里利用了张学良的天真感情。蒋介石一见戴笠便说："杨虎城他回来得正好。宋部长（子文）那里我已经有了安排。你也马上布置一下。你要记住：杨虎城如果先回西北，那就等于是放虎归山。"

戴笠从南昌飞回武汉，立即命令特务队长李家杰从首都警察厅特务队中挑选出三十多名便衣警察，每人携带白朗宁手枪一支及简单行李，由戴笠逐个儿传见，详细做了交代。香港、武汉、南昌，暗暗行动了起来。南昌方面加派一个连的宪兵配合行动。

11月26日午前9时，哲利波号客船安抵香港。当他们走下舷梯的时候，前来欢迎的各界人士欢呼雀跃，人们笑逐颜开地涌向杨虎城夫妇，紧紧地拥抱、握手。人群里有十七路军的代表王根僧、王炳南、王菊人、王惟之、申明甫；有国民党政府的代表蒋国光、熊银周、杨斌；有"爱国七君子"的代表沈钧儒、史良等人。重回故国，杨将军显得轻松愉快。

汽车开进九龙半岛酒店时，一个身着军便服的人，四十余岁，自称是专门代表蒋介石来迎接杨将军的"张秘书"，便紧紧跟在杨虎城身后。对这个人，谢葆贞十分生疑。预先布置好的房间桌上放有两封电报，一封是蒋介石的，嘱杨虎城到南昌见面；一封是戴笠的，约杨虎城先往长沙，他在长沙专候，会合后一道去南昌。

史良、沈钧儒他们悄悄地告诉杨虎城的部下，酒店周围有好些不三不四的人。王根僧、王菊人也发现，有人手捏折扇，在附近摇摇摆摆走来走去，贼眉鼠眼地打量过往行人，于是便劝告杨虎城："十七路军官兵日夜盼望你早回西北，率领他们抗日。我们就是受了众人委托来欢迎你的。"

见身边都是自己人，王根僧由内衣里摸出蒙浚生的一封信。双手递给杨虎城。蒙浚生先生是陕西省高等顾问，是杨虎城的同乡，是最早辅佐杨将军的一位有远见、有骨气的知识分子。知己墨迹，分外眼熟。信里写着：

"无论如何，先回西安为上策！务必要吸取汉卿的前车之鉴，谨防坠入罗网，切记！切记！"

杨虎城折好信，装进衣袋，神色很冷峻，沉默片刻，才若有所思地回答：

"我既然是奉命出国考察的,回来了,自当先去南昌汇报。"他指了指桌上的电报,"委员长、戴笠那边已有了安排,回陕西之事,只好放在第二步了。"

谢葆贞猜出了信里的意思:"蒙先生的话,你可不能掉以轻心呀!"

杨虎城严肃地站起身,语言有些激动:"我回国心地坦白,只为抗战,别无它求。不见委员长,不得他的指令,我怎么投入抗日斗争呢?既不能抗日,我又何必回国!我杨虎城是个中国人,人不能忘却根本,我不能有负于危难中的国家、民族。"

听了这话,葆贞眼里泛着泪水,在座的几位闭着眼睛摇头,再也说不出规劝的话了。

夜里躺下,拯中睡了,葆贞黑暗中泪流不已。虎城劝她,她反问道:"放洋前你上了趟庐山,老蒋问你'倘是有人在国外提到西安的事你如何解释?'你当时怎么答复他的?"

"我说是顶好不提此事。"虎城说。

"可在国外,人家领事馆接待你,酒酣耳热之时,你又说了些什么?"

虎城不吭声。葆贞说:"在那么多人面前,你说'蒋先生是清一色主义,专门吃杂牌,一切的伟大都是做出来的。'这等损他的话,他知道了心里会怎么想?!"

虎城默了半晌才说:"隔洋过海的,他未必风闻。"听了此言,葆贞紧紧搂住丈夫,哭泣、颤抖得更加厉害,低低的哭声断断续续:

"你早就说过谁也缠不下老蒋。缠不下他,我们难道还躲不开他么?"
杨虎城黑地里瞪着眼睛不吭声……

第二天早饭后,一个礼帽压眉的广东人拜访杨虎城来了,这人个头比虎城矮些,脸型与虎城有些相像。见屋里没有外人,便自我介绍:"我叫张云逸,是中共驻香港的代表。"

杨虎城眼睛一闪,忙敬重地答:"噢!张先生,谢谢您特意来看望我!"

张云逸悄声说道:"我们建议杨将军直接到武汉会见周恩来,由周先生安排你直赴延安。南昌那边,是万万不能去的!"

"你代我问候周先生好。至于延安,我没有考虑。"

张云逸神情很严肃:"张汉卿一片愚忠,至今没有自由,他那是送老蒋回南京的呀,一片美意,一片诚心,尚且是这样个结局。望将军临事慎重,引鉴前车。"

杨虎城沉思了片刻,抬起头来,舒一口气:"张汉卿被禁,那是全面抗战以前的事。目下战局已开,全国上下呼声很高,他们有可能释放张汉卿,没理由再扣我杨虎城。我若是去了延安,被老蒋抓住话柄,反为不美。所以,贵党的心意我领了,延安是不去的。"

劝诫无效,张云逸只好告辞。杨虎城送他下了楼。分手时,张云逸又一次握住杨虎城的手:"你这样走死辙,周先生听了,一定会很难过的。"

杨虎城低声说:"再谢谢周先生了!"

过了一天,宋子文从上海特地赶来。香港的飞机票,局外人买不到手,宋子文给杨虎城带来了机票。隔了一夜,王根僧去看望杨虎城。大清早,谢葆贞独个儿坐在客房里,眼睛红红的。

"夫人,杨将军呢?"

葆贞往身后卧室一指:"刚刚上床睡觉。"

"怎么回事?"

"昨晚和宋部长谈了个通宵。"

"都谈了些什么?"

"听不清白,门关着的。"葆贞说,"后半夜,虎城发火了,声音突然高起来,我只听出吼了一句:'如果我杨虎城在个人方面存什么得失之心,那我就是中国历史上的罪人!千古罪人!'"

王根僧是十七路军的一位副师长。他惴惴地问:"宋部长这个人,到底怎么样?"

葆贞低声说:"他时而这样,时而那样,闹不清葫芦里卖的什么药。张汉卿不就是听了他兄妹俩的话,跌进罗网的吗?!在西安请求放蒋介石时,他乖觉得像猫一样;可后来逼着虎城出洋,他又是一副模样。这个人呀,与老蒋关系诡秘,一里一外,我怀疑尽都是手腕。

一连几天,杨将军没有笑容,眉宇间总是带着苦思焦虑的情绪。11月30日早晨,他召集他的部下、朋友以及和他一起旅欧归来的抗日团的留学生,共有四五十人,宣布他得到宋子文的保证,很快要去南昌见蒋委员长。讲话刚开个头,那个穿军便服的"张秘书"忽然推门进来了。扫了全场一眼,大大咧咧的,杨虎城对他说:"这里没你的事,等会儿再来。"可那人双手交叉在胸前,不言不语,挤坐在最前排,大有久坐不去之意。

杨虎城继续说自己的话:"宋部长说先去南昌接受委员长的任命,有了任命就返回西安,集合起来去抗日前线。现在咱们得分成三路走,我同王根僧午前乘飞机去长沙,抗日团的同志步行到广州赶乘火车。葆贞、孩子同秘书坐飞机先回西安。"

会场静静的,大伙心里却替杨虎城捏一把汗。杨虎城扫了那个张秘书一眼,提高了声音:"我这一去,有两种可能,一种可能是让我抗战,遂我的心愿,我重整旗鼓,大家一同干;另一种可能是人家把我扣起来,用以回敬西安兵谏。"

这时候,葆贞的神情十分痛苦。那个张秘书突然发话了:"怎么说这个话呢!全国上下都在抗战,委员长急着用人,这时候扣住一个有名的将领,天底下会唾骂,唾沫都会淹死人。"

有人驳他:"张汉卿不是还扣着吗?"

张秘书说:"那是张汉卿自个儿要求读书。这不能怪委员长。"

众人哗然,杨虎城止住喧闹:"这个问题我再三考虑过,为了向全国人民表明心迹,现在是只许委员长扣我,不许我不去南昌。全国上下都看着委员长,我想委员长处事是很明智的。"

中午,杨将军、王根僧赶到九龙机场,四周岗哨已是戒备森严。飞机起飞时,杨拯中在人群中挥动小手:"祝爸爸一路平安!"葆贞泪眼迷离地望着丈夫,两只手痴痴地挥动着。

谢葆贞是12月2日与王炳南他们一块上飞机的,傍晚抵达武汉,机上的工作人员通知要在武汉过夜,明晨8时飞往西安。住进李志刚预订的旅馆,谢葆贞他们受到了武汉行营检查人员的严格盘查,一行人气得要死。葆贞打听出虎城的飞机昨天在武汉逗留过,她吃不下饭去,李志刚只好带她连夜拜访暂住武汉的于右任。

于右任待葆贞很热情。一提起虎城昨天来这里看望他的事,于右任立即气红了双眼:"虎城来这里看我,身边竟然跟着两个便衣,门口还游动着两个。我二人说话,便衣竟坐在边上监听,这成什么体统!我气极了,拍桌子大骂,那两个玩艺才悻悻地退到门外。可我两个没说上几句,那狗东西又进来催促，虎城气得不行，也只好告辞走了。"

谢葆贞好似遭了雷轰，坐着动也不动。于右任愤气难消："虎城是回国抗日的，戴笠凭什么把人不当人？！我以后见到委员长，一定要把这些情况讲给他听听。好好个党国，硬是让这帮人给糟蹋了！"

就在谢葆贞拜会于右任的时候，杨虎城已经到了南昌。他和王根僧被戴笠安置在百花洲寓二纬路的一幢二层楼小洋房里。房屋四近人影晃动，长枪短枪来来往往，很快布满了岗哨。王根僧轻声说道："看来我们已被正式监禁了。"

杨虎城还是不大在意："他们不需要这样做吧！"

"以君子之心，度小人之腹，受祸者从来是君子。让我去试探一下。"王根僧挟着衬衣裤、毛巾、肥皂佯装着要出去洗澡，门口持枪的卫兵当即拦住他："外面风声不好，今晚不能外出。"王根僧返回二楼告诉杨虎城，杨虎城双手叉腰，站在窗前，沉默了一会儿，一只手拍着自己的脑门，长长地叹了口气。

谢葆贞回到西安的第四天，正式得到了杨虎城失去自由的消息，她急忙忙走访亲友，安排一群小儿女，决心赶到汉口，赶到南昌，用生命陪伴杨虎城。一天上午，她风尘仆仆赶到了三原东里堡，拜见婆母孙一莲。

孙一莲坐在扶手椅中，老人一切都知道了，在媳妇面前，却不流露自己的悲伤，只是关切地问："葆贞，你真地要去探望虎城吗？"

"十年前，我们成亲时，就决心患难与共，同生同死。现在事情来了，我岂能反悔。"

婆母说："你年轻呀，才二十五岁。去那儿可是凶多吉少。"

"这我想过了。"

"咱家和张学良家可不一样，张家与宋家非一般关系，总还有个照料。你去陪虎城，这可是滚钉板、下油锅的事啊！"

葆贞还是那句话："娘说的这些，我都想过了。"孙一莲目不转睛地望着谢葆贞，扯动袖子，擦去自己眼角溢出的两滴清泪。

葆贞说道："拯中聪明，虎城爱他如掌上明珠。我想带他同去，再说我也舍不得他。"

七岁的拯中正蹴在祖母怀里，孙一莲紧紧搂定孙儿，一双干枯的手抖索起来。静了一阵，老人才说道："葆贞，你是我的好媳妇。女人的贤惠，最难就难在气节上！我一个乡村土老婆子，不懂什么大道理。你去了，告诉虎城，抗日无罪。让他不要在刀山火海面前低头服软，不能灭去做人的骨气。有骨气才是我的儿，骨头软就不是我的儿了！"

葆贞突然间跪下身，抱住老人痛哭失声，孙一莲一面哽咽，一面抚理着她的头发："媳妇，这一去山高水远，咱婆媳再要相会，怕只能是九泉之下了……"

返回西安已是黄昏，大雪纷飞，在莲湖食堂里，十七路军一些代表和中共地下党的代表摆了四桌酒饭，为谢葆贞送行。酒饭很是丰盛，大伙儿想着杨虎城，望着两眼红肿的葆贞，谁也吃不下饭去。周恩来斟着满满一杯酒，缓步走近葆贞身边，神情庄重而严肃，谢葆贞连忙恭恭敬敬站直身子。

"我代表中共代表团敬夫人一杯西凤酒，再辣再苦，这一杯你不要推辞！"

接过酒杯，谢葆贞向周先生深深鞠了一躬，仰起脸一饮而尽。

周恩来说："夫人此行，非同寻常。赵一荻小姐陪伴着张将军，你又去陪伴杨将军。张、杨是英雄，是功臣，作为贤内助，人们忘不了你和四小姐。"

"张、杨二位将军的前景，周先生能预言吗？"谢葆贞低声问道。

周恩来答："凡事要往艰难处想。蒋介石那个心性你了解，杨将军的品格、意志，夫人你更清楚。此一去与杨将军患难同舟，你们的路程是相当坎坷的！"周恩来心里难受，背转身子，说不下去了。窗外肆虐的大雪更猛更狂，一涡接一涡素白色的旋风，一团一团在路面上角逐……

1月14日，谢葆贞携着幼子拯中离开西安，杨虎城的副官阎继明、张醒民陪同前往。行经南京时，正值日军在南京大屠杀之后，满目萧条，到处是血腥，南京城沉默着，呻吟着。一个月前，日军占领了六朝古都南京；二十天以前，日军攻占了杭州；十八天之前，日军占了济南；半个月前，日军占了泰安；六天之前，日军会攻徐州；三天之前，日军又攻占了青岛……多少大好河山，多少善良的民众陷在了血泊中！中国整个大地在流血，在颤抖。

谢葆贞母子赶到邵力子家里，见了邵先生及其夫人傅学文。听说谢葆贞千里寻夫，要去照料杨虎城，邵力子夫妇竭力劝阻："内忧外患，兵荒马乱，你看看全中国有多么凄惶。你一个年轻妇女，带着小孩长途奔波，去与军统方面打交道，这不明明是把羊羔往虎口里送吗？！"

谢葆贞平静地说："事情已到了这一步，我什么心里话都可以说。你们了解虎城，却不知道我们夫妻间的感情有多深。现在他一个人落在陷阱，我不去陪他，天下还能有谁去陪伴他呢？！有我去分担他的痛苦，他总会轻松点儿。"

邵力子说："你和赵一荻小姐不同呀，她是深居简出。你在西安经常参与社会活动，兵谏当中可是个最引人注目的女人啊！"

谢葆贞说："正因为事情是这样，我觉得陪伴虎城，更加义不容辞。"

邵力子夫妇叹息摇头，没话可说了。

谢葆贞一行1月17日从武汉出发，乘开往江西的轮船前往南昌。戴笠和特务们预先得到消息，喜出望外。

谢葆贞到了南昌刚下轮船，特务们便七手八脚，把他们四人塞进汽车，分头关进了极其机密的地方。奔波几千里，未见到丈夫，自己却失去了自由，她搂住拯中，泪如雨下，孩子痛哭失声，泪水里的谢葆贞搂紧孩子，自己反而是哭不出声来……

王根僧被特务赶走以后，杨虎城被关进了郊外熊式辉（国民党江西省主席）的别墅里。别墅离南昌三十多里，四周是大竹山。他一人被关在楼上一间房子里，楼下有七十多个特务、宪兵看守着。

初进别墅，杨虎城火气很重，不断用拳头砸桌子，连连给蒋介石写质问信，木板门动不动被踢得"哐哐哐"直响。特务向戴笠汇报，戴笠指示："让他砸桌踢门吧，他闹一次，伙食标准暗暗给他降低一次，他总有个踢不动的时候。"

特务临出门时，戴笠又补充："谢葆贞因在南昌之事，谁也不准透露给杨虎城！"特务走了，戴笠还自言自语，"今天犯在我手里，是骡子是马，我要你慢慢地走着瞧。"

这个时候，正是1938年初春。在陕西蒲城，杨虎城的高等顾问蒙浚生身染重病，奄奄一息。他在日记后面用毛笔写下了一行大字："要看仇人下场，要看敌人灭亡，老夫不死！"咽气之时，他断断续续告诉身边的人："仇人是老蒋,敌人是日本。把……我写的字……想办法递给虎城!"

41. 息烽玄天洞里的吼声

南京沦陷不久,蒋介石辞去行政院长的兼职,修正公布了《军事委员会组织大纲》,他自己亲任军委会委员长,重新部署了各个战区的工作。日本外务省立即声明:与国民政府断绝外交关系。

蒋介石暗地里给戴笠下令:目下时局不稳,宜将杨虎城从南昌转移到后方偏僻之地进行看管。

军统特务接到指令,立即行动,从浙赣铁路乘专车经株洲到长沙,押送杨虎城上车下车均安排在漆黑的夜间,警戒异常严密。杨虎城感觉自己是行进在不见天日的阴司里,从星辰位置上揣测,是往西边方向行进。他要么在车厢里垂首默坐,要么一个人躺在角落里睡觉。睡不着的时候,想着西安,牵念年迈的母亲,牵念谢葆贞和一群小儿女,惦记着他们的祸福安危。有时候,又想到"兵谏"的风风雨雨,想到张学良、蒋介石、宋子文、宋美龄在西安的言行举措。而更多的时候,是头昏脑涨的寂寞和难熬。

在南昌,蒋介石曾派出两位大员以探望为名对杨虎城进行诱降,要他揭发兵谏前后"中共"对张、杨的"欺骗",以换取蒋委员长的重新信任。先出马的是考试院院长戴季陶,他1932年去过西安,杨将军以礼相待,戴季陶便自以为具有劝降的资格。后出马的是朱绍良,他在任甘肃省主席期间与杨虎城"过从甚密",也来劝杨虎城"悔罪"。

二位大员苦苦"开导"了半天,没料想到杨虎城不为所动,大义凛然地回绝了他们。

进了长沙,杨虎城被囚在东郊的朱家花园。在此住了两月,便又被秘密转移到了益阳桃花仑的南京军人监狱。

两天后的黄昏时分,囚室的门打开了,谢葆贞突然出现在杨虎城面前!她一身灰布旗袍,一手牵着拯中,一手夹个蓝布包袱,头发凌乱,面容憔悴,一见虎城,眼泪像断线珠儿一样跌滚而下。杨虎城一下从床边站起身来,一时竟不知如何是好。拯中愣了片刻,一声哭嚎,扑向长须长发的爸爸,葆贞直直地望着丈夫,任泪水长长地滚淌而下……杨虎城的心颤抖得很厉害,他万万没有想到会在桃花仑这个地方与葆贞母子相会，更没想到他被关押在南昌的时候，葆贞母子就关押在他的身边。

"你不该来这里的。"夜静时，杨虎城说。

"为啥？"

"在皖北结婚之前，有人就说你是共产党。顾祝同夫妇有一次来西安，你我一起接待，顾祝同暗里却告诫她那妻子：'杨夫人是红的，你可要留神。'这次兵谏，西安成立'西北各界妇女救国联合会'，你是会长；张副司令被扣，救国会游行抗议，你走在队伍最前边，照片都在报纸上登出来了，这些你难道不知道吗？！"

"我的事，我心里清白。"

"既然清白，就该躲一躲。"

静了一会儿，谢葆贞说："蒋介石先后下令处死瞿秋白、方志敏、吉鸿昌这些革命者的密码电报，咱们的机要秘书李直峰当时就破译了，不是也都向你汇报过吗？"

虎城点点头。

"从这些电报里，你看不出老蒋的为人吗？"问得杨虎城不吭声了。

"既然清楚蒋介石的为人，一到香港，那么多朋友规劝，该说的我也都说了，你为什么偏偏要赶往南昌？！——作为夫妻，只许你朝前走，我就得往后退吗！"

"这里是虎穴狼窟呀！"杨虎城说。

"小时候父亲过世以后，我在曲江池的农村住了很久，常常到王宝钏住过的寒窑附近挖荠菜。如今我思量，与其像王宝钏那样孤苦熬煎，还不如与你在一起，就是死在一块，也比一个人孤守着寒窑强。"

10月21日，广州弃守，日军占领了广州市；第九战区鄂南部队撤向湖南沅陵、常德一带，汤恩伯第三十一集团军总司令部自鄂南通山西撤。益阳眼看是不能呆了，特务们安排了三辆汽车，连夜动作，将杨虎城一家的大小行李装在中间那辆卡车上，准备第二天一早出发，将杨将军一家转囚到贵州省息烽县去。

拂晓上路时，杨虎城一家三口红着眼睛，显得沮丧、疲惫。杨虎城披着件灰布夹衣，一手牵着孩子，一手牵着葆贞。葆贞头发散乱，腋下夹个蓝布包袱，肩头斜挎着一个布包，布包里装着杨虎城归国时结余的钞票。

汽车经过资水渡口时，杨虎城、谢葆贞正沉浸在悲愤与痛苦之中，空中一阵警报声掠过，一群日本飞机又一次突袭来了。李家杰挥动手枪，指挥众人与杨虎城夫妇一起躲进了岸边一株大榕树下，飞机上一颗炸弹正巧击中了中间那一辆汽车，车厢七零八散，杨虎城放洋归来手中仅存的一点财物，几乎化为乌有。

汽车在云遮雾掩的贵州山区折来拐去，将杨虎城一家三口送进了南望山上的玄天洞里。

南望山高逾千米，玄天洞就形成在高高的山脖子上，距息烽县城八公里。洞高四五丈，洞内面积一千三百多平方米，这样少见的巨型洞穴，由远古年代的暗河冲溶而成。暗河干涸了，洞底半壁上只遗下拇指粗的一股寒泉水，长年不断地流淌着。幽深潮湿的洞里终年不见阳光，杨虎城一家进洞之后得披上被子坐在床上，不论白天黑夜，总是面对一盏不明不暗的煤油灯。

因为暗河冲溶，玄天洞洞腹渐渐高起而洞口矮矮下压，自里边往外瞧那数倍于古城门式的青石洞口，仿佛是站在一个口颈下倾的巨瓮里眺望外界，那一块明亮的天空小得可怜。洞口左侧是一株枝丫半俯的五百余岁的香樟，岁寒不凋，粗于牛腰，樟树下地坪狭窄，两侧乱石支棱处便蹲伏着虎豹似的岗楼，正前方曲曲折折一条小径蛇一样扭向一个陡陡的下坡，穿过一片林莽，便是特务集结的重地"脚踏石"，守定脚踏石几间屋子，玄天洞里的杨虎城插翅也飞不走；外来的人不经盘查，天大的本领也别想进去。

李家杰他们在玄天洞周围设置了内卫、中卫、外卫三层警卫线，白天岗卡林立，暮时大幅度缩小警戒范围。漆黑的夜间，哨位之间在这山深林密的万山丛中为了加强联系，一个接一个用短木棒敲击竹筒，"梆梆"声传近传远，高山深谷间回声不断，气氛显得格外阴森，格外恐怖。

李家杰得到过戴笠的暗示，认为谢葆贞肯定是个共产党。杨虎城在西安的行动很可能是受了她的影响，所以对谢葆贞的言行举止格外留神，而且不放过任何细小机会，故意地刺激她，折磨她。谢葆贞性情刚烈，每一发生争吵，心里常常憋气、痛苦，总是以更激烈的言词与特务顶顶撞撞。顶撞久了，特务们便认为她有精神病。

1942年春，戴笠亲自"看望"杨虎城来了。他让李家杰他们暂时转移开谢葆贞，先在玄天洞里备办了一桌像样的酒菜，邀请杨虎城同桌共饮。席间，戴笠谈笑风生，对杨虎城佯装关切，很认真地说：

"我太忙，总顾不上来关照你。生活上有什么难处就告诉我，我尽力解决。"

杨虎城连饮几杯，才乘着酒兴说道："这个李家杰，太使人痛苦了！我妻子的病，纯粹是他一手折磨成的。我们受罪受够了，你能不能给我把他换掉？"

"这没问题，我立即就换。"戴笠答应得很痛快。

杨虎城说："你能看见，这几年我老多了。让带兵的人与世隔绝，我这是烦得要死！"说着又饮下两杯酒。

戴笠说："听说这个洞里以前香火很盛，你既然住在这里，可以读经念佛嘛。委员长安排你住这儿，本来就有这一层意思。"他见杨虎城闷头不语，故意装出若无其事的样子说，"你老兄也是聪明一世糊涂一时，竟跟委员长作对。看看，现在你是满腹雄才无从施展，何苦来呢？我说老兄呀，你不如来个声明，把共产党在'双十二'事变中欺骗、挑唆你的事全揭出来，你和委员长之间的事也就一了百了啦！"见杨虎城、谢葆贞已经被折腾到这步田地，戴笠才端出这个话来，估计杨虎城会服软的。

听了这话，只见杨虎城把举到唇边的酒杯"嗵"的一下搁在桌上，筷子一推，背对着戴笠说道：

"我和汉卿发动兵谏，光明磊落，昭大义于天下，与共产党毫无牵连，你要我怎么'声明'？莫非要我向全国老百姓造谣不成？！国家上下已经到了这步田地，你们还把我一家四口（谢葆贞前一度又生下女儿拯桂）关在这不见人烟的深山里，人不是人，鬼不是鬼，到底要我悔过什么？放洋归国，原说是派我领兵去抗日的，现在看看，到底是谁欺骗了我？！"

杨虎城转过身，与戴笠四目相对，四股目光像刀枪剑戟一样锐利，戴笠喘着粗气，杨虎城声如截铁："你告诉委员长，我杨虎城问心无愧，没有什么可悔过的。他可以立即将我处死，别打算让我红口白牙去造谣！"

1938年秋，军统局将因在沅陵的张学良移到贵州省的修文。修文南临贵阳，其北邻就是有名的息烽集中营。修文古名龙场驿，张学良被安排在明朝那个王阳明的纪念祠堂里。阳明洞距修文县城3里路，1940年冬，赵一荻由香港辗转而至修文，这时，于凤至因患乳癌转往美国就医，于、赵换班，张于之分手竟成永别。南望山的玄天洞就在北边，距阳明洞不过30里地，然而，因特务严格保密，咫尺千里，张、杨二将军并不知晓彼此的下落。

1944年冬，日寇准备向贵阳进犯时，戴笠、沈醉、龚国彦三人在贵阳有这样几句对话——

龚问戴："情况这么紧张，杨虎城何时可以迁移？"

戴笑一笑，说："现在连运物资的车辆都调不过来，还能管他们？！万一日军继续进逼，你们一听到贵阳沦陷，就可以在混乱时把他们一家全盘结束，用不着再让他们留下去。"

龚国彦点点头，告辞走了。沈醉顺便问戴笠："还有在这里的张学良，是否要先行转移？"在沈醉心目中，张、杨二人似乎是应当有区别的。

没想到戴笠却毫不迟疑地回答："等到那时，还不是一样解决。我们自己都顾不上的时候，就不得不采取简单的手段来对付这些人了。"

沈醉后来回想往事，写下这样的文字：

"幸好日军没有继续进军，否则张、杨两将军便会在蒋军撤退时都被杀害。"

日军的进犯尺度决定着中国两位著名将军的生死命运，而其间又全然凭借着蒋介石之手——这里究竟潜藏着怎样的奥秘呢？！

42. 自山城飞往海天

1941年5月，张学良突患急性盲肠炎，刘乙光惟恐张病发生意外，不敢担当。他便自作主张，去找贵州省主席吴鼎昌请求协助，把张送进贵阳医学院开刀割治，效果甚好，张在医院住了三个礼拜，逐渐康复，住院期间，只有吴鼎昌一个人来看过他。张出院前曾向刘乙光表示，希望出院后不回阳明洞，暂住贵阳，最后决定暂住贵阳黔灵山麒麟洞，经过军统局同意，并由驻在贵阳的军统局有关高级人员，经常与张周旋，加强监视。但是重庆方面，对张久留贵阳，总不放心。1944年冬，又迁往桐梓县南门外的天门洞。如此不断迁移，张氏的精神更加颓丧，身体更加瘦弱，他帮四小姐无聊地养了70多只鸡，不幸被瘟疫致死。他也曾下厨做过菜，排遣烦闷，消磨时间。

1945年8月，日本宣布无条件投降，举国欢腾，张学良认为获释有望，心情为之一畅。1946年1月，重庆举行政治协商会议。曾任东北大学秘书长的周鲸文和一些关心张的东北人士，发动援助张学良恢复自由的活动，并请中共代表周恩来、董必武予以协助。

周恩来在会上再次提到被囚禁的张学良将军："只可怜那个远在息烽钓了10年鱼的人，他这10年钓鱼的日子不是容易过的呀……"说到这里，周恩来眼里闪动着悲凉的泪花。呼吁归呼吁，事情却没有结果。

1946年10月，保密局局长（戴笠3月17日亡故，军统局结束，另成立保密局）郑介民致电重庆办事处主任张严佛："委员长指示：张学良应即解到台湾去。已通知刘乙光与兄接洽，先把他解到重庆，候兄交涉赴台湾专机，然后由刘乙光起解……"刘乙光到重庆与张严佛商妥后，仍回桐梓把张学良送来重庆，住在歌乐山戴笠生前的寓所，对外绝对保密。并对张学良诡称，委员长有电报来，送他到南京去。张学良信以为真，十分高兴。因为等待飞机，在重庆住了一个礼拜。

蒋介石之所以在抗战胜利一年后决定将张学良迁囚台湾，他是估计到国共内战行将爆发，在大陆上，很难再找到一个较为保险的幽禁张学良之所了。15年前九一八事变时，《哀沈阳》诗里的第一首是："赵四风流朱五狂，翩翩胡蝶最当行；温柔乡是英雄冢，哪管鬼子入沈阳！"诗里的胡蝶正因为是美丽的，当然也是容易诱人捕获的。在重庆的一次宴会上，媚眼传神的

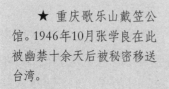

★ 重庆歌乐山戴笠公馆。1946年10月张学良在此被幽禁十余天后被秘密移送台湾。

胡蝶遇上了戴笠。戴笠看过不少由她主演的影片，却没想到胡蝶本人比银幕上更是明艳动人。这个杀人魔王见色起淫，他支开了胡蝶的丈夫潘有声，像抓弄一只金丝雀一样，将胡蝶装进了歌乐山的寓所里，强行占有，在这寓所里玩物一样地幽禁了三年，而且决定在1946年的下半年正式迎娶。想不到3月17日，激雷闪电在江宁板桥镇南的戴山上殛毁了戴笠的座机，戴笠被烧得只剩下了一条腿。当地人讥之曰"留得一腿葬青山"。嗣后，胡蝶才算飞出了牢笼，重新获得了自由。

10月底，张学良与赵一获从贵州桐梓被送到重庆，就住在戴笠曾经恣意玩弄蝴蝶的屋里，在这儿住了十余天。这一段扑朔迷离的风流案，曾经裹身其中的张学良何曾知晓。当然，话可以说回来，张学良年轻时就是个"挥金如土，杀人如麻"、"醉卧美人怀，笑谈天下事"的少帅，即使知道了这间屋里的风流往事，又能怎样呢？或许也只是一笑而已。

10月27日午间，张学良、赵一获第一次在松林坡戴笠的寓所进餐，毛人凤、沈醉作陪，刘乙光全家也同桌而坐。吃到高兴处，刘乙光的四个小孩前后左右，把啃下的骨头不停地往地上吐扔，张学良笑着说："这样不行啊！这不比过去我们住在乡下，土墙土地，骨头一扫就行了。将来我们住的地方有壁灯台灯，有华丽漂亮的地毯。可不能再随便朝地下吐东西了。"

刘乙光的妻子也制止孩子："听你张叔叔的话，学文明点，咱们享福的日子在后头哩。"几个孩子油手油嘴，骨碌着眼睛照旧嚼肉，照旧一口一口地吐骨头。

又过了几天，碰杯喝酒时，毛人凤忽然说道："汉卿，委员长方才来电，不去南京了。"

张学良瞪直了眼睛："不去南京，去哪里？"

"军用飞机准备好了，明天去台湾。"

酒杯"叭"地摔到了地上。张学良一屁股坐下，"啪"地击了一下桌子，盯着毛人凤要说什么，抖着嘴唇又说不出口，牙齿咬得紧紧的，脸色一阵青一阵白。四小姐连忙扯一条湿毛巾过来，帮他擦手擦脸。

刘乙光站起来说："报告副座，行李已经运往白沙驿机场……"

张学良又"啪"地击了下桌子："狗屁！什么副座，干脆把我看成犯人好了！"声音气得发抖。

四小姐扶起他，竭力抑制住冲动的感情，向卧室走去。毛人凤在他的身后补了一句："委员长这样安排，我们也没有办法。"

11月2日，一架大型飞机从白沙驿军用机场凌空而起，径直东去。"兵谏"以前，张学良是常常坐飞机的。自从送委员长回到南京，自己有十年没乘过飞机了。这一次乘机越海，离开大陆，张学良的心境有点像断了线的风筝，和无垠海天是一样的茫然，一样的空虚……他紧紧依着坐在边上的赵一荻，眯缝着眼，动也不动。年近半百，起落沉浮，这一架风筝似乎将什么都抖落干净了，只有四小姐才是牵定风筝的一条细线，是他生命的最后凭依。飞机缓缓降在台北，一大群警卫簇拥着木偶似的张学良、赵四小姐在台北市兜了一圈，住进了新竹县竹东镇的井上温泉。

这里是高山族聚居之地，峰峦起伏，树木参天，有硫磺质的温泉，最适于疗养。几排日式平房，外表虽不华丽，内部设备却雅洁精致。屋外是大花园，设有网球场，花园旁是一湾流水，流水之外是一座座青山。不远处的两山之间有座铁索桥，下横流水，水面距桥足有四五十丈高，又清幽，又险峻。张学良在这里每天可以读到台北的《新生报》和隔日送来的上海《大公报》及南京《中央日报》。

时间过去不到三个月，台北老百姓受不了国民党政府的横征暴敛，发动武装起义，台湾岛一片混乱，南京方面称它是"二二八"事件。也算是"城门失火，殃及池鱼"罢，井上温泉一下子紧张起来，电话线切断了，报纸没有了，粮食也买不到了。

刘乙光带一伙特务提着手枪，陡变了脸色，恶狠狠地盯住张学良和四小姐："台湾穷百姓闹事啦，你们不许随便出门，白天不能去花园转悠，晚上睡觉不准插门。"

刘乙光走后，宪兵特务如临大敌，来回不停地在张学良房屋周围巡逻，一个个全副武装，冰冷着面孔，把枪提在手里。晚上睡觉时，外面时而嘈杂喧嚷，一片紧急集合的跑步声，时而又陷入可怕的寂静。"砰！"有人一脚踹开房门，被窝里的四小姐紧紧搂住张学良，浑身哆嗦。

张学良从枕头上望着满墙乱晃的手电光柱，怒声喝斥："狗东西！你们还让不让我睡觉？给我滚出去！"

电光熄了，门轻轻闭上了。赵四小姐的呼吸这才均匀了一些，她往上耸耸身子，附在张学良耳畔悄悄地说："有一个同情咱俩的特务午间偷偷给我扔了个纸条儿。"

"条儿呢？"

"烧了。"

"写的什么？"

赵四小姐的声音压得更低："看守咱们的电台，前一向是每周向南京通报一次；从今天起，毛人凤规定每天向南京报告三次，紧急时要随叫随通。"

张学良不吭声。

"纸条上还有话呢——蒋介石指示：如果事情闹得不可收拾，就采取紧急处置，混乱中把你我开枪干掉。对南京方面通报时，就说是台湾乱民劫狱所为！"

说到这儿，四小姐感觉到张学良凝住了呼吸，双臂把她箍得更紧了，使她出气儿都有些困难。赵一荻又说："所以我睡觉时把内衣都换好了呢！死就死，迟早是个死！"明眸在黑暗中闪动着，没有哭泣，没有泪水……

"我恨！"张学良从牙缝里蹦出两个字。

"你恨什么？"赵一荻问。

"恨我十年前幼稚、无知！"

43. "我丈夫兮孤掌难鸣"

1946年，蒋介石在重庆召开的政治协商会议上，毛泽东代表中国共产党郑重提出了释放张学良、杨虎城的要求。蒋介石在谈判桌上同意了中共的意见，背地里却另搞一套。会议结束不久，军统特务把杨虎城一家从息烽迁移到重庆，秘密囚禁在歌乐山中美合作所的几座平房内。

杨虎城和两个孩子囚在一间屋里，谢葆贞由奶妈照料，分囚在远些的一间平房内，特务看管得比息烽玄天洞更为严密，夫妻二人只可以遥遥相望，却不能接近，更不能说话，两个孩子也不能到妈妈那儿去。

去年在息烽时，杨虎城看到一个警卫的宪兵手持一面铜锣，从地母洞敲到玄天洞，又从玄天洞敲回脚踏石，一面敲锣一面喊"抗战胜利啦！世界和平啦!"杨虎城的心情一下子激动起来,心想:"为了一致抗日,我在西安扣留蒋介石半个月,结果呢? 我一下被蒋介石囚禁了八年。现在日本投降,兵谏的最终目的实现了,宿怨总可以消除了罢?!"思量到这儿,他又怕蒋介石因为胜利而把他遗忘了,觉得应该给于右任写封信,让他从侧面提醒一下蒋介石……他坐进小木屋里写好信,忽而又觉得这样欠妥,一把将信揉了。

谢葆贞的脾气更坏了。每天早晨早早起来,在门前一块有限的草坪上踱着步子,明明看见丈夫和两个爱子在那一边远远站着,痴痴地望着她,她也佯装不觉,咬住牙背转身去回避他们。守在谢葆贞身边的奶妈,有一天夜里听见她低声自言自语:"一块重见天日,怕是不可能了。他们是怎么也不肯对我放手的……我若是另寻主意,你……也许能早一天出去看看咱的几个女儿……"口齿清晰,不大像是呓语。

腊月中旬,重庆山城格外冷。一个早晨,谢葆贞静静躺在床上,不吃饭,不喝水,奶妈问话也不回答——她开始绝食了。特务发觉情况不妙,报告了龚国彦,龚国彦特意"开恩",让杨虎城带着两个孩子去看望谢葆贞。杨虎城和奶妈流着泪劝说,拯中、拯桂把水和饭端在手里苦苦哀求,谢葆贞才睁开眼把他们挨个儿瞅了一遍,那美丽的眸子这时节朦胧似雾,眼睑微微眨动,漾起一片昏昏欲沉的迷茫,看过以后,重又痛苦地闭上了眼睛,在孩子的哭声里,她眼角溢出豆大的两颗泪珠。

杨虎城知道妻子的脾气,最后只好牵着两个孩子的手流着泪退出小屋,回到自己的囚室。

第三天,谢葆贞屋里进来四个特务,对奶妈说:"她三天没吃东西了,不吃不喝怎么行,先灌些葡萄糖水下去,准备送医院。"两个人从床上架起谢葆贞半仰在床,两个人开始灌瓶里的葡萄糖水,谢葆贞闭着眼使劲摇头,特务怎么也无法下手。一个特务跳上床,从后边强行固定住她的头颅,另一个从怀里掏出医用镊子,夹住她的嘴唇强行掰开,嘴唇被夹出了血,一瓶葡萄糖才勉强灌下去一小半,一多半洒在了身上、床上。奶妈看不下去,一声声号哭起来。杨虎城远远听到了这边屋里的哭声,站在自己门口望着谢葆贞的囚室。两个孩子跺着脚哭喊"妈妈",宪兵用刺刀逼住他们,横眉怒目,不许过去。

过了几天，一辆囚车开到了坡下，谢葆贞被拖下去塞进了车里，奶妈抱着小包袱相跟着跳了上去，囚车一溜烟开走了。特务们对杨虎城发话："进屋进屋。你夫人送到陪都医院治病去了，病一好会回来的。"

夜里，风声飒飒，油灯昏暗，杨虎城捏起孩子练字的笔，默默地给妻子写信：

　　苦海爱的结晶爱的最后都是有眼泪的过程，我有许许多多的话实在无头说起，也无法说完，也没时间。我现在什么都能牺牲了，就是这爱字离不开我，昼夜只祝祷你的病好……

谢葆贞在陪都医院一间僻静的病房里躺着，仍是不吃不喝。睡过一宵，早上，吴晴珍轻轻地问：

"副队长吴静甫要调到西安去工作，他问你要不要给西安的女儿捎个信？他来看你，在门外等着哩。"

听到西安和女儿，谢葆贞的眼睛又亮了。奶妈帮她穿好衣裳，理了理头发，才让吴静甫进来。谢葆贞形容憔悴，说话有气无力：

"哦！快过年了，吴队长要调往西安吗？"

吴静甫说："西安是个好地方。我要重新去从事医疗工作，脱离开现在这个行当。"

"回西安想法看看我的几个女儿。我走的那年她们小，还不记事，现在活着的话，都长高了，长大了。这么多年，她们不知道我的心被她们揪扯得有多难受哟！"说着说着，葆贞的眸子潮湿了，吴晴珍忙递过手绢儿。葆贞缓了缓气，又说道，"十年不见天日，苦，我算是尝遍了，可当母亲的，思念女儿比什么都痛苦！别的苦我能咬住，这个苦我受不了！"她浑身一阵抖，呜呜地哭了……哭了好一阵才又说话，"现在我是万念俱灰，什么都不想，就想我的女儿！"吴晴珍难过得直擦泪水。

吴静甫说："只要在西安能找到她们，我亲自给你和杨将军写信。我相信我写的信会送到你们手里的。"

谢葆贞嫣然一笑，笑影像大漠深处最后的落日，沁透出一种苍凉沉郁的气色。笑影逝去，她指头微微一指："你那手上戴的什么哟？明晃晃的闪哩。"

"戒指嘛，有啥稀罕。"吴静甫说。

"在玄天洞里，你就给我和虎城常常看病，在一起八九个年头了。这一分手，天各一方，再见面就难了。"

"哪里哪里！来日方长，日后你和杨将军回到西安，难道就不接见我了吗？！"

谢葆贞惨然一笑："别说这些。临别想求你一样东西：把你手上这戒指留给我，做个念心儿罢。"

吴静甫很快从无名指上抹下戒指，挺大方地交给她，准备道别："给西安捎不捎信儿？"

"想说的话太多，可我有病，捏不动笔。你若是能体念我这个当妈妈的心里的苦味儿，千万设法看看我的女儿们。"

吴静甫刚走，奶妈转了个身，谢葆贞将放在掌心里的戒指一下塞进嘴里吞下去了。奶妈大惊，飞快去找新来的医生，医生听说谢葆贞吞了金，却不以为然："小小一个戒指，坠不死人，会随着大便排下来的。"

吴晴珍又恼又愤："她四五天粒米未进，哪里还有什么大便哟！"

农历腊月三十，"爆竹一声除旧，桃符万户更新"，远远的邻巷鞭炮噼啪，笑语声声，陪都医院里却人影稀寥，冷落空漠。吴晴珍坐在谢葆贞床边暗暗垂泪。绝食是第六天了，谢葆贞奄奄一息，已陷入半昏迷状态。

旧历年最后一天将尽，一觉醒来，谢葆贞的神志忽然显得很清晰，她让奶妈帮她，挣扎着换上了小包袱里仅有的两件内衣，衣衫很旧，却洗得干干净净，该补的地方补得很平整、很细密。换好衣服，又躺下了，闭上眼睛，似乎在捕捉着外面隐约起伏的鞭炮声……

院里一阵响动，四个特务和两个捂着大口罩的医生进屋来了，抬着打吊针的铁架，捧着针盒、药瓶，一双双眼睛比冬日的天空更阴冷。特务让奶妈站在边上，四个人一齐动手，将床铺和谢葆贞抬放到屋子中间。一个特务说："医生要赶回家过年，为了以防万一，现在为杨夫人进行紧急治疗。"说着一把揭去被子，绽开两卷指头粗的麻绳，按的按，捆的捆，七手八脚将谢葆贞的双手反扎了起来，胸脯一道，拦腰一道，死死捆在床上，虚弱的谢葆贞被勒得大口大口喘息，两个特务按住脚，强行撕下了她的单裤，明锃锃的长针在医生手上毒蛇扑咬似地一闪，猛地扎进了腿肚子。谢葆贞扭转着脖颈，脸容痛苦极了！奶妈扑到床边，紧紧搂住她的头，另一只手被谢葆贞反绑在背后的手抓着了，一下抓得那么紧，只听得她的牙关咬得"格格"直响，一阵痉挛、一声揪心的呻唤："奶妈!"两个字刚刚出口，双眸鼓起，头猛个儿一摆，背后那抓着奶妈的手指倏地松了!

杨虎城带着两个孩子，在特务监押下飞一样赶来。他放轻脚步走近床边，缓缓揭起白布单，凝视着妻子清癯端庄的面庞？伸出一只手，托住她的腰，俯下含泪的大眼睛紧紧瞅着她，瞅了片刻，才颤着手指轻轻理顺了那一绺凌乱汗湿的鬓发，当他放下妻子，看到她的洁白如玉的身子被勒出的几道深深的紫黑色的绳印时，才火山爆发似地悲恸一声，猛然一闪，把头狠狠往床上撞去，早有预防的几个特务拦抱住他，杨虎城忽地转身，头又往身后的墙上撞……两个孩子从门外跑进屋里，扑在谢葆贞身上嚎啕大哭："妈妈!妈妈!你睁眼看看我们呀!"天色渐渐晦暗，除夕夜的鞭炮声更紧了……

杨虎城和拯中、拯桂红肿着眼睛，哭哑了嗓子，在谢葆贞遗体旁守了三天三夜。谢葆贞只活了三十六岁。1927年腊月三十，和杨虎城结婚；1937年年底，杨虎城被囚，她千里迢迢奔往南昌陪伴丈夫；1947年腊月三十，她便这样与世长辞。二十年夫妻生活，恰巧从中划分成两个十年，前十年参与着轰轰烈烈的戎马生涯，后十年则是阴暗凄苦的牢狱灾难。杨虎城的记忆力是相当惊人的，他清晰地记得，1930年9月，副军长李子高不幸辞世，杨虎城失去一位战友，泣不成声。追悼会上，妻子谢葆贞献上这样一副挽联：

彼君子兮高枕无忧

我丈夫兮孤掌难鸣

如今葆贞以勇敢、决绝的方式，诀别了人世，完成了个人生命的不朽，使得那副挽联在杨虎城的脑海里连连浮现。妻子现在也算是"高枕无忧"了，杨虎城在这山城牢狱里更是"孤掌难鸣"。杨虎城的头脑晕晕沉沉，特务却紧催着要埋人。

杨虎城说："不!不能埋!"

"人死了，不埋怎么办？"

"我雇人，就在这杨家山火化。"

五灵观是特务眷属的住区。在一个荒凉的半山坡上，杨虎城雇人用砖块砌成一个炉子，炉底塞满干柴块，柴块上架起黑晶晶的焦炭。杨虎城和奶妈吴晴珍用长长的白布裹严了谢葆贞的遗体，也用白布缠裹了准备抬她的一块木板，众人动手把谢葆贞谨慎小心地抬上山腰，放进炉内铁板上，仔细封好了炉子。点燃之后，这烟火一直烧了三天三夜。滚滚黑烟冲天而起时，龚国彦假惺惺提来一大串纸钱递给杨虎城："杨主任，给夫人烧一烧罢，让她在那边有钱用。"

杨虎城用血红吓人的眼睛盯住龚国彦，吼道："她不要。她生时不用你们的钱，死了更不用！"

火焰熄灭后，杨虎城托人扯来二尺白绫，亲手缝制成一个口袋，和拯中一人捏一柄干净柔软的棕刷，将谢葆贞的骨灰一缕一星地扫归袋里。骨灰里一亮，黄澄澄一闪，绝食时吞下的那枚金戒指光芒熠熠，经火之后异样的耀眼，简直像二十年前新婚之夜那湿润润的明眸！杨虎城浑身一颤，一把揩去须上沾滞的涕泪。伸开两指小心翼翼捏起戒指，擎在眼前久久凝视，又对着太阳审视了半天，让儿子拯中、女儿拯桂也看了看，这才小心翼翼地搁进了骨灰袋里……

谢葆贞殁了，拯桂过了六岁，奶妈吴晴珍回了息烽。

杨虎城胸口下部疼痛难忍，服用"大健皇丸"止不住，被送进了军统所办的"四一医院"，确诊为严重的胆结石症。手术之后，医生从他胆囊里取出一把结石，并割去了胆囊，杨虎城自己清楚，这是在息烽玄天洞、地母洞长期饮用不干净的泉水形成的。手术后，他的体力急遽衰颓，头发很快斑白了。

回到囚室，他终日搂着幼女，两眼痴呆呆瞅着妻子的骨灰盒，动不动老泪纵横，吃不下饭去。骨灰盒里的她，是明知自己的丈夫被扣，而她又为蒋介石所嫉恨，赴南昌只能是凶多吉少，可她还是毅然决然携子赴难的。天底下女人多了，这是个多么坚贞、又何其刚烈的女人噢！每晚临睡前，杨虎城第一件事是先将骨灰盒放在自己枕头边，轻轻抚摸一阵，然后才往下躺。他明显消瘦了，原先声音洪亮，饮酒划拳，声震山谷，现在很少喝酒，说话的声音也一下子变得低沉沙哑。谢葆贞当年携至的小儿拯中，已是十七八的小伙了，随父母幽囚十年，不见天日，头发早早地白了。

有人把这些情况详细报告给蒋介石，蒋介石双臂抱在胸前，得意地笑笑，说道：

"谢葆贞是共产党，他杨虎城当然应该搂住这个骨灰盒子！"

44. 碧血长留天地间

在杨家山，杨虎城的性格更孤僻了，常常为一些琐事而对龚国彦烦躁、发火。发火之后坐不住，便踅到屋后林间小路上去独自转悠。杨家山是歌乐山里的一架小山，葱郁平缓，山顶岗楼林立，自从谢葆贞殁了之后，看守的特务便不甚跟随，由他一个人走动。

一天午后，在林间一块空地上，野草披离，湿漉漉的，其间似乎是耸起着一座小坟堆，坟堆前立着一块被蔓草络罩住多半边的石碑，晚秋的野花黄白间杂，缀成细碎的一帘。杨虎城无聊，站了一会儿，慢慢蹲下身子，伸手撩开那一帘花草，墓碑上竟清晰地亮开四个大字："杨氏佳城"。杨虎城心头一颤，火烧了一下似地缩回手，躲鬼似地后退几步，另一只手冷不防却触到了凉冰冰一柱华表，他仰起脸细认华表上剥落难辨的字迹，上边刻的是"龙蟠虎踞"。从来不信天数、也不留意命运的杨虎城，脑袋里"轰"地响了一下，他漫无目标地在荒草窝里疾走几步，似乎自己这个人儿倏忽间没有了，就还剩下一缕魂儿飘飘悠悠，像是一猛子羽化成仙了。他下意识地摸摸自己的脑袋、脸颊，忍不住自言自语："怎么会这样凑巧呢？我姓名上的三个字在这地方占全了。自古大将忌讳地名，现在我既然是暂住在这里，下一步也必是死在这里的了！我的葆贞是一场梦，我莫非也是一场梦？"……

杨虎城木木地往回走，不知怎的，脑海里忽然浮现出兵谏以前与张学良在新城绥署里的一次闲谈。

张学良说道："直罗镇一仗，红军把我一个师给吃了。师长牛元峰当时已经从山寨子里跑开了，跑过了绕住直罗镇的葫芦河，一口气跑出四十里，是跑到一个叫'老牛湾'的地方，让红军追撵上来，把头给砍了。有人说牛元峰跑到老牛湾，本名犯了地名，当然是劫数难逃——你说说，这号事该怎么解释？"

杨虎城当时不以为然。他说："汉卿呀，迷信之所以有人信它，往往就是因了个巧合。巧合多了，人们便说是'不可不信，也不可全信'。你我是带兵打仗的人，血火里刀刃上过日月，万万不可以此为真。"

事情一下子隔去十余年，现在这"迷信"二字突然压到杨虎城头上来了,信呢? 还是不信? 他遥望着西天,西天云絮茫茫,他心里不禁有些茫然: "唉! 往后还是守在屋里,少出来走动为好。"

回到囚室刚刚坐定,一辆高级小轿车停在坡下路上,几个特务陪着,中间走着周养浩。周养浩是戴笠、毛人凤的同乡,1941年到1946年间担任息烽监狱长兼军统息烽办事处主任的职务。他有时候坐车赶到南望山,陪杨虎城在玄天洞喝酒、打牌,有时也乘机宽慰杨虎城几句。眼下,周养浩已晋升为保密局西南特区少将副区长(区长是徐远举),为了便于向蒋介石汇报情况,他便"看望"杨虎城来了。

他见杨虎城人瘦发白,情绪晦黯,枕边搁着谢葆贞的骨灰盒,惺惺作态地表示难过,用手帕擦了擦眼睛,说道: "杨主任,你年逾半百了,现在已经是苦到头了,苦到底了,过于悲伤那只能损伤自己的身子。人常说'天下忧愁且莫管,只要有杯安魂汤',这不,我又给你老兄带了些酒来了,烦闷时就饮几杯罢。"

夕阳西下,方才墓碑间的几个大字仍萦绕在杨虎城的眼前,他对周养浩有口无心地应酬了几句,就送他出门。走到门边,周养浩又回头注视着枕边的骨灰盒,沉沉地说: "在西安时,我就认识你的夫人,那时节她是多贤淑、多能干哟! 而今呢? 人生如梦!"

没有了妈妈,拯中每天坚持给爸爸读报。十七八的青年人头发花白,杨虎城心里很不是味儿。每次听儿子读报,他搂住拯桂,习惯性地闭上双眼,一字一句也不放过。

1949年1月间,蒋介石在一连串的战争中输掉了老本,李宗仁趁机把自己的桂系部队向南京推移,准备用武力抢夺总统宝座,演出了"逼宫"的好戏。蒋介石无奈,只好宣布"引退",让李宗仁执行总统职权,与中共再次和谈,并表示自己在五年之内决不干预政治。

1月21日,蒋介石在黄埔路总统官邸宣布引退时,声音低沉,好像无限悲伤。当他匆匆离开会场时,老态龙钟的于右任忽然拄着手杖离座追上前去,喊道: "请总统留步! 请总统留步!"

蒋介石稍停,身也未转地问道: "于院长有何见教?"

于右任说: "为了和谈方便起见,请总统在离开南京前,开恩下手令把张学良、杨虎城释放了吧。"

蒋介石板定面孔，向于右任瞥了一眼，将右手一甩，提高嗓门说："你去找德邻（李宗仁）去！"说罢，便加快脚步走出了会场。

拖着一大把胡子的于右任，在众目睽睽之下，尴尬地站在那里。众人也只好面面相觑，各自散去。

李宗仁迫于时势，宣布释放政治犯，特别下令立即释放张学良、杨虎城二位将军。《中央日报》、《重庆日报》很快刊登了李代总统的这一命令。龚国彦因为事前未得到通知，便把当天的报纸扣压下来。杨虎城天天听拯中读报，这天上午等不来报纸，下午便亲自到特务队去索要。走到队部门口，几个特务正交头接耳议论着什么，见他进来，不说话了，一个个像审视陌生人一样看着他。杨虎城索要当天的报纸，龚国彦没法搪塞，只好让人给他送过去。

杨虎城看到了释放他和张学良的命令，喉咙深处响雷似地，禁不住大笑一声："哈哈！总算有了今天！"他抚胸大笑，笑声突然间相当洪亮，拯中、拯桂突然听到这笑声，一下惊呆了。

然而，当时的实际情况是：李宗仁"代而无权"，蒋介石是"退而不让"。保密局对李宗仁的命令理也不理。李宗仁一看不灵，便打电话给重庆市市长杨森，要他释放杨将军。杨森是蒋介石的亲信，便故意说道："这个事我管不了。毛人凤不在重庆，我不知杨将军关在哪里呀。"重庆的报纸还登出一条《毛人凤在哪里》的新闻，乱人耳目，混淆视听。事情的真相是：蒋介石"引退"于雪窦山上的妙高台，在张学良当年月下醉酒的那个石台上架设了七部无线电台遥控全局。他得到周养浩、毛人凤的秘密报告后，便指令将杨虎城迁囚贵阳黔灵山的麒麟洞。

接连几天，杨虎城的心情特别兴奋，只等着释放通知。这天，龚国彦突然告诉他："上峰有令，准备迁移到贵阳。"这消息犹如一声霹雳，顿时把他气得满脸通红，他怒不可遏地把桌子一拍，对着龚国彦大声嚷道："代总统有命令放我，你们为什么要把我转移地方？我又不是小孩，今天哄到这里，明天哄到那里，这次我不走，要我死就死在这里！"

龚国彦他们无计可施，只好央请周养浩出马。

见到杨虎城，周养浩佯装出不知道将要被押往贵阳的样子，一进门便拱手贺喜。杨虎城怒容满面："代总统的命令顶个屁，他们又要把我解往贵阳！"

"哦！真有这等事？我去问问，这是怎么搞的？"周养浩回到特务队，工夫不大，特务们就在杨虎城屋内摆好了一桌酒菜。周养浩笑哈哈地招呼杨虎城：

"来来来，咱们边吃酒边谈。"

连饮下三杯，周养浩委婉地说："情况弄明白了。因为代总统与委座向来是面和心不和，毛人凤局长担心，如果按代总统的意思就这样放你，怕委座脸上不好看。委座的意思暂时把你移往贵阳，过些天再移往台湾，然后和张学良一起光明正大地释放。依我看，老兄不妨再忍耐一下，到贵阳暂避一时，这样让各方面都有个回旋的余地。"

杨虎城沉思了一阵，觉得周养浩这话也有道理，再说，硬顶下去，蒋介石索性僵持着，便什么事也无从谈起。于是便捏起酒杯，猛地一饮而尽，说道：

"好！我听你的。不过得依我三个条件。"

周养浩满脸堆笑，点点头让杨虎城往下说。

"第一，撤换龚国彦。第二，你老兄送我去贵阳。第三，把宋绮云夫妇和我的副官阎继明、张醒民调过来随我一同前往。"

宋绮云、徐林侠夫妇是以"共党嫌疑"为罪，于1941年秋天在西安南郊浦阳村先后被捕的。"兵谏"前后，宋绮云是《西北文化日报》的主编，早在1929年冬，他就担任过杨虎城的私人秘书。刚入牢狱，蒋介石曾以"宋绮云在西北军民中能起作用"为由，托人利诱拉拢过宋绮云。宋绮云轻蔑地一笑，毅然拒绝，而且写下一首小诗明其心志："我决不能弯下腰，只有怕死才求饶；人生百年终一死，留得青白上九霄。"蒋介石看罢诗句，挥笔疾书："宋绮云和杨虎城案一并处理。"目下，他夫妇被关押在歌乐山下的白公馆内。

当宋绮云夫妇和两个副官被送到杨虎城身边时，苦难中相逢，彼此紧紧地搂抱成一团。宋绮云的妻子徐林侠看到谢葆贞的骨灰盒，一下子紧紧地搂进怀里，泪如泉涌。最高兴的是从未见过面的两个孩子，一个是1941年生于息烽狱中的杨拯桂，一个是徐林侠被捕时尚在她怀里熟睡的宋振中，振中比拯桂大一岁，俨然是一对地狱里生长起来的小兄妹，手拉着手站在兄长拯中身边，闪动着天真无邪的大眼睛，望着哭哭笑笑、如醉如痴的五六个成人在一起唏嘘慨叹……大人失去了自由，孩子也成为畸形，拯桂面黄肌瘦，很少有笑容出现，振中头大身细，上衣短得遮不住后腰，衣衫之间裸露出细楞楞的一条条肋骨，在白公馆里，罗世文、车耀先、张露萍、黄显声疼爱地叫他"小萝卜头"。他第一次见到妹妹拯桂，亲亲热热，把她的小手拉得那么紧！

迁往贵阳的那天早上，杨虎城紧紧抱着谢葆贞的骨灰盒。两个特务赶过来要帮他抱，杨虎城流着泪，硬是不松手，宋绮云挥手赶开特务，由徐林侠接过了骨灰盒……

贵阳西北郊的黔灵山里，五六座近靠的山包紧逼住山根下一字儿排列的五间平房，后檐下临池水，前院平地上有三五株小桶粗的桂花树和一株低低倾斜的石榴树，枝桠分张于白墙灰瓦的平房之上。前院平地不大，正对平房的山包下是一眼大张虎口的天然溶洞，溶洞正中一堆溶岩，形状酷似麒麟，这便是有名的"麒麟洞"。洞旁住有三四个尼姑，所以也叫"白衣庵"。

杨虎城、宋绮云他们分囚在五间屋子里，在房子前后可以自由走动，不能越出"白衣庵"圈定的小院落。特务们指定一个二十来岁的小尼姑专门给杨虎城、宋绮云他们调剂伙食。

有一天，杨虎城独个儿坐在床上，戴起眼镜正吃力地看报，拯中进来坐在爸爸身边，悄声说道："我刚才告诉那个小尼姑，要她今后给豆花里多放点辣椒，她说'只要你们爱吃，放辣椒容易'。我问她，'这么多人住在这儿吵不吵你们？'她说，我们不嫌吵，八年前，张将军也在这儿住过哩，和一个极俊俏的小姐就住在你爸爸那间屋里。'我问哪一个张将军？她说是'张学良'。我看门口的特务直瞅我俩，赶快走开了。"拯中说罢便出去了。

搁下报纸，杨虎城仔细环顾屋子里每个角落，满脑子里浮动着张学良和四小姐幽囚在这座小屋里的种种情景……想着想着，不自禁地伸开手去，抚摸着枕畔的骨灰盒：兵谏前夕，肝胆相照，新城绥署和金家巷张公馆是多密切、多亲近、多融洽哟！

汉卿年轻气盛，行事果决，可细细思量，他骨子里似乎又暗暗潜伏着某种好大喜功的根苗。发动兵谏之先，他以为枪声一响，举国上下风从云合会热烈响应，没料想举事之后，全然与设想的相反，于是汉卿那感情就急转直下，相继拿出了释蒋、送蒋的下策。如今呢？两个人一前一后全落进了无际无涯的苦海。在一个杰出将领的身上，虚荣心理是多么可怕的陷阱！

想到这儿，虎城心里突然又冒出另一个声音："别抱怨汉卿，你自己又怎么样呢？"

是啊，是啊，我自己今日沦落到这等田地，不也与某种幻想有牵涉么？明知老蒋的心性与为人，偏又听不进人言，飞蛾扑火，自投罗网，这怎么说呢？！"当断不断，反受其乱"，葆贞"双十二"前三天的夜里告诫的声音，又一次回响在杨虎城耳畔……空荡荡的屋里，虎城倏地一惊，伸手压紧了枕边的骨灰盒，可怕地瞪直了双眼。

8月底，大西南浓郁的绿色里刚刚透漏出几丝秋意，一辆黑色小车自重庆驶出，直投贵阳。车里坐着心怀鬼胎的周养浩。兰州解放以后，西南形势更其紧张，蒋介石到了重庆，亲自布置对西南特区的破坏活动。他对毛人凤说："我们今天之失败，是由于过去杀人太少，把那些反对我们的人保留下来，这对我们太不利了。"

前年，蒋介石曾有过这样的话："我们打败日本，身后的共产党却坐大了，这就是'双十二'事变结下的果子，弄得不好，这将是党国深重的灾难。"三年内战，国民党与共产党在各个战场上进行着反复较量。蒋介石缠不过共产党，一着棋比一着棋输得惨。眼下民国崩溃，江山行将易手，委员长来到重庆，仿佛是一个输红了眼的赌徒，越海逃跑之前，要在他那破家当里最后砸上一锤。望着秋风黑脸、满怀杀机的蒋介石，毛人凤赶忙发问：

"对杨虎城怎么处置？"

"留下他做什么？早就应该杀了！"委座的神色很阴冷，"杨虎城、杨拯中、宋绮云、徐林侠，还有两个副官，一起处置。"

"两个小孩呢？"毛人凤又问。

蒋介石知道，一个孩子是杨虎城的小女儿，另一个是宋绮云的小儿子。他皱皱眉头，对毛人凤的提问很不高兴："孩子会长大的，这个你不懂吗？！雨农（戴笠）倘是活着，会这样朝我问话吗？！"

毛人凤不敢吭声。蒋介石继续说道:"先处理杨虎城,中美合作所的四百个也全部处理! 我们过去有势力的时候这些人都不肯投降,今天我们大势已去,他们会怎么想呢? 干脆一起杀掉!"

毛人凤连忙召集徐远举、周养浩,白公馆看守所所长陆景清以及杨进兴、熊祥、林永昌、安文芳、杨钦典、王少山等六名老练的刽子手开了秘密会议,集体宣誓,表示绝对保密,以行动效忠委员长。他们详细制订了暗杀的具体步骤、方案,执行地点选择在中美合作所松林坡的"戴公祠"内。秘密会议之后,立即有一个中队的交通警察连夜开来,把松林坡团团围定,任何人不许进入这个区域。

陷阱布就之后,奉着阴险使命的周养浩,径投贵阳来了。

忽然出现在麒麟洞的周养浩一见杨虎城,伸两臂迎上前去,显得格外亲切、热情:"老兄,这下可好了! 委座到了重庆,说是要见见你,而且安排的是和张学良将军一起接见,接见后去台湾,到了那里就释放你们。"

杨虎城不相信地摇摇头,一言不发:现在这个时候,蒋介石会这样做吗?

周养浩打着哈哈说:"老兄,别疑神疑鬼,这回可是真的啦。我来时委座嘱咐:'你好好陪虎城上街转转,逛逛名胜,看看朋友,然后逍逍遥遥回重庆。'委座把话说到这个程度,你还要我怎么说哩。"周养浩很热烈,很诚恳,说得杨虎城似信非信。杨虎城带着宋绮云他们真的在贵阳市内闲转游览了几天,周养浩天天陪同,安排很周到。一个星期后,杨虎城终于答应重返重庆。

9月5日,三辆汽车自贵阳出发,向重庆方面疾驰。第一辆小车上坐着周养浩,新上任的特务队长张鹄。第二辆是救护车,杨虎城和儿子拯中并排坐着,捧着谢葆贞的骨灰盒。其余的人挤在第三辆车上。第一辆小车翌日午后突然加速,甩开后边车辆,黄昏前就赶到了重庆海棠溪渡口。候在路边的一个贼眉贼眼的汉子拦住车,鬼鬼祟祟交给周养浩一封信,信是毛人凤写的:

"轮渡已备好,过江后回家去等待消息。这里一切已准备妥当。"过江之后,周养浩的小车立即消失了。

晚上10点,张鹄领着十几个特务簇拥着杨虎城父子过江,江水如咽,轮渡若梦,拯中抱着母亲的骨灰盒,杨虎城独立船头,凝视着山城堆珠叠玉的万家灯火，倾听着滔滔东逝的大江水声，他想到自己一片赤忱报国之志竟被十二载冤狱所禁锢，壮志未酬的伤感情绪溢满胸臆，便不由自主地长叹一声，这一声喟叹太沉重了，距身边的拯中十分切近，黑夜里的拯中忽然形成错觉，听到这一声叹息似乎是从手中骨灰盒里发出来的，浑身禁不住打了个颤栗……

杨虎城的汽车过了江，朝着松林坡急驶而去。浓墨似的夜色笼罩着松林坡，万籁俱寂，山峦、松柏、房屋全部沉浸在黑暗里。

车灯里闪出一座铁栅栏大门，门顶三个大字："戴公祠"。有人在灯光里很快拉开大门，汽车径直冲进院内，停在一个石台阶前，倏地熄了灯。杨虎城下了汽车，揉揉眼睛，才看清左侧淡黄的灯光下是汽车房，右侧是一米多宽、依着山势往上延伸的台阶，台阶两旁是密匝匝的松林，山上"戴公祠"的门口，有几团淡黄的电灯光亮。张鹄从驾驶室里钻出来，若无其事地说：

"杨将军准备在这里住两天，等候蒋总裁接见，也等待去台湾的飞机。"

说着打开电筒，领着杨虎城顺台阶向上走去，拯中捧着骨灰盒紧紧相随。两个特务从后边赶上来，扶着杨将军缓步而上。曲曲折折的水泥台阶三百多级，杨虎城白发满头，身体衰弱，走几步便要以手叉腰大口喘嘘。松林旁边高高的院墙影影绰绰，随着山坡延伸而上。张鹄领着杨虎城父子走完台阶，终于来到庭院门口，又有两个身影从院内迎出来，很客气地把他们迎上正房走廊，进了正厅。正厅正面靠墙壁处摆着张八仙桌，桌正中供着戴笠的灵牌，看见漆黑的灵牌，杨虎城心里"咯噔"一下，猛然想到不远处杨家山那个刻有"杨氏佳城"的墓碑和那柱斑驳不清的"龙蟠虎踞"的华表，一股凉气倏地袭遍全身。八仙桌两旁各通一间卧室，两个特务领着杨虎城往左室走去，杨进兴伸手挡住后面的拯中，指着右室："公子请进这间卧室安歇。"

拯中刚进屋，预伏在门后的匕首迅速刺入他的腰间，"爸！——"凄厉的一声惨叫，骨灰盒"哐"地砸在地上，他扶住门框晃一下就栽倒了。刚踏进左屋的杨虎城情知不好，"忽"地拧转身来，这一瞬间，身旁几把匕首闪电一样同时刺进他的腹腔，杨虎城瞪圆双目，一只手直指特务，特务们吓得连连倒退，杨虎城恨恨地说："卑鄙！你们……你们日后比我还要惨！"一面说一面跟跄着抢了几步，"噗"地倒了下去。几个凶手互相看了看，又饿狼一样扑上来，在杨虎城身上连补几刀，认为万无一失了，才捏着血淋淋的利刃隐入黑暗。张鹄和两个留下的特务根据"不留痕迹"的指令，将两具尸体拖出屋外，扔进门旁倚山的花坛，把镪水洒在尸体脸上，又把地上的骨灰盒也胡乱扔了进来，一锹锹掩埋。埋好之后，按照原来的样子在新土上栽植了花木。

后边一辆汽车过江之后，特务说毛人凤要详细了解杨虎城的生活情况，把阎继明、张醒民带上另一辆车，从一条岔道上开走了。

子夜已近，又一辆小车停在戴公祠前的陡坡下，手电光鬼火一样引导着，徐林侠牵着拯桂走在前边，宋绮云领着儿子"小萝卜头"随在后边，长长的石级上了一多半，拐进了路边的三间小平房——从前是戴笠的警卫室。

一进屋，埋伏在屋里的五六把匕首立即分作两股，两群进逼的毒蛇一样，把宋绮云、徐林侠分头逼向墙角，孩子一声惊叫，两只小鸟似地扑搂在一块，紧紧抱成一团。宋绮云被三把匕首刺中要害，"呀"地一声跌倒在地。徐林侠盯住凶光闪闪的两把短刀，突然跪在了地上，颤声哀求：

"要杀，你们杀我，怎么杀都行！孩子小，你们开开恩饶了孩子！饶了两个孩子！"

特务揪住她的头发，使劲拎起了她，两把匕首"唰"地扎进了乳房下部，徐林侠惨叫一声，身子一晃却不能倒地，特务从两边架住她，让那鲜血"突突"直冒。一个架定徐林侠的特务向已经刺倒宋绮云的特务喝道：

"愣着干嘛？快把小崽子干掉！"

孩子面如土色，断断续续的哭声咽了回去，搂抱得更紧了。安文芳扑上去，两手卡死拯桂的脖子，把小姑娘提离了地面；"小萝卜头"被杨钦典一把按翻在地，一手堵嘴，一手卡住细细的脖子。一息尚存的徐林侠嚅动苍白的嘴唇想说什么，却说不出声音，架她的特务强行揪转她的头发，有意让她面对小腿乱蹬的两个孩子。林永昌、杨进兴递个飞快的眼色，两把血淋淋的尖刀便向拯桂和"小萝卜头"飞刺过去，徐林侠痛苦地闭上了眼睛，闭紧的眼角淌下的是血……门外忽地扫过一阵疾风，松涛呜咽，猫头鹰发出凄厉阴森的怪叫……

11月24日后半夜，阎继明、张醒民被押到了中美合作所下面的公路旁边。周养浩最后发问："二位怎么办？低头悔罪呢，还是就地正法？是死是活，现在就等你们一句话。"

阎继明说："我是杨将军的副官，杨将军如果还活着，我情愿活；杨将军若是死了，我情愿死。悔罪的事，没门！"

"你呢？"周养浩又盯住张醒民。

张醒民说："我和阎副官是一个话。别问了！"

"叭！叭"两声枪响，打破了夜的寂静。

又过去三天，一个黑得不能再黑的夜晚，三百三十一位革命志士被惨杀于白公馆和渣滓洞监狱。这是蒋介石离开大陆前写下的最后一笔，最血腥、最狠毒的一笔。

45. 红粉知己　白首缔盟

当蒋介石一伙被中国人民驱上台湾岛的时候，张学良、赵一荻小姐在孤岛上已被幽囚三年之久了。岁月如流，一闪眼又过去了九年。

1958年秋，台湾高雄西子湾的花园里仍是绿蓁蓁一片，清新静谧，而秋的气色，在四外的大树之叶上已无从掩饰了。张学良和四小姐正在五色斑斓的石子小径上漫步，一个卫护人员赶上前报告："有人要见张副司令。方才接到通知，有专车前来接你，要你赶快下山。"

"会见什么人？"张学良问。

"电话里没有说。"

张学良以询问的目光看看四小姐，赵一荻微微点头："汉卿，今天若是准许你会见新闻记者，那就是好兆头。"

张学良明白，若能这样，那就离恢复自由的日子不远了。

张学良坐进车里，有两个卫护人员作陪，车在山道上拐来拐去，拐了好久，白色路面干净得纤尘不染，路旁的法国梧桐修剪得幽雅而别致，明里看不出什么，阔大的树影背后却有便衣人员在严格地执行卫护工作。突然间，小车拐进一座外形简朴、内部却典雅富丽的安静山庄，张学良被送进客厅，警卫人员迅速回避了。厅里静悄悄的，林间的鸟鸣清脆悦耳，张学良一闪念："这莫非就是有名的'梅庄官邸'吗？会不会是老头子要出面？"

楼梯上"笃、笃、笃"一阵响动，转角处果然出现了一尊瘦削而挺直的身影，那么熟悉的一个身影。心头一热乎，张学良忙站起身来，蒋介石嘴角动了动，似笑而未笑，一只手往下压压，示意张学良落座。兵谏时，在西安天天见面；洛阳一分手，20多年不照面了！突然相见，张学良不觉得泪从眼出。他的两个手掌自额头缓缓抹过眼睑，抹过脸颊，放下了两只手，直视着蒋介石。蒋介石干瘦了许多，一身灰便服，没有戴帽子，双手扶着一根精致的拐杖，杖头的细银链儿微微摆动，他慢慢走到茶几旁坐了下来，再次示意张学良入座。呈现在蒋介石眼前的张学良，秃顶，微胖，脸上布满皱纹，双目细长，眼光也不及从前明亮了。

张学良先开口："总统你老了！"

"你头秃了！"蒋介石回答时，眼圈也湿润润的。

盯住蒋介石，张学良心底翻腾得很厉害，烟云往事一下子涌上心头。他脸膛泛红，额角沁出细汗，喉头动了几动，没有出声。

蒋介石笑笑，平静地说："汉卿，请你听我的，读书写字，再忍耐些，对身体有好处，国家会有需要你的时候。"

"谢谢总统的美意！我的眼睛不行了，右眼看什么都影影糊糊。无论对什么，我都变得心灰意冷了。"张学良很快平静住自己。

"汉卿，别这样说嘛！我最了解你，你当年可是英气勃勃噢！"蒋介石仿佛知道张学良这时候在想什么。

张学良说："每个人一生都有自己的良辰美景，人这一辈子也只能作一件事，我的黄金岁月已经过去了。"

蒋介石抬一只手制止住他，呷了口热茶："这个我清楚。人生有限，往事、旧事是计较不清楚的。我的意思，你搞的那个西安事变，对于国家损失太大了！这事已经过去这么多年了，这在中外历史上终究是一件大事，党国方面当年应变的计划和资料十分完整，而关于中共方面的资料相当欠缺。你是事变里的主角，知道的应该不少。安闲无事的时候，写一些下来，作为史料保存，对后人研究历史会有教益。"

张学良指指右眼，说道："你看看，我这眼睛不行了嘛！"

蒋介石看也没看："你口述，让赵一荻小姐帮你整理，她很能干嘛。"

张学良一声慨叹："报告总统，我原本不想再提说西安事变，原因是任何历史只是管见，人言言殊，常不正确；再者，回忆会使我激动，老了，受不了。所以想把那段抹不掉的回忆带进棺材里算了！既然你鼓励着要我写，万一我写出不利于总统的话，总统可别计较哟。"

蒋介石苦笑了："江山易改，本性难移，你那个脾气我是了解的，怎么会计较你呢？我只求真实二字，忠实于历史嘛！"

"说句心里话，西安兵谏，杨虎城是受了我的连累，我对不起杨虎城、谢葆贞，这层意思，可以见诸文字吗？"

蒋介石手摸光头，有些尴尬："虎城简单提提，什么谢葆贞，免了罢。"

张学良往后一仰，扶住沙发耸了耸腰身，忽然大笑起来，响亮的笑声在客厅里回荡，蒋介石不得不把脸侧向一边，双眉微皱。

笑声止息了，张学良又说："西安事变里的须眉男子不说了，其间有三个奇女子，可以说是三个不同尺度的'女人型范'。"

蒋介石盯住他，用惊奇的目光盯住他。张学良大声地说："第一个是总统的夫人宋美龄，第二位是那个谢葆贞，第三个嘛，是我的这个四小姐！我若是那个曹雪芹，我会另写出一部结构宏大、含义更复杂的《红楼梦》。"

蒋介石想移开话题："这么多年，你读书不少啊，连《红楼梦》也……"

张学良突然打断了他的话："我这一辈子就不读正经书，说我在读书，那是瞎说，胡说！"

蒋介石有点失悔地站起来，做出告辞的架势："汉卿呀，这么多年过去了，你还是游戏人生的一片孩子气，这叫我怎么说呢？！"

当张学良在台湾岛上已被囚禁了十年，眼看即满六十岁时，蒋介石才下令解除对他的"管束"。这一来，张学良名义上算是恢复了自由。但每天仍有安全人员跟随着他和赵一荻小姐。望着不离左右的安全人员，张学良对赵一荻小姐说："这样也好，免得新闻记者来纠缠我们。"

"新闻记者找你，无非是探听当年的西安事变，也不会有别的意思。"赵一荻说。

"我最不愿意回答的问题，就是这个西安事变。"

"这是你今生今世干下的最惊天动地的事情，何必要忌讳呢？"

张学良盯住赵一荻："不忌讳，对着记者的提问，你要我如何回答呢？如果说我被中共所欺骗，显然是骂我自己糊涂、愚蠢；如果说是我一时冲动，显然是骂我自己无能、荒唐；如果说兵谏是义举，他老先生（蒋介石）活该被扣留，显然表示我还没有承认过去的错误——怎么样说都不成景象。所以，我厌见所有的新闻记者。"

赵一荻不吭声了。

张学良与四小姐所生的儿子间琳旅居美国后，为张学良添了一个可爱的小孙儿。蒋总统恩准每隔一年半载，间琳他们可以自美返台，探视张学良。张学良对小孙儿万般疼爱，有一天与故友黄仁霖对坐，谈兴正浓，忽见小孙儿从里屋出来，就中止了谈话，把黄仁霖撂在一边，过去与孙儿玩耍。要着要着就爬在地板上，让小孙儿当马骑，孙儿以拂尘为"鞭"挥动不已，张学良"嗷嗷嗷"绕屋爬行。赵一荻小姐实在看不下去，便邀起客人，回避到另一间屋子里去，她陪着客人坐在那儿，不说什么，神情却有些凄然。

当年的黄仁霖如今老多了。他问道："四小姐，张先生这些年还研究明史吗？"

赵一荻摇摇头："从前研究明史，接着又计划研究清史，清史过后再及于民国，想从这历史进程中找出我们中国一直被外国欺凌的内在症结。可在明史研究刚刚告一段落时，汉卿却突然发现《圣经》是一部最完美的经典，目前皈依了基督教，是美国一家圣经研究学院的函授生。"

黄仁霖叹道："其实张先生这样的人，最适合于写写回忆录的。回忆录的价值因人而异，他的回忆录在当代历史上无疑是最珍贵的。"

"研读《圣经》之前，他曾起过这个念头，可是对《圣经》入迷后，一切又都不想写了。"

黄仁霖惋惜地敲着茶几："遗憾！天大的遗憾！请问四小姐，汉卿有这样大的转变，心里是怎么想的呢？"

"皈依基督，他觉得自己有了更多的自知和自忏。读史使他的人生得'通'，而皈依上帝使他的人生得'达'，'通达'之后，他觉得自己的性格更能摆脱开人事，更能看破些红尘。所以，汉卿已经以崇拜神的虔诚代替了对学术权威服膺的热情。总统早年要他潜心读书，闭门修养，可能也正是要他走这一条路。"

黄仁霖叹道："张先生高明，四小姐同样高明。方才一席话，玄而又玄，高深莫测！"

赵一荻笑了笑："人与人之间，谁也比谁高明不了多少，真正高明的是上帝。人活着，有了爱才肯舍己，有了爱才有平安喜乐。上帝对一切既往和未来都了如指掌。人生的旅途极短，我们真正的老家在爱的天国，回到天国，才是归宿。"赵一荻口舌清晰，辞锋锐利，每提及上帝、天国，语言间禁不住便流露出咄咄逼人的味道⋯⋯

黄仁霖指着窗口、墙角一盆盆各类各样的兰花："听说汉卿养了二百多盆兰花，有些是相当名贵的品种，看来他和你都是鉴赏兰花的专家了⋯⋯"

赵一荻往门口微笑地呶呶嘴，黄仁霖一看，张学良不知什么时候进来了，大概是驮着孙儿爬地的原故，他面色红润，气质健硕，穿着红色软质平底布鞋，衣裳也重新换了一身，隐约透露出年轻时代的俊朗英姿。

"你和汉卿是儿时的朋友，和他谈谈吧。我今天说得太多，已经是失礼了。"

张学良坐在黄仁霖对面，很自然接住赵一荻的话茬："你问这兰花吗？兰是花中君子，其香也淡，其姿也雅，境界幽远，从不见其衰老。不但我喜欢，四小姐也很喜欢哩。"四小姐走过来，为黄仁霖、张学良换上了一杯新茶。

黄仁霖趁饮茶的间隙，留意了一下赵一荻。她步履轻捷，容颜未衰，虽是平平淡淡的家常装束，秀媚的风韵却未减几分。黄仁霖仰首一笑："汉卿呀，我理解你的意思了，'崇兰生涧底，香气满幽林'，兰花是'不以无人而不芳'的。"

1964年7月21日，台北各报突然登载出张学良和赵一荻小姐正式结婚的消息，《联合报》以五行横排标题引人注目：

卅载冷暖岁月，当代冰霜爱情

少帅赵四　正式结婚

红粉知己　白首缔盟

夜雨秋灯，梨花海棠相伴老

小楼东风，往事不堪回首了

十五年来，这是张学良的名字第一次在台北见报。人们纷纷传说：汉卿得四小姐永生相随,患难与共,艰苦同尝,这是罕有的千古传奇,人间佳话,正史中应是伟大夫妻,小说中当是英雄美人。

这条轰动一时的新闻,补述的是7月4日的事情。张学良与赵一荻同居三十年,恩爱异常,形式上的婚姻本是无所谓的。主要是张学良近些年成了虔诚的基督教徒,打算向牧师请求受洗。宋美龄听到消息,特意打来电话:"汉卿呀,依照你现在的情形是不够格受洗的,因为你和于凤至有正式婚姻关系,又和赵一荻小姐同居,等于同时有两个太太,这在教义上是不许可的。"

张学良受洗心切,便托人赴美找于凤至商量。在美国西部的洛杉矶的于凤至听了张学良的意思,笑了。她表示:"三十年来,四小姐一直陪伴汉卿,在单调而悠长的寂寞里同生死、共患难,这在一般人是做不到的。所以我对四小姐至为敬佩!只要能使汉卿精神上得到安慰,能让四小姐心情愉快,无论什么事情我都愿意去做。只要能成全这一桩美好姻缘,我个人比起基督负十字架为世人所受的苦楚是轻得多了。"于是,很快办理了与张学良离婚的手续。

张学良与赵一荻小姐的婚礼是在台北市杭州南路一位美籍人士吉米·爱尔窦的寓所里举行的。年近百岁的牧师陈维屏博士证婚,主婚人便是黄仁霖。婚礼很庄重、很肃穆,却又很简约、很平静。包括宋美龄、总统府秘书长张群在内,统共只有十二位知己友人参加。张学良穿一身浅色的显得略为年轻些的西服,赵一荻小姐洗却铅华,未施脂粉,着一身素雅的浅绿色的旗袍裙。在众人期待的目光下,坐在角上的黄仁霖的太太开始弹琴了,本是悠扬无限的天籁似的琴音,在座的人听起来却如诉如泣,如渺远的天河水在鸣咽,强烈地拨动着每一个人的心弦。当黄仁霖挽扶着四小姐的手臂送她登上礼坛的时候,宋美龄第一个露出了笑影。她离开座位,在乐声里缓步走上前去,拉住赵一荻的左手,在她那无名指上套上一枚黄澄澄的金戒指,那戒指闪闪烁烁,金光射眼,宋美龄舒开手臂搂住赵一荻,在她腮上轻轻地吻了吻。

礼坛上只剩下赵一荻小姐和张学良面对面站在一起了。她低垂着头,抬抬眼皮望了望表情纯朴、眼睛已有些昏花的"丈夫",脑海里忽然闪过1929

年春末的情景。那时节，坠入情网的四小姐才十六岁，无视父亲的极端反对，潜入沈阳北陵与少帅秘密同居，在天津掀起了"赵一荻失踪"的轩然大波，父亲愤而登报，声明和赵一荻脱离父女关系。捏着报纸，赵一荻哭了！张学良却挥着报纸大声说道："小妹别哭！你看看普天之下，哪个女儿能跟着父亲过一辈子嘛！迟早都要分手的。从今往后，你是我的小妹，也是我的妻子。"

三十五个春秋过去了，松柏郁郁的巍巍北陵像一场遥远的春梦一样已经很朦胧了，世俗所规范着的"妻子"二字在海天扶衬的台湾岛上才正式兑现，这一条风风波波的爱河多曲折、多艰难哟！

琴声终止了，客人陆陆续续告辞，张学良自如地应酬着，四小姐仍是沉湎在当年的回忆里，眼前迷蒙不清，一切像梦一样玄虚，她也像梦中人似的，随着张学良的一举一动，机械地对人微笑，痴痴地向客人挥手道别。当她被黄仁霖夫妇搀进了轿车，当华丽的轿车在洁净蜿蜒的公路上放开奔驰的时候，她有些疲倦，有些昏沉，身不由己地倒向了丈夫的怀里……张学良轻轻抚弄着她的头发，轻轻地自言自语："噢！这儿有几丝华发显出来了！'天道谁无烦恼，风来浪也白头'——小妹也是年过半百了啊！"

两滴晶莹的清泪，从赵一荻的眼角跌落而下……

‖ 结 语 ‖

上篇: 笔已歇兮意难平

一、诸多命运的急遽转折

　　"双十二"以前, 张学良、杨虎城是普通的国民党将领, 兵谏之后, 相继转化为悲剧角色。"凡是能冲上去、能散发出来的焰火, 都是美丽的。"正因为中国土地上爆发过"双十二"事变这一历史性的急遽转折, 张、杨二将军的英名才以绚丽多姿的方式辉耀于长天, 成为垂照史册的千古功臣。

　　唯我独尊、不可一世的蒋介石突然被扣, 他怎么也不敢设想自己有可能生还, 会重获自由。忽然飞返南京, 重新登上统治宝座, 如一场噩梦之猛醒, 如地狱幻化为天堂, 磋跌万丈, 即又扶摇而起, 蒋介石一下子真不知道该怎样来舔愈自己的伤口。

　　蒋介石先被扣而后获释, 张、杨二将军却因为发动兵谏而先后遭到蒋介石的扣留。张学良被囚52载无从解脱。杨虎城被囚12载之后惨遭毒手。从西安释蒋、送蒋之日始, 张学良考虑到了受审、被禁, 但他料想不到会幽禁得这样长久——简直是中外幽囚史上罕见的长久。杨虎城被扣时, 推测到自己有可能遇害, 但未曾料及全家罹难, 竟然连一对幼稚的儿女也无从幸免。染着封建色彩的政治报复是十倍二十倍的剧烈, 是百倍、千万倍的残酷。两位爱国将领身历百战, 智勇兼具, 空有感动天地的爱国热忱, 唯独在政治权术方面对蒋介石估计不足，遂在个人命运上酿成"一失足成千古恨"之结局。中外名将里，这样的例子不少。这决定命运的焦点，莫非正是所谓的"政治眼力"么？

一场枪弹横飞的兵谏，以几位重要人物个人命运的急遽转折推进着"攘外必先安内"的错误国策的渐次转变，也就是说，张学良以半个多世纪的幽囚生涯，杨虎城以全家横遭荼毒的血的代价，共同推动着历史齿轮的巨大循环，历史发展向来不以人的意志为转移，而历史行程中的每一步，却常常要以参与者的鲜血、生命为膏油。

这是一场很微妙的"运转"——国民党、共产党十年间兵戈相向，不共戴天。兵谏爆发，天赐良机予中共，中共反而竭力主张"和平解决"。这样的决策，张学良、杨虎城，在押的蒋介石，六神无主的南京政府，仓皇救驾的宋氏兄妹，甚至包括延安方面的一些重要将领，一下子觉得大惑不解、难于思议。而延安红色政权正是运用这一重大决策，巧妙灵活地实现了"第二次国共合作"，拉开了抗日御侮的战争序幕。

日本侵略者被赶出中国，国共合作又一次破裂，蒋介石与迅速强大起来的共产党在中国大地上重新开战，三载干戈，血火交锋，貌似强大的蒋家王朝硬是被共产党赶上了台湾孤岛。正因为这一页历史是这样收束的，在蒋介石他们眼里，张、杨是万劫不复的千古罪人。

蒋介石早在逃离大陆的前夕便亲自布置在山城暗夜里杀死杨虎城一家及其随从，手段极其凶残。从另一角度反映出老蒋对兵谏的蚀骨的憎恨。

国家、民族的盛衰存亡有时是通过政治舞台上的重要人物的个人命运的升沉起落来显现的，这是一个网系复杂、交相为用的集合体，是一个与刀兵、血火、爱情、伦理、天堂、地狱纠结成一团的集合体，历史变迁是巨大的、有形的，连它的每一个细部都是有声有色的、耐人寻味的。

二、张学良难免双重心态

天下人，谁不具有双重心态呢？而张学良的这一心态从政治反应堆的核心部位连连展现，显得异样的引人注目。

毛泽东率领工农红军自江西辗转二万五千里落脚于陕北，仅余二万余众。国民党调集于陕甘地区的军队三十多万。重兵合围之下，红军危如累卵。蒋介石下决心要在中国这块土地上歼灭红军，他是胜券在握、大功垂成之前夕披着黑色斗篷、戴着雪白的手套兴冲冲地赶往西安坐帐督阵的。

精明的蒋介石刚过罢五十暖寿。他是总司令，张学良为副总司令，二位的夫人宋美龄、于凤至又是结拜姊妹。张学良率东北军进驻西北，蒋介石早就料就他和杨虎城那自成体系的西北军之间是有嫌隙、有隔阂的（利用各路军阀相互间的先天矛盾，是蒋介石统军之一术）。蒋介石在这种形势下驻节西安，"督剿"红军，他无论如何也料想不到张、杨会合伙"兵变"，铤而走险，突然抓他。

实际上，这场兵谏是内忧外患酿成的必然现象，是民族心态、社会潮流向前发展的自然趋向，情理所致，势在必行——从政治大麾下伸出的军事手段呈现得微妙神速，诡谲万状，其骤猛之势似乎远远超出了人的理智所能企及的范畴。那是个空际布满了乌云的年代，闪电打雷是注定了的，自哪儿裂开？怎样闪烁？雷火扑跌在哪里？溅开的火星会引起怎样的火焰？却无可昭示，无从猜测。于是，"双十二"兵谏以其突然性、冒险性而震撼中外，显得惊险非常。

更教人难以思议、意想不到的是：被扣押半个月的蒋介石却又侥幸脱险。最令人瞠目结舌的是：动手抓蒋的张学良居然听不进任何劝阻，一意孤行，亲自护送蒋介石飞返南京。中外历史上有过千奇百怪的兵变，以这等绝妙出奇、险象环生的方式来完成其全过程的，恐怕仅此一例，为张学良所首创。惊天动地的历史变故，由于戏剧性过分浓烈，至此便或多或少染上些"儿戏"色彩了。

逶迤曲折的全过程，并不是什么简单的意气用事，草草收场，它的每一环节无不潜伏着张将军心理上、情绪上的一系列难于告人、幽微奥秘的、凭普通语言寻常文字永远也剖白不清的隐衷。张学良这位叱咤风云、置生死于度外的英雄，是灵魂底衬上潜伏着细菌式的怯懦因素呢？还是精神上受到了某种意外的、难于承受的袭击？也许，他36岁，率兵30万众。在北国土地上挥戈千里万里，性格之一隅却伏藏着顽皮不驯的孩童气，蓄意要和郑重严肃的历史开一个大玩笑……

作为个人，张学良是奉系军阀首领张作霖的儿子，父亲出身土匪，却又煊赫一时，及至控制过北洋军阀政府。张学良在那样个家庭里，自小接受的是重诺重义、果决敢为的含有相当绿林色彩的文化熏染，这是东方文化传统中的一翼。可是反过来看，当年的东北为日、俄强邻所觊觎，政局动荡，明争暗斗，无形中从另一角度为张学良的性格又打下了易于冲动、不安多变的烙印。这是当时的历史条件为张学良从小编定了的一个"摇篮"，张学良的思想、情绪，跳不出既定的历史氛围。总之，性格的二重性体现在张学良这个强人之后、帅府阔少的身上，似乎是脱俗超众，出类拔萃，如果将张学良喻为一棵生长了36年的大树，其根系所盘结着的土壤成分相当复杂，也相当特殊。这体现在他的当政生涯上，也体现在浪漫的爱情生活中，更集中地体现在"双十二"兵谏的历史风云里。75年来，围绕着张学良这个传奇式的英雄，人们众说纷纭，而且出现了那么多故事、小说、评传、回忆录、研究文章，这种现象的形成，全是以1936年那一幕兵谏为着眼点的。

事变超乎寻常的迅猛性、曲折性、反复性表现了张学良性格、感情的多变性与复杂性。事变里别的参与者的感情不超越人之常情的范畴，其发展脉络有线索可寻，也容易推断，唯独兵谏第一人张学良将军的感情脉线潜伏得很深，这个生长在东方而赴过欧洲，统领重兵却丧失了家园故土的热血汉子，在后人眼前播下的是一重重的迷雾。张学良在他36年的人生道路上有许多引人注目的"业绩"，唯有这西安兵谏是爱国主义精神的巨大升华，最高体现，是光照史册的一笔。这沉重的一笔，是以他后半生五十多年的幽禁生涯作底衬的。

从这层意义上说，是这个古老的国土，苦难的时代，四围严峻的环境，共同铸就了这一位史书上罕有的民族英雄的形象。

三、风云里有过三个女子

大波大澜的政治军事斗争，多属男儿之事，"双十二"兵谏里却穿织着三个女子，像三只勇敢的海燕翻飞于激雷闪电之中。天造地设罢，她们恰恰是三位事变主角的爱侣，于无形中又为东方的爱情长河注入了异样迷人的风采。现实中这一偶然现象，殊胜于文学殿堂里的"艺术安排"。

蒋介石苦苦追求宋美龄五年之久，1927年正式结婚时，有眼力的人们一致认为这是一桩典型的政治联姻。事隔十载，蒋介石突然被扣，西安、南京两大营垒之间炮火在即，宋美龄正是在此一触即发、一发而玉石俱焚的危急形势下挺身而出，主动飞往西安救护夫君的。扣下宋氏而添一重要人质，进一步加重西安方面兵谏的分量，是完全可能的。南京方面对这一招棋也看得很清楚。宋美龄临危不乱，机智地忖度了张学良的个性心理，力排众议，冒死启行，竟然以优越女性特定的温柔手腕缓解了、软化了蒋介石与张学良之间剑拔弩张的敌视气氛，对"和平解决"这场事变从个人感情角度起到了任何人以任何方式也无从取代的催化作用。假如没有宋美龄这一机警果决而又冒着巨大风险的美丽穿插，西安事变这一页历史显然会潜伏下重写的可能性。历史事件在转折关口只有紧促的几步，其发展取向与主要当事人心理感情的微妙变化是息息相连的：在那个特定场合，唯有宋氏的感情足以作用于蒋，而蒋的态度又直接影响着张学良的每一抉择——整个事变的进程倘若允许从感情脉线上着眼，似乎终于是沿着这条主线悄然滑行的。宋美龄敢于在生死关头采取这样的行动，绝不是偶然的。也难怪，1943年宋美龄陪同蒋介石出席中、美、英三国开罗会议之后，丘吉尔对罗斯福说："这位中国女人可不是弱者。"历史一再暗示，蒋、宋联姻对中国半个世纪的历史产生着微妙的影响。

"媞媞"者，美好娟秀之意，《楚辞》里就有"西施媞媞而不得见兮"的深深的叹息。张学良的私人秘书赵媞，是他青年时代私奔同居的情妇，晚岁幽栖台湾，才成为名正言顺的妻室。难能可贵的是，在张学良突然跌下政坛，一家伙被囚50多年的岁月里，赵媞能洗去铅华，抛却仅有的儿女情牵，霜晨月夕，矢志不渝，夜雨秋灯，坚贞如一，默默无声地陪伴张学良。在这里，爱情的集中含义是牺牲，是埋没，赵媞把天然美丽的一身化作了张将军后半生不幸生命中的一盏灯火，化作了足以使张将军在隔绝尘缘的寂寞中默默然苟活下来的一线命脉。依照张学良先天形成的热血心性来推理，倘是没有赵媞在其身畔细致调理，温存服侍，张学良恐怕早就是墓木成拱了。张学良千古奇冤，这千古奇冤又意外地成就了一桩人世间稀有的坚贞爱情。一个俏丽女子的爱，来得这样痴迷、柔韧、深沉；她处于人世，又远离人世；她永远生长在希望里，而希望的荷花又只能开放在池水中央，终究要凋落于失望的西风里。局外人将此写成小说，世人会讥为捏造。史实俱存，天下人却不知该怎么理解，只好哑然。

杨虎城被囚之初，其妻谢葆贞本是侥幸摆脱了罗网的，她可以携起一群小儿女埋名隐姓，可以从容地化作起伏于荒原风地里的小草，蓄芳待来年，等待新岁月里新的春风。可她清楚，她的丈夫面临的是一场无比黑暗、无比浩茫的苦难，是一湾无边无底的深沉的苦海，"现在他一个人落在陷阱，我不去陪他，天下还能有谁陪他呢？有我去分担他的苦难，他总会轻点儿。"打定了主意，她便毅然决然地去陪伴丈夫，分承苦难。谢葆贞一生与杨将军共度了20年夫妻生活，中折为二，在牢狱里伴着夫君整整熬过了十载，殁后火化成灰，杨将军抱着她的骨灰盒又持续了两年。她是他生命的一部分，她的骨灰里有他的血和泪。一个身历过刀光烽火的将军捧着这样一个骨灰盒，仅仅两年，霜染似的，头发很快白了，全白了！杨将军被刺、倒地的尸首被掀进了花坛里，谢葆贞的骨灰盒也被扔了进去……表面掩一层厚土，栽上一片令人触目惊心的鲜花，这是真正地开放在魔鬼祭坛上的罂粟花。

三位女子出身不一，心性不同，教养有别，年龄相仿，都年岁轻轻，在爱情上的勇敢、坚韧、贞烈则是一致的。精卫填海，不足以喻其精诚；哭倾长城，实难以解其情结。这在整个兵谏过程中是很动人的一笔。

"人去紫台秋入塞，兵残楚帐夜闻歌"，从外嫁的王嫱到殉情的虞姬，自希腊的海伦到东方的西施，大凡绝色的女子，似乎无不伴随着历史风云中的刀剑血火——爱的羽翼，莫非一定要藉取激烈的雷电、无常的风雨，才能煽动起来、扶摇而上！

下篇：八十年的钩沉

　　西安事变是中国近代史上关乎民族命运的枢纽性的转折点。在日本亡国灭种的巨大威胁之下，张学良、杨虎城1936年对蒋介石发动"兵谏"，强行扭转了延续十载的"攘外必先安内"的政策，实现了国共两党的再次合作，掀开了共同抗日的历史大幕，其结果是中华民族以牺牲三千万人民的代价，取得了百年来全民族抵御外侮的第一次真正的胜利，艰难地从灭顶之灾中站了起来。

　　倘没有西安事变而形成的全民族的共同奋斗，没有各党派集团的共同牺牲，抗战的胜利是难以想象的。

一、逼出来的兵谏

　　红军在国民党中央军的二万五千里围追堵截下到达陕北，表面看去，像是几近于强弩之末。国民党中央军这时却尾随而至，进入11月初，对红军形成三面合围之势，致使红军在甘北再无回旋之余地。毛泽东不得不召开专门会议，制定了新的"长征"作战计划，准备向东突围，其前途上的艰难与险恶可想而知。过了五十大寿后的蒋介石12月初之所以不顾一切地赶往西安，集中军政要员，正是抓住了"剿共"作战已至"最后五分钟"的战机，下决心要毕其功于一役。

在这"第六次围剿"行将展开之际，坐镇西安的蒋介石对张学良、杨虎城留下两条道路：一条是站在第一线，充当前锋率先"剿共"，蒋自率中央军从后边督阵；另一条路是如果张杨不愿意听命于蒋，东北军撤往福建，十七路军撤往安徽。

第一条路显然是死路一条。早在前年，十七路军就与红军在陕南交过手，被红军吃掉了两个团；去年秋季，进入陕甘的东北军气势汹汹，以为自己兵强马壮，实力远过于杨虎城的部队，自当稳操胜券，不料想在不到两个月的日子里，在劳山、榆林桥、直罗镇接连被挫，两个师以上的兵力被红军一口又一口地吃掉了。事实证明，红军绝非什么强弩之末，而是从血水中淬过火的鸣镝与利剑。如果再按照蒋介石的命令硬拼下去，张、杨的实力很可能拼干输净。往好处想，就算是拼着血本打败了红军，蒋介石也会让中央嫡系的部队来接收战果，张、杨是杂牌，蒋介石早就谋算着进行压抑、削弱。这一次，黄雀在后的中央军，自然会捎带着收拾东北军与十七路军的残局。总之，只要张、杨投入"剿共"战争，自然也就进入了蒋介石所精心设置下的陷阱。

蒋介石所留下的第二条路能走吗？战场上不听调遣而临阵回避，蒋介石这次"剿共"如果大功告成，张、杨能分到一杯羹吗？到头来只能领到一杯苦酒或者毒酒。况且，"剿共"战事绝非蒋所设想的那样简单，蒋若败北，他与张、杨久已形成的嫌隙就会从此了结么？张、杨与红军私下沟通，暗相往来，蒋介石早在来西安之前就心知肚明，也正因为这样，蒋才为张、杨设置下这样两步死棋。蒋如败在红军手里，张、杨的日子只会更加难熬。

另外，出于共同抗日的民族利益，张、杨与中共已经建立起密切合作的同盟关系，现在重兵压境，大难将作，张、杨各自躲避，去保全自身，而让自己的盟友去单独抗衡，这是张、杨的人格和处事道德所不屑的。于是，张、杨二人便选择了任何人也料想不到的另一条路：兵谏。前一年的12月，范续亭在中山陵剖腹明志，进行"血谏"；今年此际，张、杨分头进行过"苦谏"和"哭谏"，多方劝谏而无效，迫不得已，便只有刀兵相见。

兵谏亮相，证实了张、杨二位将军不是翻云覆雨的政客，而是有胆有识的"铁肩担道义"的民族英雄。事实正如周恩来在西安事变十周年纪念大会上所认为的那样："历史应该公断，西安事变是蒋介石自己逼成的，蒋介石抗战是张、杨两位将军顺从人民公意逼成的。"

二、囚张杀杨之因

张学良位高权重，杨虎城受其节制；双十二兵谏是张、杨一起发动的，夜袭华清池抓蒋的是东北军，功罪是非，张学良历来排于首席。事后蒋介石进行报复，按说，杀掉的应是张学良，因禁的应是杨虎城。而实际上呢？蒋对张、杨的处置与惩罚颠倒过来了，杨虎城被囚12年后惨遭杀害，张学良失去自由50余年，居然长寿到罕有的101岁。张学良晚年这样说道："我一生最痛苦的事是蒋先生杀了杨虎城，因为应当杀的是我。"内中原因，大致可归纳为九条：

长期以来，蒋对杨歧见很深。对西北地区的实际控制上，对日本入侵的态度上，对"剿共"内战的认识上，二人诸多方面的隔膜，非一日之寒所能形成。而张学良1928年7月的东北易帜，在最关键的时刻支持蒋介石实现了"统一"的愿望。嗣后，在推行"攘外必先安内"的政策时，张作为副手（蒋为总司令，张为副总司令），直至东北军进入陕甘之初期，在为蒋效命而积极"剿共"上一直是卖力的。此其一。

为了消灭红军，同时又能损耗与削弱张、杨的军事实力，蒋在10月赴西北之前，曾在故乡奉化召见过杨虎城。谈话中，他对张与杨的关系进行挑拨，说张是个花花公子，难当重用，并称赞杨是同盟会时期的老党员，国父孙中山是其入党介绍人，表示西北的事情，他日后还是要借重杨虎城的。蒋诡计多端，既让张、杨"剿共"，却又将在西北的赌注暗暗押在张、杨失和的前提之上。然而，事变发生后，水落石出，真相大白，他才悟到自己对杨的收买全盘落空。杨是反其道而行之，为扣蒋的主谋之一，蒋对杨的怨恨不言而喻。此其二。

双十二事变是张、杨联共而后所酿成的必然后果，其前提是张、杨二人首先要取得一致，联合起来。张、杨彼此在弥合携手的过程中，杨虎城因为联共在先，与张联袂便显得积极而主动；张学良通共于后，与杨"握手"时是略后一些伸出手的。蒋介石驻跸骊山，强行加紧"剿共"的步骤，张学良与蒋介石"明争"，欲劝其改变先行"安内"的国策；杨虎城则是"暗斗"（斗计斗智），憋住一口气，准备对蒋"软的不行上硬的"。此其三。

逼蒋抗日的主意，张学良是拿定了的（早在4月9日与周恩来延安会谈时，就下了决心）。但在洛阳，在西安，张学良"苦谏"、"哭谏"而失效时，面对这个顽若磐石的蒋介石，张学良实在是有点计穷无奈了。正在张极为苦恼之际，杨向张提出了"挟天子以令诸侯"的建议，也就是说，扣蒋以逼其抗日的命题是杨虎城率先提出来的。雷不虚响，兵不轻动，兵谏大事，由此发轫；双十二事变，于斯萌动。"兵谏"之破题，杨虎城不是临场发挥，而是谋虑在先，早蓄此志。此其四。

　　在放蒋的重大关节上，张、杨严重分歧。张学良后曾述及：在送蒋离陕问题上，与杨虎城发生歧见，言语急躁，几乎同杨决裂。张学良认为蒋对其答应的条款可以以其人格进行担保，杨虎城则认为蒋的人格最为不齿，分文不值。两个事变发动者几近决裂的争执，经周恩来从中缓和，"即为平息"。三位一体，杨虎城还有什么可坚持的呢。在这里，倘无周恩来尽力周旋，杨则无所谓什么顾全大局，很可能会与张分庭抗礼，一旦如此，蒋介石之能否飞离西安，也就很难说了。此其五。

　　张学良被扣压而受审判，他在法庭上公布蒋之"铣电"，其目的在于洗刷个人"不抵抗"的罪名。杨虎城在这时主持西安大局，为了逼迫蒋介石兑现停止内战之承诺，不顾蒋的"面子"，在致各县长书中，将蒋在西安的六项许诺公布于众。在西安与南京，杨与张不约而同地如此呼应，让蒋感到极度难堪，非常丢脸。也就是说，九一八事变蒋嫁祸于张，而这次西安释蒋，蒋对所许诺的条件是否兑现，更能进一步验证其人格的高下与尊卑。蒋的人格就这样被置于无可遁身的聚光灯下，能不愤然？此其六。

　　在营救张学良回陕之事上，杨虎城为了三位一体的大局，不计嫌隙。在这个时候，中共已经基本上排除了与南京政府武力对峙的选择，而杨虎城则竭尽全力向蒋抗争，直至公然宣称不惜以兵戎相见。蒋介石"剿共"失足，个人捡得一条活命之后，自己的一个下属反而强项不屈，拟与政府刀兵抗衡，其愤怒可想而知。此其七。

　　张学良作为"少帅"，与同一档次的宋子文、宋美龄的关系不比寻常，交往也非止一日，事变后有宋氏兄妹担保"少帅"的安全，这无疑是最贴身、最高等的两帖护身符。杨虎城在事变之后被囚，面对长期积累下的旧怨新仇，如牛负重，能有什么依靠呢？此其八。

杨虎城文化不高，识力却超群。对于"内战内行，外战外行"的蒋介石，早就想扳倒。西安事变放蒋归宁之后，杨进一步悟到，在中国，谁也斗不过蒋，最后"能缠倒蒋介石的只有共产党"。放洋期间，美国记者史沫特莱问杨虎城："中国有强大的实力抗击日本吗？"杨虎城这样回答："谁能从理论上解答这个问题？我认为中国的力量不在飞机和坦克，日本拥有更多的飞机和坦克。我们的力量就在于我们懂得我们必须抗日。这不是单纯的物质力量问题，它需要我们面对现实，有坚定的意志，只要我们有坚定的意志，我们就有了力量抗战。"归国前夕，他这样说道："现在国内全面抗战已起，如我仍然逍遥国外，实无脸面对待中国人民。至于我回国之后，不管蒋介石怎样对待我，我绝不追悔。只要问心对得起国人，死何足惜！"为了国家和民族，识力过人的杨虎城铁骨铮铮。他一家四口被囚在魔窟式的玄天洞里时，蒋数次派戴季陶、朱绍良、戴笠前去劝杨悔过，均遭断然拒绝。然而，在1975年蒋介石去世后，张学良则送上了这样一副挽联：

关怀之殷，情同骨肉；政见之争，宛若仇雠。

由此可见，直至蒋介石下世之日，张学良对蒋，也还是留足了面子。此其九。

春秋江流天地外，古今人在是非中。不论个人命运如何悲惨，"民族英雄，千古功臣"则是西安事变为张学良、杨虎城所铸就了的历史定位。本文开始所阐述的西安事变的重大意义，也正是二位将军为中华民族所立下的足以彪炳史册的伟大功勋。

三、谁是最大的成功者

西安事变的目的是逼蒋抗日，将"安内"之策转为"攘外"之举，由此着眼，事变终于达到了这一愿望，三方面都是成功者。目的既达，"三位一体"完成了自己的历史使命而迅速解体，这一解体过程是由于张学良执意送蒋才发生的，导致其后遗症痛苦而悲惨。

华清池骤然而起的枪声，不惟使蒋介石受伤被扣，更重要的是兴冲冲地为"剿共"而来，却被自己阵营里的枪声强行扭转了奉行十年的政策，脸面丢尽，死里逃生，残梦未醒似地被国舅和妻子救回南京，毋庸置疑，蒋介石是事变中最大的失败者。

中共原持的方略是"反蒋抗日"，变"反"字为"逼"字，是4月9日张学良与周恩来在延安天主教堂会谈时谈妥并定下来的。一字之易，重逾千钧。对于一诺千金的张学良而言，这一个"逼"字几近于在他的心田里埋下了西安事变的伏线，最后在山穷水尽时倘不将蒋扣而逼之，即便从个人角度着眼，张学良也将食言于自己最为仰慕的周恩来。草蛇灰线，自北而南，我们也不妨认为，这个"逼"的火种，是共产党人从另一角度埋进了张学良心底的。

正因为有"四九"会谈在先，事变一发生，周恩来即进入西安。倘没有周恩来及时介入，张与杨合力抓个蒋介石容易，待到张学良准备放蒋时，杨虎城则成为张学良难于逾越的障碍，二人几乎决裂、闹翻。若无周恩来从中调理，做通杨虎城的工作，蒋介石能够回到南京吗？将蒋一直扣押在西安，这次事变能算是和平解决么？事变几十年之后，张学良谈及当年，仍称周恩来为"谋主"，其中含义，深焉重矣。

周恩来是个卓越的政治家，张、杨有了分歧，他当然不会去充当什么稀泥抹光墙的和事佬。蒋介石即将离开西安的前一天，他曾两度见蒋，第一次见蒋，落实了和平解决的条款，第二次见面时，蒋正被置于放与不放的门槛上，周站在中共的原则立场上提出了三条，蒋同意了这三条之后，周恩来这才同意放蒋的。蒋对周所提出的条件如果略有微词，放蒋之议就可能搁置或者泡汤。周恩来在这个时候对一个"放"字点头与否，对蒋个人而言，无异于性命攸关。对和平解决而言，又是一个唯有周恩来才能解开的死结。

正因为蒋介石当面答应了周所提出的条件，这才有了三个月后（1937年3月底）蒋与周在杭州西湖边的正式会谈，会谈虽也周折艰难，而国共两党十年内战的枪声，却终于停息下来，"安内"之策终于谢幕。

张学良血气方刚，在他意气用事送蒋赴宁而被扣之后，西安一下子陷入了最危急的窘境。实力最大的东北军突然间群龙无首，而杨虎城又驾驭不了他们，如何争取张学良之返回西安，东北军在对付南京的和战问题上严重分歧，高级将领主和，张学良曾经极度信赖的少壮派则主战，而杨虎城内心主战，却又无力量去说服常相往来、握有重兵的东北军高级将领，及至爆发了少壮派突袭枪杀高级将领王以哲等人的"二二事件"，招致前线上的高级将领转戈向内，亟欲回师西安，为王以哲报仇。实力最大的东北军发生内讧，西安城险象环生，使得驻在金家巷的中共代表团陷入了极为危险的境地。

如果代表团为保护自身而躲出漩涡,听任东北军自相残杀,和平解决时所谈成的条件会落花流水一样地消失净尽。在这个事关成败的最危险的当儿,周恩来站出来了,他既要保护革命热情高涨而贸然杀人的少壮派(将其主要肇事者秘密送往渭北的红军驻地),又要抬着花圈与代表团成员去洒泪吊唁最先与中共靠拢、沟通的王以哲军长。"二二事件"中的少壮派出于激愤而盲目妄动,致使延安窑洞里的毛泽东极为震怒;周恩来又得连夜以电报方式对延安方面进行解释。

西安事变时,澳大利亚人端纳作为宋美龄和蒋介石的私人顾问,在西安参与了多次谈判,并和蒋介石一起坐飞机离开西安,是一位重要的知情者。1945年,端纳在菲律宾对记者的谈话中说:周恩来起了在张、杨间的调解者作用,挽救了这可怕的局面。端纳还认为,实际上是周恩来使蒋介石得以安全离开,否则就不是这个结果,也可能事情将向另一个方向发展。"周恩来……实际上是一九三六年西安事变中最关键的人物,是他把蒋将军从绑架中解救出来的。"(美国《纽约时报》1945年2月28日)这充分说明了周恩来在释放蒋介石一事上的作用,他不仅是知情者,甚至是极为重要的决策者。实际情况是,在周恩来竭尽全力的调理之下,西安城总算是没有陷入更大规模的流血事件,狂澜挽于既倒,雪崩只现虚惊,和平解决时所谈妥的各项条款也逐步地得到了实现。

张、杨二将军呢?个人遭遇是最不幸了。杨虎城一家四口被囚十年时,其妻谢葆贞首先遇害;又过去两年,杨与两个孩子并二位秘书同时被杀;儿子被杀时,怀里是搂抱着母亲的骨灰盒的。因为西安事变,张学良被幽囚了半个多世纪,这在中外监禁史上分明也是破纪录的,蒋介石这一手,能称作"关怀之殷,情同骨肉"吗?少帅张学良在挽蒋的对联里写出这八个字,真让人疑惑其是否在顾僵尸而言他,说反话以泄恨。

四、无情未必真豪杰

张作霖一妻五妾,对儿子张学良花天酒地的放荡生活不以为意,只是说道:"玩女人嘛,你可别让女人给玩了。"

"少帅"16岁时,其父作主,与辽北边城郑家屯的于凤至成婚,于凤至年长张学良三岁,"女大三,抱金砖",她是"丰聚长"商号老板于文斗的女儿,聪颖早慧，品貌出众，张学良对其以"大姐"相称。

"爱河饮尽犹饥渴"。1925年东北军打败孙传芳进入上海，张学良突然见到了沪上的名媛宋美龄，而且一下为其超凡绝尘、"美如天仙"的气质所倾倒，宋美龄比于凤至大不了几天，那时，蒋介石也在全力以赴地追求宋美龄，而且一直追到了东京，最后是蒋介石达到了目的。1928年6月4日张作霖被日本人炸死之后，"大姐"全力支持张学良"易帜"而帮助蒋介石实现了"统一"，蒋与张结拜为兄弟，于凤至称宋老夫人为干娘，称宋美龄为干姐姐。

有"大姐"则有"小妹"。被张学良称为小妹的是赵四小姐赵一荻，又名绮霞，因其出生于香港，又名"香生"。其父是浙江人赵庆华，为北洋交通系要员，曾任津浦铁路局局长。赵四俊俏风流，15岁即成为《北洋画报》上的封面肖像。张与赵是在天津"蔡公馆"舞会中认识的，当时也是奉军的鼎盛时代，张与赵是怎样走到一块的，且听听张学良晚年的自述："那一年（应为1929年），我有病，在沈阳养病，赵四就拎了个小包从天津来看我。本来她看完是要回去的。她那时已经家里介绍，有了婚配的对象，她对那人印象也很好。后来她异母的哥哥就到老太爷那告状，说妹妹私奔了。原来赵四的母亲是盛宣怀家的丫头，是姨太太，上面还有个太太，也是盛家的小姐，生了几个哥哥。哥哥就想借这事来打击赵四母亲这一房。老太爷一听，大怒，就登报脱离父女关系，逐出祠堂。这下可好，回不去了，只有跟了我啦。所以我说她哥哥是'弄拙成巧'了。唉，我说姻缘就这么一回事。"

这样的"私奔"故事，平庸无奇，当真也"就这么一回事"。上述三位女性与"少帅"的纠葛，若无"西安事变"，也就过眼云烟似地消散了，后人不会当作什么风流韵事的。

事变爆发时，于凤至正带着女儿在英国读书。对此，张学良昔日的老师兼秘书汪树屏这样回忆：张学良被审而囚禁，消息传来，对于凤至直如晴天霹雳……她忽而想起，宋老夫人是她的干娘，宋美龄是她的干姐姐，找她一定会有办法，于是，提笔拟写了电文：

亲爱的姐姐：张学良罪及委座，幸蒙特赦，仍须严加管束，不知如何得了？学良不良，我亦有责，甚为遗憾！可否把他交给我看管，送出国外，以了介公之责，请多帮忙，感同身受。

电报发出后，石沉大海。

于凤至毅然回国，把吓成神经病的孩子交给王妈照管。在南京宋美龄的公馆，于凤至满面泪痕地见到了私交甚厚的干姐姐，为张学良求情。宋美龄也很同情她，甚至还掉下泪来……她显出一种无可奈何的样子说："他们是兄弟，委员长会照顾他，严加管束也不过是避避风头，怕他受共产党利用。"

于凤至说："既然委员长不肯释放张学良，我也无法回英国了，愿意陪他一块坐牢，来照顾他的生活。尽到做妻子的责任。"

就这样，于凤至留在了张学良身边，从溪口到安徽、江西、湖南各地，前后整整三年多的时光！在这种不自由的软禁生活中，于凤至一边忍受精神上的折磨，一边帮着张学良解除内心的悲苦。当他们被转移到湘西凤凰山的时候，于凤至也病倒了。经查，得的是乳腺癌，必须转地手术。

张学良对于"大姐"于凤至的病是关心的，在他求助宋子文等人的帮助下，于凤至终于赴美国治病去了。但是，谁也没有想到，这就是他们的永别。张学良颇有感悟地写下了一首绝句：

> 卿名凤至不一般，凤至落到凤凰山。
>
> 深山古刹多梵语，别有天地非人间。

于凤至在美国做了癌症切除手术，随之定居在洛杉矶。

这里不能不提及赵四。张学良一生被囚50多年，因为时局不安，其囚禁地多达15处，最后一处是台北。赵一荻随少帅72年，其中伴随坐牢的日子50余年。赵一荻与张学良既无夫妻名分，本也就不存在照料一个囚犯的义务，可她却"褪却红衣学淡妆"，绝对不学那聚散的轴心是权势与金钱的风尘女子。2000年6月22日，赵一荻是在檀香山"斯特劳布"医院告别人间的。她呼吸停止后，张学良仍然动也不动地坐在赵四身边，手紧紧地握着赵四小姐的双手不放，仿佛他们仍然一起行走在人生的旅程上。当赵四小姐已经死去整整一个小时了，老人仍然坐在轮椅上恋恋不肯离去，他和她的手迟迟舍不得分开。这阴阳两界的双手总不能不放啊，张学良浑浊的老泪如断了线的珠子一般扑簌簌流滴下来……

赵一荻在世89岁，于凤至93岁，宋美龄105岁，张学良活了101岁。四个人都是世所罕见的长寿者。女人，是上帝一切创造中最奇妙的杰作，张学良长期被囚，倘无于、宋、赵三位天使女神式的女子从生活上精神上细心体切，多方呵护，能活过100岁吗？对此，天意怜幽草。笔者以为，上苍可能是厌恶这个世界上的血火纷争，尔虞我诈，而见爱率真无邪，赤子之心犹存的张学良，着意地进行庇护，以此三位女性巧妙地组成为一个美丽的支架，在政坛风暴的漩涡中撑持着一个豪杰男儿活过了百年。回头看来，这也是天地风云中少见的一个奇迹。

"厚地高天，堪叹古今情不尽；痴男怨女，可怜风月债难酬。"于凤至死时，在洛杉矶玫瑰园为她和张学良买了一块墓地，期望着生不同床死同穴；然而，小妹赵四在夏威夷也买了一块墓地，与大姐于凤至抱有相同的愿望。古今爱河里，红尘天地间，还有比这更痴情的故事吗？

张学良呢？下世前只有感慨："平生无憾事，惟一好女人。"这话很平常，但出自张学良这样的"敢往天上戳大窟窿"的人的口中，倒很可以成为鲁迅先生在九一八事变一年后写下的诗作《答客诮》的注脚。

无情未必真豪杰，怜子如何不丈夫。

知否兴风狂啸者，回眸时看小於菟。

鲁迅先生写这首诗时，当然是读过马君武的二首诗作《哀沈阳》了。马君武曾任孙中山大元帅府秘书长，后任广西大学校长，他的这二首诗作却纯属捕风捉影之吟。既为捕风捉影之作，又为什么流传得那么广泛而久远呢？诗以人传，此人是张学良；人以事传，斯事为西安事变。西安事变的缘起，至少也应当追溯到九一八事变。九一八事变至今，80余年矣。

没有西安事变，张学良什么也不是。有了西安事变，假如没有这些看似平常实则传奇的情爱纠葛，张学良纵为英雄，总会有个说完道尽的时候。今天之所以有个"说不尽的张学良"在焉，寻根究底，仍在于他和杨虎城将军发动了惊天动地的西安事变。

‖后 记‖

天地之间，浩茫的江河湖海才可能掀起巍峨、瑰丽的浪涛。一个伟岸而灾难深重的民族，必然有自己悠久、深重而波澜壮阔的历史。

28年前，我与朱光亚先生合写过《丙子双十二》，嗣后由台湾国际村书店出版为繁字体的《西安事变》。

西安事变是中华民族近代史上意义重大、周折复杂的大型事件。倘没有张学良、杨虎城二位将军毅然决然地发动西安兵谏，全面抗日的大旗无从展开，古老的中华民族能有今天吗？80年来，人们从不同的角度对张学良、杨虎城，周恩来，蒋介石、宋美龄的评述非常之多。我则一直认为，对历史及其当事人任何解释，都不如对历史事实的综合考察定位确切，来得重要。

捻指间，30多年过去了，这期间，与西安事变相关的资料不断解密，相继披露，翻检当年旧作，发现多有纰漏，如不重新补充、梳理，分明有负于这一页惊天动地的历史进程。而今重理此书，我是想在尊重史实的基础上，以期进一步证实我们这个多灾多难的民族脊梁里所沉潜、积淀的强韧之力。

如此复杂的重大历史问题，本书不可能描述得尽善尽美。如果其间仍存在失当及疏漏之处，当属我个人识力不逮所致，期望热诚的读者予以指教。待我们化为泥土之时，披览斯文者，依然能看到中国土地上的真善美与伪恶丑是如何纠缠相搏的，我则于愿足矣。愿望归于愿望，这个世界上的一切，都要由岁月来反复地进行掂量、鉴定。

近些年里，文坛上泥沙俱下，神鬼丛杂。人到晚年，愈益珍重既往的感情——我经常记起30年前我与朱光亚先生栉风沐雨，南北奔波，一起收集资料，共同采访西安事变幸存者及当年涉足地的一幕幕往事……

此书之成，多历周折。感谢中共党史出版社对于此书的热情扶持，难忘曾经五次见过蒋介石的王火老人、我的同窗阎庆生教授对于此书的悉心指正。

杨闻宇

2016年春　于青岛锦湖苑